VALERIO EVANGELISTI

# Nostradamus

*Buch*

Südfrankreich im 16. Jahrhundert: Eine Epoche, zerrissen zwischen wissenschaftlichem Fortschritt und dem Terror der Inquisition – eine Epoche, die in Nostradamus ihren wahrhaftigen Ausdruck gefunden hat. Nostradamus, mit bürgerlichem Namen Michel de Nostredame, ist ein ehrgeiziger und hoffnungsvoller Universalgelehrter. Er beherrscht die Kunst der Medizin, macht biologische und alchimistische Forschungen, kennt die Gesetze der Mathematik und vor allem die der Astrologie. Seine Vorhersagungen sind von solch faszinierender Präzision, dass sie noch im nächsten Jahrtausend die Gemüter bewegen werden. Die einen halten ihn für einen Scharlatan, für die anderen ist er der König der Propheten. Im Laufe seiner glanzvollen Karriere wird er mit den schillerndsten und mächtigsten Persönlichkeiten seines Jahrhunderts in Kontakt treten. Ob als Freund des Philosophen Scaliger, als Astrologe am Hofe der Medici oder als Leibarzt König Karls des IX. – Nostradamus' Leben bewegte sich stets zwischen zwei mächtigen Polen: der frühneuzeitlichen Begeisterung für die exakten Wissenschaften und der inneren Berufung und Gabe, die Zukunft vorherzusehen. Mit oft dramatischen Konsequenzen: Entweder war er der gefeierte Wissenschaftler, oder er musste fliehen vor den Mächten der Inquisition....

*Autor*

Valerio Evangelisti, geboren 1952 in Bologna, studierte Geschichte und ist Autor zahlreicher wissenschaftlicher Veröffentlichungen. Später befasste er sich vorwiegend mit fantastischer Literatur, bis er 1994 selbst zum preisgekrönten Fantasy-Schriftsteller wurde. Seither werden seine Romane vielfach aufgelegt und in mehrere Sprachen übersetzt. Mit seiner Nostradamus-Trilogie wurde er zum internationalen Bestsellerautor. Einige seiner Werke werden bereits für das italienische Fernsehen verfilmt.

*Vom Autor außerdem erschienen:*

Der Verrat. Nostradamus. Roman (35264)
Dunkles Vermächtnis.
Nostradamus. Roman (35256)

VALERIO
EVANGELISTI

# Nostradamus

## Die Prophezeiung

Roman

Deutsch von Bruno Genzler

BLANVALET

Die Originalausgabe erschien 1999 unter dem Titel
»Magus – il romanzo di Nostradamus. Il Presagio.«
bei Arnoldo Mondadori Editore S.p.A., Milano

*Umwelthinweis:*
Alle bedruckten Materialien dieses Taschenbuches
sind chlorfrei und umweltschonend.

Blanvalet Taschenbücher erscheinen im Goldmann Verlag,
einem Unternehmen der Verlagsgruppe Random House GmbH.

Deutsche Erstausgabe Mai 2000

Umschlaggestaltung: Design Team München
Umschlagcollage: Design Team/AKG
Satz: Uhl + Massopust, Aalen
Druck und Bindung: GGP Media, Pößneck
Verlagsnummer: 35263
Lektorat: Julia Eisele
Herstellung: Heidrun Nawrot
Made in Germany
ISBN 3-442-35263-0

3 5 7 9 10 8 6 4 2

# *Das frühe sechzehnte Jahrhundert*

Es war ein Zeitalter der Kriege und der Veränderungen, der Schrecken und der Entdeckungen. Drei mächtige Nationalstaaten beherrschten Europa: Spanien, Frankreich und England. Ihr Machthunger trieb sie in immer neue Kriege und veranlasste sie dazu, Bündnisse (je nach den Erfordernissen des Augenblicks) einzugehen oder zu lösen. Während die Christenheit an ihren Grenzen vom gigantischen Osmanischen Reich bedroht und aufgeweicht wurde, einem Reich, das sich dank der Kühnheit seiner Freibeuter anschickte, vollständig die Kontrolle über das Mittelmeer zu erlangen, griff England relativ selten in die kontinentaleuropäischen Angelegenheiten ein. Aber Frankreich und Spanien lagen wegen unüberbrückbarer Gegensätze in ständiger Fehde miteinander. Spaniens imperiale Ambitionen wurden zum Teil von Erfolg gekrönt, als der spanische König der Habsburger, Karl V., im Jahre 1519 in Frankfurt zum Kaiser gewählt wurde. Viele Fürsten Europas waren ihm so zumindest theoretisch Gehorsam schuldig.

Damit verschob sich das ohnehin labile Kräfteverhältnis zwischen Spanien und Frankreich. Frankreich war auf dem Gebiet der Künste und der Literatur führend in Europa und hatte dank seiner modernen, fast unschlagbar erscheinenden Artillerie auch militärisch einiges in die Waagschale zu werfen. Fast schon aus Tradition verknüpfte das französische Königshaus sein Schicksal mit dem Italiens, einem Land, das mehr oder weniger als natürliches Expansionsgebiet betrachtet wurde. Die französischen Könige hatten nicht nur seit Jahrhunderten ihr Blut mit dem der vornehmsten italienischen Familien vermischt, es fand auch ein ständiger Austausch von bildenden Künstlern und Dichtern statt, der seine Grundlage in der gemeinsamen Berufung auf das Vorbild der antiken lateinischen Kultur hatte.

Als sich nun das spanische Machtstreben auch auf Italien richtete und im Süden des Landes, im Königreich Neapel, in einer direkten und zuweilen grausamen Herrschaft reale Gestalt annahm, wurde eine kriegerische Auseinandersetzung zwischen Spanien und Frankreich unausweichlich und Italien zu seinem natürlichen Schauplatz.

Diese beiden Mächte, die um die Vorherrschaft in Europa rangen, waren in ihrem Wesen grundverschieden. Zwar bekannten sich beide leidenschaftlich zum katholischen Glauben, doch war der spanische Katholizismus im Vergleich zum französischen finster, freudlos und streng bis zum Fanatismus. Hier in Spanien hatte die Inquisition ein ungeheures Gewicht, jene schaurige, mittelalterliche Institution zur Ausrottung der Ketzerei, die die spanischen Könige nach und nach zu einem Instrument politischer Kontrolle umfunktioniert hatten. So war es auch die spanische Inquisition, die gegen Ende des 15. Jahrhunderts die ersten Versuche unternahm, die jüdische Minderheit im Lande vollkommen auszulöschen. Daraus entwickelte sich ein regelrechter Völkermord, als die Hetzjagd auf jene Juden eröffnet wurde, die zwar größtenteils schon unter Zwang zum Christentum übergetreten waren, aber trotzdem immer noch nicht als zuverlässig genug galten: Zehntausende wurden bei lebendigem Leibe verbrannt oder ihrer Besitztümer beraubt und zu einem Leben in ständiger Erniedrigung gezwungen.

Gleichzeitig wurde vor allem im Norden Europas ein ähnliches Blutbad unter jener Hälfte der Bevölkerung angerichtet, welche die Kirchenväter als »Gefäß des Bösen« bezeichnet hatten: unter den Frauen. Die Verachtung der Frauen gipfelte immer wieder in mörderischen Gewaltausbrüchen und den berüchtigten Hexenprozessen. Mit den vermeintlichen Hexen verurteilte man ein Leben nach dem Rhythmus der Natur, die Bindung an die Erde und ihre Zyklen. Nicht immer war es die Inquisition, die die Massaker anführte. Besonders gefährlich waren die noch grausameren weltlichen Tribunale, in denen die Kirchenmänner Seite an Seite mit Fürsten und Lehnsherren saßen.

Den finsteren Verhältnissen in Spanien und Deutschland, die nicht zufällig in einem Reich vereint waren, stand die sehr viel weltlichere und tolerantere französische Gesellschaft gegenüber. War Karl V. so etwas wie das Sinnbild strenger Freudlosigkeit, so förderte die Dynastie der Valois in Frankreich anfänglich eine gewisse Freiheit des Denkens und tolerierte den ausschweifenden Lebensstil des Adels. Auch wenn die französischen Frauen nicht viel höher geachtet wurden als ihre Geschlechtsgenossinnen in Spanien oder Deutschland, waren sie hier doch zumindest nicht ständig vom Scheiterhaufen bedroht. Sogar das Judentum, wenn auch gelegentlichen Schikanen ausgesetzt, gelangte zu einer gewissen Blüte. Strenge, wenn auch immer wieder missachtete Gesetze schützten die Juden vor Benachteiligungen und Übergriffen. Viele machten ihr Glück und sicherten sich ein ruhiges Leben, vor allem dann, wenn sie ihrem ursprünglichen Glauben abschworen.

Paradoxerweise waren die Lebensumstände der jüdischen Minderheit im Gebiet um Avignon, der so genannten Grafschaft von Venaissan, die unter päpstlichem Legat stand, am besten. Die Kirche, die sich durch Cesare Borgia auch als Territorialmacht etabliert hatte, gab ein widersprüchliches Bild ab. Waren im niederen Klerus Entsagung und Solidarität mit den Armen und Schwachen durchaus keine Seltenheit, so herrschte im höheren Klerus eine skandalöse Sittenlosigkeit, von der auch die Päpste keineswegs ausgenommen waren. Und mochte auch manch einem unter ihnen kein ausschweifender Lebenswandel nachzusagen sein, so hegten sie doch alle weltliche Ambitionen und mischten sich aktiv in politische und dynastische Fragen ein. Dadurch ergab sich das im Einzelfall manchmal ungerechte Bild einer ungezügelten Gier nach materiellen Reichtümern und weltlicher Macht, die Hand in Hand mit der grausamen Verfolgung all jener ging, die sich auf das christliche Ideal von Armut und Gleichheit beriefen, der Botschaft des Evangeliums.

Es war dieser Missstand, aus dem sich schließlich eine Tragödie entwickelte, die sich noch verheerender auswirkte als die vielen anderen dieses Jahrhunderts: die Religionskriege. Im Jahr 1517 rebellierte der Augustiner-Mönch Martin Luther gegen die Korruption in der römischen Kirche und rief zu einer radikalen Reform auf. Ihm folgten sowohl jene, die seine geistlichen Ziele teilten, als auch diejenigen, welche in seinem Protest das Versprechen einer Befreiung aus der materiellen Versklavung sahen. Letzteren wurde aber bald bewusst, dass Luther keineswegs plante, die herrschende Ordnung umzustürzen, was allerdings nicht verhinderte, dass sich die Reformation in ganz Europa ausbreitete.

An diesem Punkt gaben auch die französischen Könige ihre zuvor relativ tolerante Haltung auf, und bald schon taten sich in allen großen europäischen Staaten tiefe Risse auf. Während England aus politischem Kalkül den neuen Glauben in eigener Ausprägung annahm, standen sich die Herrscher auf dem europäischen Festland nun in einem zusätzlichen Konflikt gegenüber. Zu den chronischen Schrecken des Krieges, der Seuchen und der materiellen Not gesellten sich die noch heimtückischeren Schrecken des Hasses und des Bürgerkrieges.

So hatten also zu Beginn des 16. Jahrhunderts die vier Reiter der Apokalypse Aufstellung bezogen. Was noch fehlte war ein Dichter, der sich zu ihrem Sprachrohr machen würde. Dann wurde dieser Dichter geboren. Sein Name war Michel de Notredame.

# *Abraxas. Die Katze*

Humpelnd stieg Nostradamus zum Obergeschoss hinauf, in seine »Werkstatt«, wie er den Raum nannte, wo er seine schlaflosen Nächte verbrachte. Erschöpft ließ er sich auf den bronzenen, x-förmigen Stuhl fallen, den er sich in Anlehnung an die Sitzgelegenheiten der antiken Propheten hatte anfertigen lassen. In seinen Füßen verspürte er stechende Schmerzen. Mit sechsundsechzig Jahren war er durch die Gicht geschwächt, deren Schübe ihn immer dann ereilten, wenn er es am wenigsten erwartete. Vielleicht war das die Strafe dafür, dass er in seiner Jugend zu viel umhergewandert war.

Mit der Kerze entzündete er eine kleine Lampe und tastete dann mit den Füßen unter dem Tischchen nach dem bereits mit Salzwasser gefüllten Becken. Er streifte die Schuhe ab und tauchte die Füße hinein, eine Geste, die ebenfalls zu den Gewohnheiten der antiken Propheten zählte. In seinem Fall erfüllte sie zusätzlich noch den Zweck, seine Schmerzen ein wenig zu lindern und vor allem den aufkeimenden Kopfschmerz zu verjagen.

Mit fortschreitendem Alter löste das Ereignis, auf das er sich nun vorbereitete, nicht mehr dieselbe Erregung bei ihm aus wie früher. Er erinnerte sich noch, wie er damals in seiner Jugend mit panischem Schrecken festgestellt hatte, dass er beim Hineintauchen in jenes andere Universum die Kontrolle verlor – ein Universum, das nicht mehr das menschliche war, aber dennoch parallel zu diesem bestand, ein Universum, in dem die Zeit stillstand und nur der Raum sich bewegte. »Astrallicht« hatte Paracelsus es definiert, während Ulrich von Mainz, jener wahnsinnige Teufel in Menschengestalt, es eine Welt nannte, in der Abraxas herrschte, der Gott der Zahl, jenes antike, unfassbare kosmische Wesen der Gnostiker.

»Hoffentlich wird diese Nacht nicht so lang wie die letzte«, murmelte er zu sich selbst und fügte dann hinzu »und vor allem weniger aufregend.«

Er seufzte leise, nahm den Lorbeerzweig vom Tisch und lehnte sich in Erwartung des Kommenden in seinem Sessel zurück. Als junger Mann hatte er vor diesem Schritt noch Angst empfunden, vielleicht des unmoralischen Lebens wegen, das er damals geführt hatte. Noch heute schämte er sich, wenn er daran zurückdachte. Schon lange konnte er sich nicht mehr in dem ehrgeizigen, oberflächlichen Jüngling wiedererkennen, der er gewesen war, einem Mann, der alle Frauen, die seinen Weg kreuzten, leiden ließ – und eine ganz besonders.

Die hervorstechendste Eigenschaft jener zeitlosen Welt, in die er sich jetzt wieder aufmachte, war es, die Träume oder Alpträume jener Menschen, die zu ihr Zugang fanden, zu intensivieren und sie je nachdem in einen Himmel oder eine Hölle zu verwandeln. Mit seinen Fähigkeiten war er damals in seiner jugendlichen Leichtfertigkeit in ein Meer des Schreckens eingetaucht. Später war der Schrecken verblasst, aber eine gewisse ängstliche Unruhe war geblieben.

Nun, im Alter, konnte er endlich mit sich zufrieden sein. Er war ein guter, ja fast schon übermäßig ernsthafter Mensch geworden und konnte sich dem Verlassen seiner leiblichen Hülle ohne große Befürchtungen hingeben. Schade nur, dass ein unauslöschliches Schuldgefühl die vollkommene Unbeschwertheit verhinderte.

Sein Blick wanderte durch das geöffnete Fenster zum Sternenhimmel, der sich über dem schlafenden Städtchen Salon erstreckte. Er dachte an seine sechs Kinder, die im Erdgeschoss schliefen, abgesehen von der kleinen Diane, die mit ihren erst zwei Jahren noch neben ihrer Mutter lag. Dann senkte er die Lider, um sich auf eine erneute Begegnung mit Parpalus, seinem geistigen Führer, vorzubereiten. Mit den Fingern seiner rechten

Hand suchte er zwischen den verstreut herumliegenden Blättern auf dem Tischchen nach dem Ring, der ihm den Kontakt erleichterte, wenn er ihn drehte. Die Schmerzen, die ihm die Gicht bereitete, hatten erheblich nachgelassen.

Doch schon einen Augenblick später riss er die Augen erschreckt wieder auf. »Mein Gott«, rief er aus. Er hatte das Miauen einer Katze gehört, es klang schrecklich unharmonisch und verzerrt. Er richtete sich wieder ein wenig in seinem Sessel auf. Sein Freund, die Katze, ein kleiner namenloser Bastard, der ihn abends regelmäßig besuchte, war durchs Fenster ins Zimmer gesprungen und kam vorsichtig auf Umwegen näher. »Und du, was willst du denn? Was ist dir denn geschehen?«

Nostradamus mochte sich nicht die Füße abtrocknen und die Schuhe wieder anziehen. Also versuchte er das Tier mit einem Fingerschnalzen anzulocken, merkte jedoch gleich, nicht nur an diesem quälend hohlen Miauen, dass mit der Katze etwas Entsetzliches geschehen sein musste.

Sie hinkte und schob sich mit aufgerichtetem Schwanz nur mit den Hinterpfoten vorwärts. Die normalerweise länglichen Pupillen standen weit offen und waren gerötet. Das Tier schien stark zu leiden und innerlich von einer Raserei erfüllt, die es trotz der scheinbar unerträglichen Schmerzen vorwärts trieb.

Nostradamus erschauderte, sprang von seinem Sessel auf und stieß dabei die Schüssel um. Er wagte es jedoch nicht, sich dem Tier zu nähern, das sich mit gesträubtem Fell mühsam auf ihn zu schleppte und ihn dabei nicht aus den Augen ließ. Ein zufälliger Blick in jene Ecke des Raums, wo er der Katze gewöhnlich etwas Futter hinstellte, sagte ihm, was geschehen war. Das Gefäß mit dem Aufguss aus Habichtskraut und Bilsenkraut war von der Konsole gefallen. Die Flüssigkeit hatte sich über den Fußboden ergossen, und einige der Kräuter lagen in der Schüssel, aus der die Katze fraß, wenn sie ihn besuchte.

Jetzt verstand Nostradamus. Das Tier erlebte dasselbe, was er selbst als junger Mann durchgemacht hatte, als er noch nicht an das Hieracium pilosella (dies war der richtige Name des Krauts) gewöhnt war. Er streckte die Hand nach einem schweren Astrolabium auf der Konsole aus und wollte es auf das Tier schleudern. Als hätte sie seine Gedanken erraten, machte die Katze einen raschen Satz rückwärts, Nostradamus zog seine Hand zurück und gab seine drohende Haltung auf. Doch schon im nächsten Augenblick glitt ein leerer Kerzenhalter zum Rand des Tisches und fiel mit ohrenbetäubendem Getöse genau auf die Stelle, wo die Katze eben noch gekauert hatte. Das Gesetz der Hellsichtigkeit hatte wieder einmal seine eigene unwiderlegbare Logik bewiesen. In irgendeiner aus Tausenden von Möglichkeiten ausgewählten Form erfüllte sich das, was vom Schicksal vorherbestimmt war, auch wenn die Gesetze der Physik und der Vernunft außer Kraft gesetzt werden mussten.

»Du bist Parpalus, nicht wahr?« flüsterte Nostradamus mit erstickter Stimme. Die Katze starrte ihn unbeweglich, jedoch nicht mehr feindselig aus ihren roten Augen an.

»Du solltest nicht in meine Welt eindringen. Hast du mir etwas mitzuteilen?«

Die Katze verharrte reglos und miaute auch nicht mehr. Doch in seinem Geist nahm Nostradamus klar und deutlich das erregte Flüstern wahr, mit dem der Dämon sonst in jenem anderen Universum, in das er gehörte, aus der Finsternis zu ihm sprach. Er sah klare und gleichzeitig wirre Bilder von bereits vergangenen oder noch bevorstehenden Ereignissen. Der Monolog war kurz und erschütternd.

»Warte, geh noch nicht«, stammelte Nostradamus, als Parpalus schließlich schwieg. »Ich muss noch aufschreiben, was du mir anvertraut hast. Sonst geht es für immer verloren.«

Die Katze stellte sich auf die Hinterbeine und verharrte in dieser unnatürlichen Stellung. Nur ihr Schwanz bewegte sich hin und wieder, der Rest ihres Körpers, mit den immer noch weit aufgerissenen Augen, erinnerte an eine seltsame, von einem untalentierten Bildhauer geschaffene Statue.

Nostradamus ließ sich in seinen bronzenen Sessel zurückfallen und griff mit der rechten Hand nach einer Schreibfeder, die in einem Tintenfass steckte. Anfangs zitterten seine Finger noch so stark, dass er das Blatt bekleckste. Dann begann er fast mechanisch, die Vision, die er gesehen hatte, in einen gereimten Vierzeiler zu übertragen. Allein die Poesie ermöglichte es ihm, in Worte zu fassen, was er gesehen hatte. Doch die Niederschrift musste in einem Zug erfolgen, bevor sich der Alptraum aus seinem Geist verflüchtigte.

Als er fertig war, fühlte er sich ruhiger. Nachdenklich betrachtete er die rätselhaften Verse, die er vor sich liegen hatte:

> L'an mil neuf cens nonante neuf sept mois,
> du ciel viendra un grand Roy d'effrayeur:
> resusciter le grand Roy d'Angolmois:
> avant, après Mars regner par bon heur.

Was er geschrieben hatte, erschien ihm unverständlich. Gewiss, bei König d'Angolmois handelte es sich zweifellos um Franz I., der einmal Graf von Angoulême gewesen war. Aber wer würde den großen kriegerischen König wiederauferstehen lassen? Durch wen würde Mars, der Kriegsgott, im Namen der Glückseligkeit herrschen?

Einen Moment lang hatte er die Katze vergessen. Als sie ihm wieder in den Sinn kam, spürte er, wie ihm der Schreck erneut in die Glieder fuhr. Das Tier stand immer noch scheinbar mühelos auf den Hinterpfoten. Seine Augen funkelten wie glühende Holzkohlen. Es sah aus wie ein kleines Ungeheuer aus Porzellan.

Nostradamus musste schlucken, bevor er sagen konnte: »Parpalus, oder wer auch immer du sein magst…«, er machte eine Pause und bemühte sich erfolglos, seine Stimme fester klingen zu lassen, »… wer ist der König des Schreckens, der im Jahr 1999 vom Himmel herabsteigen wird? Und bedeutet Juli wirklich Juli, oder ist es der August im gregorianischen Kalender?« Es war nichts zu machen. Er hatte seine Stimme nicht unter Kontrolle. Sie klang wimmernd und verzerrt.

Dabei wusste er nur zu gut, dass er keine Antwort erhalten würde, hoffte aber auf eine neue, klärende Vision. Stattdessen überkam ihn eine nur sekundenlange Halluzination, so entsetzlich und machtvoll, dass er erstarrte. Er schlug die Hände vors Gesicht. »Nein, nein! Nicht er schon wieder!« Lange verharrte er in dieser Haltung. Dann gab er sich einen Ruck, nahm langsam die Hand von den Augen und blickte die Katze an. Mit bemüht fester Stimme fragte er:

»Es ist er, nicht wahr? Der König des Schreckens, das ist Ulrich!«

Als Antwort erwachte die Katze aus ihrer Starre und ließ sich mit einem Miauen auf die Vorderpfoten fallen. Dann drehte sie sich um, sprang auf das abgewetzte Sofa, von dort auf die Fensterbank, und verschwand geräuschlos über die vom Mond erhellten Dächer. Ihre Augen waren wieder normal geworden.

Nostradamus, totenbleich vor Schreck, spürte erst jetzt, wie ihm das Herz in der Brust hämmerte. Er nahm das vor ihm liegende Blatt in die Hand, ließ es aber gleich wieder auf den Tisch fallen und rieb sich mit Daumen und Zeigefinger über die Augen. »Nein, das ist zu schrecklich«, murmelte er. Er stellte sich die Männer und Frauen im Jahr 1999 vor, in der Hand von Ulrich, der personifizierten Grausamkeit und seiner grenzenlosen Macht. Das durfte er nicht zulassen. Er musste den entsetzlichen Plan dessen vereiteln, der einmal sein Lehrmeister gewesen und nun sein Todfeind war. Er allein, Michel de Notredame, konnte die Bedrohung durch den König des Schreckens zunichte machen. Doch dazu musste er wohl oder übel in das Reich von Abraxas eindringen, vielleicht für immer. Unmöglich es allein zu versuchen.

Plötzlich kamen ihm die drei einzigen anderen Menschen in den Sinn, die fähig waren, sich in jener Dimension zu bewegen. Sie waren seine hartnäckigsten Gegenspieler gewesen, doch nun war er auf sie angewiesen. Nun gut, er würde sie mit der größtmöglichen Klarheit beschwören. Er ließ sein eigenes Leben rasch an sich vorbeiziehen und versuchte dabei sich die Gesichter jener Menschen in Erinnerung zu rufen, die ihn einmal mit solch ungestümer Energie gehasst hatten.

Durch das Fenster drang ein entferntes Miauen zu ihm. Nostradamus nahm den Lorbeerzweig wieder zur Hand und schüttelte ihn sanft, während er seinen Ruf über die Schranken der Zeit sandte.

# Der Mann mit dem schwarzen Umhang

Ratternd bog die Kutsche in die Hauptstraße von Montpellier ein und wirbelte dabei eine Staubwolke auf der ausgetrockneten Erde auf. Seit Wochen hatte es nun schon nicht mehr geregnet, und jetzt in diesem Sommer 1530 um die Mittagszeit brannte die provenzalische Sonne besonders unbarmherzig auf die Stadt. Lediglich ein paar Händler, die hinter ihren mit Waren überladenen Ständen dösten, hoben kurz die Köpfe, um dem wappenlosen Gefährt nachzuschauen, das durch die Straße jagte. Dann nickten sie wieder ein.

Die Kutsche hielt vor einem Wirtshaus, über dessen Tür neben dem üblichen Zweig ein ausgestopfter Wildschweinkopf mit weit aufgerissenen Augen prangte. *La Soche* war auf dem Schild zu lesen, doch keinerlei Hinweis gab Aufschluss über den Grund für diesen geheimnisvollen Namen. Als er die vier Pferde wiehern hörte, schob Señor Molinas die zuvor dicht geschlossenen Vorhänge zur Seite und blickte vorsichtig hinaus. Er seufzte. Endlich, die Reise war zu Ende. Er hatte genug von diesem unbequemen Holzbrett, auf dem er ohne Kissen fünf Stunden lang gesessen hatte. Der Kutscher kletterte vom Bock, um ihm den Schlag zu öffnen, doch Molinas ließ ihn mit einer brüsken Geste innehalten.

»Nicht nötig, kümmere dich lieber um die Pferde.« Der Mann gehorchte mit einer leichten Verbeugung und entfernte sich in Richtung der Burschen, die gerade aus dem Stall des Gasthauses kamen.

Molinas zog sich den schwarzen Umhang zurecht, der über seinen Schultern lag. Die denkbar unpassendste Bekleidung bei dieser Hitze, doch während der Pyrenäen-Überquerung hatte er ihm gute Dienste geleistet, und er diente ihm auch jetzt, um den kurzen Degen an seiner Seite zu verbergen, sowie den Dolch, der unter seiner kurzen Wolljacke in einer im Futter eingenähten Scheide steckte.

Mit finsterer Miene beobachtete er den Wirt, der ihm entgegentrat: ein aufgeschwemmter Mann mit einem runden, von einem strahlenden Lächeln erhellten Gesicht.

»Willkommen, Monsieur!«, rief er seinem Gast schon von weitem entgegen, »habt Ihr Gepäck? Ich lasse es sogleich abladen.«

Molinas deutete auf eine große schwarze Truhe auf dem Kutschendach. »Nur diese Truhe dort. Sagt Eurer Dienerschaft, sie soll behutsam damit umgehen. Der Inhalt ist zerbrechlich.«

»Seid unbesorgt, Monsieur!« Der Wirt rief einem alten Hausdiener, der herbeieilte, eine Anweisung zu und zeigte dann auf den Eingang des Gasthauses. »Folgt mir, Monsieur. Wisst Ihr schon, wie lange Ihr bleiben werdet?«

»Nein, aber das hat Euch auch nicht zu interessieren. Jedenfalls wird es kein kürzerer Aufenthalt. Ich werde Euch eine angemessene Vorauszahlung leisten.«

»Aber nein, Monsieur, Ihr habt mich falsch verstanden. Darum ging es mir nicht. Ich habe nur aus reiner Neugier gefragt.« Der Wirt, ein wenig eingeschüchtert, aber dennoch entzückt von der Aussicht auf die Vorauszahlung, ging zur Tür des Gasthofes voran, einem bescheidenen Portal mit einem Vorhang davor, überdacht durch den Balkon des Obergeschosses. Er schob den Vorhang zur Seite und deutete in den Innenraum, aus dem verlockender Bratenduft drang. »Macht es Euch bequem, Monsieur. Ich lasse Euch sogleich das Mittagessen bringen. Die Küche meines Hauses genießt einen ausgezeichneten Ruf, und unser Mirevaulx-Wein braucht keinen Vergleich zu scheuen.«

Molinas blieb auf der Schwelle stehen. »Ist es hier ruhig?«

Der Wirt wirkte plötzlich sehr verlegen. »Nun ja, nicht immer«, räumte er ein. »Ihr müsst wissen, Montpellier hat das Pech, eine Universität zu beherbergen. Wir haben hier einen Haufen Studenten. Aus dem Languedoc kommen sie hierher, aus der ganzen

Provence und sogar aus Spanien und Italien. Und die machen schon ein wenig Lärm, ohne Zweifel...« Mit einer Geste der Hilflosigkeit seufzte er: »Aber so ist das in der ganzen Stadt. Ein ruhigeres Gasthaus als das meine werdet Ihr schwerlich finden.«

Vielleicht hatte der Wirt von dem Fremden ein Zeichen des Unmuts erwartet. Umso erstaunter sah er jetzt, dass der Mann mit dem schwarzen Umhang zum ersten Mal ein Lächeln andeutete. »Kein Problem«, erklärte er nur.

Molinas blickte sich in dem großen Raum um, der als Wirtsstube eingerichtet und auch jetzt schon, am späten Vormittag, gut besucht war. Sogleich fiel ihm die große Zahl ärmlich gekleideter Mädchen und junger Männer auf. Lediglich einige Tische vor dem breiten, erkalteten Kamin waren von besser betuchten Kaufleuten besetzt, älteren Männern, die ins Gespräch vertieft waren. Übertönt vom Lärm in der Schenke, war aus der Küche das Zischen von garendem Fleisch zu hören.

Molinas Blick fiel auf die Girlanden aus Lorbeerzweigen, die an der Kassettendecke hingen. »Bereitet Ihr hier ein Fest vor?«

Der Wirt machte eine unbestimmte Geste mit der rechten Hand. »Nein, das nicht. Aber morgen findet hier die Wahl des Studentenprokurators statt. Ein Amt, das früher Studentenabt, und noch früher gar Studentenkönig hieß.« Das Lächeln verschwand aus seinem Gesicht. »Es heißt, aussichtsreichster Kandidat soll ausgerechnet Monsieur François Rabelais sein. Das wäre eine schöne Bescherung. Er ist der zügelloseste Student in dem ganzen Haufen. Sein Vorgänger, Guillaume Rondelet, war ja auch nicht ohne, aber Rabelais hat in der kurzen Zeit, die er erst hier ist, wirklich schon die verrücktesten Sachen angestellt.

In Molinas' kalten Augen blitzte plötzliches Interesse auf. »Und wie stehen die Chancen für einen gewissen Michel de Nostra-Domina?«

»Für wen? Den Namen habe ich noch nie gehört«, antwortete der Wirt. Dann plötzlich sperrte er den Mund auf: »Oder sprecht Ihr vielleicht von Michel de Notredame?«

»Genau den meine ich«, antwortete Molinas und schloss unwillkürlich ein wenig die Augen.

»Der steht doch, soviel ich weiß, gar nicht zur Wahl. Aber er ist der beste Freund von Rabelais, einer seiner Helfer. Auch so einer von der Sorte. Na, Ihr wisst schon …«

Der Wirt brach ab, weil ein Mädchen mit blondem, ein wenig zerzaustem Haar zu ihnen getreten war. Sie trug eine tief ausgeschnittene Bluse aus Atlasseide, die kaum ihre Brustwarzen bedeckte, hatte Molinas einen Arm um die Schultern gelegt und streichelte jetzt über seinen Umhang. »Warum trägst du dieses schwarze Ding hier? Willst du vor Hitze umkommen? Leg ihn doch ab, dann könnte ich vielleicht auch noch mehr ablegen!«

Noch bevor Molinas etwas erwidern konnte, fuhr der Wirt das Mädchen mit strengem Blick an.

»Scher dich fort. Das ist ein Herr. Der ist nichts für dich und deinesgleichen. Sollte er deine Dienste in Anspruch nehmen wollen, wird er dich schon rufen.«

Das Mädchen zog einen reizenden Schmollmund, ließ die beiden Männer aber sogleich wieder allein. Der Wirt warf seinem Gast einen entschuldigenden Blick zu. »Was soll man machen? So ist das hier in der Stadt. Und im ganzen übrigen Königreich auch. Seitdem die Valois den Thron bestiegen haben, greift die Sittenlosigkeit immer weiter um sich«, erklärte er mit einem Seufzer. Dann, so als sei ihm daran gelegen, das Thema zu wechseln: »Wollt Ihr Euren Umhang wirklich nicht ablegen?«

»Nein.« Molinas deutete auf einen freien Tisch.

»Ich werde dort Platz nehmen. Bringt mir das Mittagessen, danach werde ich mir ein Zimmer aussuchen.«

»Wie Monsieur wünschen.« Der Wirt verbeugte sich und verschwand in der Küche.

Als er am Tisch saß, hatte Molinas Muße, sich ein wenig umzuschauen. Die Taverne schien ein alter, ein wenig hergerichteter Getreidespeicher zu sein: Holzpfeiler, die die Decke abstützten, Strohreste an den hohen Fensterchen, ein offensichtlich neuer Kamin aus Backsteinen. Sein Hauptaugenmerk galt allerdings den anderen Gästen.

Abgesehen von der Gruppe der Kaufleute, die Kleider aus schwarzer Seide und Federhüte trugen, lag das Durchschnittsalter der Gäste wohl kaum über zwanzig. In der Mehrzahl waren es Studenten, die mit einem Schwarm leicht geschürzter Freudenmädchen scherzten und dann und wann, wenn sich die Gelegenheit ergab, auch mit den Händen auf Wanderschaft gingen. Aber es waren auch Soldaten zu sehen, die in ihren engen Kettenhemden mächtig schwitzten, und sogar ein Geistlicher, der, totenbleich im Gesicht, mit zitternden Händen und einem Krug Wein vor sich, dem er heftig zusprach, allein an einem Tisch saß.

Molinas' Blick wanderte zu der Holztreppe, die zum oberen Stockwerk führte, dessen Brüstung den gesamten Raum umlief. Gewiss hätten die Huren, die nicht ausnahmslos jung und hübsch waren, nur zu gern einen Gast nach oben geführt; doch die Studenten schienen sich ebenso wie die Soldaten mit gepfefferten Witzen und gelegentlichem Tätscheln zufrieden zu geben. Außerdem stand auf jedem Tisch, bis auf dem der Kaufleute, nur eine einzige Karaffe Wein, umringt von zahlreichen Bechern. Geld schien hier wirklich nicht im Überfluss vorhanden.

Plötzlich hörte man Stimmengewirr von draußen. Molinas blickte zur Tür. Eine Schar Studenten stürmte herein. Sie lärmten und lachten, und ihre fröhlichen Gesichter bildeten einen auffallenden Kontrast zu ihren strengen dunkelroten Gewändern, deren einziger Schmuck die breiten Krägen aus weißem Atlas waren.

Der Anführer der Gruppe schob seinen breitkrempigen Hut in den Nacken. »Hört mal her, Freunde. Vom vielen Studieren platzt uns noch der Schädel. Was kann man dagegen tun? Ich jedenfalls kenne nur zwei Mittel: einen Krug Wein und den einladenden Schoß einer Frau. Hab ich Recht, Michel?«

»Absolut, François.«

Molinas' scharfer Blick richtete sich auf die beiden jungen Männer, die gesprochen hatten. Jener, den sie François genannt hatten, schien ein wenig älter zu sein als seine Kumpane. Er hatte ein rundes intelligentes Gesicht, glänzende braune Augen und einen naschhaft wirkenden Mund unter einem dichten schwarzen Schnurrbart. Die langen Haare fielen ihm lockig auf die Schultern.

Michel war kleiner und dünner, trug einen kurz geschnittenen Bart, und obwohl seine grauen Augen fröhlich blitzten, hatten sie doch eher strengen, wenn nicht gar düsteren Schnitt. Sein noch jugendliches Alter ließ sich an geröteten Wangen und an der hohen, faltenlosen Stirn ablesen. Sein ganzes Verhalten wirkte jedoch gesetzter als das seiner Freunde, und die Lippen unter dem dünnen, an den Enden breitauslaufenden Schnurrbart waren schmal und blutleer.

Die Neuankömmlinge hatten kaum an einem langen Tisch Platz genommen, da ließen die Freudenmädchen die anderen Gäste stehen und gesellten sich zu ihnen. Auch einige Mägde taten es ihnen nach. François streckte gleich die Hände zu den üppigen Brüsten eines der Mädchen aus.

»Komm zu mir, Corinne, du musst mich trösten«, rief er in gespielter Verzweiflung. »Du weißt ja gar nicht, wie sehr ich mich nach dir sehne!«

Das blonde Mädchen mit den aufreizenden weiblichen Rundungen konnte sich gerade noch rechtzeitig seinem Griff entziehen. »Finger weg, Monsieur Rabelais. Ihr kennt doch die Regeln. Erst die Bezahlung, dann stehe ich Euch zu Diensten.« Und mit diesen Worten löste Corinne, sich vorgeblich schützend, ein wenig die Schnur, die den Ausschnitt ihrer Bluse zusammenhielt, und zeigte die Furche zwischen ihren drallen rosigen Brüsten.

»Aber ich möchte doch nur mal kosten. Das ist schließlich mein gutes Recht«, beklagte sich François schmunzelnd.

»Mein Freund, du scheinst zu vergessen, dass du vor nicht allzu langer Zeit noch Mönch warst«, mischte sich Michel in amüsiertem Ton ein. Mit gespielter Ernsthaftigkeit strich er sich den Bart und legte die Fingerspitzen zusammen, während er fortfuhr: »Ich fühle mich moralisch verpflichtet, dich an dein Keuschheitsgelübde zu erinnern.

François brach in schallendes Gelächter aus. »Keuschheit? Michel, mein lieber Freund, man merkt wirklich, dass du noch nie einen Fuß in ein Kloster gesetzt hast. Die einzige Beschränkung, die den Mönchen auferlegt ist, besteht in der erschreckenden Hässlichkeit der Mehrzahl von ihnen – und natürlich der Frauen, mit denen sie sich umgeben.« Er zeigte auf Corinne, die vor ihm stand und die Hände schelmisch in die breiten Hüften stemmte, so dass ihre vollen Brüste gut zur Geltung kamen. »In den Klöstern, in denen ich war, würde unsere Freundin jedenfalls niemals Einlass finden. Dafür ist sie viel zu schön und viel zu tugendhaft.«

Die ganze Studentenschar brach in schallendes Gelächter aus, das so ansteckend war, dass selbst Corinne sich die Tränen aus den Augen wischen musste. Im ganzen Saal waren Molinas und der Geistliche mit den zitternden Händen die einzigen, die ernst blieben. Letzterer schenkte sich schnell den Becher noch einmal voll, so als müsse er vergessen, was er soeben gehört hatte. Seine gerötete Stirn war über und über mit Schweißperlen besetzt.

Als sich das Gelächter ein wenig gelegt hatte, sagte einer der Studenten, ein dürrer Kerl mit schütterem blonden Haar, langsam, so als spräche er zu sich selbst:

»Zum Glück sind wir hier in Montpellier und nicht in Toulouse. Dort säßen wir jetzt alle längst schon im Käfig der Gotteslästerer.«

Niemand antwortete ihm, denn der Wirt war erschienen und verteilte einige Weinkrüge auf dem Tisch. Aber die gelöste Stimmung war vollkommen verflogen. Rabelais wartete nicht auf die Becher, griff sich einen Krug und führte ihn an die Lippen. Dann sagte er, während er sich mit dem Handrücken den Schnurrbart abwischte.

»Antoine hat Recht. Toulouse ist die Hauptstadt des Fanatismus. Kein Wunder! Die Inquisition herrscht dort schon seit dreihundert Jahren.«

Bei dem Wort »Inquisition« zuckte Molinas zusammen. Dem Wirt, der ihm gerade einen Teller mit Kalbsbraten in einer Tunke aus Essig, Zucker und Zimt sowie einen Krug Rotwein brachte, schenkte er gar keine Beachtung. Der Mann sagte etwas zu ihm, aber er hörte nicht hin. Mit den Ohren war er ganz bei dem langen Tisch, an dem die Studenten saßen.

Rabelais hatte sich zu Michel umgedreht: »Du kannst ja ein Lied davon singen, nicht wahr? Bevor du zu uns nach Montpellier kamst, hast du doch in Toulouse studiert.«

»Studiert ist vielleicht nicht der richtige Ausdruck«, antwortete Michel achselzuckend. »Aber ihr beide, Antoine Saporta und du, habt schon ins Schwarze getroffen. In Toulouse beherrscht die Inquisition jeden Aspekt des täglichen Lebens. Und die Universität macht da keine Ausnahme. Die Professoren behalten ihre Erkenntnisse für sich, aus Angst, der Ketzerei beschuldigt zu werden. Jede Disziplin hat sich an den Worten der Bibel auszurichten, egal wie absurd das sein mag, oder aber an den Lehren der wenigen griechischen Philosophen, die mit der christlichen Lehre in Übereinstimmung zu bringen sind. Und das ist ja praktisch nur Aristoteles. Man lebt dort in ständiger Furcht, und der Käfig der Gotteslästerer ist nur das sichtbarste Zeichen der allgemeinen Unterdrückung.«

Düsteres Schweigen legte sich über den langen Tisch. Die Huren und Mägde spürten, dass die Stimmung umgeschlagen war, und zogen sich still zurück. Nur Corinne stand immer noch an ihrem Platz, obwohl niemand mehr ihrer üppigen Schönheit Beachtung schenkte. »Wenn das Leben in Toulouse wirklich so bedrückend ist, hat dort bestimmt niemand mehr Lust, sich ein Mädchen zu nehmen«, bemerkte sie traurig.

Michel nickte: »Genau so ist es. Vielleicht tut man es heimlich, aber wehe dem, der dabei entdeckt wird. Ein winziger Fehltritt reicht, um wegen Unzucht oder Ketzerei angeklagt zu werden. Viele werden am Ende zwar freigesprochen, aber erst nachdem sie Foltern über sich ergehen lassen mussten, die ihnen jegliche

Lust am Leben austreiben. Folterungen, von denen häufig auch Freunde und Bekannte nicht verschont bleiben.«

Rabelais schien tief betroffen. Er senkte die Stimme:

»Michel, du bist aus einer jüdischen Familie ...«

»Ich bin ein guter Christ!«

»Gewiss. Aber dein Großvater war Jude. Du hast selbst erzählt, dass er so um 1450 herum zum christlichen Glauben übergetreten ist ...«

»Das habe ich erzählt?« Michel schien verwundert und auch ein wenig erschrocken.

»Ja. Erinnerst du dich nicht mehr? Das war vergangene Woche, nach der Prozession. Du warst derart betrunken, dass du dich kaum auf den Beinen halten konntest. Wir haben uns über das Judentum unterhalten, und irgendwann hast du dann deine Familiengeschichte erzählt. Robinet, warst du nicht auch dabei?«

Ein hagerer Student mit kantigen Gesichtszügen nickte zustimmend. »Wir waren doch zu mehreren, darunter auch einige verdächtige Gestalten.«

»Hier lässt man konvertierte Juden ja weitgehend in Ruhe«, fuhr Rabelais fort, »aber in Spanien sieht das anders aus. Und Spanien ist nicht weit.«

»Warum willst du mir Angst machen? Es ist doch jetzt schon fast ein Jahrhundert vergangen, seit sich die Sippe der de Notredame vom Judentum gelöst hat.« Michel war dermaßen aufgebracht, dass er ins Stammeln geriet. »Ich bin ein leidenschaftlicher Christ, ebenso wie mein Vater! Und mein Bruder Jehan steht an vorderster Front im Kampf gegen die Hugenotten!«

»Schon gut, schon gut.« Rabelais hob beschwichtigend die Hände. »Ich wollte dich nur zur Vorsicht gemahnen, wenn du deine Vorfahren erwähnst. Es heißt, die spanische Inquisition hat ihre Spitzel überall, und die so genannten Familiaren ...«

»Aber hier sind wir in Frankreich.«

»Sicher, aber du wirst doch wohl auch von Juan de Pedro Sanchez gehört haben. Vor vielleicht vierzig Jahren hat er Zuflucht in der Provence gesucht, nachdem er an der Ermordung des Inquisitors von Saragossa, Arbués, beteiligt war. Ein Student in Diensten der spanischen Inquisition hat ihn ausfindig gemacht und an die Inquisitoren von Toulouse verraten. Wie durch ein Wunder konnte er seiner Verhaftung entkommen, aber er wurde *in effigie* auf dem Scheiterhaufen verbrannt, und sein gesamter Besitz beschlagnahmt.«

»Es gab da noch einen anderen. Der hatte weniger Glück«, fügte Robinet hinzu. »Gaspar de Santa Cruz hieß er. Auch er geriet in Verdacht, mit der Ermordung von Arbués zu tun zu haben. Er flüchtete in die Provence, wo er drei Jahre später starb. Aber die spanische Inquisition verhaftete seinen Sohn und zwang ihn, in ihre Dienste zu treten. Immerhin hat man ihm noch gestattet, den Leichnam seines Vaters auszugraben und in die spanische Heimat zu überführen. Nur durfte er ihn dort nicht mit allen Ehren bestatten, sondern war gezwungen, mit anzusehen, wie er auf dem Kirchplatz in Saragossa in aller Öffentlichkeit geschmäht und verbrannt wurde.«

»Michel, verstehst du, was wir dir damit sagen wollen?« schaltete sich Rabelais wieder ein. »Die spanische Inquisition hat ihre Augen überall, und die von Toulouse arbeitet Hand in Hand mit ihr. Eine Zusammenarbeit fanatischer und ignoranter Ungeheuer.«

»Ja, das mag ja alles stimmen, aber ich habe doch nichts zu befürchten«, brauste Michel auf, so als fühlte er sich von seinen Freunden gezwungen, Tatsachen anzuerkennen, die er selbst lieber verdrängte.

Rabelais seufzte. »Reg dich nicht so auf und lass mich ausreden. Du bist doch nicht nur wegen deiner Herkunft in Gefahr. Schließlich ist es kein Geheimnis, was du vor drei Jahren in Bordeaux getrieben hast.«

Michel schien verwundert. »In Bordeaux? Wieso? Dort habe ich nichts weiter getan, als die Pest zu bekämpfen!«

»Ja, aber mit wem…? Ich kann's dir sagen. Zusammen mit

Ulrich von Mainz. Oder willst du vielleicht leugnen, dass du sein Gehilfe warst?«

Michel erbleichte. »Was willst du damit sagen?«

»Na, du bist vielleicht naiv!« In gespielter Verzweiflung hob Rabelais die Augen zum Himmel und nickte Rondelet zu. »Erklär du es ihm, Guillaume!«

Der Angesprochene legte die Stirn in Falten und blickte Michel eine Weile an, bevor er sagte: »Ulrich von Mainz gilt als Seher und Geisterbeschwörer. Die Inquisition beschäftigt sich schon seit längerem mit ihm. Du willst mir doch nicht weismachen, dass du davon nichts wusstest?«

Michel zuckte die Achseln. »In Bordeaux war er jedenfalls als Arzt tätig. Ich habe viel von ihm gelernt.«

»Und auf welchem Gebiet? Doch nicht nur auf dem der Medizin?«

Zum ersten Mal schien Michel jetzt wirklich in Verlegenheit. Er brauchte einige Augenblicke, um sich zu sammeln, und antwortete dann:

»Ich weiß wirklich nicht, worauf du hinaus willst.«

»Ganz einfach, du bist dabei, dir den Ruf eines Schwarzkünstlers einzuhandeln«, antwortete ihm Rabelais. »In der Vorlesung hast du sogar ein Werk dieses Ptolemäus erwähnt. Wie heißt es doch gleich?«

»*Tetrabiblos.* Aber das ist doch nur ein einfacher astrologischer Text.«

»Sicher, Astrologie. Aber pass nur auf! In der Aula waren auch Dominikaner. Und für die laufen natürliche Magie, zeremonielle Magie und Astrologie auf das Gleiche hinaus. Alle drei sind für sie dämonische Wissenschaften. Denk dran, dass der Bischof von Rieux, Jehan de Pins, in Toulouse im Kerker sitzt und ihm der Scheiterhaufen droht, nur weil er einen Brief in griechischer Schrift erhalten hat. Und dass Jehan de Cahors wegen noch geringerer Vergehen unter Anklage steht. Unsere Inquisitoren werden den spanischen immer ähnlicher.«

Michel war dieses Gesprächsthema offensichtlich leid. Er gab seinen Widerstand auf und erklärte nickend: »Ja, du hast Recht. Ich werde vorsichtiger sein.« Aber es war nur allzu deutlich, dass er das nur sagte, um das Gespräch zu beenden. Die Stimmung in der Runde hatte ihren Tiefpunkt erreicht.

Zum Glück hatte der Wirt inzwischen auch die Becher gebracht, und alle machten sich über den Wein her. Nicht lange, und die allgemeine gute Laune war wiederhergestellt. Ein dicklicher, kräftig gebauter Student hob seinen Zinnbecher.

»Lasst uns auf Montpellier anstoßen, das Reich der Freiheit, wo alle Ehemänner Hörner tragen und alle Frauen von den Studenten träumen.«

»Monsieur Rondelet«, erwiderte Corinne spöttisch, »hier werden den Ehemännern aber auch mit Gewalt Hörner aufgesetzt. Wie man hört, habt ihr Studenten vor ein paar Tagen die Tür eines Hauses eingetreten und die junge Hausherrin mit Gewalt vom ehelichen Lager gezerrt.«

»Wer? Wir?« rief Rabelais sogleich, zog eine Augenbraue hoch und verschluckte sich fast an dem Wein, den er gerade trinken wollte. »Wir sind unschuldig wie die Lämmer. Als diese Tat geschah, haben wir bereits seit Stunden geschlafen.«

Antoine Saporta nickte bestätigend. »Und außerdem hatte der Ehemann die Prügel verdient. Da hat er eine so schöne Frau und schläft in einer anderen Kammer.«

Corinne schüttelte den Kopf. »Nach allem was ich weiß, hätte die Frau eine schlimme Viertelstunde erlebt, wenn die Wache nicht eingegriffen hätte.«

»Du meinst wohl eine *schöne* Viertelstunde«, antwortete Rabelais. »Was ist denn die Pflicht eines Medizinstudenten? Den Notleidenden beizustehen. Und diese Frau war notleidend, weil ihre Natur nicht so regelmäßig bewässert wurde, wie Hippokrates es vorschreibt. Und die Schelme, die den Streich ausgeheckt haben, hatten ja nichts anderes im Sinne, als sie zu bewässern. Was soll daran schlimm sein?«

Corinne murmelte amüsiert irgendetwas, was Molinas nicht verstehen konnte, und löste damit schallendes Gelächter aus. Der Mann mit dem schwarzen Umhang hatte aufmerksam zugehört, als die Studenten über die Inquisition in Spanien und ihre Familiaren zu reden begannen, und vor allem, als sie auf das repressive Klima in Toulouse kamen. Ein unvergessliches Bild war vor seinem geistigen Auge erschienen. Er war erst vier Jahre alt gewesen, als der Inquisitor Arbués im September 1485 getötet wurde. Dennoch erinnerte er sich noch gut daran, wie der entfesselte Pöbel von Saragossa johlend durch die Straßen der Stadt zog und Jagd auf die Juden machte, egal ob sie konvertiert waren oder nicht.

Sein Vater, der an der Hatz teilnahm, hatte ihm, dem kleinen Jungen, stolz die Jagdtrophäen gezeigt: zwei lange Reihen von Juden und *conversos* aller Altersstufen, die von der Menge verhöhnt und bespuckt, zur Kirche La Seo geführt wurden. In seiner Erinnerung folgten nun nur flüchtige Bilder. Das unendliche Entsetzen der Gefangenen, als sie sich einer Reihe von Pfählen gegenübersahen. Ihre kurzfristige Erleichterung, als sie erkannten, dass es keinen Scheiterhaufen gab. Und dann das unvorstellbare Grauen, als ihnen bewusst wurde, welche Art von Strafe man für sie vorgesehen hatte: Sie sollten mit der rechten Hand an den Pfahl genagelt werden. Nicht lange, und ihre Schmerzensschreie übertönten das fröhliche Lärmen der Zuschauer, bis irgendwann der Erzbischof von Saragossa mit seiner Eskorte herangeritten kam und das Martyrium beendete. Die Inquisition werde für eine gerechte Strafe Sorge tragen, versprach er der Menge. Eine Strafe, die subtiler aber auch grausamer war als die des Volkes…

Molinas verscheuchte die Bilder. Doch es gelang ihm nicht, seine Aufmerksamkeit wieder ganz dem Tisch der Studenten zuzuwenden, wie er eigentlich wollte. Der Geistliche, der nebenan allein an seinem Tisch saß, hatte ein seltsames Geräusch von sich gegeben, so als müsse er sich erbrechen. Seine Hände zitterten so stark, dass ihm der Krug aus den Händen glitt und scheppernd zu

Boden fiel. Er bückte sich danach, versuchte, sich wieder aufzurichten, sackte wieder in sich zusammen, und sank mit geschlossenen Augen zu Boden.

Molinas hatte die Szene verwundert beobachtet und rührte sich nicht vom Fleck. Die Studenten hingegen sprangen alle auf. Rabelais war als Erster bei dem reglos am Boden liegenden Mann, kniete neben ihm nieder und öffnete ihm das Hemd. Seine Finger tasteten den Oberkörper des Mannes ab, während Michel dessen Arme auseinander zog.

Plötzlich zog François erschrocken die Hände zurück. Er brauchte einige Sekunden, um sich aufzurichten, und deutete dann auf den Geistlichen zu seinen Füßen.

»Messieurs«, erklärte er mit belegter Stimme. »Dieser Mann hat die Pest.«

# Die Seuche

Alle Glocken von Montpellier läuteten Sturm. Unter dem großen Zelt, das man vor der Kirche Saint-Firmin als provisorisches Lazarett errichtet hatte, kümmerte sich Antoine Romier schon seit drei Tagen um die Pestkranken. Doch die Ärzte konnten wenig ausrichten. Es gab schon Hunderte von Opfern jedes Geschlechts, Alters und Ranges. In mit Blut und Eiter besudelte Tücher gewickelt, lagen sie auf Strohlagern, die man auf der nackten Erde aufgeschüttet hatte, klagten trotz der glühenden Sommerhitze über Kälte und warteten auf den Tod. Zwischen den Patienten eilten mit besorgten Mienen die Medizinstudenten hin und her und schienen jegliche Unbeschwertheit verloren und die freizügigen Gespräche vielleicht für immer vergessen zu haben, die einmal ihr liebster Zeitvertreib gewesen waren.

Antoine Romier, ein großer, kräftig gebauter Mann mit tiefroter Gesichtsfarbe und einem langen Bart, der ihm bis zur Brust reichte, war jetzt gerade dabei, penetrant riechende Baumwolllappen an seine Studenten zu verteilen. »Nehmt das. Die sind in Aloesaft getränkt. Das reinigt die Atemwege. Ich will in einer Lage wie dieser keinen von euch verlieren. Und vergesst nicht, immer eine Knoblauchzehe im Mund zu haben.«

Als Michel an der Reihe war, nahm er den Lappen entgegen, schüttelte aber den Kopf. »Ich will Euch ja nicht widersprechen, Maître, aber ich glaube nicht, dass diese Essenz irgendetwas nützt. Ihr seht es doch selbst. Seit drei Tagen bewegen wir uns schon unter den Kranken, und doch hat sich keiner von uns angesteckt. Dafür muss es einen Grund geben.«

Erschöpft von den Anstrengungen und gereizt durch die Hitze, reagierte Romier mit einem Wutausbruch. »Hört euch diesen

Klugscheißer an. Was glaubt Ihr, wer Ihr seid, Monsieur de Notredame. Aber bitte, erklärt Ihr mir doch den Grund. Ich hänge an Euren Lippen.«

Michel erbleichte, dachte aber nicht daran, mit seiner Meinung hinter dem Berg zu halten. Er schluckte und sagte dann:

»Meiner Ansicht nach sind wir nur deshalb besser gegen die Seuche gefeit, weil wir mehr als diese armen Leute auf Reinlichkeit achten. Auch wenn wir uns unter den Kranken bewegen, so leben wir doch in Häusern, die frei von Ratten oder Flöhen sind. Und außerdem waschen wir uns viel öfter, als es diese hier tun.«

Romier brach in freudloses Gelächter aus: »Hört, hört, was für eine geniale Entdeckung, Monsieur de Notredame! Warum glaubt Ihr wohl, habe ich euch geraten, eure Körper mit Essig einzureiben. Auch ich weiß, dass Reinlichkeit vor Ansteckung schützt. Haltet Ihr mich für einen kompletten Idioten?«

Obwohl einigermaßen eingeschüchtert, wagte Michel, den Kopf zu schütteln. »Das ist kein Heilmittel, das man der ganzen Stadt verschreiben könnte. Aber denkt bitte nicht, ich würde Eure Weisheit in Zweifel ziehen. Ihr seid der einzige Dozent an unserer Universität, der sich dagegen wendet, die Pest zu einer Strafe Gottes zu erklären, die aus Persien eingeschleppt wurde. Und Ihr seid auch der einzige, der es uns gestattet, Leichname zu sezieren.« Als er sah, dass sich die Züge seines Professors entspannten, erkühnte er sich, sogar noch weiter zu gehen. »Ich würde vorschlagen, die Leute nicht nur zu größerer Sauberkeit anzuhalten, sondern auch, alle Leichen zu verbrennen oder tief in der Erde zu begraben. Ich könnte mir nämlich vorstellen, dass die Massengräber, die nur mit einer dünnen Schicht Erde bedeckt werden, die Luft verpesten.«

»Die Leichen verbrennen? Ja, habt Ihr den Verstand verloren? Die Pfaffen würden Sturm dagegen laufen. Es fällt mir schon schwer genug, ihnen klar zu machen, dass die Ansteckung über die Luft erfolgt«, schmetterte Romier Michels Vorschlag ab. »Jetzt nehmt eure Lappen und atmet den Duft tief ein, der eure Schleimhäute anfeuchten wird. Und dann wieder an die Arbeit.«

Michel deutete eine Verbeugung an und machte Anstalten sich zu entfernen. Doch genau in jenem Moment hörte man leises Hufgeklapper auf dem Kopfsteinpflaster. Ein Offizier der Königlichen Garde von Louis de Brézé, den Degen an der Seite und einen breiten Federhut auf dem Kopf, sprengte heran und sprang behände aus dem Sattel, dass der lange Umhang flatterte. Er schien Antoine Romier zu kennen, denn er schritt ohne Zögern auf ihn zu.

»Die Pest hat auch Toulouse erreicht«, erklärte er keuchend, ohne lange Zeit mit Begrüßungen zu verlieren. »Mein Senneschall ersucht Euch, Euch sogleich dorthin zu begeben. Ihr sollt alle notwendigen Maßnahmen ergreifen, bevor sich die Seuche in ganz Südfrankreich ausbreitet.«

Romier wischte sich den Schweiß von der Stirn und antwortete dann mit einer ausladenden Handbewegung. »Schaut Euch um, Monsieur Capitaine. Die Bürger von Montpellier sterben wie die Fliegen. Was soll ich in Toulouse? Ich werde hier gebraucht.«

»Weil die Kinder des Königs von Frankreich durch Toulouse reisen werden.« Der Offizier nahm seinen Hut ab, so als erfordere allein schon die Erwähnung des Monarchen eine Ehrfurchtsbezeigung, und fuhr dann fort. »Versteht Ihr, Maître Romier? Die Prinzen werden in diesen Tagen freigelassen und in Kürze die Pyrenäen überqueren.«

Gemurmel erhob sich unter den Medizinstudenten, die nahe genug standen, um das Gespräch mitzuhören. Nachdem Kaiser Karl V. seinen französischen Widersacher Franz I. in der Schlacht von Pavia vernichtend geschlagen und lange Zeit gefangen gehalten hatte, war der Habsburger schließlich zu einer Freilassung bereit gewesen, doch nur im Tausch gegen zwei Geiseln: die Kinder des Königs, den achtjährigen Thronfolger Franz und den siebenjährigen Heinrich von Orleans. Seit drei Jahren gab es keine Kirche in Frankreich, in der nicht für ihre Freilassung gebetet wurde und keine Frau, die nicht das traurige Schicksal der Kinder beweint hätte, die in der spanischen Festung Pedraza de la Sierra gefangen gehalten wurden. Man wusste, dass seit dem Sommer endlich Verhandlungen über die Freilassung der Kinder in Gang gekommen waren, und dass bei Cambrai ein entscheidendes Treffen zweier gleichermaßen resoluter Frauen stattgefunden hatte: zwischen der Königsmutter Luise von Savoyen, Gräfin von Angoulême, und der Erzherzogin Margarete von Österreich, der habsburgischen Generalstatthalterin in den Niederlanden. Die Unterredung hatte einen glücklichen Ausgang genommen, aber die Freilassung der Geiseln verzögerte sich nun schon seit einem Jahr. Anscheinend schien sich der Kaiser nun doch endlich entschieden zu haben.

Antoine Romier fuhr sich mit der Hand durch sein langes graues Haar.

»Ich verstehe. Nun gut, ich werde mich meinen Verpflichtungen nicht entziehen. Wann gedenkt Ihr aufzubrechen?«

»Auf der Stelle.«

»Einverstanden. Ich gehe nur noch schnell nach Hause, um meine Sachen zu packen.« Der Arzt blickte sich um. »Wo ist der Studentenprokurator?«

»Hier bin ich.« Ein schweißgebadeter Rabelais war gerade damit beschäftigt, einen spindeldürren jungen Mann, dessen Achselhöhlen mit Beulen übersät waren, auf ein trockenes noch nicht mit Eiter besudeltes Strohlager zu betten. Er vertraute den Totkranken einem Kollegen an und eilte zu seinem Maître. »Zu Diensten.«

Romier blickte dem jungen Mann fest in die Augen. »Nun werdet Ihr Gelegenheit haben, mir Euer Können zu beweisen. Ich werde einige Tage verreisen und übertrage Euch hiermit die volle Verantwortung für die Versorgung der Patienten und die Durchführung der hygienischen Maßnahmen. Ihr wart mir immer ein gelehriger Schüler, und ich bin mir gewiss, dass Ihr mich nicht enttäuschen werdet.« Er blickte in die Runde. »Keiner von Euch wird mich enttäuschen.«

In Rabelais' Augen zeigte sich gelindes Erstaunen. Er hütete sich jedoch, dem Ausdruck zu geben.

»Ich werde tun, wie Ihr befehlt, Maître Romier. Doch möchte ich Euch darauf hinweisen, dass es hier in Montpellier ältere, sehr angesehene Ärzte gibt. Ich bin mir nicht sicher, ob diese den Anweisungen eines einfachen Studenten Folge leisten werden.«

»Überlasst das mir. Ich vertraue jedenfalls nur Vertretern meiner Schule, Ärzten, die die Pest nicht als Strafe Gottes ansehen«, erwiderte Romier trocken. »Ich werde noch vor meiner Abreise die Obrigkeit informieren – falls es mir gelingt, herauszufinden, wohin sie sich verkrochen haben – und ihnen mitteilen lassen, dass ich Euch die Bekämpfung der Seuche und die Koordination der Quarantänemaßnahmen übertragen habe.« Er wandte sich an den Offizier. »Ich stehe zu Eurer Verfügung, Monsieur. Begleitet mich zu meinem Haus. Wenn wir innerhalb der nächsten Stunde aufbrechen, können wir Toulouse noch vor dem Abend erreichen.«

Der Arzt und der Offizier, welcher sein Pferd am Zügel führte, entfernten sich gemeinsam in Richtung der Gassen hinter der Kirche Saint-Firmin. Rabelais wartete, bis sie außer Sichtweite waren, und wandte sich dann an Michel, der einige Meter entfernt an einem großen Kessel mit kochendem Wasser stand und das Gespräch verfolgt hatte.

»Mein Freund, ich glaube jetzt brauche ich dich wirklich.«

Michel hatte nur auf etwas in dieser Art gewartet. Es fiel ihm nicht leicht, das zuzugeben, auch nicht sich selbst gegenüber, doch sein fast schon krankhafter Ehrgeiz und sein unerschütterliches Vertrauen in seine eigenen Fähigkeiten verlangten immer wieder nach Anerkennung. Als er vernommen hatte, dass Rabelais Romier ersetzen würde, hatte er einen Anflug von Neid nicht unterdrücken können. Als sein Freund ihn jetzt ansprach, hob er sogleich den Kopf und meinte abwehrend. »Ach, du schaffst das schon sehr gut allein.«

Rabelais legte die Stirn in Falten. »Willst du mich auf den Arm nehmen? In Bordeaux hast du doch Erfahrung mit der Pest gemacht. Ich weiß, dass du sehr klare Vorstellungen davon hast, wie sie zu bekämpfen ist. Also, was willst du mehr? Jetzt hast du Gelegenheit, sie in die Tat umzusetzen.«

Sie wurden vom Rattern einiger Pferdekarren unterbrochen, die gerade voll beladen mit Kranken den Platz erreichten. Der Ekel erregende Gestank, der sich, begünstigt durch die stehende Luft und die ungesunde Hitze, unter dem Zeltdach ausgebreitet hatte, wurde noch intensiver durch die stinkenden Schwaden, die das schmutzige Straßenpflaster in der Mittagshitze ausdünstete.

Ein vielstimmiges Stöhnen kam von den Karren, auf denen dicht gedrängt die halb nackten, von Eiterbeulen entstellten Leiber übereinander lagen. Manche waren wahrscheinlich schon tot, doch angesichts der Totenblässe aller Leiber war es fast unmöglich, die Lebenden von den Toten zu unterscheiden. Das einzig sichere Unterscheidungsmerkmal war der bellende Husten, der immer wieder die Brust der Kranken zerriss und den grotesken Anschein strotzender Vitalität erweckte.

Ein Blick genügte, um festzustellen, dass unter dem Zeltdach nicht genügend Strohlager für alle Sterbenden vorhanden waren. Dessen ungeachtet machten sich die freiwilligen Helfer, in der Provence *alarbres* genannt, in ihren weißen, bis zu den Füßen reichenden Gewändern und den Flakons mit Bernstein- und Moschusessenz um den Hals, sogleich daran, alle Karren abzuladen. Rabelais sprang dazwischen und herrschte die Männer schreiend an, sie sollten gefälligst auf seine Anweisungen warten. Er zuckte zusammen, als Michel ihm eine Hand auf die Schulter legte.

»Was willst du denn?«, fuhr er ihn an.

»Nimm sie getrost auf, auch wenn wir nicht genügend Strohlager haben. Die Lebenden sind nicht unser Problem, sondern die Toten.«

»Was soll das heißen?«

Michel deutete auf einen weiteren Karren am Ende des Platzes, der für den Abtransport der Verstorbenen vorgesehen war: »Wir begraben die Leichen immer noch unter einer dünnen Schicht Erde. Meiner Meinung nach müssten die Massengräber mit Kalk bedeckt werden. Außerdem glaube ich nicht, dass wir wirklich Strohlager für alle Patienten brauchen. Verunreinigt wie sie sind, begünstigen sie doch nur die Ansteckung. Es würde schon etwas helfen, wenn wir für jeden Kranken eine saubere Decke hätten.«

Rabelais starrte ihn mit offenem Mund an. »Ja glaubst du denn wirklich, die Seuche würde sich über die Luft oder den Körperkontakt ausbreiten? Abgesehen von deinem Romier unterstützt keine medizinische Schule Europas etwas in der Art. Die Schmach, die der Papst vor drei Jahren erfahren musste, als die Landsknechte Rom verwüsteten, könnte Gott dazu veranlasst haben …«

»Was ist in dich gefahren? Ich dachte, du gehörst zu uns?«, unterbrach ihn Michel und schüttelte heftig den Kopf. »Gott verbreitet keine Krankheiten. Wenn schon, dann der Teufel. Aber wie dem auch sei, du selbst hast mich vorhin noch aufgefordert, meine Theorien in die Praxis umzusetzen. War das nun dein Ernst oder wolltest du mich bloß foppen?«

Rabelais stutzte einen Augenblick und sagte achselzuckend: »Das war ernst gemeint. Tu, was du für richtig hältst.« Aus den Augenwinkeln beobachtete er die *alarbres,* die ausgenutzt hatten, dass er einen Moment abgelenkt war und wieder damit begonnen hatten, ihre Fracht recht unsanft von den Karren abzuladen. »He, ihr da, wartet einen Moment!«

Michel verließ das Zelt und tauchte im Laufschritt in die Gassen Montpelliers ein. Überall waren die Türen verrammelt. Auch der Eingang des Wirtshauses *La Soche* war verschlossen. Entschlossen pochte er gegen die Türbretter, bis endlich vom Balkon darüber eine erzürnte Stimme herunter rief: »Michel, scher dich fort! Wir bedienen keine Kunden, solange die Pest wütet. Wie kannst du nur in einer solchen Situation Lust auf die Liebe haben?«

Es war Corinne. Leicht amüsiert trat Michel einige Schritte

zurück, bis er das Mädchen sehen konnte, das sich hinter den Läden der Balkontür halb verborgen hielt. »Corinne, wir brauchen deine Hilfe«, schrie Michel hinauf. »Du und deine Freundinnen, stellt Töpfe mit Wasser aufs Feuer und kocht darin alle Leintücher aus, die ihr finden könnt, und bringt sie dann zum Zelt vor Saint-Firmin. Hast du mich verstanden?«

Mit verwunderter Miene trat Corinne aus ihrem Versteck hervor. »Was soll das nützen? Es heißt doch, die Pest ist eine Strafe Gottes für unsere Sünden.«

Michel konnte sich ein Lächeln nicht verkneifen. »Wenn das wahr wäre, müsstet ihr alle schon längst tot sein.« Er war sich bewusst, wie paradox seine Worte waren. Die käufliche Liebe wurde zwar theoretisch von allen Seiten verdammt, im Grunde aber bloß von einigen protestantischen Eiferern für eine Sünde gehalten. Kein geringerer als der katholische König Franz I. hielt sich an seinem Hof eine vielköpfige Schar von *filles de joie de cour* unter dem Regiment der Madame Cécile de Viefville, um die Gelüste seiner Höflinge zu befriedigen. »Frag nicht so viel und tu, worum ich dich bitte. Ich versichere dir, die gesamte Stadt wird es euch danken.«

Corinne dachte noch ein Weilchen nach und nickte dann.

»Einverstanden. Wir bringen euch die Tücher vorbei, sobald sie trocken sind.«

Erleichtert verabschiedete sich Michel und machte sich wieder auf den Weg. Er ging aber nicht zum Kirchplatz von Saint-Firmin zurück, sondern bog hinter dem Gebäude der medizinischen Fakultät in die ziemlich breite Straße ein, die von dort zur Kathedrale Saint-Pierre führte.

Obwohl überall die gleiche Trostlosigkeit herrschte und die von der schon tief stehenden Nachmittagssonne beschienenen Fußwege wie ausgestorben waren, fühlte er sich keineswegs niedergeschlagen. Zum ersten Mal hatte er eine Gelegenheit, seine Fähigkeiten und Kenntnisse unter Beweis zu stellen, die er sich im Laufe der Jahre durch Reisen und nicht immer erlaubte Lektüre erworben hatte. Er verspürte eine große Genugtuung. Während seiner gesamten Kindheit hatte er erlebt, unter welch demütigenden Umständen viele Juden leben mussten, auch wenn sie zum Christentum übergetreten waren. Das möglicherweise opportunische Bekenntnis zum Christentum seines Vaters, das sehr viel aufrichtigere von ihm selbst und das geradezu fanatische von Jehan und seinen anderen Geschwistern, schützte ihn nicht vor der Beklemmung, die ihn jedes Mal überkam, wenn er einen Fuß außerhalb des vom päpstlichen Legaten mit sanfter Hand regierten Teils der Provence setzen musste und dort miterlebte, wie der Pöbel die Angehörigen jenes Volkes schikanierte, von dem auch seine eigenen Vorfahren abstammten.

Besonders schlimm ging es an den christlichen Festtagen zu. Im übrigen Frankreich, ja fast überall in Europa ging noch in den entlegensten Dörfern keine Prozession zu Ehren irgendeines Heiligen zu Ende, ohne dass ein Jude verletzt oder gar getötet wurde. Häufig traf es dabei den Gemeindeältesten, der manchmal gar von einer Meute Kinder gesteinigt wurde, die kaum groß genug waren, um die Steine zu heben, mit denen sie ihr Opfer bewarfen. Oder das jüngste und schönste Judenmädchen, das entkleidet und unter dem allgemeinem Gejohle in ein Fass gesteckt und zum Fluss gerollt wurde, wo es dann jämmerlich ertrank.

Dutzende von Schauspielen dieser Art hatte Michel schon mitangesehen. Mehr und mehr war dabei der Wunsch in ihm gereift, nicht nur ein für alle Mal seine in der von Christen beherrschten Welt so hinderliche jüdische Herkunft auszuradieren, sondern auch der Drang, sich gegenüber seinen Mitmenschen durchzusetzen, sie zu übertreffen und zu faszinieren. Seine zwar wohlhabende, aber einflusslose Familie hatte eine gewisse Neigung zur Wissenschaft, die hauptsächlich von seinem Großvater väterlicherseits herrührte. Schon als kleiner Junge hatte es sich Michel fest vorgenommen daran anzuknüpfen. So hatte er seine Jugend zum großen Teil im Schein von Kerzen verbracht, die erst erloschen, als das Wachs niedergebrannt war, während sein Kopf schon auf das Buch gesunken war, das er geöffnet vor sich liegen hatte. Erst jetzt, nach so vielen entbehrungsreichen Lehrjahren, bot sich ihm die Chance, das Erlernte umzusetzen. Nun denn, er würde es allen zeigen. Der gesamten Stadt würde vor Bewunderung die Luft wegbleiben.

An der verlassen daliegenden Kathedrale von Saint-Pierre vorbei, deren einziges Lebenszeichen das fortwährende Glockenläuten war, erreichte er die große Wiese, wo der Friedhof für die Pestkranken lag. In der Mitte hatte man eine Grube ausgegraben, ungefähr eine Elle tief, vielleicht auch weniger. Dutzende kräftiger *alarbres* und Totengräber standen am Rand und warteten. Kam eine neue Fuhre mit Leichen, packten sie die ausgemergelten Körper an Knöcheln und Handgelenken, schleuderten sie in das Loch und bedeckten sie mit einigen Schaufeln Erde. So wurden die Pesttoten in Schichten beerdigt, bis sie schließlich kleine schaurige Buckel bildeten.

Michel trat auf den Anführer der Totengräber zu, einen blonden Koloss mit schweißgebadetem Oberkörper, und merkte gleich, dass der Mann betrunken war. Aber wer konnte es ihm verdenken. Wer hätte schon diesen entsetzlichen Gestank ausgehalten, der über dem Feld lag, ohne ein paar ordentliche Schlucke Wein als Gegenmittel.

Er wartete, bis der Riese die Tonflasche abgesetzt hatte, und sprach ihn dann mit einer bewusst tiefen Verbeugung an: »Mein Name ist Michel de Notredame. Ich bin Medizinstudent und komme im Auftrag von Monsieur François Rabelais, dem Studentenprokurator von Montpellier, sowie des Dekans der medizinischen Fakultät, Maître Romier. Ich habe Anweisungen für Euch.«

Der Mann antwortete mit einem lauten Rülpser, dann blickte er mit einem stumpfen Blick aus trüben Augen erstaunt auf den Jüngling herab:

»Anweisungen? Was für Anweisungen? Ich habe nur die Anweisung, alle Toten, so wie sie hier ankommen, unter die Erde zu bringen.«

Michel hob ein wenig das Kinn. »Ihr sollt sie auch weiter unter die Erde bringen. Aber sie müssen mit Kalk bedeckt werden, nicht nur mit Erde. Und die Gruben müssen drei Mal so tief ausgehoben werden. Das ist Eure Anweisung.«

»Mit Kalk?« Der Mann betrachtete die leere Flasche und warf sie in hohem Bogen hinter sich, wo sie an einem Mäuerchen zerschellte. »Wollt Ihr jetzt Maurer aus uns machen? Wo zur Hölle soll ich denn hier Kalk her bekommen?«

»Das weiß ich nicht. Darum müsst Ihr Euch schon selbst kümmern. Irgendwo in der Nähe wird doch wohl eine Baustelle sein.« Und als er merkte, wie sich der Blick des Angesprochenen immer mehr verfinsterte, fügte er rasch noch hinzu: »Nun gut, es ist Eure Entscheidung. Tut, was Ihr für richtig haltet. Aber Ihr wisst doch sicher, was man sich über Euch und Eure Männer erzählt? Ihr sollt absichtlich die Pest verbreiten, um weiterhin genügend Arbeit zu haben.«

Er hatte den letzten Satz kaum zu Ende gesprochen, da traf ihn eine Ohrfeige, die ihn fast zu Boden warf. Er taumelte und hielt sich die schmerzende Wange, richtete sich jedoch gleich wieder auf und sagte so selbstsicher, wie es ihm noch möglich war: »Auf diese Weise werdet Ihr das Gerede gewiss nicht zum Verstummen bringen. Ihr solltet mir gehorchen, in Eurem eigenen Interesse. Mit dem Kalk könntet Ihr Euren festen Willen unter Beweis stellen, der Seuche Einhalt zu gebieten. Mir ist es egal, doch an Eurer Stelle würde ich mich an die Anweisung halten.«

Aus der Gruppe der Totengräber, die sich um ihren Anführer versammelt hatte, erhob sich empörtes Gemurmel. Trotz seiner schmerzenden Wange und der Gefahr, sich eine weitere Ohrfeige einzuhandeln, freute sich Michel im Grunde seines Herzens. Die Sache mit dem Gerücht hatte er zwar kurzerhand aus dem Ärmel geschüttelt, doch es schien auf fruchtbaren Boden zu fallen. Mit einem Achselzucken machte er Anstalten, sich zu entfernen.

»Einen Moment«, rief der Riese mit vom Alkohol belegter Stimme. »Wenn es nach mir ginge, könnte zwar diese undankbare

Stadt bis auf den letzten Mann aussterben. Aber einige meiner Freunde haben Familie. Also gut, ich werde sehen, wo ich Kalk auftreiben kann. Und was sollte ich dann noch mal tun?«

»Wie gesagt, Ihr müsst eine tiefere Grube ausheben.« Michel bewegte mehrere Mal die rechte Hand in waagerechter Richtung. »Und dann eine Schicht Leichen, eine Schicht Kalk, und immer so weiter, bis die Grube voll ist.«

Er wartete keine Antwort mehr ab, drehte der Gruppe den Rücken zu und ging, während die *alarbres* und Totengräber die Köpfe zusammensteckten. Gut gelaunt lief er an der Fassade von Saint-Pierre vorbei. Drei Jahre zuvor, während der Pest in Bordeaux, hatte er noch Ulrich von Mainz als einfacher Gehilfe gedient, wie es sich für einen bartlosen Baccalaureus geziemte. Doch hier konnte er nun zum ersten Mal Befehle erteilen und Gehorsam verlangen. Das Gefühl beschwingte ihn und ließ ihn die erniedrigende Ohrfeige vergessen.

Er war in der Nähe seines Kollegs und entschloss sich, auf einen Sprung hinauf zu gehen, um schnell einen Happen zu essen, sich zu waschen und die Kleidung zu wechseln. Er teilte sich eine Kammer im ersten Stock mit seinem Kommilitonen Jehan Pedrier, doch der Raum war furchtbar klein, und wenn einer der beiden Bewohner ein Mädchen mit hinauf brachte, musste der andere auf der Straße warten. Hinzu kam, dass sowohl Michel als auch Jehan eine stattliche Anzahl an Büchern besaßen; ersterer hauptsächlich griechische Werke, deren Umschläge in lateinischer oder provenzalischer Sprache an Bibelausgaben oder Gebetbücher denken ließen, während der Inhalt vielleicht ein ganz anderer war, medizinische Abhandlungen der zweite, die zu gefährlich schwankenden Stapeln aufgeschichtet jeden Augenblick zusammenzubrechen und den im Bett daneben Liegenden unter sich zu begraben drohten. Ein nur selten geleerter Nachttopf trug erheblich zu der schlechten Luft in der Kammer bei; doch die im Nordflügel gelegenen Gemeinschaftsaborte waren seit undenklichen Zeiten fast unbenutzbar, und wer konnte, vermied es, sie aufzusuchen. Die nicht eben niedrigen Mieten für diese Kammern im Kolleg flossen in die Taschen der Dozenten, die darüber hinaus meist auch noch Zimmer in ihren Privathäusern vermieteten.

Vor der hohen Holzkolonnade angekommen, bemerkte Michel verwundert, wie sich eine Gestalt aus dem Schatten des Portikus löste und auf ihn zutrat. Sie war mittelgroß und, ungeachtet der Hitze des Tages, von Kopf bis Fuß in einen schweren schwarzen Umhang gehüllt. Auch der Kragen war schwarz und hatte, obwohl elegant und gut verarbeitet, keinerlei Spitzen. Dadurch wirkte das ohnehin schon bleiche Gesicht des Mannes wie das einer Leiche. Ein Eindruck, der durch die schweren Augenlider, das bereits ergraute Haar, die bartlosen Wangen und die tiefen Furchen um den Mund herum noch verstärkt wurde.

»Monsieur de Notredame, wenn ich nicht irre«, murmelte der Unbekannte.

Michel, seltsam befangen, blieb einige Schritte vor dem Mann stehen.

»Ja, bitte? Mit wem habe ich die Ehre?«

Der andere verzog die Lippen zu einem feinen Lächeln.

»Mein Name ist Molinas, Diego Domingo Molinas. Ich bin eigens aus Spanien angereist, um Euch zu treffen. Gewiss, es scheint jetzt nicht der passende Moment zu sein, doch …«

Bei der Erwähnung Spaniens hatte Michel unwillkürlich die Stirn in Falten gelegt. »Monsieur«, erklärte er mit fester Stimme, »Ihr kommt tatsächlich höchst ungelegen. Hier wütet die Pest, und ich habe alle Hände voll zu tun. Zu einem späteren Zeitpunkt gern.«

Der Mann mit dem schwarzen Umhang schien nicht aus der Ruhe zu bringen. Ja, sein Lächeln verstärkte sich noch, obwohl ihm jede Herzlichkeit fehlte.

»Monsieur de Notredame, ein Wort wird genügen, um Eure Meinung zu ändern. Hier ist es«, und mit gesenkter, kaum noch vernehmbarer Stimme, flüsterte er: »Abraxas.«

Michel zuckte erschreckt zusammen, doch sogleich entspannten sich seine Züge wieder. Er trat auf den Fremden zu und sagte fast liebevoll.

»Bruder! Verzeiht. Ich konnte ja nicht ahnen… Doch nun sagt: Was kann ich für Euch tun?«

# Die verbotenen Bücher

Mitfühlend fragte Michel de Notredame: »Ist Euch nicht wohl, Monsieur?« Molinas, der die Freude auskostete, endlich der Beute, der er seit einem Jahr nachjagte, habhaft geworden zu sein, riss sich augenblicklich zusammen.

»Doch, doch, es ist nichts. Verzeiht! Die Reise hat mich erschöpft, und die Tatsache, mich in einem Seuchengebiet wieder zu finden, trägt nicht eben zu meinem Wohlergehen bei.« Dabei tadelte er sich innerlich für den kurzen Moment der Unachtsamkeit.

»Das ist nur zu verständlich«, antwortete Michel, »aber da Ihr in der okkulten Philosophie so kundig seid, dass Ihr sogar Abraxas kennt, werdet Ihr sicher neugierig auf meine kleine Bibliothek sein.«

»O ja, gewiss. Doch Ihr seid so beschäftigt, und in dieser Situation möchte ich ungern stören…«

»Keine Sorge, ich habe schon alle notwendigen Anweisungen gegeben. Folgt mir, und stört Euch nicht an der Unordnung. Das meiste ist von meinem Zimmergenossen Jehan Pedrier.«

Während Michel die Tür zu jenem Flügel des Kollegs mit dem dicken Schlüsselbund öffnete, den er von seinem Gürtel gelöst hatte, bot sich Molinas die Gelegenheit, die Gesichtszüge und die Gestalt des jungen Mannes zu studieren. Er war kräftig gebaut und bewegte sich geschmeidig mit einer fast schon übertriebenen Unbefangenheit. Kurzum, ein sehr von sich überzeugter junger Mann, der sein ungebrochenes Selbstbewusstsein vor niemandem zu verbergen trachtete. Sein Gesicht mit der Hakennase und den durchdringenden, lebhaften und ein wenig frechen Augen, wirkte intelligent. Solche Augen, dachte Molinas, der sich leidenschaftlich für die Gesichtszüge anderer Menschen interessierte, konnten im Nu von Ernst in Fröhlichkeit umschlagen, ohne dem Gesprächspartner den wahren Gemütszustand seines Gegenübers zu verraten. Gestik und Mimik dieses Studenten waren die eines erfahrenen Schauspielers. Das war genau die Art Mensch, die Molinas, der eiskalte Rationalist, am meisten verabscheute.

Durch eine getäfelte Vorhalle hindurch gelangten sie zu einer zweiten Tür, hinter der sich ein mit Büchern voll gestopftes Kämmerchen öffnete, das mit den beiden nebeneinander stehenden Pritschen schon fast vollständig ausgefüllt war. Verdächtige Flecken auf den Bettlaken verrieten, dass hier zwei junge Männer wohnten, die nicht viel auf Ordnung hielten und nichts gegen gelegentliche Damenbesuche einzuwenden hatten.

Notredame griff in den Bücherstapel, zog einen Band heraus und schlug ihn, eine kleine Staubwolke aufwirbelnd, auf.

»Seht hier«, rief er gut gelaunt aus, »das ist eine äußerst seltene Ausgabe!«

Ohne das Buch zur Hand zu nehmen, so als fürchte er, sich zu beschmutzen, warf Molinas einen Blick auf den sorgfältig gestalteten Einband. Dort stand: *Joannis de Monte Regio tabulae directionum profectionumque.* Er schüttelte den Kopf. »So selten ist das Buch nun auch wieder nicht. Regiomontanus wurde von Papst Sixtus IV. sehr geschätzt, und in Italien gibt es eine Reihe von Bibliotheken, in denen seine Werke zu finden sind. Habt Ihr nichts Außergewöhnlicheres?«

Notredame ließ sich nicht entmutigen, räumte einige Bücher auf sein Bett und hielt seinem Gast dann einen recht dünnen Band hin.

»Was sagt Ihr dazu? Das ist das *Planispherium* von Claudius Ptolemäus, unverzichtbar für das Verständnis seines Regelwerks der Astrologie, des *Tetrabiblos.* Davon existieren, wenn es hoch kommt, nur noch fünf oder sechs Kopien in ganz Europa. Dieses hier habe ich für teures Geld erworben.«

Scheinbar interessiert nahm Molinas das Buch zur Hand und

blätterte in der in verblassten griechischen Buchstaben geschriebenen Handschrift herum. Doch im Grunde seines Herzens konnte er es kaum erwarten, zu konkreteren Ergebnissen zu gelangen. Er hatte das Wort *Abraxas* ausgesprochen, ohne die Bedeutung zu kennen, jedoch in der Gewissheit, dass es seine Wirkung tun würde. Zum ersten Mal gehört hatte er es in den feuchten unterirdischen Verliesen der Inquisition von Avila, und zwar von einer alten Frau, die im Zuge der Ermittlungen gegen die *jurginas,* die Hexen von Navarra, eingekerkert worden war. Allein ihrem hohen Alter hatte sie es zu verdanken, dass sie nicht gefoltert, sondern nur ausgepeitscht wurde. Dabei hatte sie unter Schreien und Stöhnen ein schauerliches Amulett, das sie um den Hals trug, als *Abraxas* angerufen. In seiner Eigenschaft als einfacher Familiare der spanischen Inquisition, hatte sich Molinas damals nicht in das von Kardinal Manrique geführte Verhör einmischen dürfen. Doch dieses seltsame Wort war ihm aufgefallen und er hatte sich vorgenommen, seinen Sinn zu entschlüsseln.

Zum zweiten Mal hörte er es während des Verfahrens gegen einen berühmten Arzt, Doktor Eugenio Torralba, der in Verdacht stand, in Kontakt zu einer teuflischen Kreatur namens Zequiel zu stehen. Torralba hatte gestanden, der so genannten »Kirche der Erleuchteten« anzugehören, deren Kennwort *Abraxas* war. Eingetreten war er in diese Sekte, als er während der großen Pest in Bordeaux im Jahre 1527 Ulrich von Mainz, den Gründer der Kirche, kennen gelernt hatte. Und dessen Gehilfe, Michel de Notredame, Nachkomme des spanisch-jüdischen Geschlechts der Ben Astruch und der Santa Maria, schien sich in den okkulten Künsten genauso gut auszukennen wie sein Meister …

Während Michel ihm nun Handschriften und gedruckte Bücher zeigte, wartete Molinas begierig auf den unvermeidbaren Moment, da der Student ihm irgendeine Anleitung zur Hexerei vorlegen würde. Und in diesem Augenblick würde der letzte Vertreter jenes gottlosen Gesindels verspielt haben.

Doch der Spanier wurde enttäuscht. Das kompromittierendste

Buch, das der Student ihm zeigte, war eine handschriftliche Kopie des *Großen Albertus,* jener weithin bekannten Sammlung von Aphorismen und Rezepten, die Albertus Magnus herausgegeben hatte.

»Gewiss, der Text ist ein wenig veraltet, aber immer noch reich an wertvollen Anregungen«, erklärte Notredame, indem er den Band mit ehrfürchtiger Behutsamkeit aufschlug. »Zum Beispiel sollte man sich mit seinem Ratschlag im dritten Buch intensiver beschäftigen, Tumore mit Ziegenmist zu heilen. Schließlich sind Ziegen tatsächlich die einzigen Tiere, die nicht an Krebs erkranken.«

Molinas konnte seine Ungeduld nicht länger verbergen:

»Habt Ihr denn wirklich nichts Außergewöhnliches da? Ich meine …«, er senkte ein wenig die Stimme, »… ein Werk, das die Pfaffen verdammen?«

Notredame zog eine Augenbraue hoch.

»Meint ihr die *grimoires* oder etwas in dieser Richtung?«

»Ja, ein Werk, das von unserem Gott *Abraxas* handelt.«

Molinas verfluchte seine Ungeduld. Kaum hatte Notredame den letzten Satz vernommen, da erstarrte er am ganzen Körper, zeigte mit dem Finger auf den Fremden und rief mit zornigem Blick: »Es gibt nur einen einzigen dreifaltigen Gott.« Er zeigte auf die Tür. »Monsieur, ich weiß nicht, wer Ihr seid, aber ich befehle Euch, diesen Raum auf der Stelle zu verlassen. Ihr seid ein Provokateur, der nicht die geringste Ahnung davon hat, was *Abraxas* bedeutet. Schert Euch fort oder ich muss Euch Beine machen!«

Einen Moment lang fürchtete Molinas, der junge Mann würde sich tatsächlich an ihm vergreifen. Hastig führte er eine Hand zu dem Stilett, das er unter seinem Umhang verborgen trug, bewegte sich dabei rasch zur Tür, erreichte sie und suchte mit gesenktem Kopf das Weite. Er fühlte sich dermaßen erniedrigt, dass er es kaum wagte sich umzudrehen. Notredame war ihm nur bis zur Schwelle gefolgt und rief ihm heftige Verwünschungen nach. Eiligen Schritts verließ der Spanier das Gebäude und flüchtete sich in das erste Gässchen, das er finden konnte.

Als er um die Ecke war, blieb er schwer atmend stehen und lehnte sich mit dem Rücken an die Wand eines schäbigen Häuschens. Die Scham über die erlittene Niederlage setzte ihm furchtbar zu, war aber nichts verglichen mit dem unbändigen Zorn auf sich selbst und seine verfluchte Unachtsamkeit. Er hatte eine Bestrafung verdient. Seine Rechte glitt unter den Umhang und zog das Stilett hervor. Einen Augenblick lang ließ er die rasiermesserscharfe Klinge im Licht der untergehenden Sonne aufblitzen und versenkte sie dann tief in seinem linken Arm. Tränen traten ihm in die Augen, aber es reichte ihm noch nicht, und so drehte er die Waffe ein paarmal in der Wunde hin und her, bis der Schmerz so stark war, dass er fürchtete, die Besinnung zu verlieren. Er biss die Zähne zusammen, zog das Stilett heraus und steckte es zurück, während sich der Mantelstoff über dem Einstich rasch mit Blut voll sog.

Endlich fühlte er sich ein wenig besser. Als er vorsichtig, sich den verwundeten Arm haltend, um die Hausecke blickte, sah er, wie Michel de Notredame das Kolleg verließ und in Richtung Saint-Firmin davon eilte. Noch etwas schwach auf den Beinen folgte er ihm in einigem Abstand, während mit jedem Schritt sein Blut auf das Pflaster tropfte, aber in der ausgestorbenen Stadt war niemand, der das hätte bemerken können.

Unter dem breiten, jetzt von den ersten Fackeln erhellten Zeltdach waren mittlerweile wie versprochen die ausgekochten Leintücher eingetroffen. Umringt von ihren Freundinnen war Corinne damit beschäftigt, den Medizinstudenten zur Hand zu gehen und die Kranken auf die frischen Tücher zu betten, ohne sich daran zu stören, dass ihr dabei immer wieder die Träger ihres Kleides von den Schultern rutschten und ihren vollen, einladenden Busen enthüllten. Im Übrigen hatte in diesem wahren Schlachthaus auch niemand Augen dafür. Das Wehklagen der Pestkranken übertönte jedes andere Geräusch, die fiebrigen Leiber zuckten und wanden sich, Männer und Frauen waren nur noch Hüllen ihres Schmerzes. Der Eiter hatte mittlerweile den

Erdboden durchtränkt, und der Gestank in der Luft war atemberaubend.

Molinas blieb in einiger Entfernung stehen, konnte aber klar und deutlich hören, wie Rabelais dem gerade eingetroffenen Notredame zurief:

»Michel, wo zum Teufel hast du denn gesteckt? Die Totengräber haben sich bei mir über dich beschwert. Du sollst ihnen befohlen haben, die Leichen mit Kalk zu begraben. Stimmt das?«

»Ja, gewiss. Haben sie sich daran gehalten?«

»Das schon, aber sie wollen den Grund dafür wissen. Und ich selbst frage mich auch… Warum blickst du dich denn dauernd um? Suchst du jemanden?«

Augenblicklich zog sich Molinas hinter den Zelteingang zurück, so dass ihn Notredames Stimme jetzt nur noch sehr gedämpft erreichte.

»Hast du hier irgendwo vielleicht einen Kerl mit einem Falkengesicht und einem schwarzen Umhang gesehen? Der gestern Mittag auch in der *La Soche* war?«

»Nein, wieso? Ich weiß gar nicht, von wem du sprichst. Und außerdem, falls du es noch nicht gemerkt haben solltest, habe ich mich um andere Sachen zu kümmern.« Rabelais' Stimme klang ein wenig, aber nicht übermäßig gereizt. »Wer soll denn das sein?«

»Ich vermute, dass er ein Spitzel der Inquisition ist.«

»Dann hoffen wir mal, dass er sich ansteckt und krepiert. Ach, da kommt ja Corinne. Wie sie ihre Brüste zeigt. Tüchtiges Mädchen, aber das ist nicht ganz der richtige Moment dafür.«

Molinas vernahm ein kurzes Auflachen, dann die leicht heisere Stimme des Mädchens. »Die Laken sind alle verteilt. Können wir sonst noch etwas tun? Wer von euch beiden führt hier eigentlich das Kommando?«

»Wir machen das gemeinsam«, antwortete Rabelais. »Nein, ich glaube, ihr könnt nach Hause gehen. Oder was meinst du, Michel?«

»Ja, aber schließt euch in eure Kammern ein, bis alles vorbei ist. Esst auch in der Taverne, geht nicht auf die Straße und lasst keine Kunden rein. Für das, was ihr getan habt, wird euch ganz Montpellier zu Dank verpflichtet sein.«

Corrines Gesicht verzog sich zu einem feinen, leicht ironischen Lächeln.

»Wir wissen sehr gut, welche Art Dank wir erwarten können. Also dann, meine Herren Studenten, wenn ihr uns braucht, wisst ihr, wo wir zu finden sind.«

Rabelais zwinkerte ihr zu.

»Ich hoffe, dass wir euch bald schon wieder brauchen werden.« Er wartete, bis die Mädchen gegangen waren und wischte sich den Schweiß von der Stirn, der ihm über Gesicht und Hals lief. »Wenigstens du scheinst genau zu wissen, was zu tun ist«, sagte er an seinen Freund gewandt. »Hier geht alles drunter und drüber. Wir sind zwar alle angehende Ärzte, aber keiner von uns weiß, was man bei solch einer Epidemie machen muss.«

»Das liegt daran, dass unsere Ausbildung viel zu theoretisch ist. Grammatik, Rhetorik, Philosophie. Als ob es in der Medizin nicht auf ganz andere Dinge ankäme.« Sein gereizter Ton ließ erkennen, dass er sich schon häufig mit diesem Thema auseinander gesetzt hatte. »Immerhin lässt uns Romier einmal im Jahr einen Leichnam sezieren. Einen einzigen, verstehst du? Wir wüssten nicht einmal, wie der menschliche Körper aufgebaut ist. Auch dein Doktorvater, Maître Jean Scuron …«

»Schyron«, verbesserte ihn Rabelais.

»Was bringt er dir schon bei? Hippokrates und Galenus, Galenus und Hippokrates und noch jede Menge unwichtigen Ballast. Wenn mein Großvater nicht Apotheker gewesen wäre …«

Durch das plötzliche Läuten der Totenglocke, gefolgt vom Rattern einiger Karren, die weitere Pestkranke brachten, konnte Molinas das Folgende nicht mehr verstehen. Humpelnd entfernte er sich in der nun vollständigen Dunkelheit vom Lazarett. Sein linker Arm schmerzte entsetzlich, und der Umhang war mit Blut durchtränkt. Aber immerhin tropfte es nicht mehr aus der Wunde, ein Zeichen, dass die Blutung zum Stillstand gekommen war. Er wusste nicht genau, wohin er gehen sollte. In den Gasthof konnte er nicht zurück. Dort waren mit Sicherheit alle Läden verrammelt. Und ebenso wenig konnte er sich bis zum Priorat der Dominikaner schleppen, das zu weit entfernt für seine schwindenden Kräfte lag. Zwar wusste er, dass es ganz in der Nähe ein Franziskanerkonvent gab, aber lieber wäre er auf der Straße gestorben, als bei den eingeschworenen Feinden des Ordens, dem er diente, vorstellig zu werden und dort seine Identität preiszugeben.

So blieb ihm keine andere Wahl, als mit einer provisorischen Unterkunft vorlieb zu nehmen. Er wusste, dass die *alarbres,* wenn sie einen Pestkranken abholten, häufig die Türen des Hauses weit offen stehen ließen. Man musste nur ein verlassenes Haus finden und sich dort in irgendeinem Zimmer niederlegen. Es kam nur darauf an, den Raum zu meiden, wo die Hauseigentümer in ihrem Todeskampf gelegen hatten.

Molinas hatte schon ein passendes Gebäude ausgemacht, ein zweistöckiges Haus mit einem Holzportikus und kleinen Spitzbogen-Fenstern, als ihn ein glücklicher Zufall, oder besser noch ein Wink des Schicksals, von seinem Vorhaben abbrachte. In einiger Entfernung nämlich kam ihm, im Mondschein gut sichtbar, eilig ein junger Mann entgegen, der ein Wams mit gebauschten Ärmeln und eine eng anliegende Hose aus rotem Samt trug. Molinas erinnerte sich, ihn schon in der *La Soche* gesehen zu haben, rechts neben Rabelais sitzend, und dass Notredame ihn Jehan genannt hatte. Jehan Pedrier? Er wagte kaum zu hoffen, aber mit Sicherheit handelte es sich um einen Studenten, und daher mochte sich ein Versuch lohnen.

Er trat in die Mitte der Gasse und sprach den Jüngling dreist an: »Monsieur Michel de Notredame, wenn ich nicht irre«, und fügte dann rasch hinzu, »welch ein Glück, Euch zu treffen! Seht Euch nur an, was mit meinem Arm passiert ist!«

»Ich bin nicht Michel de Notredame«, antwortete der Student, »aber ich kenne ihn. Er ist mein Zimmergenosse.« Er warf einen Blick auf den Arm unter dem blutbesudelten Umhang. »Mein Gott. Wer hat Euch denn so zugerichtet?«

»Lichtscheues Gesindel, Räuber«, antwortete Molinas gespielt mühsam. »Die rauben die verlassenen Häuser aus, und wer sich ihnen entgegenstellt, bekommt ihr Messer zu spüren.«

Behutsam schob der Student den Umhang des Fremden zurück und besah sich die Wunde.

»Das sieht nicht nach einer Messerstecherei aus. Eher wie die Wunde von einem Stilett. Warum seid Ihr eigentlich ausgerechnet auf der Suche nach Michel de Notredame?«

»Mir wurde gesagt, er sei ein hervorragender Arzt.«

Der junge Mann verzog das Gesicht. »Der ist kein Arzt, sondern Baccalaureus der Medizin, genau wie ich. Und ob er wirklich so gut ist… Na ja, jedenfalls glaubt er das von sich selbst.« Er deutete die Gasse hinunter. »Kommt, ich begleite Euch zum Lazarett. Dort findet Ihr sicher jemanden, der Euch versorgen kann.«

Molinas schrak zusammen: »O nein! Das nicht! Bis jetzt konnte ich mit Gottes Hilfe der Pest entgehen. Ich möchte auf keinen Fall mit den Kranken in Berührung kommen!«

Der Jüngling überlegte eine Weile und meinte dann:

»Das Kolleg, wo ich meine Kammer habe, ist nicht weit von hier. Kommt einfach mit, dort kann ich Euch den Arm verbinden. Aber wir müssen uns beeilen. Meine Freunde warten auf mich.«

»Ich bin Euch zu unendlichem Dank verpflichtet, Monsieur…«

»Jehan Pedrier. Kommt, lasst uns keine Zeit verlieren.«

Nun schon zum zweiten Mal an jenem Tag ging Molinas die Straße entlang, die zum Kolleg der Universität führte. Ein langes Stück des Wegs schwieg Pedrier. Niemand war auf den Gedanken gekommen, die Laternen anzuzünden, und so war die Aufmerksamkeit des Studenten ganz darauf gerichtet, Pfützen und Abflussrinnen zu umgehen, vor allem aber den Hausrat, den Plünderer auf der Suche nach irgendeiner Beute achtlos auf die Straße geworfen hatten. Schließlich stellte er aber doch eine Frage, die ihm anscheinend schon eine Weile durch den Kopf gegangen war: »Wer hat Euch eigentlich von Michel de Notredame erzählt? Wie gesagt, er ist mein Zimmergenosse. Aber ich wusste gar nicht, dass er so bekannt ist.«

Da er aus der Stimme seines Begleiters unverkennbar eine Spur von Neid heraushörte, beschloss Molinas, diesem bohrenden Gefühl noch ein wenig Nahrung zu geben.

»O gewiss, er ist bekannt, wenn nicht gar berühmt. Ich komme aus Spanien und habe seinen Namen dort unten von jemandem gehört, der mit ihm zusammen in Avignon studiert hat. Ich dachte, Notredame hätte da auch seinen Abschluss gemacht.«

»Nun ja, er hat in Avignon studiert«, antwortete Pedrier, »aber seinen Abschluss hat er noch nicht in der Tasche. Wegen der Pest von 1524 und der Besetzung der Provence durch den Connétable von Bourbon musste er seine Studien unterbrechen. Deshalb ist er nach dem Friedenschluss hier nach Montpellier gekommen, nachdem er jahrelang herumvagabundiert ist. Jetzt will er sein Studium hier fortsetzen und bereitet sich auf sein Doktorexamen vor.«

»Stimmt es, dass er in Bordeaux Gehilfe dieses berühmten Arztes war, dieses Ulrich… Ulrich von…«

»Ulrich von Mainz. Ja schon, aber der ist doch kein Arzt, sondern eher ein Hexenmeister. Stellt Euch vor, der behandelt die Pestkranken, indem er ihnen ein Kreuz auf den Rücken legt und Rattenblut darüber gießt. Unglaublich…«

Mittlerweile waren sie vor dem Portikus des Kollegs angekommen. Während er den Schlüssel ins Schloss steckte, fügte der Student hinzu: »Ich glaube, dass Michels Bekanntheit eher von seinem Großvater Saint-Rémy herrührt, einem Apotheker, der seine Heilkräuter aus Indien und sogar China bezog. Und viele seiner Kenntnisse hat er aus Büchern gewonnen, die ein guter Christ niemals lesen würde.«

Bei diesen Worten zuckte Molinas vor Freude zusammen. Während sie die Kammer betraten, fragte er mit gespielter Gleichgültigkeit: »Bücher? Was für Bücher?«

»Nur Geduld, Ihr werdet sehen.« Pedrier blieb unschlüssig vor dem Bett stehen. »Michel scheint schon am Nachmittag hier gewesen zu sein. Und wie üblich hat er eine furchtbare Unordnung hinterlassen.« Er nahm einige der auf den Laken verteilten Bände zur Hand. »Seht Euch das an. Er hat seinen Kram sogar auf meine Seite geworfen, so als wohne nur er allein hier.«

Molinas wartete, bis der Ärger des jungen Mannes ein wenig verraucht war, und fragte dann:

»Sind das die verbotenen Bücher, von denen Ihr gesprochen habt?«

»O nein, nein die hat er versteckt. Jetzt versorge ich Euch erstmal, danach zeige ich sie Euch vielleicht.«

Dann, nachdem er das Bett frei geräumt hatte, holte er aus einer wurmstichigen Truhe einige Binden hervor und forderte Molinas auf, den Arm frei zu machen. Als er die Wunde sah, stieß er einen leisen Pfiff aus: »Meine Güte! Die Waffe muss so dünn und scharf wie ein Rasiermesser gewesen sein. Ein Dolch wie von einem gedungenen Meuchelmörder.«

»Ja, dieses Gesindel ist zu allem fähig«, brummte Molinas. Der Student nahm Wasser aus einem Krug, wusch die Wunde sorgfältig aus und legte dann einen festen Verband an.

»Solltet die Wundränder anschwellen, müsst Ihr kalte Umschläge auflegen. Dann wird das Blut in wenigen Tagen abfließen.« Offensichtlich hatte er es plötzlich eilig, den Fremden zu verabschieden. Doch Molinas hatte sein Ziel noch nicht erreicht.

»Ihr habt vorhin von verbotenen Schriften gesprochen, die im Besitz Eures Zimmergenossen sein sollen«, sagte er, um dann noch rasch hinzuzufügen: »Ihr müsst wissen, ich bin ein leidenschaftlicher Sammler seltener Bücher.«

»Dann seht mal unter dem Bett nach. Nehmt irgendeinen Text zur Hand und urteilt dann selbst.«

Ohne Zögern kam Molinas der Aufforderung nach und zog eine voluminöse, in Leder gebundene Handschrift hervor. An einer beliebigen Stelle schlug er sie auf und betrachtete sich die einfache Zeichnung auf der Seite. Sie stellte eine merkwürdige, exotische Pflanze dar. Gleich darauf hoben sich seine Mundwinkel zu einem für ihn ungewohnten Lächeln.

»Sieh mal einer an«, murmelte er. »Genau das, was ich gesucht habe.«

# Die gefangene Krähe

Wieder läuteten die Glocken von Montpellier, doch diesmal vor Freude. Zehn Tage nach ihrem Ausbruch war die Pest bezwungen, trafen die Karren mit den Kranken halb leer im Lazarett vor Saint-Firmin ein. Unter dem Zeltdach waren nur noch wenige Betten belegt, und die Patienten erholten sich rasch. Optimismus hatte sich auf dem von der noch freundlichen Morgensonne beschienenen Platz breit gemacht.

Rabelais riss seinem neben ihm stehenden Kommilitonen Honoré Castellan die Weinflasche aus der Hand und nahm einen so tiefen Zug, dass ihm die Flüssigkeit übers Kinn in den Kragen lief.

»Wer hätte das gedacht«, sagte er nach einem feierlich fröhlichen Rülpser zu Michel. »Montpellier ist gerettet, während die Leute überall sonst in der Provence und dem Languedoc immer noch sterben. Es ist wie ein Wunder. Aber jetzt musst du mir endlich erzählen, wie du das gemacht hast.«

»Du warst doch selbst dabei«, antwortete Michel mit falscher Bescheidenheit. »Elementare hygienische Vorsichtsmaßnahmen, Sauberkeit, häufige Waschungen. Sonst nichts.«

Honoré Castellan nahm die Flasche aus Rabelais' Hand entgegen. »Nimm uns nicht auf den Arm, Michel«, sagte er mit einem maliziösen Lächeln. »Hinter deinen Maßnahmen steckt doch eine ganz bestimmte Theorie. Du bist doch überzeugt, dass sich Seuchen allein über Körperkontakt, Luft und Atem verbreiten. Aber das ist nicht unbedingt das, was an den Universitäten gelehrt wird.«

Michel lächelte, fühlte sich jedoch auch ein wenig unbehaglich. Unter keinen Umständen, nicht einmal unter Freunden, durfte er von der offiziellen Lehrmeinung abweichende Ansichten vertreten. Die Inquisition konnte ihre Ohren überall haben. »Nein, ich habe überhaupt keine Theorie«, sagte er vorsichtig. »Ich stütze mich lediglich auf die Ansichten von Hippokrates über die Bedeutung des Klimas und der Lage eines Ortes für die Ausbreitung von Seuchen. Provence und Languedoc sind trocken und dem Südwind ausgesetzt, und deshalb ist den Menschen hier ein gewisses Phlegma eigen, weil ihre Säfte dickflüssig sind. Daraus folgt, dass man auf Wasser zurückgreifen muss, um…«

Rabelais brach in schallendes Gelächter aus.

»Lass gut sein, Michel. Das glaubst du doch selbst nicht. Du willst uns nur auf den Arm nehmen. Schade, dass ich bei deiner Einschreibung nicht härter zugeschlagen habe.«

Rabelais spielte auf die Immatrikulationszeremonie an, die in Montpellier auf ganz besondere Art und Weise vollzogen wurde. Nachdem der Bewerber vor den Vertretern der Professorenschaft zu irgendeiner Krankheit ausgiebig Rede und Antwort gestanden und der Universitätskanzler die Investiturformel gesprochen hatte (*Indues purpuram, conscende cathedram et gratias agis quibus debes*), durfte er, mit einer weitärmeligen roten Robe bekleidet, endlich neben seinen künftigen Lehrern Platz nehmen. Zuvor jedoch hatte er von allen Kommilitonen einen Faustschlag einzustecken, und manch einer nutzte dabei die Gelegenheit, ordentlich zuzuschlagen und sich am schmerzverzerrten Gesicht des Grünschnabels zu erfreuen.

Michel fühlte sich unwohl und versuchte, das Thema zu wechseln.

»Habt ihr eigentlich was von Antoine Romier gehört?«

Honoré Castellan setzte die bereits geleerte Flasche ab. »Der ist gestern Abend wiedergekommen. Er muss hier irgendwo sein… Ja, dort drüben neben dem Patienten, da steht er ja. Kommt, wir begrüßen ihn.«

Als Romier die drei Studenten auf sich zukommen sah, richtete er sich mit einem strahlenden Lächeln auf dem gütigen Gesicht auf.

»Gerade wollte ich mich auf die Suche nach euch machen«, rief er. Er trat auf Rabelais zu und ergriff seine Hände. »Ich muss Euch ein großes Kompliment aussprechen, Monsieur. Ich glaubte, die Stadt am Boden vorzufinden, stattdessen höre ich, als ich ankomme, dass die Epidemie besiegt ist. Wie habt Ihr das nur angestellt?«

Michel konnte einen Anflug von Ärger nicht unterdrücken. Zum Glück zeigte Rabelais mit dem Daumen in seine Richtung.

»Das ist allein das Verdienst dieses Mannes hier, Monsieur de Notredame. Ich weiß auch nicht, was in seinem Kopf vorgeht, doch mit seinen Ideen scheint er Erfolg zu haben, sie haben Unzähligen das Leben gerettet.«

Immer noch lächelnd wandte sich Romier an Michel.

»Offensichtlich habt Ihr das Vertrauen, das ich Euch als Euer Doktorvater entgegenbrachte, voll gerechtfertigt. Mir sind die vielen sauberen Laken aufgefallen. Es muss nicht einfach gewesen sein, Medizinstudenten in Wäscherinnen zu verwandeln.«

»Ach, unsere Freundinnen aus der *La Soche* haben uns sehr geholfen«, antwortete Michel, seine Genugtuung über das Lob zu verbergen suchend.

Romiers Miene nahm einen maliziösen Zug an. »So, tatsächlich? Wäre ich ein wenig jünger, wüsste ich schon, wie ich mich bei ihnen bedanken würde. So müsst Ihr Euch darum kümmern. Ausnahmsweise kommt dieses eine Mal die Fakultät dafür auf. Wendet Euch in meinem Namen an den Schatzmeister, Monsieur Mulet.«

Rabelais verbeugte sich steif.

»Wird erledigt. Darauf könnt Ihr Euch verlassen.«

»Ach ja, und was Euch betrifft, Monsieur Rabelais, auch Ihr habt Euch sehr wacker geschlagen und seid wohl schon reif für das Examen. Ich werde umgehend mit Eurem Doktorvater Maître Schyron darüber sprechen und mit ihm Eure Prüfungstermine für den frühest möglichen Zeitpunkt festlegen.«

»Aber ich bin doch erst seit wenigen Monaten in Montpellier eingeschrieben!«

»Das tut nichts zur Sache. Wie alt seid Ihr?«

»Sechsunddreißig.«

»Das richtige Alter. Und außerdem habt Ihr Euch mit Euren Fähigkeiten schon einen Namen gemacht. Ihr werdet sehen, in wenigen Monaten seid Ihr Doktor der Medizin.«

Michel bemühte sich um eine gleichmütige Miene. Obwohl mit Rabelais befreundet, gelang es ihm nicht, sich mit für ihn zu freuen. Der Sieg über die Pest gehörte allein ihm und nur ihm allein. Darüber hinaus hatte er schon genauso lang wie Rabelais studiert. Gewiss, er kam von einer eher unbedeutenden Universität wie Avignon, während Rabelais in Paris gewesen war. Doch der Verdacht, dass die Zurücksetzung mit seiner jüdischen Herkunft zu tun hatte, ließ ihn nicht mehr los.

Dennoch bemühte er sich um gute Miene zum bösen Spiel.

»Meinen Glückwunsch, François«, rief er wenig überzeugt. »Weißt du schon, worüber du deine Doktorarbeit schreiben wirst?«

»Ja, sicher«, antwortete Rabelais mit betont gleichgültiger Miene. »Es wird sich um einen Kommentar zu dem bekannten Traktat von Arduino über die Kunst, in Gesellschaft unbemerkt zu furzen, handeln.«

»Aus meinen Augen ihr drei!«, befahl Romier mit gespielter Strenge. »Und vergesst nicht, bei Monsieur Mulet vorstellig zu werden!«

»Wie könnten wir das vergessen«, antwortete Rabelais. Er fasste Michel und Honoré bei den Schultern und zog sie fort.

Einige Stunden später tafelten die drei Studenten, zu denen sich auch Antoine Saporta, Françoise Robinet und Guillaume Rondelet gesellt hatten, in fröhlicher Runde im *La Soche*, das seine Läden wieder geöffnet hatte. Corinne, fröhlich und kokett wie es ihre Art war, saß bei ihnen, und an ihrer Seite weitere Mädchen, darunter Marie, eine junge Rothaarige mit schneeweißer Haut und lebhaften grünen Augen, sowie Jumelle, eine ein wenig schüchterne Brünette mit einer hohen, von weichen Locken umrahmten Stirn.

Während der Wirt eine mit unzähligen Gewürzen verfeinerte

Kalbspastete servierte, beugte sich Rabelais ein wenig zu Michel vor.

»Du machst ein langes Gesicht, mein Freund, und ich kann mir den Grund dafür denken. Aber keine Sorge: Jedermann weiß, dass der Sieg über die Pest dein Verdienst ist. Auch Romier weiß das. Nur war mein Examen schon seit langem beschlossen. Mein Doktorvater Schyron hat schon bei meiner Immatrikulation mit mir darüber gesprochen.«

Michel missfiel es, dass Rabelais die Kränkung, die er so mühsam zu verbergen suchte, ganz offen ansprach, und reagierte unwirsch. »Was willst du überhaupt? Wieso sollte ich mich für dein Examen interessieren? Aber etwas anderes. Hat einer von euch noch mal den Spanier gesehen, der sich vor zehn Tagen in meine Kammer eingeschlichen hat?«

Antoine Saporta machte eine wegwerfende Geste. »Ach, schon wieder diese alte Geschichte! Warum denkst du eigentlich so viel daran? Im Grunde hat er dir doch gar nichts getan.«

»Aus meiner Kammer sind Bücher verschwunden.«

»So? Was denn für Bücher?« Als er merkte, dass Michel nicht antworten wollte, zuckte Saporta mit den Achseln. »Dein Zimmergenosse Pedrier wird sie sich genommen haben.«

»Nein, unmöglich. Der interessiert sich nicht für meine Lektüre.«

Rabelais schüttelte den Kopf und wandte sich an die Mädchen:

»Erinnert ihr euch an den Mann mit dem schwarzen Umhang? War er noch einmal hier?«

»Wir haben doch heute erst wieder geöffnet«, antwortete Corinne, um dann hinzuzufügen: »Aber an den Vogel kann ich mich gut erinnern. Blass wie eine Leiche und mit dem passenden Totenschädel dazu.« Sie verzog das Gesicht. »Mit so einem würde ich nie ins Bett gehen.«

»Das verlangt ja auch keiner von dir. Deine intimsten Reize sind nur für uns bestimmt. Beziehungsweise für Michel, den Held des Tages.«

»Der scheint aber mehr an Jumelle als an mir interessiert. Seht ihn Euch an, wie er sie mit den Augen verschlingt.«

Obwohl Michel alles andere als schüchtern war, und ihm gerade zahlreiche andere Dinge im Kopf herumgingen, errötete er. Denn tatsächlich fiel sein Blick immer wieder auf das so scheue, graziöse Mädchen. Jetzt sah er wieder kurz zu ihr hin. Als ihre Blicke sich kreuzten, schlug sie sofort die kastanienbraunen Augen nieder, und er selbst, ebenfalls überrascht, tat es ihr gleich.

Am Tisch blieb diese Pantomime natürlich nicht unbemerkt und rief allgemeines Gelächter hervor, das die Verlegenheit der beiden Protagonisten nur noch steigerte. Rondelet schürzte seine tiefroten Lippen, die seinem von blonden Locken umrahmten Engelsgesicht etwas Kindliches gaben, und bemerkte süffisant: »Ich glaube, heute Abend erleben wir die Geburt einer neuen Liebe.«

»Was immer ein großes Ereignis ist«, pflichtete Corinne ihm gut gelaunt bei. Und indem sie sich wie eine Lehrmeisterin an ihre Freundin wandte: »Auf, Mademoiselle Jumelle, seid nicht so spröde. Heute Nacht habt Ihr nicht irgendeinen Kunden in Euerm Bett, sondern Monsieur Michel de Notredame, den berühmten Gelehrten und Seuchenbezwinger. Aber was muss ich sehen? Euer Mieder ist ja bis zum Hals geschnürt. Löst es ein wenig und zeigt unserem Doktor, woran er sich nach dem Essen erfreuen darf.«

Jumelle errötete übers ganze Gesicht, was neuerliches Gelächter hervorrief. Das Mädchen nahm es als eine Herausforderung. Sie richtete sich auf und zog mit ernster Miene die Spitzen ihres Mieders auseinander.

Rabelais stieß einen leisen Pfiff aus.

»Alle Achtung, Corinne ist ja schon prächtig gebaut, aber Jumelle braucht sich beileibe nicht hinter ihr zu verstecken. Jetzt verstehe ich auch, warum ihr Spitzname ›die Zwillinge‹ ist.«

In höchster Verlegenheit wagte es Michel kaum, seinen Blick auf jene schneeweiße Haut zu werfen, die durch ein Muttermal auf dem rechten Busen noch verschönert wurde. Um seine Verlegenheit zu verbergen, führte er den Weinbecher an die Lippen und leerte ihn in einem Zug. Erneut hob er den Kopf, sein Blick traf den von Jumelle, und nun erkannte er etwas Flehentliches darin: Der Übermut einen Augenblick vorher war schon verflogen. Plötzlich kam er sich wie ein Feigling vor. Mit einer brüsken Bewegung stellte er den Becher auf den Tisch, stand auf, ging um den Tisch herum zu dem Mädchen und zog kurz entschlossen die Spitzen ihres Mieders wieder zusammen und bedeckte ihre Brüste.

»Komm, wir machen einen Spaziergang«, sagte er zu ihr. »Hier wird die Luft unerträglich.«

Rondelet schüttelte lächelnd den Kopf.

»Mein Gott, das ist ja wahre Liebe.«

»So muss es auch sein!«, rief Rabelais mit seiner tiefen Stimme aus. »Freunde, ein Hoch auf unsere Turteltäubchen! Auch wenn die Pest wütet, das Leben geht weiter!«

Michel achtete nicht auf das wiehernde Gelächter, das diesen Worten folgte und schob Jumelle raus auf die Straße. Schweigend und ohne sie zu berühren, ging er eine Weile neben ihr her, und erst als sie sich ein wenig von der Taverne entfernt hatten, bemerkte er in gewollt gleichmütigem Ton:

»Du hast keinen Mantel an. Ist dir nicht kalt?«

Das Mädchen blickte ihm direkt in die Augen und lächelte:

»Kalt? Es ist August, und den ganzen Tag hat die Sonne geschienen.«

»Ja, stimmt. Heute hat die Sonne geschienen.« Michel wusste einfach nicht, worüber er reden sollte. »Und jetzt ist der Himmel voller Sterne.«

»Du beschäftigst dich mit den Sternen, nicht wahr? Guillaume Rondelet hat es mir erzählt.«

Michel zuckte zusammen: »Warst du mit Guillaume im Bett?« fragte er, ohne lange nachzudenken, wobei ihm sofort bewusst wurde, wie unangemessen eine Frage dieser Art an ein Mädchen ihres Standes war.

Jumelle antwortete mit einem Blick, der besonders verführerisch wirkte, vielleicht weil sich nun der Mondschein in ihren Augen spiegelte. »Denk nicht daran. Nutzen wir es lieber aus, dass die Straßen menschenleer sind.«

Sie fasste Michel am Handgelenk und zog ihn unter den Portikus eines Häuschens mit verrammelten Fensterläden. Ihm fest, fast herausfordernd in die Augen blickend, schnürte sie sich selbst das Mieder auf, ließ die Ärmel von den Schultern gleiten und zog langsam ein wenig daran, bis nach und nach ihre vollen, kugelrunden Brüste zum Vorschein kamen.

»Gefallen sie dir?« fragte sie zögernd mit jetzt wieder schüchterner Stimme.

»Ob sie mir gefallen?!« Michel zog sie an sich und suchte ihre Lippen, die sich widerstandslos öffneten. Während sich die Zungen tanzend umspielten, tasteten seine Finger nach ihrem Busen und erzitterten leicht, als sie die steife Brustwarze erreichten.

Als er keine Luft mehr bekam, löste er seinen Mund von ihren Lippen und ließ ihn tiefer wandern auf der Suche nach dem Muttermal, das er auf ihrer weißen Haut hatte prangen sehen. Er küsste es und glitt dann noch tiefer, bis seine Zunge die Brustwarze erreicht hatte, an der er so hingebungsvoll zu saugen begann, als schlürfe er Ambrosia.

Genau in jenem Moment durchlief Jumelle ein Schauer, stärker noch als jener, den ihr die Wollust bereitete. Sie stieß Michels Kopf zurück und zeigte auf den Eingang des gegenüberliegenden Hauses. »Da steht jemand und beobachtet uns!«

Michel blickte in die angedeutete Richtung, konnte aber nichts erkennen.

»Du siehst Gespenster«, sagte er ein wenig mürrisch. »Da ist niemand.«

Jumelle schnürte sich Bluse und Mieder wieder zu. »Sieh mal genau hin. Da ist ein Mann. Er trägt einen schwarzen Umhang und versucht sich zu verstecken.«

»Das ist er!«, stieß Michel aufgebracht hervor und lief zu dem

Eingang. Dort versuchte jemand sich dicht an die Hauswand gedrängt im Schatten zu verstecken. Doch Michel sah ihn, packte ihn an den Schößen seines Umhangs, zog ihn energisch zu sich heran und erkannte das Gesicht des Spaniers, das noch blasser war als sonst ohnehin schon. Der Spanier hielt sich einen Arm, so als wolle er ihn schützen.

»Ich hoffe, Ihr besitzt einen Degen, Monsieur!« schrie Michel, außer sich vor Zorn.

Molinas schwere Augenlider ließen einen kalten Blick hervorscheinen, dennoch war seine Verstörung, möglicherweise sogar Angst, unverkennbar.

»Wohl möglich. Ihr jedoch besitzt mit Sicherheit keinen«, flüsterte er mit nur leicht verzerrter Stimme. »Denn Ihr seid kein Edelmann, auch wenn Euer Vater alles daran gesetzt hat, Euch das glauben zu machen. Ihr seid nur ein erbärmlicher Jude, der Sohn von Generationen erbärmlicher Juden. Ein *retaillon*, ein Beschnittener.«

Michel hob den Arm, um dem Spanier einen Faustschlag ins Gesicht zu versetzen, doch der Mann war schneller. Im Bruchteil eines Augenblicks hatte er mit der Linken unter seinem Umhang einen flachen, spitzen Dolch hervorgezogen. »Seid vernünftig«, sagte er, jede Silbe betonend, »lasst mich gehen, oder ich bin gezwungen, Euch zu töten.«

Man hörte Jumelles Entsetzensschrei und fast gleichzeitig das Herannahen von Schritten. Antoine Saporta war der Erste, der den Schauplatz erreichte. Hinter ihm die anderen Studenten. »Monsieur, wer Ihr auch sein mögt, werft auf der Stelle die Waffe zu Boden«, zischte er drohend. »Sonst seid Ihr ein toter Mann!«

»Kommt zur Vernunft! Ihr könnt Michel verletzen oder gar töten, aber könnt Ihr Euch vorstellen, was wir dann mit Euch machen werden?«, mischte sich jetzt auch Rabelais hinter ihm ein.

Der Spanier verharrte mit dem Dolch in der erhobenen Hand und ließ seinen Blick von einem zum anderen wandern. Die Studenten hatten ihn umringt wie Jäger ein verwundetes Wild.

»Ihr wisst nicht, mit wem Ihr es zu tun habt«, erwiderte Molinas leise, ein klein wenig stockend. »Ich warne Euch, Ihr spielt mit Eurem Leben.«

»Der einzige, der hier mit seinem Leben spielt, bist du«, erwiderte Saporta. Er öffnete den Schnurbesatz seiner Jacke. Am Gürtel hatte er einen kurzen Degen stecken. Er legte eine Hand auf die Glocke. »Also, was ist? Willst du nun endlich deinen Dolch fallen lassen?«

»Und dann lasst Ihr mich gehen?«

»Ja, dann lassen wir dich gehen.«

Der Spanier zögerte noch einen Augenblick, dann ließ er den Dolch wieder unter seinem Umhang verschwinden. Sogleich stürzte sich Rondelet auf ihn und packte ihn am Kragen, während Michel ihm den so lange hinausgezögerten Schlag ins Gesicht versetzte. Bevor er noch weiter auf den Mann einschlagen konnte, zog Rabelais ihn fort und setzte dem Unbekannten einen Finger auf die Brust. »Und jetzt wirst du uns sagen, wer du bist, bevor wir wirklich die Geduld verlieren.«

»Aber Ihr hattet doch versprochen ...«, jammerte der Spanier.

»Keine Sorge, wir halten unser Wort. Aber zuerst wirst du uns noch diese einfache Frage beantworten. Wer zum Teufel bist du?«

Halb erstickt in Rondelets Griff, hustete der Gefangene mehrere Male. Seine leichenhaften Gesichtszüge waren vor Angst verzerrt. In seiner Antwort jedoch klang immer noch der frühere Hochmut an: »Ich bin Angehöriger der spanischen Inquisition.«

»Eine hässliche Krähe«, rief Corinne aus, die etwas entfernt stand, die Hände in die Hüften gestützt.

Rabelais schüttelte den Kopf. »Das kann nicht sein. Den Predigermönchen ist das Tragen von Waffen untersagt. Und außerdem hat er keine Tonsur. Freunde, hört her, dieser Mann lügt.«

Rondelets Griff wurde noch fester. Und der Spanier hustete erneut.

»Ich bin ... kein Mönch. Ich bin ein Familiare. Wir dienen der Inquisition in geheimer Mission.«

»Das glaube ich dir schon eher«, bemerkte Rabelais zufrieden. »Ein Diener und Spitzel.« Er wandte sich an Saporta:

»Antoine, das dort hinten, ist das Holz? Man sieht es so schlecht im Dunkeln.«

»Ja, scheint so. Da liegen Latten und Streben für einen Portikus.«

»Na dann zieh doch mal ein paar Knüppel heraus, wenn möglich ein paar schön knotige. Dieser Mann ist ein Diener und hat eine Strafe verdient, wie sie einem Diener zukommt.«

Saporta gehorchte begeistert, und Rondelet und die anderen taten es ihm nach. Mit verzweifeltem Hass in den Augen starrte Molinas seine Peiniger an.

»Aber ihr hattet mir doch versichert...«, begann er noch einmal mit matter Stimme.

»Du fängst an, dich zu wiederholen, mein Freund«, fiel ihm Rabelais ins Wort. »Keine Sorge, wir lassen dich schon gehen. Doch zuvor bekommst du die Abreibung, die du verdient hast.«

»Ich bin verwundet, am Arm...«

»Deinen Arm lassen wir in Ruhe. Es ist dein Rücken, den wir dir ein wenig richten wollen.«

»Vielleicht sollten wir ihn zuerst ausziehen«, schlug Corinne seelenruhig vor.

Rabelais schüttelte den Kopf. »Kommt nicht in Frage. Wir lieben es, Frauen auszuziehen. Männer sind uns angezogen lieber. Und der hier ist auch noch so hässlich, dass man Angst kriegen könnte.« Er warf einen Blick auf die Knüppel, die Saporta angeschleppt hatte. »Sehr gut. Gib den dicksten Michel. Ihm gebührt der erste Schlag.«

Michel ließ sich nicht lange bitten. Während Rondelet den Spanier zwang, sich umzuwenden, griff er zu einer ungehobelten Latte und fuhr prüfend mit der Hand darüber. Dann holte er aus und schlug dem Spitzel das Holz so fest in die Rippen, dass dieser vor Schmerz aufheulte.

»Ein vortrefflicher Schlag«, bemerkte Rabelais, so als würde er eine Partie Paume kommentieren. »Jetzt bin ich an der Reihe. Mal sehen …« Er griff zu einem Knüppel aus rauem Buchenholz und ließ ihn mit voller Wucht auf die Schultern des Spaniers niederfahren, der sich vor Schmerz krümmte und diesmal noch lauter aufschrie.

Nacheinander maßen alle Studenten ihre Kräfte auf Molinas' Buckel. Danach waren Corinne und die anderen Mädchen, die ebenfalls die Taverne verlassen hatten, an der Reihe und gingen mit der gleichen Begeisterung wie ihre Freunde zur Sache. Nur Jumelle, der der Schreck noch in den Gliedern steckte, konnte sich nicht überwinden und beobachtete unsicher das Geschehen. Schließlich breitete Rondelet seine Arme aus, und der Mann sackte, vielleicht bewusstlos, zu Boden.

»So, für Gerechtigkeit wäre gesorgt. Die hässliche Krähe wird uns in nächster Zeit bestimmt nicht mehr belästigen.«

Rabelais ließ seinen Knüppel sinken und wandte sich an die anderen:

»Freunde, ich denke, es wird allmählich Zeit, unseren Gefährtinnen das zu geben, was ihnen rechtmäßig zusteht. Lasst uns also zurückkehren und damit beginnen, ihren Wünschen nachzukommen. Und auf Michel wartet sogar ein ganz besonderes duftendes Blümelein, das, wie ich vermute, schon von Tau glänzet. Hab' ich Recht, Jumelle?« Das Mädchen schlug lächelnd die Augen nieder. Rabelais seufzte, so als erwartete ihn eine übermenschliche Anstrengung. »Kommt, gehen wir unsere Pflicht erfüllen.«

Lachend und scherzend kehrten die Freunde ins *La Soche* zurück. Molinas lag am Boden, wand sich in Schmerzen und stöhnte.

# Rachepläne

Molinas, der ausgestreckt auf dem Backsteinboden vor dem Hauseingang lag, hatte keineswegs das Bewusstsein verloren. Nur sein Rücken schmerzte entsetzlich, und ebenso der verletzte Arm. Anscheinend waren wohl keine Rippen gebrochen, das tröstete ihn ein wenig. Nur konnte er sich kaum bewegen, ohne dass ihm unwillkürlich ein erbärmliches Winseln entfuhr. Was ihm aber mehr als alles andere zusetzte, war die unbeschreibliche Erniedrigung, die man ihm zugefügt hatte. Er fühlte sich so gedemütigt, dass er am liebsten auf der Stelle gestorben wäre, oder aber, besser noch, jene ermordet hätte, die ihm das angetan hatten. Doch im Moment war ihm weder das eine noch das andere möglich.

Es war der Hass, der ihm die Kraft gab, sich zu erheben. Zudem musste er fürchten, dass dieses Gesindel noch einmal zurückkam und ihm erneut das Fell gerbte. Und das wollte er unter allen Umständen verhindern. Er bewegte die Finger seiner gefühllosen Hände und drückte sie gegen den Erdboden. Die Rechte war zu schwach, doch in der Linken spürte er noch ein wenig Kraft. Er stieß sich ab und bemühte sich, den Rücken zu krümmen. Ihm wurde rot vor Augen, und einen Moment fürchtete er, vor Schmerz den Verstand zu verlieren. Der erste Versuch endete kläglich in einem Meer des Leidens.

So zwang sich Molinas, sich das Bild des gekreuzigten Christus mit dem harten Blick und der blutenden Seite in Erinnerung zu rufen, das den düsteren Versammlungssaal der Suprema[1] beherrschte. Erneut stieß er sich vom Boden ab. Tränen schossen

[1] Vom Großinquisitor geleitetes höchstes Kollegium der spanischen Inquisition, Anm. d. Übers.

ihm in die Augen und liefen ihm in den Mund, aber er schenkte ihnen keine Beachtung. Und nun gelang es ihm tatsächlich, den Rücken ein wenig zu krümmen und das rechte Bein anzuwinkeln. Mit einem Ruck richtete er sich auf, doch die Sinne drohten ihm zu schwinden, er musste einen Pfeiler umklammern, um sich aufrecht zu halten, drückte sein Gesicht gegen das Holz und riss sich dabei Splitter in die Wange.

Einige Minuten verharrte er mit heftig schlagendem Herzen in dieser Stellung. Schließlich merkte er, dass er, unter Aufbietung seiner letzten Kräfte, wohl einige Schritte würde gehen können. Er löste sich von dem Pfeiler und versuchte zu gehen. Die Schmerzen waren fast unerträglich, doch seine Beine trugen ihn. Hasserfüllt starrte er auf die erleuchtete Fassade des Gasthauses *La Soche*, wo die Studenten jetzt wahrscheinlich auf obszönste Weise ihre Huren beschliefen, und entfernte sich langsam und gebeugt, indem er sich an den Häuserwänden abstützte.

Glücklicherweise waren die Straßen der Stadt wegen der Pest immer noch wie ausgestorben, so dass niemand sein Stöhnen hörte. Der schon hoch am Himmel stehende Mond erhellte das Pflaster, und so konnte er in den seltenen Augenblicken, in denen sein Blick nicht vom Blut verschleiert wurde, den Weg erkennen. Aufs Geratewohl schleppte er sich durch einige Gassen, bis er irgendwann wieder zu Boden fiel. Doch diesmal erhob er sich schon mit einem gewissen Elan. Auf, auf, das Schlimmste ist überstanden …

Doch dem war leider nicht so. Es blieb die ungeheuerliche Beschämung, dermaßen verprügelt worden zu sein, noch verstärkt durch sein eigenes Versagen. Wie ein Anfänger hatte er sich erwischen und dazu verleiten lassen, über sich und sein Tun Auskunft zu geben. Wäre die Scham noch zu überwinden gewesen, so blieb doch seine Schuld. Er musste sich auf jeden Fall bestrafen, auf der Stelle, und die Strafe musste seiner immensen Schuld angemessen sein.

Er betrat einen stinkenden, von gespenstischen, verlassenen

Balkonen gesäumten Innenhof und schleppte sich zum Brunnen in der Mitte. Auf dem Brunnenrand stand ein Eimer, in dessen Wasser sich schwach das Sternenlicht spiegelte. Mit der Rechten ergriff er ihn und spreizte die Finger seiner Linken auf der Backsteinmauer. Einige Augenblicke konzentrierte er sich ganz auf das Antlitz des gekreuzigten, blutbedeckten Christus und ließ dann plötzlich mit aller Gewalt den unteren Rand des Eimers auf seinen Zeigefinger und den Mittelfinger niederfahren. Er schrie auf, als seine Fingernägel zertrümmert wurden. Doch das reichte ihm noch nicht. Mit den Fingern seiner rechten Hand packte er, die Zähne zusammenbeißend, das, was von den Nägeln noch übrig war, und riss sie sich einzeln aus, ohne sich von dem in Strömen fließenden Blut beirren zu lassen. Der Schmerz war rasend. Obwohl er das Gefühl hatte, eine noch schlimmere Bestrafung verdient zu haben, musste er es genug sein lassen. Mit der tiefen Fleischwunde im Arm und dem zerschlagenen Rücken wagte er es nicht, zu übertreiben und das Risiko einzugehen, erneut das Bewusstsein zu verlieren.

So schleppte er sich langsam weiter durch die menschenleeren Gassen und zog eine neue Spur aus roten Tröpfchen hinter sich her. Das Priorat der Dominikaner war zu weit entfernt. So blieb ihm nichts anderes übrig, als seinen Widerwillen zu überwinden und am Konvent der Franziskaner, zwischen der Kirche Saint-Pierre und der Stadtmauer, anzuklopfen.

Mehrere Male musste er am Seil des Glöckchens ziehen, bevor sich die kleine, in das Eingangstor eingelassene Tür öffnete und ein junger, magerer Franziskanermönch vorsichtig den Kopf hinaussteckte. Die Kapuze bis in die Stirn gezogen, hielt er sich eine Ampulle mit Essenzen vor Mund und Nase.

»Was wollt Ihr?« fragte er abweisend. »Hier schlafen schon alle.«

»Seht mich an, und Ihr werdet verstehen« gab Molinas zurück. Er stellte sich in den matten Lichtkegel, der aus der Tür fiel, und zeigte seine blutenden Finger.

»Ich appelliere an Eure christliche Barmherzigkeit. Ich brauche Hilfe.«

Der junge Mönch zog ein wenig den Kopf zurück und stieß einen unterdrückten Entsetzensschrei aus. »Was habt Ihr? Habt Ihr die Pest?«

»Schaut genau hin. Das sind keine Beulen, das sind Verletzungen.« Da sein Gegenüber ihn nur fassungslos anstarrte, fügte er leicht ungehalten hinzu: »Ich habe ein Anrecht auf die Barmherzigkeit, um die ich Euch bitte. Auch ich bin ein Diener der Kirche. Der Bischof von Maguellone kennt mich gut. Helft mir, und er wird sich erkenntlich zeigen.«

Der Name schien bei dem jungen Mönch einen gewissen Eindruck zu machen, konnte aber seine Unentschlossenheit nicht überwinden. »Ihr seid kein Ordensbruder«, stellte er fest.

»Nein, das bin ich nicht. Aber ich habe eine Stellung, die dem gleichkommt. Ich bitte Euch, benachrichtigt den Pater Guardian. Ihm werde ich erklären, wer ich bin, und warum es Eure Pflicht ist, mich zu beherbergen.«

»Ich habe es schon einmal gesagt. Er schläft. Wenn Ihr vielleicht in einer Stunde wieder kommen wollt...«

Molinas hatte eine Eingebung. Er stöhnte auf und ließ sich zu Boden fallen, als habe er die Besinnung verloren. Jedes einzelne Glied schmerzte ihn höllisch, aber er achtete nicht darauf. »O Herr im Himmel!« hörte er den Mönch rufen, dann drang das Knarren der sich schließenden Tür an sein Ohr. Jetzt brauchte er nur noch zu warten. Er nutzte die Zeit und griff mit der rechten Hand nach dem Dolch an seiner Brust, zog ihn zusammen mit der Scheide hervor und warf sie in hohem Bogen fort. Er tastete auch nach dem kurzen Degen, den er gewöhnlich an der Seite trug, doch da fiel ihm ein, dass er ihn in der Baracke gelassen hatte, wo er während der Epidemie Zuflucht gefunden hatte. Umso besser. Er schloss wieder die Augen und genoss, wenn auch unter Schmerzen, die Kühle der Pflastersteine.

Nach einer Weile, die ihm ziemlich lange vorkam, knarrte das

Türchen erneut. Molinas kniff die Lider fest zusammen und bemühte sich, vollkommen reglos dazuliegen. Dann die Stimme des jungen Mönchs:

»Da liegt er. Seht ihn Euch an, voller Blut überall, so als sei er unter die Räuber gefallen. Da musste ich Euch doch aufwecken.«

»Ja, das war richtig«, antwortete jemand mit ernster, heiserer Stimme. »Bist du sicher, dass er nicht die Pest hat?«

»Dem Augenschein nach würde ich sagen, nein. Er scheint mehr Blutergüsse und Verletzungen als alles andere zu haben.«

»Ich habe dich nicht nach deinen Eindrücken gefragt. Untersuche ihn.«

Der Befehl schien in dem jungen Mönch keine große Begeisterung zu wecken. Es vergingen einige Augenblicke, bis Molinas die behutsamen, ein wenig zittrigen Finger spürte, die seinen Umhang öffneten, sein Lederwams aufschnürten und die Hemdschöße auseinanderschoben.

»Er hat keine Beulen unter den Achselhöhlen«, stellte der Mönch nach einer kurzen Überprüfung fest.

»Hat er Fieber?«

»Ich denke nicht. Er ist wohl zusammengeschlagen worden, seine Kleider sind voll mit geronnenem Blut.«

»Gut. Dann ruf jetzt einen Mitbruder und bringt ihn in eine Zelle. Zieht ihn aus und versorgt ihn. Und wenn er wieder zu sich kommt, sagt mir Bescheid.«

Es verging wieder eine Weile, bis Molinas erneut Stimmengewirr und Schritte auf dem Pflaster vernahm. Als man ihn anhob, war der Schmerz so stark, dass er fürchtete, einen Schrei nicht unterdrücken zu können. Glücklicherweise behielt seine Willensstärke die Oberhand, und er überließ sich reglos den starken Armen, die ihn trugen.

Während sie Flure durchquerten, die er nicht sehen konnte, registrierte er Fetzen eines leisen Gesprächs:

»Einen Fremden zu Pestzeiten ins Kloster lassen – der Pater

Guardian scheint den letzten Rest Verstand verloren zu haben, der ihm noch geblieben war.«

»Der Mann soll aber ein Freund des Bischofs von Maguellone sein.«

»Umso schlimmer. Wir nehmen einen vielleicht Pestkranken auf, nur weil er ein Freund des Bischofs ist.«

»Nein, nein, er hat nicht die Pest. Dazu hat er noch zu viel Farbe im Gesicht, obwohl er so viel Blut verloren hat.«

»Du hast Recht. Aber wie sollen wir ihn behandeln? Unser Bruder Medicus ist ja nicht da.«

»Um die kleineren Wunden könnten sich die Dienerinnen kümmern.«

»Das wäre das Beste. Aber der Pater Guardian will nicht, dass jemand erfährt, dass wir Frauen im Kloster haben.«

»Ja, er übertreibt. In allen französischen Klöstern gibt es Frauen. Das weiß doch jeder und kein Mensch nimmt daran Anstoß. Außer den Protestanten.«

»Ach, dabei fällt mir ein. Hast du eigentlich schon mal mit Magdelène geschlafen? Das ist die mit den roten Haaren und dem kleinen Busen. Aber unter ihrem Rock brodelt ein Vulkan, und ihr Gesäß ist wunderbar rund.«

»Magdelène? Nein. Ist die neu? Um die sollte ich mich mal kümmern. Ich habe ja nichts gegen kleine Brüste, wenn die Brustwarzen …«

Mehr konnte Molinas nicht verstehen. Denn sie legten ihn auf einem Strohlager ab, und ein stechender Schmerz lähmte ihn. Er versuchte, die Glieder auszustrecken, aber das machte alles nur noch schlimmer. Also rollte er sich wie ein kleines Kind auf der Seite zusammen und wartete, was da kommen sollte.

Seine Pfleger entfernten sich. Molinas öffnete die Augen und blickte sich um. Er befand sich in einer gewöhnlichen kargen Klosterzelle mit weiß gekalkten Wänden. Eine Öllampe auf einem Nachtschränkchen, dem einzigen Möbel im Raum, war auch die einzige Lichtquelle. Die an mehreren Stellen von Feuchtigkeit befleckten Wände liefen zu einer Gewölbedecke zusammen, die durchbrochen war für ein einzelnes Oberlicht, das kein Gitter aufwies, aber durch einen robusten Fensterladen gut verschlossen war.

Als er wieder Schritte im Korridor hörte, überlegte er kurz und entschied, dass es nicht mehr nötig war, sich ohnmächtig zu stellen. Neugierig blickte er den hereinkommenden Mann an. Er mochte vielleicht sechzig Jahre zählen, wirkte aber noch recht rüstig. Der Franziskaner war groß gewachsen und schlank, trug einen grauen, kurzen borstigen Bart und hatte blaue Augen mit dichten Brauen darüber. Nach seiner Hautfarbe zu urteilen, die trotz seines Alters noch rosig war und stellenweise ins Ziegelrote spielte, stammte er von sächsischen, vielleicht auch normannischen Vorfahren ab.

Der Mann, gefolgt von einem Diener mit einer Kerze in Händen, trat auf Molinas zu und erklärte kühl, ohne das geringste Anzeichen von Wohlwollen in der Stimme: »Ich bin Pater Heinrich, der Guardian dieses Klosters. Nun, da Ihr zu Euch gekommen seid, könnt Ihr uns ja endlich sagen, wer Ihr seid.«

Zu lügen wäre sinnlos gewesen. »Mein Name ist Diego Domingo Molinas. Als Familiare in Diensten der Heiligen Spanischen Inquisition unterstehe ich direkt dem Großinquisitor Kardinal Manrique.«

Der Guardian verzog das Gesicht.

»Sei's drum. Aber sagt mir, wer hat Euch so zugerichtet?«

»Das erkläre ich Euch lieber unter vier Augen.«

Der Guardian gab dem Diener ein Zeichen. »Du kannst gehen. Und nimm die Kerze mit. Hier drin ist es hell genug.« Der Diener gehorchte, und als sie alleine waren, beugte sich der Franziskaner über das Strohlager. »Nun? Ich erwarte eine ausführliche Antwort.«

Molinas erhob sich ein wenig und unterdrückte dabei das Stöhnen, das seinen Lippen fast entschlüpft wäre. Dem Fragenden fest in die Augen blickend, begann er: »Ich führe wichtige Ermittlungen durch, die mit den magischen Riten angeblich bekehrter Juden zu tun haben. Jener, die wir *conversos* nennen, ihr aber Neophyten oder Marranen.«

»So? Und in wessen Auftrag führt Ihr diese Ermittlungen durch?«

»Das sagte ich Euch bereits. Für Alfonso Manrique, den Fünften Inquisitor. Doch die Ermittlungen begannen schon unter dem Dritten, Adriano.«

»Und um welche Personen geht es?«

»Zunächst konzentrierte sich die Untersuchung nur auf Ulrich von Mainz, einen Anhänger der schwarzen Magie, der eine geheime Kirche gegründet hat, mit dem Ziel, die unsere zu verdrängen. Doch dann folgten wir der Kette seiner Komplizen und stießen dabei auf einen gewissen Michel de Notredame, einen Medizinstudenten an der hiesigen Universität. Habt Ihr vielleicht schon von ihm gehört?«

»Nein, noch nie. Wir halten uns von den Studenten fern. Das sind doch fast ausnahmslos Säufer und Gotteslästerer.«

In den Worten Pater Heinrichs nahm Molinas eine Spur von Feindseligkeit wahr. Es würde nicht leicht werden, diesen Mönch für die Ziele der Inquisition einzuspannen. Er musste ihm einen Schreck einjagen und so dazu bringen, ihm zu gehorchen. »Nun, da ich Euch den Grund meines Hierseins erzählt habe, kann ich wohl darauf bauen, dass Ihr mir helfen werdet. Der Heiligen Inquisition ist schließlich jeder gute Christ Gehorsam schuldig.«

Der Guardian zuckte die Achseln.

»Ich habe vielleicht der Inquisition von Toulouse zu gehorchen, sicher aber nicht der von Spanien. Vorausgesetzt, das, was Ihr mir da erzählt, ist wahr, so befindet Ihr Euch hier außerhalb des Zuständigkeitsbereichs Eurer Auftraggeber. Die Kirchenoberen wären wohl sehr irritiert, wenn sie davon erführen.«

Molinas spürte, wie er allmählich zornig wurde.

»Eure Vorwürfe sind unberechtigt. Gleich bei meiner Ankunft habe ich meine Beglaubigungsschreiben zunächst der Inquisition von Toulouse vorgelegt und dann dem Bischof von Maguellone.«

»Und was hat der Bischof gesagt?«

Tatsache war, dass der hohe Geistliche überhaupt nichts gesagt hatte. Er hatte das Schreiben der Suprema überflogen und es bei einigen förmlichen Bemerkungen belassen, ohne auch nur daran zu denken, eine Vollmacht auszustellen. Sein Interesse galt nicht Juden und Magiern, sondern allein den lutheranischen Hugenotten, die in der Gegend von Montpellier mehr und mehr Fuß fassten.

Molinas versuchte es mit einer List. »Er hat mir gesagt, im Moment gelte seine Hauptsorge der Unzucht, die sich in den Klöstern der Region zunehmend breit macht. Er hat von willfährigen Dienerinnen gehört, die sich mit Männern der Kirche verlustieren. Gewiss, ich weiß auch, dass es sich dabei nur um ein Missverständnis handeln kann. So habe ich persönlich in Eurem Kloster auch nur Männer gesehen. Nun hat mich der Bischof aber darum gebeten, ihm neben meiner eigentlichen Aufgabe darüber Bericht zu erstatten, wo sich weibliche Wesen an Orten aufhalten, an denen sie nichts zu suchen haben.«

Der Guardian zuckte zusammen und blickte dann Molinas eine Weile nachdenklich an. Er war sich klar darüber, dass ihm der Spanier eine dreiste Lüge auftischte. Doch gleichzeitig war ihm auch bewusst, dass er gerade Opfer einer offenen Erpressung wurde. Molinas erriet seine Gedankengänge und lächelte innerlich, trotz seiner Schmerzen.

Nach einem langen Schweigen fragte Pater Heinrich seufzend:

»Also gut, was kann ich für Euch tun?«

»Ihr sollt mir helfen. Mehr verlange ich nicht von Euch«, antwortete Molinas, eine Art Lächeln andeutend. »In erster Linie sollt Ihr mir helfen, wieder auf die Beine zu kommen. Und dann bitte ich Euch, mir jemanden zur Seite zu stellen, der mich bei meinen Ermittlungen unterstützt. Am besten einen Laien. Und am allerbesten eine Frau.«

Der Guardian brachte einen letzten schwachen Protest vor:

»Was redet Ihr denn da? Ich habe keine Frauen in meinem Kloster.«

Molinas kräuselte die Lippen in gespielter Unschuld.

»Gewiss, gewiss. Ich meinte ja auch nur irgendeine fromme Frau, die zum Beten Eure Kirche aufsucht. Wie ich hörte, besucht eine gewisse Magdelène, ein schlankes Mädchen mit rotem Haar, regelmäßig bei Euch die Messe. Sie könnte mir für meine Zwecke dienlich sein.«

Der Guardian verzog keine Miene, versuchte aber auch nicht, etwas abzustreiten.

»Wie Ihr wollt. Ich werde sie zu Euch schicken. Wann wünscht Ihr sie zu sehen?«

»Nicht sofort«, antwortete Molinas kopfschüttelnd. »Im Moment brauche ich Binden für meine Finger und meinen Arm, und Salben für meinen Rücken. Außerdem muss ich unbedingt ein paar Stunden ruhen.«

»Aber wer hat Euch bloß so zugerichtet? Michel de Notredame?«

»Eben der. Er und seine Freunde.« Molinas bemühte sich nicht, den Hass zu unterdrücken, der seine Stimme verzerrte. »Da ist noch etwas, um das ich Euch bitten möchte.«

»Sprecht.«

»In den letzten Nächten schlief ich wegen der Pest in einer Strohhütte außerhalb der Stadt, direkt hinter der nördlichen Stadtmauer, unweit des Flusses Lenz. Es ist die Einzige dort und nicht zu verfehlen. Unter einem Strohhaufen habe ich dort ein Buch versteckt...«

»Was für ein Buch?«

»Ein Buch, das ich dringend brauche, eine Handschrift mit verschiedenen Illustrationen. Ich möchte Euch bitten, jemanden dorthin zu schicken, um es zu suchen und mir zu bringen.«

»Gut. Sonst noch was?« fragte Pater Heinrich, irritiert über sich selbst, weil er den Befehlen eines Fremden so beflissen nachkam.

»Nein, nur noch ein paar Kleinigkeiten. Zunächst einmal möchte ich, nach der medizinischen Versorgung, in eine Zelle gebracht werden, die diesen Namen verdient. Morgen früh verständigt Ihr dann den Prior der Dominikaner über mein Hiersein und bittet ihn, zu mir zu kommen. Drittens, gebt in der Küche Bescheid, dass ich nur Speisen mit Fleisch zu mir nehme, und Freitags gar nichts esse. Fisch ist mir zuwider, und darüber hinaus halte ich auch seinen Verzehr an Freitagen für einen Verstoß gegen das Fastengebot.«

Dem Guardian stockte der Atem. Das war zu viel. Seine Augen begannen vor Empörung zu funkeln, und nun brach es aus ihm heraus: »Habt Ihr den Verstand verloren? Ich bin doch nicht Euer Diener!«, brüllte er mit erstickter Stimme.

»Nein, natürlich nicht!«, erwiderte Molinas seelenruhig. »Ich selbst bin ja auch nur ein Diener: ein Diener Gottes. Und ich denke, wir haben beide denselben Herrn.« Er stieß einen von Heuchelei geblähten Seufzer aus. »Was wären wir doch für ein schlagkräftiges Heer, würden sich nicht so viele von uns vom Dämon der Wollust verführen lassen. Glaubt Ihr nicht?«

Pater Heinrich wusste nicht, was er antworten sollte. Aufgebracht hob er nur die Schöße seiner Kutte an und stürmte mit großen Schritten aus der Zelle.

Zufrieden mit sich selbst, entspannte Molinas seinen gepeinigten Körper. Seltsamerweise bereiteten ihm die Schmerzen jetzt so etwas wie ein krankhaftes Wohlgefühl. Er gab sich ihm hin und bewegte von Zeit zu Zeit seine verletzten Glieder, um einen stechenden Schmerz hindurchfahren zu lassen, auf den sogleich ein wohliger Schauer folgte. Dieses angenehme Gefühl schrieb er der Intelligenz zu, mit der er jetzt seiner Sache diente, und seine Zufriedenheit wuchs noch.

So fühlte er sich fast belästigt, als ein fetter, verschwitzter Mönch mit langen Haaren und einem ungepflegten Bart seine Zelle betrat. »Der Bruder Medicus ist unauffindbar«, erklärte er. »Aber ich assistiere ihm hin und wieder und kenne mich ein wenig in der Arzneikunde aus. Lasst mich mal sehen.«

Als erstes warf er einen Blick auf die immer noch blutenden Finger von Molinas' linker Hand.

»Mein Gott!«, rief er aus, »man hat Euch ja die Nägel ausgerissen!«

»Ich habe sehr grausame Feinde«, antwortete der Spanier ausweichend.

»So etwas Entsetzliches habe ich ja noch nie gesehen. Oder doch, einmal, vor vielen Jahren, bei der peinlichen Befragung einer Hexe. Die Frau sprang umher und kreischte wie ein Huhn, dem man den Hals umdreht. Ihr hingegen wirkt ziemlich ruhig.«

»Diese Hexe hatte den Satan als Beschützer. Ich habe Gott. Das ist der Unterschied.«

»Ja, Ihr habt Recht. Verzeiht den Vergleich«, murmelte der Mönch verlegen. »Hier brauchen wir feste, saubere Binden. Ich werde sehen, dass ich welche auftreiben kann. Nun zeigt mir Euren Arm.« Er schob die Mantelschöße und die zerschnittenen Ärmel des Hemdes auseinander: »Das sieht nach einem Messerstich aus. Sehr tief, mit einer flachen, scharfen Klinge ausgeführt. Ihr habt Glück, dass die Klinge nur Euren Arm getroffen hat.«

»Man wollte mich nicht töten.« Das Geschwätz des Franziskaners begann ihm auf die Nerven zu gehen.

»Nein, in der Tat. Zum Glück ist das Blut schon geronnen. Ihr seid aus starkem Holze geschnitzt. Ich gehe jetzt ...«

»Nein, wartet. Ich brauche auch Binden für meinen Rücken. Sie haben mich mit Holzlatten geschlagen. Es ist wohl nichts gebrochen, aber es ist alles taub.«

»Ich sehe, ich sehe«, murmelte der Mönch, der in Wirklichkeit überhaupt nichts sah. »Ich denke, dass Honigumschläge im Moment ausreichen werden. Aber es stimmt, Ihr habt entsetzliche Feinde. Hugenotten wahrscheinlich.«

»Schlimmer. Viel schlimmer«, flüsterte Molinas und senkte die Lider. »Doch ihre Strafe wird noch entsetzlicher sein.« Er hustete und drehte sich unter Schmerzen auf eine Seite.

# Medicus

Am 1. November 1530 war die Pest, die Montpellier zwei Monate zuvor heimgesucht hatte, nur noch eine Erinnerung. An den Türen der Geschäfte und Schenken waren die Läden geöffnet, die Überlebenden begannen, ihre Toten zu vergessen, und das Leben an der Universität ging wieder seinen normalen Gang. Die Straßen wurden von neuem durch zahlreiche Marktstände belebt und versperrt, an denen sich hin und wieder Kutschen mit den Wappen vornehmer Familien ratternd vorbei drängten.

Doch in all der Lebendigkeit blieb eine Spur von Unsicherheit. Mochte Montpellier auch gerettet sein, so konnte man das Gleiche nicht vom Rest Südfrankreichs sagen, wo die Pest noch immer wieder aufflackerte. Sicher, auch die beginnende Kälte der Wintermonate hatte sie, besonders in den großen Städten, etwas zurückgedrängt. Dennoch wurde täglich von neuen Krankheitsherden, vor allem in den kleineren Gemeinden längs der Küste, berichtet.

Wer keinen Gedanken daran verschwendete, war Rabelais, der an diesem Tag seinen *actus triumphalis* feiern würde. Er stand vor dem Spiegel, den er mitten in seiner Kammer im Kolleg aufgestellt hatte und strich sich stolz über seine festliche Robe.

»Was meint ihr«, fragte er, an seine Freunde gewandt. »Kann ich so gehen?«

Michel lächelte. »Aber sicher, so elegant habe ich dich noch nie gesehen.«

»Aber mit deinen Beinkleidern solltest du aufpassen«, warf Antoine Saporta spöttisch ein, »so eng, wie die sitzen, könnten sie platzen, wenn du dich vor deinem Doktorvater verneigst. Und dann zeigst du den Gästen dein blankes Hinterteil.«

Guillaume Rondelet setzte noch eins drauf und erklärte lachend: »Was soll denn daran schlimm sein? Das ist doch der einzige Körperteil von François, der die *gravitas* eines Mannes der Wissenschaft aufweist. Es besteht höchstens die Gefahr, dass man ihn mit seinem Gesicht verwechselt.«

Rabelais drehte sich ruckartig um und hob scherzhaft drohend den Zeigefinger. »Pass auf, was du sagst, Rondelet. Ich habe eine höllische Zeit hinter mir. Heute siehst du mich vielleicht ruhig, aber das ist bloßer Schein, und deine unanständigen Anspielungen könnten mich leicht verwirren.«

In Rabelais' Worten lag, obwohl er mit den Augen lächelte, etwas Wahres. Das Abschlussexamen der Medizinstudenten, das so genannte *examen per intentionem*, war in mehrere sehr harte Prüfungen unterteilt. Am ersten Tag hatte der Kandidat vor seinem Dozenten ein Thema zu erörtern, das ihm erst am Vorabend mitgeteilt wurde, und auf die Bemerkungen aller Mitglieder der Prüfungskommission einzugehen. Danach folgte ein Ruhetag, der aber wenig Ruhe versprach, weil die Anspannung für den Doktoranden einfach zu groß war. Dann wurde ihm wiederum abends ein neues Thema mitgeteilt. Die gleiche Prozedur wiederholte sich noch vier weitere Male.

Nach der letzten Prüfung gab es eine Pause von acht Tagen, nach der sich der Student zum Dekan seiner Fakultät (hier Antoine Romier) begeben musste, wo ihm ein beliebiges Thema aus Galenus' Werk *Ars pavena* mitgeteilt wurde, und danach zum Universitätskanzler, der wiederum ein beliebiges Thema aus den *Aphorismen* des Hippokrates auswählte, über die er am folgenden Tag in der Kirche Notre-Dame-des-Tables vier Stunden am Stück zu referieren hatte. Um sich die Dozenten gewogen zu machen, war es fester Brauch, die Männer der Wissenschaft zu diesem Anlass mit süßem Gebäck voll zu stopfen und dafür zu sorgen, dass der Wein reichlich floss.

Doch auch wenn der Kandidat alle Prüfungen erfolgreich absolviert hatte, war er noch nicht am Ziel. Um die Urkunde aus den

Händen des Bischofs in Empfang nehmen zu können, musste er dem hohen Geistlichen eine größere Summe Geld zahlen, wie viel, darüber wurde nicht gesprochen, doch es durfte keinesfalls zu wenig sein. Erst dann war der Kandidat zu den *triduanes* zugelassen, dem entscheidenden Abschnitt der Prüfungen.

An einem vorher festgesetzten Tag händigte der Student dem Dekan und dem Kanzler eine Liste mit zwölf Krankheiten aus. Die beiden Prüfer wählten sechs davon aus, ein jeder drei, und bestimmten das Datum der eigentlichen Abschlussprüfung. Diese dauerte drei volle Tage, von Sonnenaufgang bis Sonnenuntergang, in denen verschiedenste Dozenten den Kandidaten zu den gewählten Krankheiten bis ins kleinste Detail befragten. Dies geschah im Beisein aller Studenten, denen es freistand, sich nach Belieben einzumischen und ihrem Kommilitonen die schwierigsten Fragen zu stellen.

Waren die Professoren endlich zufrieden gestellt, zogen sie in einer langen Reihe aus der Kirche aus, während die Studenten sich um den Kandidaten scharten und ihm gratulierten. Nun war der Weg frei für den abschließenden *actus triumphalis*.

Rabelais hatte diese Tour de force ausgelaugt aber glücklich überstanden. Am Vortag hatten alle Kirchen mit einem festlichen Geläut die bevorstehende Weihe des neuen *medicus* verkündet. Jetzt, da er die Festgewänder angelegt hatte, blieb ihm nichts anderes als zu warten. Er wandte sich vom Spiegel ab und setzte sich auf den Rand seines Bettes. »Kinder, soll ich euch mal was sagen? Hätte mir eine Herde Esel anstelle der Professoren die Fragen gestellt – es wäre niemandem aufgefallen.«

Michel, der seinen Neid auf das Glück seines Freundes mittlerweile überwunden hatte, lächelte ihn an. »Nun übertreib mal nicht, François. Du musst doch zugeben, dass es die Dozenten ziemlich gut mit dir gemeint haben. Es kann ihnen ja wohl nicht entgangen sein, dass dir jeder Vorwand recht war, um sie zu provozieren.«

»Provozieren? Nein. Ich habe lediglich versucht, ihre Eseleien deutlich hervortreten zu lassen. Abgesehen von Romier und Schyron kennen sie doch die Krankheiten, zu denen sie mich befragten, nur vom Hörensagen. Und außerdem weiß keiner von ihnen, wer Paracelsus ist.«

»Da wäre ich mir nicht so sicher, ob sie nicht nur so getan haben. Paracelsus ist schließlich Lutheraner. Ihn zu erwähnen, kann gefährlich werden.«

»Soll er doch. Aber er war es auch, der beschrieben hat, wie man Patienten während eines chirurgischen Eingriffs mit Äther einschlafen lassen kann. Wie oft sterben uns Kranke unter den Händen weg, weil das Herz aussetzt. Oder sie verlieren bei der Operation vor Schmerzen den Verstand. Medizin ist in erster Linie Technik, mit den Dogmen sollen sich die Pfaffen herumschlagen.«

Rondelet breitete die Arme aus.

»Tja, was willst du machen? Sie lehren uns Physik, Physiologie und Anatomie aus den Schriften von Aristoteles, und Naturgeschichte aus Plinius und Theophrastos. Wir sezieren nicht mehr als eine Leiche im Jahr, und das auch nur, weil Romier alles daran setzt, um uns dieses Privileg zu verschaffen.«

Michel nickte. »Das stimmt. Die einzigen medizinischen Werke, die wir studieren dürfen, sind die von Hippokrates und Galenus. Avicenna wurde geächtet, die Arzneimittelkunde gilt als nicht zur Fakultät gehörig, und die Anatomie nur als rein theoretisches Gebiet. Weißt du noch, François, bei welcher Frage du tatsächlich ins Schleudern gekommen bist?«

»Ja sicher. Als mich einer dieser Hornochsen im Gelehrtengewand aufforderte, ihm die Anastomosen zu beschreiben, die die großen Venen und die großen Arterien verbinden.«

»Richtig. Und du konntest nicht antworten, dass du diese Anastomosen nie gesehen hast, denn er hätte dir entgegengehalten, dass Galenus darüber berichtet und dass sie deshalb auch existieren müssen.«

Rabelais zuckte mit den Achseln. »Ja, diese heutige Mode, zu den Klassikern zurückzukehren, führt doch nur dazu ... Aber hört mal, ist da nicht Musik ...?«

Rondelet, der beim Fenster stand, öffnete es und lehnte sich hinaus. »Ja, jetzt kommt dein großer Moment, François! Das gesamte akademische Korps zieht heran!«

Vom Ende der Straße kam eine Gruppe von Musikanten mit Zimbeln, Flöten und Posaunen heran. Dahinter schritten die Dozenten der medizinischen Fakultät, angeführt vom Dekan und dem Kanzler in ihren festlichen roten Roben. Mitten unter ihnen war der Bischof von Maguellone, umringt von einer Heerschar von Priestern und Mönchen der Bettelorden.

In gebührendem Abstand folgte die fröhliche Schar der *filles de joie*, die so viel dazu beitrugen, das Leben der jungen Studenten abwechslungsreicher zu gestalten. Und noch dahinter drängte sich das einfache Volk, das irgendwie an dem Ereignis teilhaben wollte, darum bemüht, nicht auf die Kinder zu treten, die überall herumwuselten.

Vor dem Kolleg machten die Musikanten halt, spielten aber noch so lange weiter, bis sich François, von seinen Freunden gedrängt, endlich am Fenster zeigte. Der Dekan, Antoine Gryphius, trat einen Schritt vor und brachte mit einer Armbewegung alle zum Schweigen.

»Kommt herunter, Doktor Rabelais. Die Stadt Montpellier möchte ihrem neuen *medicus* die Ehre erweisen.«

Obwohl sonst alles andere als schüchtern, errötete Rabelais. Robinet fasste ihn an den Schultern und schob ihn in Richtung Treppe.

»Nun geh schon, mein Freund. Das ist dein großer Tag.«

Rabelais hatte kaum das Portal aufgestoßen, da wurde er schon von der Menge verschluckt und in Richtung Saint-Firmin mitgezogen. Als Michel auf die Straße trat, war er sogleich von den *filles de joie* umringt, die so laut jubelten, als hätten sie selbst den Doktortitel errungen. Corinne, die die Gruppe anzuführen schien, zwinkerte ihm zu und forderte ihn auf, sich ihnen anzuschließen. Doch Michels Blick suchte unruhig nach Jumelle, die er zu seinem Leidwesen nirgends entdecken konnte. Als er sie endlich erblickte, schöner als je zuvor in ihrem einfachen und doch eleganten Samtkleid, bahnte er sich fast mit Gewalt einen Weg zu ihr, legte seine Hand unter ihr Kinn und küsste sie auf den Mund.

»Einen Moment fürchtete ich schon, du seist in der Taverne geblieben«, raunte er ihr ins Ohr. »Dann hätte ich nämlich die Feier verlassen müssen, um zu dir zu eilen.«

Das Mädchen strich ihm zärtlich über den Rücken und fasste ihn unter. »Du Dummkopf. Glaubst du wirklich, ich würde mir eine Gelegenheit entgehen lassen, mich mit dir zu treffen?«

Seit mittlerweile drei Monaten besuchte Michel Jumelle mindestens zwei Nächte in der Woche, und ihre Beziehung hatte absolut nichts Geschäftliches mehr. Obwohl Corinne es nicht gern sah, nahm Jumelle den aufs Höchste erregten Michel in ihrem Schoß auf, ohne dafür eine entsprechende Bezahlung zu verlangen. Ja, wahrscheinlich verhielt es sich sogar so, dass Jumelle aus eigener Tasche die Differenz bezahlte. Corinne war damit zwar nicht einverstanden, konnte sich andererseits aber über den Kassenstand nicht beschweren und drückte schließlich ein Auge zu.

Wenn es wirklich ein Problem gab, so lag das ganz bei Michel. Er wusste nur zu gut, dass nach ihm andere Hände Jumelles üppige Brüste streicheln würden und andere in sie eindringen würden. Doch er sah keine Möglichkeit, außer es leidend zu ertragen. Früher oder später aber, da war er sich ganz sicher, würde er reich genug sein, um das Mädchen loszukaufen und es aus dem Umfeld der Taverne zu befreien.

»Ist das nicht ein wunderschöner Tag?« fragte Jumelle in bester Stimmung, indem sie Michels Arm fest drückte.

Er wollte ihr gerade ebenso frohgemut antworten, als er spürte, wie jemand seinen linken Arm ergriff. Verwundert blickte er sich um und war sofort gefangen von dem außergewöhnlich schönen Gesicht einer jungen Frau. Er kannte sie bereits flüchtig, denn sie hatte sich schon seit einiger Zeit ganz offen bemüht, ihn kennen zu lernen. Von ihr wusste er nur, dass sie Magdelène hieß und in Agen geboren war. Eines Tages war sie im *La Soche* aufgetaucht, als Gast und nicht als Freudenmädchen, und hatte unter den anderen Gästen damit einiges Aufsehen erregt. Was verständlich war, denn ihr Gesicht kam dem Ideal weiblicher Schönheit sehr, sehr nahe. Allein eine Handvoll Sommersprossen auf ihrem Näschen und ihren Wangen stellten einen gewissen Makel dar, in einer Zeit, da man bei den Frauen eine Haut so weiß und rein wie Marmor zu sehen wünschte. Doch ihre Augen waren von herrlichstem Himmelblau, ihr Mund klein und makellos, und eine Kaskade roten Haars, sehr ungewöhnlich in dieser Gegend, umrahmte ihr Antlitz, dessen Züge von einer fast schon schwindelerregenden Ebenmäßigkeit waren.

Der einzige Nachteil, neben den Sommersprossen, waren ihre etwas zu kleinen Brüste, die einem antiken Schönheitsideal entsprochen haben mochten, doch für Michel, der es liebte, runde, dralle Brüste in den Händen zu halten, war das keineswegs nebensächlich. Magdelènes Jugend aber ließ erwarten, dass ihr Busen nur auf den richtigen Moment wartete, um in voller Schönheit zu erblühen, und die großen, unter ihrem Leibchen gut erkennbaren Brustwarzen waren ein Versprechen in diese Richtung. Und was ihren übrigen Körper anging, hätte Venus nichts Vollendeteres bieten können.

»Wie geht's dir, Michel? Schön, dass wir uns hier treffen. Ich habe dich schon vermisst.«

Bevor der Student etwas antworten konnte, kam ihm Jumelle mit giftiger Stimme zuvor: »Was hast du hier verloren, du sommersprossige Hure? Siehst du nicht, dass wir zusammen sind?«

Es war eigenartig, wie das Gesicht der sonst so sanftmütigen und zurückhaltenden Jumelle vor Zorn rot anlief. Magdelène fügte ihr nun die schlimmste aller Kränkungen zu: Sie würdigte sie keines Blickes und starrte stattdessen mit bewundernder Miene in Michels bärtiges Gesicht.

»Ich mag dich. Ich würde dich gern häufiger sehen.«

Sonst hatte Michel gegen Schmeicheleien absolut nichts einzuwenden, doch bei diesen Worten fühlte er sich sichtlich unwohl und brachte kein Wort über die Lippen.

»Nun ja, eigentlich, zurzeit habe ich sehr viel zu tun…« stammelte er.

»Jetzt sag ihr doch endlich, dass du mit mir zusammen bist«, schrie Jumelle, die nun vollends die Beherrschung verlor. »Sag's ihr, oder ich lass dich nie wieder in mein Bett!«

Wahrscheinlich wäre Michel der Aufforderung auch nachgekommen, doch Magdelène kam ihm mit einem hochmütigen Blick auf das andere Mädchen zuvor:

»Das wäre schon recht seltsam. In dein Bett findet doch noch der letzte Halunke Einlass. Vorausgesetzt, er bezahlt.«

Jumelles Miene erstarrte, ihre Schönheit verschwand hinter einer Maske des Zorns, der ihre Augen trübte und ihre Stirn purpurrot färbte. »Hältst du dich vielleicht für was Besseres, du hässliche rothaarige Hündin? Hört euch diese falsche Jungfrau an! Spielt die Tugendhafte und steigt ohne Begleitung in einem Gasthof ab!«

Magdelène ließ sich nicht aus der Fassung bringen: »Nur schlafe ich allein, während sie vor deiner Kammer Schlange stehen, wie vor einem Bäckerladen, dabei ist das Brot, das du verteilst, die Syphilis!«

Jumelle stieß einen wütenden Schrei aus und machte Anstalten, sich auf die Rivalin zu stürzen. Michel, den nicht nur das Gezänk, sondern auch das Gelächter um ihn herum in Verlegenheit brachte, schaffte es gerade noch, sie an der Schulter fest zu halten und ihren Angriff aufzuhalten. So musste es Jumelle dabei belassen, auf Magdelènes wenig entwickelte Brüste zu deuten, die durch das Dekolleté auch nicht besser zur Geltung kamen, und mit vor Zorn heiserer Stimme an Michel gewandt zu sagen: »Du willst mir doch wohl nicht erzählen, dass dir diese schlaffen Birnen gefallen. Und sieh dir nur ihr Gesicht an. Es ist voller Flecke.«

Diesmal schien Magdelène an einem wunden Punkt getroffen,

behielt aber die Ruhe. »Du bist es, die anderen Flecken macht. Das weiß doch die ganze Stadt, dass du krank bist. Durch dein Bett marschiert doch jedes Regiment, das aus Italien zurückkehrt. Du triefst doch vor Fäulnis wie eine alte Regentonne.«

Das saß! Die Beleidigung war so gemein und verletzend, dass die Empörung Jumelle die Kehle zuschnürte, und sie nur noch ein unverständliches Stammeln über die Lippen brachte. Michel verstand, dass er etwas zur Verteidigung seiner Geliebten hätte vorbringen müssen, doch Magdelènes blaue Augen hatten ihn schon in ihren Bann gezogen. So beließ er es dabei, sehr unbeholfen zu murmeln:

»Na, jetzt beruhigt euch mal, ihr beiden. Die Leute gucken schon.« Doch während er dies sagte, hatte er nur noch Augen für Magdelène.

Dass er sie für einen Augenblick ganz vergaß, war einfach zu viel für Jumelle. Sie brach in Tränen aus, ließ seinen Arm los und rannte davon. Michel versuchte noch, sie zurückzurufen, doch im Nu hatte die feiernde Menge sie schon verschluckt. Und folgen konnte er ihr auch nicht, denn Magdelène ließ ihn nicht los. So blieb ihm nichts anderes übrig, als sich mit der Menge treiben zu lassen.

»Mach dir um die keine Sorgen«, sagte das rothaarige Mädchen fröhlich. »Du kannst sie immer noch wiederfinden und trösten, wenn dir so viel daran liegt.« Und so als wolle sie das Thema ein für alle Mal beenden, hob sie ihr Näschen zu Michels bärtigem Kinn: »Ich habe gehört, dass du dich mit Astrologie beschäftigst. Vor einigen Jahren habe ich mal ein Jahrbuch gelesen, in dem eine Überschwemmung für den Februar 1524 angekündigt wurde. Aber so genau scheint ihr Astrologen es nicht zu nehmen. In jenem Monat hat es fast keinen Tropfen geregnet.«

»Du kannst lesen?« rief Michel verwundert aus, um dann gleich, fast tadelnd hinzuzufügen: »Bücher sind ja eigentlich nichts für Frauen, und schon gar nicht solche mit astrologischem Inhalt.«

Magdelène zog einen Schmollmund wie ein kleines Kind.

»Ich weiß, dass uns Frauen das Lesen nicht so gut zu Gesicht steht. Aber es gefällt mir nunmal so sehr, etwas zu lernen. Du könntest mir sicher eine Menge beibringen. Überall hört man, wie klug du bist.«

Michel war von Magdelènes Augen derart verzaubert, dass er Jumelle ziemlich rasch vergessen hatte. »Lass uns ein andermal darüber reden«, meinte er lächelnd. »Wir sind da. Versuchen wir erst mal, einen Platz in der Kirche zu erwischen.«

Tatsächlich hatte der Zug Saint-Firmin erreicht, und Dozenten, Studenten und gemeines Volk strömten in das fast schon volle Kirchenschiff. Die Menge stand so dicht gedrängt, dass Michel und Magdelène neben dem Weihwasserbecken stehen bleiben mussten. Glücklicherweise war vor dem Altar ein Podium errichtet worden, so dass der weitere Verlauf der Zeremonie von überall gut zu sehen war.

Als Erster nahm der Bischof auf einem Sessel Platz, und gleich darauf der Rektor der Universität sowie die Dekane der medizinischen Fakultät, unter ihnen Antoine Romier und Jean Schyron. Rabelais, der ein wenig eingeschüchtert wirkte, wurde fast mit Gewalt aufs Podium gezogen und stand nun etwas steif vor der Schar seiner Dozenten. Einer von ihnen, ein Gelehrter, der sich bisher nur durch die Langatmigkeit seiner Vorlesungen einen Namen gemacht hatte, ergriff das Wort und hielt eine Rede auf Lateinisch, von der nur wenige ein Wort verstanden. Es handelte sich um allgemeine Ermahnungen, wie etwa, stets mit Eifer um das Wohl der Patienten besorgt zu sein und die Gebote der Kirche zu beachten. Es dauerte nicht lange, bis aus dem Kirchenschiff, in dem es ohnehin schon unruhig zuging, Missfallensäußerungen und lautes Gähnen zu hören waren. Prompt verhaspelte sich der Professor, vergaß den Rest seiner Rede und ließ sich gedemütigt auf seinen Sessel zurückfallen. Rabelais, dem jetzt ein amüsiertes Lächeln im Gesicht stand, dankte ihm mit einer übertrieben pompösen Verneigung.

Jetzt kam der große Moment. Antoine Romier erhob sich, trat auf seinen Schüler zu und setzte ihm einen viereckigen Hut mit einem kleinen roten Pompon aufs Haupt. Die Menge schwieg ergriffen. Romier hob nun Rabelais' rechte Hand und steckte ihm einen goldenen Ring an den Zeigefinger. Dann nahm er aus den Händen eines Dieners eine Abschrift der *Aphorismen* des Hippokrates entgegen und reichte sie dem neuen *medicus*. Schließlich geleitete er ihn zu einem leeren Sessel, direkt neben dem Professor, der mit seiner unverständlichen Rede Schiffbruch erlitten hatte.

Aber die Zeremonie war noch nicht beendet, denn nun trat der Bischof auf den mit demütig geneigtem Haupt stehenden Rabelais zu und segnete ihn. Gleich darauf umarmten alle Dekane der Fakultät den Doktor, als letzter Schyron, der sich, neben seinem Zögling stehend, der Menge zuwandte und mit lauter Stimme rief:

*»Vade et occide Caïm!«*

Das war das Zeichen. Unter stürmischem Glockenläuten stimmte die Menschenmenge lauthals in den Chor ein – *»Vade et occide Caïm«* – und ließ die Kirchenmauern erbeben.

Magdelène, die verwundert beobachtete, wie sich Michel beim ausgelassenen Skandieren des Rufes fast den Kiefer ausrenkte, stellte sich auf Zehenspitzen und flüsterte ihm ins Ohr: »Was bedeutete das eigentlich?«

Michel blickte sie verlegen an. »Ich weiß es nicht, und noch nicht einmal die Dozenten wissen es. Niemand weiß es. Es ist einfach ein alter Brauch hier bei uns.«

Er hätte nicht in ihre strahlend blauen Augen blicken sollen, denn nun war er vollends verloren. Magdelène war unbeschreiblich schön, aber von einer, wie ihm schien, spirituellen Schönheit, während die von Jumelle fleischlich war und auf ihren üppigen Formen beruhte. Wären da nur nicht diese Sommersprossen... Dennoch jubelte er innerlich, als er ihre vollen Lippen betrachtete, die sich jetzt zu der Frage öffneten: »Und was passiert danach?«

»Heute Abend gibt es noch ein Bankett. Ich hoffe doch, dass ich auch eingeladen bin.«

»Meinst du, ich kann mitkommen?«

Er hätte die Frage strikt verneinen müssen. Einige auserwählte Frauen waren zwar zu dem Bankett zugelassen, aber sie gehörten grundsätzlich nur zwei Kategorien an: Entweder handelte es sich um Gemahlinnen von Dozenten, die so alt waren, dass man es nicht mehr als skandalös empfand, wenn sie zu den derben Witzen der Männerrunde lachten. Oder aber um junge Kurtisanen, normalerweise nur eine, manchmal auch zwei, die man anheuerte, damit sie dem neuen Doktor das Ende seines großen Tages noch weiter versüßten.

Magdelène gehörte keiner dieser Kategorien an, doch Michel nickte energisch: »Natürlich kannst du mitkommen.« Indem er Magdelène mitnahm, konnte er den Groll über die Zurücksetzung vertreiben, den er, obwohl nicht mehr in den vergangenen Monaten gehegt hatte. Denn wer würde ernsthaft bestreiten, dass das schönste Mädchen des Festes ihm selbst, und nicht dem neuen *medicus* gebührte? Wenn Rabelais die Möglichkeit erhalten hatte, so rasch seinen Abschluss zu machen, dann nur dank eines gewissen Michel de Notredame, der für ihn die Pestepidemie besiegt hatte. Da war es doch nicht mehr als recht, wenn auch dieser wenigstens einen Brosamen der Anerkennung dafür erhielt.

Die Menge strömte nun aus der Kirche, und Michel und Magdelène ließen sich mittreiben. Rondelet war plötzlich neben ihnen, und warf Michel kurz zu: »Das Bankett findet wie immer in Castelnau statt. Du kommst doch auch?«

»Ja, was dachtest du denn?« Michel deutete auf seine Begleiterin: »Und sie kommt auch mit.«

Rondelet zögerte einen Augenblick und meinte dann:

»Ach, soll die für François sein? Er hat doch schon Corinne, und normalerweise reicht das…«

»Nein, für mich.«

»Ach so. Na ja, wir treffen uns nach Sonnenuntergang. Vor dem Kolleg stehen Kutschen bereit, so ungefähr in einer Stunde.«

Kaum hatte Rondelet sich entfernt, wandte Magdelène sich mit einem strahlenden Lächeln Michel zu: »Danke. Vielen Dank.«

Michel streichelte ihr über die leider mit feinen rosafarbenen Sommersprossen getüpfelte Wange. »Ich bin es, der zu danken hat. Ich hoffe nur, dass das Fest nicht zu einem Saufgelage ausartet. Sollte es irgendein Betrunkener wagen, dich zu belästigen, würde ich ihn wohl eigenhändig umbringen müssen.«

Einige Stunden später saßen Michel und Magdelène am Ende einer langen, hufeisenförmigen Tafel in dem großen gemütlichen Gasthaus von Castelnau, in dem schon seit unvordenklichen Zeiten auch die Aufnahmefeiern der Erstsemester stattfanden. Ein Großteil der Gäste war bereits beschwipst, der Mirveaulx-Wein floss in Strömen, und ein herrlicher Bratenduft erfüllte den Saal.

Rabelais thronte mit dem Doktorhut auf dem Kopf in der Mitte der Tafel, neben ihm Corinne, die zu großer Form auflief, und zur Linken und Rechten die Magister Romier und Schyron, offenkundig dem Vollrausch nahe. Glücklicherweise saß Michel weit genug von ihnen entfernt, dass er Rabelais' ständige Witzeleien nicht verstehen konnte, die vermutlich nur allzu oft auf seine und auf Kosten seiner jungen Begleiterin gingen. Ja, er hörte überhaupt nichts, und interessierte sich auch für nichts anderes als die Worte, die er mit Magdelène wechselte und die leider immer wieder im allgemeinen Lärmen untergingen.

»Wer hat dir das Lesen beigebracht?« fragte er irgendwann.

»Der Pfarrer von Agen«, antwortete das Mädchen. »Aber ich kann es noch nicht sehr gut und lese sehr langsam.«

»Ich könnte dir dabei helfen, dich zu verbessern.«

»Oh, das wäre wunderbar!«

Die Antwort wurde von einem in provenzalischer Sprache gegrölten Lied übertönt, das von der Angewohnheit mancher Studenten erzählte, sich von Apothekern Liebestränke, *drogas finas*, für ihre Gespielinnen zusammenbrauen zu lassen.

Genau in dem Moment stellte ein Diener ein Tablett mit verschiedenen Marmeladen und Anisgebäck, das mit frischen Kirschen dekoriert war, auf den Tisch. Michel, der absolut keinen Hunger verspürte, griff zerstreut zu einer Frucht. Magdelène nahm sie ihm aus der Hand, blickte dem jungen Mann tief in die Augen. Doch anstatt sie gleich zu essen, hielt sie die süße Frucht einen Moment zwischen den Lippen und saugte daran. Dann nahm sie sie wieder aus dem Mund und fuhr, Michel nicht aus den Augen lassend, mit der Zungenspitze rasch über die glatte Haut der Kirsche.

Eben in diesem Augenblick stimmten die Tischgenossen das pikante, traditionsreiche Sauflied *Le chevalier qui fit les cons parler*, »Der Chevalier, der die Mösen zum Sprechen brachte« an. Michel merkte, dass er schwitzte. Er wusste nicht mehr, was er tat.

»Magdelène, ich liebe dich!« rief er aus. Das Stimmengewirr und der Gesang aber waren zu laut. Darum schrie er nun, so laut er konnte: »Ich liebe dich, verstehst du?«

Seine Stimme übertönte jedes andere Geräusch im Saal. Nach einem Moment verblüfften Schweigens klatschten alle Tischgenossen in die Hände und brachen amüsiert in stürmischen Beifall aus.

# Arbor Mirabilis

Knarrend öffnete sich die Tür, die zu dem kleinen Kreuzgang vor dem Dominikanerpriorat hinausführte. Der Prior, Pater Joseph, trat heraus und strebte ungewöhnlich fröhlich gestimmt und mit einem jugendlichen Gang, der seinem Alter Hohn sprach, auf Molinas zu. »Seht nur«, rief er glücklich aus, »ein Brief für Euch. Sie rufen Euch nach Madrid zurück.«

Molinas' Miene verfinsterte sich. Ihm missfiel der Gedanke, aus seiner Ruhe gerissen zu werden, die er hier seit Monaten genoss. Das Priorat hatte eine sehr viel strengere Ausstrahlung als der Franziskanerkonvent: leblose Zellen, düstere Korridore, ein kleiner, stets im Schatten liegender Kreuzgang. Seit er in dieses Kloster umgezogen war, fühlte er sich fast wieder wie zu Hause. Es erinnerte ihn an die feuchte Finsternis der Madrider Klöster, in denen jeder Bogen und jedes Kapitell Zeugnis einer düsteren, dramatischen Auffassung vom Christentum war, in der Licht als sinnloses weltliches Blendwerk galt. An die von seinen Verletzungen herrührenden Schmerzen bewahrte er nur noch eine blasse Erinnerung. Den ganzen Winter über hatte er sich zunächst von den Franziskanern, dann von den Dominikanern ausgiebig versorgen und pflegen lassen. Zwei Finger seiner linken Hand waren noch immer ohne Nägel, doch sie schmerzten nicht mehr; und die Blutergüsse über den Rippen waren relativ rasch verheilt. Am Arm war ihm eine unbedeutende Narbe geblieben.

Wenn es in Molinas' Gefühlsspektrum überhaupt etwas gab, das an Zufriedenheit erinnerte, dann erlebte er es hier an diesem Ort. Dennoch fuhr er den Prior jetzt mit harscher Stimme an: »Woher wisst Ihr, dass man mich nach Madrid zurück befiehlt? Habt Ihr etwa meinen Brief geöffnet?«

Sein Gegenüber schrak zusammen, antwortete aber dann: »Der Brief war nicht versiegelt. Und bei uns gibt es keine Privatkorrespondenz. Es zählt zu meinen Pflichten, alle eingehenden Schreiben zu lesen.«

»Und dies hier sind doch Spuren von Siegelwachs?« antwortete Molinas stirnrunzelnd, indem er den Umschlag untersuchte. »Ich wette, das stammt vom Siegel der spanischen Inquisition. Aber bitte, Ihr seid hier der Herr. Dann erzählt mir doch einfach, was in dem Brief steht.«

Pater Joseph, dem immer unbehaglicher zumute wurde, entschloss sich, gute Miene zum bösen Spiel zu machen. »Soweit ich verstanden habe, braucht der Großinquisitor, Seine Eminenz Manrique, treue Familiaren zur Unterstützung des Oberhaupts der spanischen Inquisition auf Sizilien, Agostino Camargo. Daher werden alle Familiaren in der Fremde aufgefordert, nach Madrid zurückzukehren, um Anweisungen von der Suprema, wie Ihr sie nennt, entgegenzunehmen.«

»Und Ihr freut Euch darüber, nicht wahr?« Und ohne eine Antwort abzuwarten, fuhr Molinas fort: »Ist das Mädchen, das ich habe rufen lassen, schon eingetroffen?«

Der Prior brachte seine Antwort nur noch stotternd hervor: »Ja, sie ist schon hier. Ich glaube, sie wartet in Eurer Zelle. Glaubt nicht, dass ich ...«

»Ich weiß schon selbst, was ich zu glauben habe, und das geht Euch nichts an.«

Während er dies sagte, sog er tief, fast begierig die feuchte Luft im Kreuzgang ein. Nach einem schier unendlichen Winter, war es schließlich doch wieder Frühling geworden, ein Frühling, der bald schon einem Sommer Platz machen würde, der in jenem Jahr 1531 drückend heiß zu werden versprach. Eingeschlossen hinter den mächtigen feuchten Mauern des Priorats nahm man den Wechsel der Jahreszeiten oder des Wetters nur durch selten hereinfallende Sonnenstrahlen wahr. Dem Spanier genügten sie, um die Ruhe seiner täglichen Spaziergänge unter der Kolonnade zu genießen, die er stets ganz allein unternahm. Nur hin und wieder wurde er vom Gezwitscher der Vögel gestört, die in den Ästen einer üppigen Steineiche hockten, welche dicht an der Umfassungsmauer wuchs. Wäre es nach ihm gegangen, hätte er sie fällen lassen. Leider kam ihm eine solche Entscheidung hier nicht zu.

Molinas versteckte den Brief in einer Geheimtasche seines Umhangs und trat auf eine kleine Türe zu. Die Wendeltreppe dahinter führte ihn in einen Korridor mit einer Kassettendecke, der durch einige kleine Fensterchen spärlich erhellt wurde. An einer Reihe von Türen vorbei erreichte er schließlich seine Zelle. Die angelehnte Tür knarrte in den Angeln, als er sie öffnete.

Magdelène saß auf dem Rand seines Bettes. Sie trug ein dünnes Kleid, das ihre blasse Haut gut zur Geltung brachte. Ihr feuerrotes Haar fiel offen auf die Schultern. Das Licht, das durch die dünnen Alabasterscheiben eines Bogenfensters drang, umspielte lieblich ihre harmonischen Rundungen.

»Steh auf«, befahl ihr Molinas barsch. »Ich habe keine Lust, mein Bett voller Flöhe wieder zu finden.«

Viele Monate der Erniedrigung – manchmal nur beleidigend, manchmal brutal – hatten Magdelène fast immun gegenüber dem ungehobelten Verhalten des Spaniers gemacht. Wortlos stand sie auf und setzte sich auf den Hocker, der vor einem kleinen Schreibtisch stand, dem einzigen Möbel von Wert in der Zelle. Sie deutete ein freundliches Lächeln an, doch ein Blick von Molinas genügte, um es ersterben zu lassen.

Mit einem leisen Stöhnen, so als sei er erschöpft, ließ sich der Spanier aufs Bett fallen. Er legte sich jedoch nicht nieder, sondern blieb aufrecht am Bettrand sitzen, das zerfurchte Gesicht nach vorn geneigt. Eine Weile blickte er Magdelène schweigend an, dann holte er den Brief hervor und zeigte ihn ihr. »Ich muss nach Spanien zurückkehren und dann vielleicht eine Reise nach Sizilien antreten.« Er wartete, bis ein hoffnungsvolles Glitzern in den Augen des Mädchens aufleuchtete, und sagte dann: »Mach dir keine Hoffnungen, du kleine Hure. Auch aus der Ferne werde ich dich im Auge behalten. Der Bischof ist darüber informiert, dass du eine Dirne der Franziskaner warst. Er hat ziemlich großes Interesse daran, dich verschwinden zu lassen. Hätte ich mich nicht für dich verwendet, hätte er dich schon lange der Inquisition von Toulouse übergeben, und du ständest wegen Ketzerei oder Umgangs mit dem Teufel vor dem Gericht. Dein Haar ist so rot wie das Höllenfeuer, und das allein würde als Beweis schon ausreichen. Hinzu kommt, dass du Mönche in Versuchung geführt hast, die für ihre Frömmigkeit bekannt sind, und es nun mit einem mutmaßlichen Hexenmeister treibst. Sollte ich also nicht regelmäßig Bericht von dir erhalten, werde ich dem Bischof mitteilen, dass ich nunmehr von deiner Schuld überzeugt bin und er mit dir anstellen kann, was er für richtig hält.«

Molinas hätte es lieber gesehen, wenn Magdelène in Tränen ausgebrochen wäre, so wie bei den ersten Malen, als er sein grausames Spiel mit ihr trieb. Stattdessen stahlen sich wie immer in der letzten Zeit nur zwei kleine Tränen in die Winkel ihrer blauen Augen, die jedoch nicht einmal die Wangen herunterrollten. Ein haltloses Weinen hätte immerhin eine gewisse Reue angezeigt. Das zurückgehaltene Weinen jedoch bedeutete bewusstes Verharren in der Sünde.

Magdelène schluckte und versuchte mit möglichst fester Stimme zu antworten:

»Ihr selbst habt mich doch aufgefordert, etwas mit dem Magier anzufangen.«

»Ja, warst du vielleicht vorher noch Jungfrau? Nein, nein, eine Frau, die nicht alles daran setzt, ihr Hymen zu verteidigen, öffnet sich auf alle Zeit für jede Art der Perversion. Aber immerhin biete ich dir jetzt die Möglichkeit, obwohl du in Sünde lebst, schließlich doch noch etwas Gutes zu tun. Das heißt, es könnte noch Hoffnung für deine Seele geben.« Molinas zuckte mit den Achseln, selbst gelangweilt von diesem Gespräch. Es war nicht an ihm, ihr eine Rechtfertigung für ihr Tun zu liefern.

»Nun, kommen wir mal zur Sache. Was treibt Notredame denn so zur Zeit?«

Magdelène, ebenfalls erleichtert, dass das Gespräch eine andere Wendung nahm, antwortete mit einer unbestimmten Geste: »Nichts Besonderes. Er studiert, schreibt, bereitet sich auf Prüfungen vor. Er übersetzt ein Buch von diesem berühmten Arzt, Galenus heißt er, glaube ich, aus dem Lateinischen. Manchmal unternimmt er auch kurze Ausflüge, sucht Kräuter oder Pflanzen für die Konfitüren, die er so schrecklich gerne mag.«

»Trifft er sich noch mit deiner Rivalin?«

»Jumelle? O nein. Ich bin ihm genug. Außerdem geht Michel nach Rabelais' Abreise aus Montepellier nur noch selten ins *La Soche*.«

Molinas merkte, dass das Mädchen wieder an Sicherheit gewann. Er entschloss sich, ihr noch ein paar Minuten jener Unbeschwertheit zuzugestehen, die es ihm erleichtert von ihr zu erfahren, was er wissen musste.

»Was hast du sonst für einen Eindruck von ihm? Was ist er für ein Mensch?«

Magdelène verzog das Gesicht.

»Er ist kein schlechter Kerl. Zumindest mir gegenüber verhält er sich anständig. Aber er ist eigentlich schon zu ehrgeizig. Immer will er im Mittelpunkt stehen. Das fällt sogar mir auf, obwohl ich doch nur ein armes ungebildetes Mädchen bin.«

»Wenn man dich so hört, könnte man glauben, dass dir was an ihm liegt«, stellte Molinas fest und verzog dabei die Lippen zu einem höhnischen Grinsen, das man nur sehr wohlwollend als Lächeln hätte bezeichnen können.

Magdelène breitete die Arme aus.

»Tja, ich muss zugeben, er fängt an, mir zu gefallen. Aber er scheint vor allem sich selbst zu lieben. Ich bin mit ihm zusammen, weil Ihr es mir befohlen habt.«

»Das will ich dir auch geraten haben.« Molinas fragte sich, ob jetzt der Moment gekommen war, dieses anmaßende Weib zu zerquetschen, entschloss sich aber, es noch ein wenig aufzuschieben. »Kommen wir nun zu den Dingen, die besonders wichtig für mich sind. Was hat er dir von seiner Familie erzählt?«

Magdelène zögerte, so als fürchte sie, ihren Peiniger zu verärgern. Dann murmelte sie unsicher: »Darüber redet er nie. Ich habe versucht, ihn darüber auszufragen, aber er hat mir nie eine Antwort gegeben. Seine Freunde waren es, die mir erzählt haben, dass er eigentlich Jude ist und dass seine Vorfahren in der Gegend zwischen Arles, Carpentras, Avignon und Saint-Remy gelebt haben.«

»Aber seine Familie hat doch ein richtiges Wappen, mit dem Motto *Soli Deo*.«

»Ja, aber ich glaube, das hat sein Vater erfunden, um als Edelmann zu erscheinen und seine Herkunft vergessen zu machen. Michel ist es damit nicht so wichtig, doch er passt sich eben an. Nicht zuletzt, weil sein jüngerer Bruder Jehan ebenso wie sein Vater großen Wert auf dieses Wappen legt.«

»Weißt du, ob es in dieser Familie einen Astrologen und Schwarzkünstler namens Jehan de Saint-Rémy gegeben hat?«

»Ja, das war wohl ein Vorfahre seiner Mutter. Doch der war es nicht, der Michel mit der Magie bekannt gemacht hat, sondern ein anderer, ein gewisser Ulrich.«

Molinas zuckte zusammen. »Du meinst nicht zufällig Ulrich von Mainz?«

»Möglich. Michel erwähnt ihn nie, aber er träumt von ihm, sogar ziemlich oft. Ich habe es selbst erlebt, wie er sich im Schlaf hin und her wälzt und diesen Namen stöhnt. Manchmal wacht er schreiend auf, wenn er ihn in seinen Alpträumen sieht. Dieser Ulrich muss ihm etwas Schlimmes angetan haben. Aber darüber will er nicht sprechen.«

»Aber es muss doch einen Grund geben, wenn er so schreit. Hast du da vielleicht etwas herausgefunden?«

»Na ja, ich glaube, für Michel muss Ulrich mit irgendeinem Schmerz verbunden sein. Einem körperlichen Schmerz, meine ich. Er fuchtelt immer mit dem rechten Arm herum, so als würde er ihm wehtun. Mehr weiß ich aber nicht, glaubt mir.«

Molinas registrierte die wertvolle Information, während ihm gleichzeitig ein anderer Gedanke durch den Kopf ging. Magdelène drückte sich recht gewählt und für ihr Geschlecht und ihren Stand sogar ungewöhnlich gewandt aus. Ja, sie schien sogar recht intelligent zu sein. Ganz offensichtlich hauste ein Dämon in ihrem Geist, wenn nicht gar mehr als einer. Augenblicklich drängte es ihn, dieses hübsche Gesichtchen zu packen und mit den Fingernägeln zu zerkratzen. Nur der Gedanke, dass er gerade sie ausgewählt hatte, weil sie lesen und schreiben konnte, hielt ihn davon ab. Im Moment brauchte er sie noch, aber eines Tages würde er ihr eine Strafe auferlegen, die sie nie vergessen würde.

»Ich habe den Eindruck, dass du mir nicht die ganze Wahrheit sagst. Nun ja, du bist eben eine Dirne. Aber ich bin zu christlich gesinnt, um dich dafür zu schelten. Deshalb ziehe ich es vor so zu tun, als würde ich dir Glauben schenken. Aber wir wollen doch mal sehen, ob du dich der Aufgabe, die ich dir übertragen habe, würdig erwiesen hast. Hast du die Titel der Bücher aufgeschrieben, die Notredame versteckt hält?«

»Ja, hier.« Magdelène griff in ihren Ausschnitt und zog ein Zettelchen hervor. Eine Geste, die Molinas irritierte, bemerkte er doch jetzt zum ersten Mal, dass die Brüste des Mädchens allmählich reifer und voller wurden. Er wandte den Blick nicht von dieser schamlosen Zurschaustellung der Weiblichkeit ab, wohl aber seine Aufmerksamkeit, indem er trocken feststellte: »Die Listen der anderen Bücher waren vollkommen uninteressant. Medizinische Literatur, astrologische Jahrbücher und ein Dutzend allgemein bekannter griechischer und lateinischer Texte.«

»Aber ich kann doch nicht beurteilen, ob …«

»Vergeude meine Zeit nicht mit Entschuldigungen. Gib mir den Zettel.«

Magdelène gehorchte. Molinas nahm das Blatt entgegen und steckte es ein. Dann formulierte er die Frage, die ihn am brennendsten interessierte. »Streng dein Gedächtnis an, falls du so etwas in deinem winzigen Hirn überhaupt haben solltest. Hast du mal gehört, wie Notredame das Wort *Abrasax* oder *Abraxas* ausgesprochen hat?«

»Nein, nie«, antwortete Magdelène entschieden.

»Hast du dann mal gehört, wie er über ein Buch sprach, das aus seiner Bibliothek verschwunden ist?«

»Das ja! Davon spricht er häufig. Und er hat seinen Zimmergenossen Jehan Pedrier in Verdacht, es genommen zu haben. Es ist eine Handschrift mit dem Titel *Arbor*...«

»*Arbor mirabilis*. Hat er dir gesagt, warum ihm gerade dieses Buch so wichtig ist?«

»Nein, über so etwas würde er niemals mit mir reden.«

»Das verstehe ich.« Molinas strich sich mit dem Handrücken über die Stirn, obwohl dort nicht ein Tröpfchen Schweiß zu finden war. »Und jetzt dreh dich um und tu das Gleiche wie die anderen Male.«

Magdelène zuckte zusammen und errötete.

»Wollt Ihr wirklich...«

»Ja, das will ich. Also gehorche! Schließlich verlange ich nichts von dir, was deiner hündischen Natur widersprechen würde.«

Erneut traten Magdelène Tränen in die Augenwinkel, doch jetzt begannen sie, sehr zur Freude von Molinas, auch über die Wangen zu fließen und sich zwischen den Sommersprossen zu verlieren.

Schluchzend erhob sie sich von dem Hocker und trat vor Molinas, drehte ihm den Rücken zu und beugte sich so tief hinab, dass ihre langen roten Haare den Boden streiften. Sie wankte ein wenig, dennoch gelang es ihr, den weiten Rock über den Rücken hochzuschlagen.«

»Los, worauf wartest du?« murmelte der Spanier mit heiserer Stimme. »Zeig sie mir. Wer weiß, wie oft du dasselbe schon für deinen Michel getan hast.«

Magdelène, fast erstickt vor Tränen, zog die Nase hoch, konnte aber nicht verhindern, dass ein Schleimtropfen auf den Fußboden fiel. Dann zog sie mit einem Ruck ihre Bluse hoch.

Molinas, dem plötzlich glühend heiß wurde, näherte ein wenig sein Gesicht. Er ließ die wohlgeformten Schenkel unbeachtet und widmete seine Aufmerksamkeit ganz allein dem Geschlecht des Mädchens. Er betrachtete die fleischigen Lippen, so lieblich und zart, und die saftige, einladende Öffnung, die sie umschlossen. Unwillkürlich dachte er, dass es in der Natur, abgesehen von manchen Blüten, nur wenige Dinge von solch schlichter Schönheit gab.

Magdelènes ganzer Körper wurde jetzt von heftigen Schluchzern geschüttelt. »Nehmt mich, wenn Ihr wollt«, flüsterte sie schließlich. »Berührt mich, macht mit mir, was Euch gefällt. Aber lasst mich nicht so vor Euch stehen.«

Aus dem Zauber des Anblicks gerissen, reagierte Molinas mit eiskalter Wut. Er zog sein Gesicht von dem blonden, feinen Flaum zurück und warf sich aufs Bett zurück:

»Du Ausgeburt des Satans! Hältst du mich für einen dieser verkommenen Jünglinge, mit denen du deine sündigen Spiele treibst?«, schrie er. »Ich hätte nicht übel Lust, dir deine obszöne Spalte auf dem *aculeum* zerreißen zu lassen. Du bleibst so stehen. Wage es ja nicht, dich zu rühren!«

Magdelène hatte schon keine Tränen mehr, doch ihre Kehle war voller Schleim. »Tut mir nicht weh, ich bitte Euch«, flehte sie mit matter Stimme. »Ich werde alles tun, was Ihr möchtet.«

Molinas nickte zufrieden. »Gut, dann höre, was ich dir befehle. Ich werde wie gesagt nach Spanien und nach Sizilien reisen. Aber du kannst sicher sein, dass ich zurückkehre. In der Zwischenzeit wirst du Michel de Notredame dazu bringen, dich zu heiraten. Das sollte dir nicht schwer fallen. Die Kunstgriffe der Dirnen beherrschst du tadellos, was du mir gerade in diesem Moment ja auch wieder bewiesen hast.«

Magdelène antwortete nicht. Die Stimme versagte ihr, sie spürte ein Würgen im Hals und röchelte.

Alarmiert von der Vorstellung, dass dieses Weib ihm die Kammer besudeln könnte, sagte Molinas rasch: »Nun gut, erhebe und bedecke dich. Deine hündische Natur hast du ja schon gezeigt. Hast du genau verstanden, was ich dir befohlen habe?«

Magdelène nickte, während sie ihre Kleider in Ordnung brachte.

Molinas fuhr fort: »Er wird zuvor noch seinen Doktor machen wollen. Das wird noch einige Zeit dauern. Ich selbst werde so bald wie möglich zurückkehren. In der Zwischenzeit halte ich dich auf dem Laufenden, wo du mich erreichen kannst. Einmal in der Woche wirst du mir einen Brief schicken und mir in allen Einzelheiten Bericht erstatten über alles, was ihr so getrieben habt. Haben wir uns verstanden? In allen Einzelheiten. Antworte!«

»Ja«, wimmerte Magdelène, das Gesicht zur Wand gedreht.

»Ja, was?« brüllte Molinas. »Sieh mir ins Gesicht und sprich mit mir wie eine ordentliche Christin!«

Das Mädchen drehte sich um, während ihr immer noch die Tränen über die Wangen liefen. Sie hielt den Kopf gesenkt, schaffte es jedoch, für einen kurzen Moment den Blick zu heben. »Ja, ich werde tun, was Ihr befehlt«, flüsterte sie. Dann schlug sie wieder die Augen nieder und verbarg ihr tränenüberströmtes Gesicht in der Armbeuge.

Molinas verspürte tiefe Genugtuung. Die Erniedrigung einer Dirne war ein gottgefälliges Werk. Er stand auf und erklärte in fast schon wohlwollendem Ton:

»Möglicherweise besteht noch Hoffnung für dich. Wenn du dich strikt an meine Befehle hältst, wirst du eines Tages vielleicht doch noch eine gute Mutter werden können. Kein gutes Eheweib sicher, denn der Mann, der dein Gemahl werden wird, ist verloren. Aber eine gute Mutter, doch ja, denn dein Geschlecht ist gesund und für eine Geburt geeignet, und deine Brüste wachsen. In einigen Jahren werden sie groß genug sein, um sich mit Milch zu füllen.«

Molinas schwieg und wartete auf eine Antwort, die nicht kam. Schließlich fragte er, nur leicht irritiert:

»Nun, was sagst du dazu?«

Magdelène musste heftig schlucken, bevor sie flüstern konnte: »Danke, Herr.«

»So ist's recht! Siehst du, wie einfach es ist«, rief Molinas mit ehrlichem Wohlwollen aus. »Und nun geh und tu deine Pflicht. Wir werden uns längere Zeit nicht sehen, aber denke immer daran, mir zu gehorchen und mir regelmäßig zu schreiben. Wenn nicht, werde ich wissen, wo ich dich finde, wo auch immer du dich verstecken magst, und dich ohne Gnade im Büßergewand auf den Scheiterhaufen schicken.«

Immer noch schluchzend lief das Mädchen davon, und kurz darauf schon hatte Molinas sie vergessen. Er öffnete die Schreibtischschublade und nahm ein dickes Buch heraus, in dem er gedankenversunken zu blättern begann.

*»Destructio destructionis«*, murmelte er. »Was mag für Notredame an diesem Averroes nur so interessant sein? Wer weiß, vielleicht muss ich das ganze Buch noch einmal lesen.«

Er versenkte sich in die Lektüre, ohne zu merken, wie die Stunden verrannen.

# Die Nacht des Wunders

Durch Rabelais' Weggang war das studentische Leben in der Stadt merklich ruhiger geworden. Während sich der Sommer des Jahres 1531 ankündigte, wirkte Montpellier fast wie eine ruhige Stadt, mit weniger gehörnten Ehemännern und ohne größere Schlägereien in den Tavernen. Und was die Pest betraf, so war es ihr nicht gelungen, noch einmal die Stadtmauern zu überspringen, obwohl sie im Umland immer wieder ihr schreckliches Gesicht zeigte.

Michel hatte seine Kammer im Kolleg aufgegeben und mit Magdelène eine kleine Wohnung bezogen. Diese zählte zu jenen Unterkünften, welche die Stadt auf Anordnung des Gouverneurs der Provence für die Universität zur Verfügung zu stellen hatte, wobei dafür Sorge zu tragen war, dass sich keine Werkstatt, wo laut gearbeitet wurde, in der Nähe befand. Der Grund für den Umzug lag weniger in Michels Verlangen begründet, jede Nacht mit der weichen und süßen Magdelène zusammen zu sein, als in seiner immer stärker werdenden Abneigung gegen Jehan Pedrier, den er im Verdacht hatte, ein Dieb zu sein. Doch zweifellos hatte die mittlerweile offen erklärte Liebe zu Magdelène die Entscheidung maßgeblich beeinflusst.

Auch im Morgengrauen des 6. Juni riss sich Michel wieder schweren Herzens aus der Umarmung des schönen Mädchens, das in den wenigen Stunden der Nacht, die sie schlafend verbracht hatten, wieder sanft in ihre Arme genommen hatte. Magdelène gähnte und blickte ihn aus ihren blauen, halb geschlossenen Augen an. »Willst du schon gehen?«

»Gestern bin ich zu spät zur Vorlesung gekommen. Das kann ich mir heute nicht noch einmal erlauben«, antwortete Michel, indem er die engen Beinkleider aus gelbem Samt überzog und die Hand aus dem Seidenhemd ausstreckte, das er am Vorabend, damit es nicht knitterte, über eine Stuhllehne gehängt hatte. »Ich weiß, dass ich an der Universität zurzeit verliere, aber wenn ich meinen Abschluss machen will, muss ich mich an die Regeln halten.«

Magdelène streckte sich und zog das Leintuch über ihren nackten Leib. »Ich halte dieses eintönige Leben nicht mehr aus. Ein Tag ist wie der andere. Du gehst zur Vorlesung, und ich muss bis zum späten Abend auf dich warten. Ich bin so froh, wenn das endlich vorbei ist.«

Michel rückte sich den mit Spitzen besetzten Kragen zurecht, zog dann die Weste über und machte sich an den Schnüren zu schaffen. »Es wird erst vorbei sein, wenn ich Doktor bin und wir heiraten können. Aber ich verstehe nicht recht, was du dir von einem Leben mit mir erwartest. Sehr aufregend wird es jedenfalls nicht werden.«

»Immerhin komme ich so nach Agen zurück. Vergiss nicht, du hast es mir versprochen. Dort leben ja all meine Verwandten und Freundinnen.«

Michel schüttelte den Kopf.

»Der Umgang mit deinen Verwandten soll mir Recht sein. Aber deine Freundinnen kannst du dir aus dem Kopf schlagen. Ich lege Wert auf eine Gattin, die sich ums Haus kümmert und ihren Pflichten gewissenhaft nachkommt.«

»Und was sollen das für Pflichten sein?«

»Magdelène, ich bitte dich, reize mich nicht«, ermahnte Michel sie streng. »Die Pflichten, von denen ich spreche, kennst du sehr gut: den Ehemann versorgen, Kinder zur Welt bringen, sie stillen …«

Magdelène setzte ein kokettes Lächeln auf und deutete auf ihre Brüste. »Diese letzte Pflicht habe ich schon erfüllt. Weißt du nicht mehr, letzte Nacht? Du hast an mir gesaugt wie ein Säugling. Wären sie mit Milch gefüllt gewesen, wäre wohl kein Tröpfchen übrig geblieben.«

Michel war nicht danach, das Lächeln zu erwidern.

»Unser heutiges Leben ist eine Sache, unser zukünftiges eine andere. Ich wünsche mir eine brave, bescheidene Gattin, die von allen ihrer Tugendhaftigkeit wegen respektiert wird. Wäre ich nicht sicher, dass du das Zeug dazu hast, hätte ich, was dein früheres, alles andere als vorbildliches Leben angeht, sicher nicht beide Augen zugedrückt. Einen anderen Mann, der sich so großzügig verhält wie ich, wirst du wohl schwerlich finden.«

Voller Genugtuung sprach Michel diese Worte aus. Er kam sich sehr großherzig und würdevoll vor. Und so merkte er gar nicht, dass sich Magdelènes Miene ein wenig verfinsterte.

»Du willst nur nach Agen ziehen, weil dort niemand von meinen… Sünden weiß. Nicht wahr?«, sagte sie leise.

»Und auch wenn es so wäre. Wichtig ist doch nur, dass ich dich bei mir behalten will, obwohl du, als ich dich kennen lernte, keine Jungfrau mehr warst. Das einzige, um was ich dich bitte, ist, eine tugendhafte Frau zu werden. Das ist doch wirklich nicht zu viel verlangt.«

Magdelène schien etwas antworten zu wollen, biss sich dann aber auf die Unterlippe und schwieg. Michel wandte sich zum Gehen, drehte sich aber auf der Schwelle noch einmal:

»Es gibt da noch eine wichtige Sache, um die ich dich bitten möchte. Ich bin deinem Wunsch nachgekommen und habe mit dir Lesen und Schreiben geübt. Aber das sind eigentlich keine Tätigkeiten, die einer gottesfürchtigen, bescheidenen Frau angemessen sind. Du bist nicht Marguerite von Navarra.«

»Aber es kommt doch so selten vor, dass ich…«

»Es stimmt, du liest selten, nicht zuletzt, weil meine Bücher fast alle auf Lateinisch geschrieben sind. Doch letzte Woche habe ich dich beim Schreiben überrascht. Du hast rasch den Bogen versteckt und dachtest vielleicht, ich hätte es nicht gesehen.«

Ihre Wangen röteten sich.

»Ach das, das war doch nichts Wichtiges, und…«

»Ich weiß selber, dass es nichts Wichtiges gewesen sein kann.

Deshalb habe ich ja auch nicht verlangt, dass du mir das Blatt zeigst, so wie es jeder andere Mann wohl getan hätte. Aber merke dir eins: Solltest du es auch nach unserer Heirat noch wagen, mit solchem Tun deine Zeit zu vergeuden, wirst du meinen Stock zu spüren bekommen. Daher scheint es mir das Beste, wenn du ab sofort schon von deinen törichten Eigenheiten lässt. Natürlich nur, wenn dir tatsächlich etwas daran liegt, meine Gemahlin zu werden und deinen niedrigen Stand zu verlassen.«

Magdelène machte ein Gesicht wie ein kleines Mädchen, das den Tränen nahe ist. Michel entging es nicht, und so munterte er sie mit etwas sanfterer Stimme auf: »Aber meine Kleine, was ist denn? Merkst du nicht, dass ich nur dein Bestes will?«

Er erwartete eigentlich keine Antwort, dennoch bemerkte Magdelène dann leise: »Warum hab ich immer nur Gebieter?«

Michel schüttelte ratlos den Kopf und erklärte dann mit fester Stimme, aber ohne Groll: »So ist die Welt nunmal eingerichtet, das musst du doch verstehen. Bisher habe ich dich nie geschlagen, auch wenn ich mir dadurch den Spott meiner Freunde zuzog. Aber anscheinend muss ich nun wirklich damit beginnen. Eine *fille de joie* zu einem guten Eheweib zu machen, ist wie ein Fohlen zähmen. Das geht nicht immer ohne Peitsche.« Er brach ab, als er Magdelènes feuchte Augen bemerkte, und sagte dann, ein wenig gerührt: »Du musst doch keine Angst haben. Glaube mir, ich werde dich nur schlagen, wenn du es verdient hast. Ja, und heute Abend werde ich dir etwas zeigen, was du noch nie erlebt hast. Etwas unvorstellbar Schönes.«

Magdelène versuchte die Tränen zurückzuhalten und blickte ihren Geliebten fragend an:

»Ja, wirklich«, versicherte ihr Michel mit einem Lächeln. »Aber frag mich nicht, was es ist. Du wirst es mit eigenen Augen sehen. Und alle anderen auch.« Er stieß die Tür auf und verließ das Zimmer.

Draußen auf der Straße begann die Sonne trotz des frühen Morgens schon die Luft zu erwärmen. Die Händler und Handwerker öffneten ihre Läden und Werkstätten und bauten, unterstützt von ihren Lehrjungen, ihre Stände auf. Die Frauen waren fast noch alle in der Frühmesse, würden aber schon bald zu ihren morgendlichen Einkäufen ausschwärmen.

Während Michel zur Universität eilte, fragte er sich, ob er in der Unterredung mit Magdelène wirklich streng genug gewesen war. Wahrscheinlich nicht, aber es fiel ihm einfach schwer, streng mit ihr zu sein. Er liebte sie ja. Dennoch war jetzt der Zeitpunkt gekommen, ihr, wenn nötig, den Rücken zu bläuen. Seine Entscheidung, ein Freudenmädchen zu heiraten und den Versuch zu wagen, aus ihr eine anständige Frau zu machen, war ihm alles andere als leicht gefallen. Seine ganze Familie, angefangen bei seinem Großvater, dann sein Vater und nun er selbst, hatte hart um ein gewisses Ansehen kämpfen müssen, das ihre jüdische Herkunft vergessen ließ. Schon ein falscher Schritt hätte den Rückfall in Verachtung und Scham bedeutet. Und in dieser Hinsicht stellte Magdelène ein großes Risiko dar, das noch nicht einmal der geplante Umzug nach Agen vollständig ausschalten konnte. Was, wenn sie, anstatt ihm eine bescheidene, dankbare Ehefrau zu sein, weiterhin allzu freie oder gar skandalöse Verhaltensweisen an den Tag legte?

Dennoch wollte Michel das Mädchen keinesfalls aufgeben. Es waren ja nicht nur die Zärtlichkeiten, mit denen sie ihm Entspannung zu verschaffen verstand. Nein, mindestens ebenso wichtig war ihm, dass er in Magdelène stets eine aufmerksame, hilfreiche Zuhörerin fand, wenn er an ungewöhnlichen neuen Theorien arbeitete, die in der Öffentlichkeit zu verbreiten gefährlich gewesen wäre. Auf ihre blauen, weit aufgerissenen, träumenden Augen konnte er sich als Spiegel des Interesses verlassen. Ohne Zurückhaltung konnte er ihr die Wunder der Astrologie erläutern, die Konjunktionen der Sterne und heikelsten Geheimnisse der Philosophie: im Grunde all das, was er in den Büchern mit den seltsam klingenden Titeln fand, Bücher, die nur wenige Menschen sorglos im Haus aufbewahrt hätten. So ersetzte ihm Magdelène das Publikum, das er sich eigentlich gewünscht hätte. Aber sollte er ihr deshalb erlauben, selbst zu lesen oder gar zu schreiben …?

Der Gedanke an seine Bücher ließ ihn für einen Moment das Bild Ulrichs von Mainz in seinem Kopf aufblitzen. Und ihm war, als berühre er ein glühendes Eisen. Glücklicherweise gelang es ihm mittlerweile, die Erinnerungen an jene Nacht in der erst dunklen, dann von einem Flammenmeer erhellten Krypta, zurückzudrängen. Auch jetzt hämmerte ihm wieder das Herz in der Brust, doch es gelang ihm, seinen Puls zu beruhigen, indem er sich fest darauf konzentrierte, tief und ruhig ein- und auszuatmen. Früher oder später würde er es schaffen, diesen Alptraum ganz aus seinem Gedächtnis zu löschen.

Unterdessen war er vor der Universität angekommen, gerade, als die Glocke zum Vorlesungsbeginn läutete. Es war jetzt die *petit ordinaire* genannte Zeit, da die bezahlten Dozenten den Baccalaurei die Katheder überließen. An diesem Tag, so erinnerte sich Michel vage, war Guillaume Rondelet an der Reihe. Und so war er einigermaßen überrascht, als ihm der Freund plötzlich in seiner üblichen Kleidung atemlos entgegengelaufen kam.

»Michel, was ist denn in dich gefahren?«, rief er. »Hast du vergessen, dass du heute zu lesen hast?«

»Soll das ein Witz sein?«, fragte Michel fassungslos zurück. »Du bist doch heute dran.«

»Nein, was redest du da? Ich bin für morgen eingeteilt. Geh dich rasch umziehen, du kannst es noch schaffen.«

Das ließ sich Michel nicht zweimal sagen und rannte zur Pförtnerstube, wo ihn schon der stumme und hüftlahme Mesner aufgeregt gestikulierend empfing. Die schwarze Kutte, die der Mann ihm reichen wollte, lehnte er ab, behielt seine eigenen Kleider an und ließ sich nur den karmesinroten Umhang über die Schultern werfen. Den viereckigen Hut mit dem roten Pompon, der nur Dozenten und Doktoren vorbehalten war, ließ er selbstverständlich im Schrank.

Als er den Hörsaal betrat, war die Glocke schon eine Weile verstummt und die Studenten lärmten unruhig. Er stieg zum Katheder hinauf, wobei er beinahe auf dem Stroh ausgeglitten wäre, das der Mesner auch auf den Treppen verteilt hatte. Während der Wintermonate mochte es ja ein wenig gegen die Kälte schützen, doch mit dem Beginn des Sommers wurde es absolut überflüssig. Doch der Mesner bestritt aus dem Verkauf des Strohs einen Großteil seines kärglichen Lebensunterhalts, und nahm daher keine Rücksicht auf die Jahreszeiten.

Endlich war Michel auf dem Katheder angelangt, blickte über die Schar seiner Zuhörer, und der Lärm ebbte etwas ab, wenn auch nur wenig. Die Erstsemester kannten Michel nur vom Sehen und hatten ihren Spaß daran, ihn noch ein wenig mit Gesten und Zurufen zu ärgern. Zum Glück waren unter den Vorlesungsteilnehmern aber auch eine Reihe anderer Bakkalaurei. Michel sah, wie Antoine Saporta aufstand und den frechsten Erstsemestern ein paar Backpfeifen verpasste. Sogar Jehan Pedrier schaltete sich ein und gemahnte zur Ruhe. Und nach und nach erstarb das Stimmengewirr.

Das Schwierigste kam jedoch erst noch. Michel hatte sich überhaupt nicht vorbereitet. Es war üblich, dass der Dozent eine halbe Stunde einen medizinischen Text in lateinischer Sprache vorlas und ihn dann eine weitere halbe Stunde, ebenfalls auf Lateinisch, kommentierte. Doch Michel hatte noch nicht einmal ein Buch dabei. Er stieß einen tiefen Seufzer aus, beugte sich vor und begann, mühsam die aufkommende Panik bekämpfend zu sprechen:

»Manche behaupten, zwischen der Medizin und der Astrologie gebe es keinerlei Verbindung. Trotzdem wissen wir, dass ganz bestimmte Himmelserscheinungen mit unheilvollen Ereignissen auf der Erde in Zusammenhang stehen. Nun muss es uns darum gehen herauszufinden, um welche Art Wechselbeziehung es sich da handelt.«

Wieder erhob sich lautes Stimmengewirr. Speziell die Spanier und Italiener, an das Lateinische gewöhnt, oder zumindest daran, so zu tun, als verstünden sie es, murrten. Von dem Provenzalischen, das Michel de Notredame sprach, verstanden sie kein Wort. Einer von ihnen rief sogar: »Paracelsus«, in offensichtlicher Anspielung auf jenen Tag, als der berühmte Teophrastus Bombastus von Hohenheim seine Vorlesung an der Universität von Basel nicht mehr auf Latein, sondern auf Deutsch gehalten hatte. Das war vor fast genau vier Jahren gewesen, am 5. Juni 1527, doch der Vorfall hatte damals ein solches Aufsehen erregt, dass es für die Medizinstudenten ganz Europas zu einem legendären Ereignis geworden war. Dies nun in Erinnerung zu bringen, war zweifellos nicht als Kompliment gedacht: Paracelsus war Lutheraner, und in einer Trutzburg des Katholizismus wie der Universität von Montpellier genoss sein Name alles andere als einen guten Ruf.

Michel musste ein paarmal schlucken. Tatsächlich hatte er nicht bewusst provenzalisch gesprochen, sondern weil es ihm in der Aufregung so herausgerutscht war. Nun konnte er nicht mehr zurück. »Achtet nicht auf die Sprache, in der ich spreche, sondern auf die Inhalte«, erklärte er und bemühte sich, einen selbstsicheren Eindruck zu machen. »Galenus hat eine lange Abhandlung über den Einfluss der Sterne auf die Entwicklung von Krankheiten geschrieben. Auch Hippokrates hat sich dazu geäußert. Doch seitdem sind die Wissenschaft der Medizin und die der Astrologie getrennte Wege gegangen. Wir beschäftigen uns mit den Krankheiten, die den Menschen befallen, ohne uns bewusst zu machen, dass der Mensch ein Mikrokosmos ist, der den Makrokosmos spiegelt. Wir untersuchen den Leib und vergessen dabei die Tatsache, dass dieser Leib und Seele birgt, die Teil der allumfassenden Seele ist, welche die Griechen, Araber und Italiener als gegeben voraussetzen. Und wir sind davon abgekommen, den Himmel zu beobachten, der die Widerspiegelung dieser Seele ist.« Michel atmete tief durch. »Und wisst ihr, wozu das geführt hat? Zum Beispiel dazu, dass niemand von euch weiß, welches Wunder sich heute Nacht ereignen wird. Und auch wenn es jemand wissen sollte, ist er nicht imstande, diese Wunder in Beziehung zu setzen mit den Seuchen, die die braven Menschen unserer Provence zurzeit heimsuchen.«

Die Zuhörerschaft war konsterniert. Vier Dominikanerfratres, die in der Mitte saßen, erhoben sich lautstark von ihren Plätzen und strebten mit empörten Mienen dem Ausgang zu. Michel wurde sich bewusst, dass ihm nur noch wenig Zeit blieb.

»Studenten, Kommilitonen, Magister!« rief er. »Die natürliche Magie ist keine Dämonolatrie, wie die Fanatiker verkünden, sondern ein Instrument der Erkenntnis, das vortrefflich mit der christlichen Wahrheit zusammenpasst. Es ist ein Instrument, das demjenigen nützlich ist, der es sich aus Liebe zur Aufgabe gemacht hat, seinen Mitmenschen zu helfen, vielleicht weil er spürt, dass eben die Liebe das feine Band ist, das das Universum zusammenhält! Hebt heute Nacht die Augen zum Himmel. Betrachtet ihn euch und denkt darüber nach, dass das, was ihr sehen werdet, das Spiegelbild des Lebens aller fühlenden Kreaturen ist! Ein erfreuliches Spiegelbild, wenn hier auf Erden Gesundheit und Frieden herrschen, ein erschreckendes, wenn unsere Erde von Krankheiten und Seuchen heimgesucht wird. Und wenn euch die Angst befällt, so sagt euch ganz ruhig: Ich bin Arzt. Ein Mensch, der die Gefahren, die das Leben bedrohen, frühzeitig erkennt und seine Fähigkeiten einsetzt, um dem Tod zuvorzukommen.«

Mit einer dramatischen Geste, die er sich schon eine Weile vorher überlegt hatte, schnürte er seinen karmesinroten Umhang auf und ließ ihn über die Schultern zu Boden gleiten. Dann stieg er in strenger, erhabener Pose vom Katheder, so als habe er dem Pöbel, der es nicht zu schätzen weiß, soeben ein wertvolles Geschenk gemacht. Doch hinter seiner Maske aus Gleichgültigkeit pochte sein Herz, als wolle es zerspringen.

Es entstand ein langes Schweigen, bis sich endlich Antoine Romier erhob und zu klatschen begann. Viele Studenten drehten sich um, um zu sehen, wer dieser Verrückte sei. Als sie gewahr wurden, um wen es sich handelte, sprangen sie flugs auf und begannen ihrerseits zu applaudieren. Auch die Skeptischsten sahen sich gezwungen, es ihnen gleich zu tun. Unter tosendem Beifall erreichte Michel den Ausgang.

Vor der Tür trat ihm jedoch Guillaume Rondelet entgegen, der ihn mit ernster Miene ansprach: »Und wenn heute Nacht überhaupt nichts geschieht?«

Michel zuckte die Achseln. »Dann habe ich meinen Ruf verspielt. Aber was ich voraussehe, wird eintreffen.«

»Und worum handelt es sich? Mir kannst du es doch sagen.«

»Um einen Haarstern. Weißt du, was das ist?«

»Ja, das weiß ich.« Rondelet breitete die Arme aus und zog sich von der Schwelle zurück. »Ich hoffe sehr, dass du Recht behältst.«

»Ich habe immer Recht«, rief ihm Michel hinterher, und trat dann auf die Straße, wo die Morgensonne schon mächtig brannte.

Der Rest des Morgens und der Nachmittag vergingen ohne besondere Vorkommnisse. Michel begab sich in die Bibliothek, wo er so lange arbeitete, bis er Hunger bekam und in einer nahen Taverne rasch ein paar scharf gewürzte Würstchen kaufte. Nach dem Mittagessen durchquerte er das Stadttor und spazierte, auf der Suche nach seltenen Kräutern und Pflanzen, durch die Felder und Fluren. Erst bei Sonnenuntergang entschloss er sich, nach Hause zu gehen. Magdelène hatte schon ein elegantes Leinenkleid mit Puffärmeln angelegt und war ausgehbereit.

»Wo gehen wir denn hin?« fragte das Mädchen erwartungsvoll.

»Ach, nur vor die Tür. Heute findet die Vorstellung im Freien statt.«

Sie erhob keine Einwände. Eingehakt traten sie auf die fast menschenleere Straße und blieben am Rand des Portikus stehen. Michel zeigte auf den Himmel im Norden, hoch über den Dächern. Einige blasse Sterne waren schon zu erkennen. »Es wird von dort kommen. Du wirst sehen. Es kann nur noch wenige Momente dauern.«

»Ja, aber was denn?«

»Etwas Unbeschreibliches. Es ist schwer zu erklären. Hab einfach Geduld.«

»Und woher weißt du davon?«

»Ach, durch ein paar einfache Berechnungen. Mein Urgroßvater väterlicherseits, Pierre de Santa-Maria, war ein sehr bekannter Astrologe und hat mir eine ganze Anzahl astrologischer Bücher vermacht. Es gehört nicht viel dazu, das Erscheinen von Haarsternen vorherzusehen. Viel schwieriger ist es, sie zu deuten. Aber das ist ein Thema, das dich eigentlich nichts angeht.«

Magdelène schwieg, nur leicht gekränkt. Sie drückte Michels Arm und schien glücklich zu sein, dass er sie nicht zurückwies. Es vergingen noch einige Minuten, dann hörte man plötzlich in einiger Entfernung aufgeregte Schreie.

»Es ist soweit«, murmelte Michel. »Jetzt wirst du die himmlische Spiegelung unserer selbst sehen. Mach dich auf etwas gefasst, es wird furchteinflößend sein.«

Und so war es. Der ganze Himmel stand plötzlich in Flammen, so als sei es Tag geworden, ein eher blutroter als helllichter Tag. Gleich darauf verdeckte eine riesige Feuerzunge wie ein gigantischer Drache die Sterne und eroberte das Firmament. Einige Männer stürmten in panischem Schrecken auf die Straße. Einer stolperte, fiel der Länge nach hin, rappelte sich wieder auf und begann auf Knien laut zu beten. Zwei alte Frauen, die aus der entgegengesetzten Richtung kamen, knieten sich zu ihm und erhoben flehend die Arme zum Himmel. Ganz Montpellier hallte von Entsetzensschreien wider.

Der flammenspuckende Drache kroch langsam, die Sterne in seinem blutroten Widerschein verschluckend, über den Himmel. Man hätte erwartet, ihn prasseln oder fauchen zu hören. Doch er bewegte sich in absoluter Stille, was das Entsetzen der Beobachter nur noch steigerte. Funken schienen sich jetzt von dem Körper zu lösen und auf die Häuser herabzufallen, um sie, so musste man fürchten, in apokalyptischen Explosionen in Schutt und Asche zu legen. Doch fast alle Feuerzungen erloschen, bevor sie den Erdboden erreichten, bis auf einige wenige, die weit entfernt niedergingen und den Horizont erhellten. Der Meteor, der sich über das Firmament schlängelte, verbreitete keine Hitze: er verbreitete Angst.

Magdelène zitterte am ganzen Leibe, verlor aber nicht die Fassung und hielt sich an ihrem Begleiter fest. Und Michel empfand zum ersten Mal eine seltsame Bewunderung für die innere Stärke des Mädchens. »Das ist ein Komet«, sagte er zu ihr. »Viele Ephemeriden haben sein Erscheinen angekündigt. Leider soll sein Erscheinen Unheil ankündigen.«

»Wie lange dauert das noch?« fragte Magdelène leise.

»Nicht mehr lange. Du kannst ganz beruhigt sein, bald wird der Himmel wieder klar sein.« Er neigte den Kopf zu dem Mädchen hinab und schrak zusammen. »Mein Gott!« stieß er aus.

»Was ist los, Michel?« fragte Magdelène ängstlich. »Warum schaust du mich so seltsam an?«

Michel antwortete nicht sogleich. Schweigend betrachtete er die Augen des Mädchens, deren Blau in ein tiefes Rot übergegangen waren, möglicherweise wegen des intensiven Lichts am Himmel. Ein sicheres Zeichen der Verdammung.

»Was ist los, Michel? Du machst mir Angst.«

Michel antwortete nicht. Während er in Magdelènes scharlachrote Augen versunken war, vernahm er abgehackte Sätze, die ihm ein Wesen, das sich in der Dunkelheit verbarg, mit heiserer Stimme ins Ohr zischte. Die einzelnen Worte waren kaum verständlich, ihr Sinn jedoch erschreckend klar: Es war eine unwiderrufliche Verurteilung.

»Ich bitte dich, Michel, sag mir doch endlich, was du hast!«

Michel riss sich zusammen. Die Erscheinung verschwand spurlos und ließ ein schauerliches, fiebriges Gefühl zurück.

»Nichts, gar nichts, sei unbesorgt«, antwortete er schließlich, wobei er aber alles andere als einen ruhigen Eindruck machte. Magdelènes Augen waren wieder so blau wie immer, und auch die Glut, die über das Himmelsgewölbe geschossen war, verlor allmählich ihre Kraft. Was Michel jedoch gesehen hatte, war jedoch nicht mehr auszulöschen. »Mach dir keine Sorgen«, murmelte er noch einmal.

Das Mädchen blickte ihn unsicher und erschrocken an. Ihr war klar, dass Michel etwas verheimlichte. Um sie herum lag ganz Montpellier auf Knien und blickte sorgenvoll dem Funken sprühenden Drachenschwanz nach, der in der Ferne immer mehr verblasste.

# Die Verliese von Palermo

Über die »Piana della Marina« genannte Ebene zog die Prozession heran, auf die das Volk von Palermo schon seit Stunden wartete. Die zahlreichen Priester und Mönche der Bettelorden, die dem Zug psalmodierend vorausgingen, blieben von der Menge fast unbeachtet. Denn die Augen aller waren auf die *penitenziati* gerichtet, auf jene mutmaßlichen Ketzer oder rückfälligen Juden also, die häufig erst unter der Folter abgeschworen und sich mit der Kirche versöhnt hatten.

Wie ein gelber Fleck, der sich langsam ausbreitete, schritten sie mit gesenkten Häuptern in Reih und Glied heran. Alle trugen sie den *sambenito,* das knielange, gelbe Büßerhemd, das mit dem Andreaskreuz oder, war die Ketzerei nicht nur vermutet, sondern erwiesen, mit auf dem Kopf stehenden Flammen gekennzeichnet war. Das Zeichen bedeutete, dass sich der *penitenziato* zwar durch eine vollständige Abschwörung vor dem Scheiterhaufen gerettet hatte, dass aber diese Drohung ständig über seinem Haupt schwebte. Der große Stein, den ein reuiger Sünder stets zwischen den Zähnen halten musste, wenn er das Haus verließ, machte ihn zu einem Gefangenen in seinen eigenen vier Wänden, isoliert von seinen Mitmenschen durch eine Mauer des Schreckens. Außerdem verlangte man von ihm, dass er jeden Sonntag im Büßergewand die Messe besuchte.

Diego Domingo Molinas beobachtete mit einem gewissen Überdruss das Eintreffen des Zuges auf dem freien Platz. Für ihn war es jetzt schon die siebte Hinrichtung auf dem Scheiterhaufen, bei der er in diesem Jahr den Vorsitz führte, und er konnte sich kaum noch an die Namen der anderen Verurteilten erinnern: Donato di Iuarto da Spaccafumo, Angela di Constanza da Sciacca,

Giovanni Russo da Mineo… Allesamt getaufte Juden, die nicht von ihrem alten Glauben abgelassen hatten. Wie in Spanien wurde auch in Sizilien selten eine *hechiquera,* ein Hexe, auf dem Scheiterhaufen verbrannt. Der Inquisitor Agustín Camargo zog es vor, gegen die *rejudaisados,* in Sizilien Neophythen genannt, sowie die Lutheraner vorzugehen, wobei er hoffte, dadurch die Gunst Kaiser Karls V. sowie des Großinquisitors, Kardinal Alfonso Manrique, zu gewinnen. So waren die »Vorstellungen«, wie die Verbrennungen auf dem Scheiterhaufen in Sizilien genannt wurden, alle gleich: Wehklagen, erregte Rufe aus der Menge, immer schwächer werdende Schmerzensschreie und Rauchsäulen, die der vom Meer kommende Wind rasch auflöste und davontrug.

Molinas jedoch bevorzugte die eher seltenen Hexenverbrennungen. Dort konnte man erleben, wie die verurteilten Frauen, wenn sie die Richtstätte bestiegen, obszöne Worte ausstießen, wie sie versuchten, sich die Kleider vom Leib zu reißen und vor Erregung oder aus Angst urinierten. Den Spanier erfüllte es mit tiefer Befriedigung zu beobachten, wie die Rasenden sich gebärdeten, vielleicht weil er fest daran glaubte, dass Gott zusammen mit dem Leben jeder Frau ein Werkzeug seines schlimmsten Feindes auslöschte.

»Da ist der Verurteilte«, flüsterte ihm Lancilotto Galletti jetzt zu, ein Familiare von niederem Adel in Diensten des Inquisitors Camargo.

Molinas blickte in die angegebene Richtung. Ein Mann mit einem langen Bart wankte mit zerschundenem, tränenüberströmtem Gesicht zwischen zwei Wachen mühsam vorwärts. Er erinnerte sich an den Namen: Giovanni di Polino da Modica, ein getaufter Jude, der nach Aussagen einer Hand voll Zeugen rückfällig geworden war. Er trug einen *sambenito,* der mit kleinen Teufelchen bestickt war, die menschliche Körper ins Höllenfeuer warfen. Das gleiche Bild wiederholte sich auf der langen Kapuze, die er dazu trug.

Einige aufgebrachte Männer mit Fackeln in den Händen lösten sich aus der Menge und stürmten auf den Todgeweihten zu, den zu beschützen die beiden Wachen noch nicht einmal vorgaben. Einer der Männer hielt seine Fackel Giovanni di Polino an den Bart, der sofort Feuer fing. Der Verurteilte stieß einen erschütternden Schrei aus und versuchte, mit den Händen sein Gesicht zu schützen. Doch die Fesseln und der eiserne Griff der Wachen hinderten ihn daran, so dass seine untere Gesichtshälfte in kürzester Zeit zu einer grauenerregenden Wunde wurde, während die Menge begeistert jubelte.

Doch Galletti schien der Vorfall anzuwidern: »So etwas sollte nicht zugelassen werden«, murmelte er, während er sich abwandte.

Molinas zuckte mit den Achseln. »Das ist eben ein alter spanischer Brauch, den man hier übernommen hat.«

»Eines Tages wird man uns noch wegen unnötiger Grausamkeit anklagen.«

»Sei ganz ruhig. Es wird immer Geschichtsschreiber geben, die alles, was hier geschieht, verharmlosen oder leugnen werden. Die Zeit ist der Feind der Erinnerung. Im Grunde ist gerade das unsere Stärke.«

Von anderen Gedanken abgelenkt, beobachtete Molinas zerstreut den Fortgang der Hinrichtung. Die *penitenziati* nahmen Aufstellung auf dem Gerüst, das der Tribüne gegenüberstand, auf dem er selbst und andere Vertreter der Obrigkeit Platz genommen hatten. Giovanni di Polino hingegen wurde gleich auf den Scheiterhaufen geschleift und dort an einen Pfahl gebunden. Er jammerte immer noch, jedoch nur noch schwach. An den drei Pfählen daneben war ein halb verwester Leichnam angekettet, den man extra zu diesem Anlass exhumiert hatte, sowie zwei groteske Puppen, die flüchtige Sünder darstellten, die *in effigie* verbrannt werden sollten.

Nun hielt der Pfarrer der Kirche San Domenico eine Predigt, in der er die *penitenziati* mit Schmähungen überzog. Danach war ein Notar an der Reihe, der mit heiserer Stimme die nicht enden wollende Abfassung eines Urteils vorlas, das heute am 13. Oktober 1532 in Palermo vollstreckt werden sollte, in der Wärme eines Herbstes, der wie ein Sommer erschien. Die Ehre, den Holzstapel zu entzünden, kam einem der beiden Hafenmeister zu, der von der Menge mit stürmischem Applaus begrüßt wurde. Er hantierte eine Weile mit der Fackel herum, bis endlich eine hohe Flamme aus dem mit Öl getränkten Holz aufloderte. Der Verurteilte, schon halb ohnmächtig vor Schmerz, starrte ungläubig auf das, was sich zu seinen Füßen ereignete, und stieß dann plötzlich einen unmenschlichen Schrei aus. Rauch umhüllte die Szene, doch sein Körper war immer noch zu erkennen, wie er sich wand, aufblähte und schließlich vollkommen verformte. Der Schrei erstarb.

Als Giovanni di Polino nur noch ein Gerippe war, das in der Asche zerbröselte und nicht mehr zu unterscheiden war von den verbrannten Puppen neben ihm, wandte sich Galletti wieder an Molinas, jetzt mit lauter Stimme, um das Jubelgeschrei der Menge zu übertönen: »Es wundert mich, dass der Vizekönig nicht anwesend ist. Schließlich ist das Urteil zum ersten Mal im Königsschloss feierlich verkündet worden.«

Molinas ließ seinen Blick auf den jugendlichen, von goldenen Locken umrahmten Gesichtszügen seines Kollegen ruhen und sagte dann: »Eben vom Königshof gehen doch die Unstimmigkeiten zwischen Inquisitor Camargo und dem Vizekönig aus. Letzterer möchte uns am liebsten ausquartieren und selbst unseren Platz einnehmen. Darüber hinaus tut das sizilianische Parlament fast nichts anderes mehr, als unentwegt Protestnoten an Kaiser Karl zu schicken, weil sie das Vorgehen der Inquisition für zu grausam halten. Der Kaiser scheint nicht viel darauf zu geben, aber der Vizekönig lässt sich nicht davon beeinflussen.«

Galletti nickte. »Ja, ich habe davon gehört. Auch die Privilegien, die wir Familiaren angeblich genießen, sollen in der Kritik stehen. Als wenn unsere Aufgabe so leicht wäre.«

»Für einige ist sie leicht, für andere nicht«, antwortete Molinas, den Kollegen musternd, kühl. »Und was die vermeintlichen Privilegien angeht, kann man nur entgegenhalten, dass viele von uns nie welche genossen haben. Sicher, manch einer nutzt den Dienst für die Inquisition auch als Abkürzung auf dem Weg zu einem Adelstitel.«

Galletti war empört: »Was willst du damit sagen? Wenn du damit meinst, dass ich …«

»Lassen wir das«, fiel ihm Molinas ins Wort. Er fühlte sich belästigt vom Geruch des verbrannten Fleisches, den der Wind jetzt in seine Richtung trieb. »Ich habe nur gesagt, was ohnehin jedermann weiß.«

Mit diesen Worten wandte sich Molinas, ungeachtet der Proteste seines Gesprächspartners, ab und ging zu dem Treppchen, das von der Tribüne hinunterführte. Er sah weder auf den Scheiterhaufen, der allmählich erlosch, noch auf die Henker, die auf den passenden Moment warteten, um die Überreste der Leiche des Juden von dem verkohlten Stumpf des Pfahls abzunehmen.

Er ging am Strand unterhalb der Befestigungsmauer entlang. Als er genügend Entfernung zwischen sich und dem Hinrichtungsplatz gebracht hatte, blieb er stehen und sog die frische Meeresluft tief ein. Nun endlich hatte er Zeit, sich dem zu widmen, was ihm schon die ganze Zeit nicht mehr aus dem Kopf ging. Er zog das Schreiben aus der Tasche, das man ihm am Morgen, noch kurz vor der Hinrichtung, überbracht hatte und entfaltete es mit seinen langen, etwas zittrigen Fingern.

Magdelènes Handschrift hatte er sogleich erkannt, an den entweder zu großen oder zu kleinen Buchstaben, den Wörtern, die fast ohne Abstände in wackligen, unregelmäßigen Linien aneinander gereiht waren. Gestaltete das allein schon die Lektüre recht schwierig, so machten die enorme Menge an Fehlern, der vertrackte Satzbau und die vielen unverständlichen Sätze und Ausdrücke aus dem provenzalischen Dialekt ihre Briefe jedes Mal zu einem regelrechten Bilderrätsel. Molinas jedoch hatte Geduld und Muße. Er faltete seinen schwarzen Umhang zusammen und legte ihn als Kissen auf eine Stufe vor der Befestigungsmauer, nahm Platz und begann, mit Sorgfalt das Schreiben zu entziffern. Auch der große Segler, den die Fischer auf ihren Booten jubelnd willkommen hießen, vermochte seine Aufmerksamkeit nicht abzulenken.

Er brauchte eine gute Stunde, bis ihm schließlich das meiste klar war. Von den gröbsten Fehlern bereinigt, lautet der Brief ungefähr so:

*Ich weiß, dass ich meine Pflichten vernachlässigt habe, und das tut mir Leid, aber jetzt nach meiner Heirat ist das Schreiben für mich sehr schwer geworden. Wie ich Euch im letzten Brief berichtet habe, wollte Michel de Notredame mich unbedingt in Agen heiraten, wo meine Eltern sehr angesehen sind und niemand von dem Leben weiß, das ich in den letzten Jahren geführt habe. Er hat ein kleines Haus gekauft, wo ich den ganzen Tag verbringe, während er sich die meiste Zeit in Montpellier aufhält, um seine Studien zu Ende zu bringen. Ich habe ihm schwören müssen, dass ich das Haus ohne seine Einwilligung nicht verlasse, und so muss ich mir sogar die Lebensmittel von meinen Eltern oder meinen Schwestern bringen lassen. Anfangs machte mir das Alleinsein nicht sehr viel aus, zumal mich Michel, wenn er zu Hause war, häufig schlug, aber nicht aus Boshaftigkeit, sondern um mir die Pflichten eines braven Eheweibes einzubläuen. Er ist kein schlechter Mensch, aber er will unbedingt eine gute Figur in der Gesellschaft machen und hat Angst, dass ich ihn blamiere oder von jemandem gesehen werde, der mein Vorleben kennt. In letzter Zeit fällt mir das Alleinsein schwerer, denn ich bin schwanger. Michel schlägt mich auch nicht mehr, sondern ist im Gegenteil sehr liebevoll zu mir, auch wenn er darauf besteht, dass wir uns weiterhin mit »Ihr« anreden, sowohl in der Öffentlichkeit als auch zu Hause. Trost finde ich nur in meinen Schwestern und in dem Kind, das in mir heranwächst. Aber ich habe keine Bücher zum Lesen und auch kein Papier zum Schreiben. Nun versteht Ihr, warum ich meiner Pflicht, Euch einmal wöchentlich Bericht zu erstatten, nicht nachkommen konnte. Dass ich Euch dieses Schreiben zukommen lassen kann, verdanke ich nur der Freundlichkeit eines Mannes, der mir das Brennholz bringt. Er hat nämlich bei seinem Vetter, einem Schreiber, einen Bogen Papier sowie Feder und Tinte abzweigen können.*

Dieser ganze Teil des Briefes ließ Molinas vollkommen kalt. Was ihn interessierte, war nur der letzte Abschnitt, der aber, da die Handschrift noch krakeliger wurde, am schwierigsten zu entziffern war:

*Ich werde bald Mutter sein und bin jetzt eine ehrbare Frau, die vollkommen an ihr Haus gebunden ist und keine anderen Beziehungen außer zu ihrem Gatten und ihrer Familie unterhält. Ich habe keine Gelegenheit mehr, Euch zu schreiben und über Michels Leben zu berichten, denn er kommt nur noch nach Hause, um sich nach dem Gedeihen des Kindes in meinem Bauch zu erkundigen, und reist dann gleich wieder ab. Ich weiß nicht, wie er lebt, welche Bücher er liest, mit welchen Freunden er sich umgibt. Als ich versuchte, ihn etwas zu fragen, bedachte er mich mit einem solch bösen Blick, dass ich es vorgezogen hätte, wieder von ihm geschlagen zu werden, so wie in den ersten Monaten meiner Ehe. Darum flehe ich Euch an, als einen Mann der Kirche, einem Mann, dem christliche Barmherzigkeit nicht fremd ist: Entbindet mich von meinem Versprechen und vergesst mich für immer. Ja, ich war eine Sünderin, doch nun werde ich eine vorbildliche Mutter und die ergebenste aller Ehefrauen sein. Sollte Michel etwas tun, was unserem christ-*

*lichen Glauben widerspricht, werde ich versuchen, ihn davon abzubringen. Doch hier in Agen gilt er als guter Christ und tugendhafter Mann. Weinend warte ich auf eine Antwort von Euch, ein Zeichen, dass Ihr mich in Eurer Güte verstanden habt und mir vergebt. Dann werde ich nur noch für mein Kind leben und mein eigenes Leben aus Liebe zu ihm ganz aufgeben.*

Diesen letzten Teil des Briefes las Molinas mehrere Male, knüllte ihn dann zusammen und warf ihn ins Meer. »Hure«, murmelte er vor sich hin. Er sprach das Wort ohne Hass aus, es war eine reine Feststellung. »Keine gottesfürchtige Frau würde jemals so etwas schreiben.«

Er stand auf, warf sich den Umhang über die Schultern und ging zu Fuß in Richtung Stadt. Ein Schwarm Möwen über seinem Kopf störte ihn mit seinem krächzenden Geschrei.

Währenddessen lief das Segelschiff langsam in den Hafen ein und legte behäbig neben den an ihren Ankerketten schaukelnden Karavellen an.

Molinas hasste Palermo. Der Stadt fehlten jene düsteren dramatischen Farben, die jeden Ort in Spanien prägten, wo gleißendes Sonnenlicht urplötzlich mit tiefen Schatten abwechselte. Hier war die Sonne fast allgegenwärtig und schien sogar das Leben der Notleidenden ein wenig zu erhellen: der unzähligen Bettler, der Tagelöhner und überhaupt aller Angehörigen der niederen Stände. Auch der Menschenschlag der Sizilianer erregte Molinas' Abscheu. Verschlagen, streitsüchtig und schmeichlerisch, gaben diese Menschen fortwährend lautstark Gefühlen Ausdruck, die sie gar nicht empfanden. Die ganze Insel brüstete sich damit, sich aus freier Entscheidung dem Kaiserreich angeschlossen zu haben. Doch bei der erstbesten Gelegenheit brachen blutige Tumulte aus, die sich gegen Spanien, seine Institutionen und in erster Linie gegen die Inquisition richteten.

Wäre es nach Molinas gegangen, hätte Kaiser Karl V. als erstes das sizilianische Parlament auflösen müssen, das nichts anderes tat, als angebliche Gräueltaten der Inquisitoren anzuprangern, und damit das gemeine Volk aufhetzte. Dann hätte er ein schlagkräftigeres Heer nach Sizilien entsenden müssen, und zwar unter dem Befehl eines Vizekönigs, der nicht so bequem und dem süßen Leben zugetan war wie der jetzige. Doch Molinas wusste, dass all dies nicht geschehen würde, weil der Kaiser keine Mühe scheute, um die Beziehung zu den Inselbewohnern zu verbessern. Vergebene Liebesmüh bei diesem Volk heimtückischer Verräter.

Sehr schmutzige, doch recht luftige Gassen, in denen sich Händler, Bettler und barfüßige Kinder drängten, führten ihn zum königlichen Palast. Eine kleine Menschenmenge stand vor dem Gebäude, das mit einem Banner geschmückt war, auf dem ein Schwert, ein Kreuz und ein Olivenbaum aufgestickt waren und darüber der Schriftzug *»Exurge domine et judica causam tuam«*. Bei den Leuten handelte es sich sowohl um Angehörige von Gefangenen, die in den unterirdischen Verliesen des Palastes eingesperrt waren, als auch um bewaffnete Familiaren, die mit ihren Degen und Dolchen einen plump aggressiven Eindruck machten.

Die Privilegien des Sizilianischen Heiligen Offiziums verliehen den Inquisitoren das Recht, in schier unbegrenzter Menge Leute anzuwerben, und diese wurden von Jahr zu Jahr mehr. Anfangs waren die Familiaren Leute aus einfachsten Kreisen, die man unter kleinen Handwerkern oder sogar Kriminellen angeworben hatte. Dann hatte das Vorrecht, Waffen zu tragen sowie der Genuss einer Reihe weiterer Annehmlichkeiten auch Vertreter des Bürgertums, vor allem Notare und Kaufleute, und sogar des niederen Adels, angelockt. Und so geschah es, dass in Diensten der Inquisition ein früherer Straßenräuber neben einem verarmten Baron marschierte, oder ein durch Wirtshausschlägereien entstellter Tagelöhner sich mit einem Anwalt duzte.

Bei Molinas' Anblick verstummten Geschwätz und Diskussionen auf dem Platz, und alle neigten ehrfürchtig das Haupt. Theoretisch waren sie zwar dem Spanier im Rang ebenbürtig, doch jedermann wusste, dass dieser ein Abgesandter des Großinquisitors Manrique war. Molinas ließ sich nicht dazu herab, die Begrüßung zu erwidern und strebte geradewegs auf das Portal des Palastes zu.

Ohne den Wachen Beachtung zu schenken, bog er in einen breiten, feuchten Korridor ein. Er kam an der offenen Tür eines Saales vorbei, in dem Berater und Beamte des Hofes einen Fall berieten, und erreichte eine kleine Tür, die zu den Kellergewölben führte. Über einen abschüssigen Gang zwischen Salpeter ausschwitzenden Wänden erreichte er den Keller, in dem die Verliese lagen. Mit einem Nicken erwiderte er die Verneigung der Soldaten, denen seine Anwesenheit vertraut war. Jeden Morgen stieg er zu den Verliesen hinab, um zu erfahren, ob neue Gefangene eingeliefert worden waren oder jemand der schon länger hier Festgehaltenen endlich gestanden hatte.

Er unterhielt sich gerade mit einem Offizier darüber, als er plötzlich Ingastone Lo Porto erblickte, einen der wenigen Familiaren, der ihm nicht gänzlich unsympathisch war. Er war aus einer Zelle getreten, die ein Wächter gerade abschloss. Molinas ging zu ihm hin.

»Was tut Ihr hier?«, fragte er ohne lange Vorrede.

»Ich habe einen Gefangenen begleitet, Giovanni da Parigi, aus Mineo. Er gibt sich als Bekehrer aus, lässt sich jedoch von den Leuten weiterhin *lu rabi* nennen. Ich habe dem Inquisitor Camargo davon berichtet, und er befahl mir, den Mann einzusperren.«

»Gut. Und hat er schon gestanden?«

»Er ist noch nicht verhört worden.«

»Wie seid Ihr auf ihn gestoßen?«

»Er lebt mit einer Frau zusammen, einer gewissen Perna, die von den Leuten nur die Frau von *lu rabi* genannt wird. Dieser Name kam mir zu Ohren, als ich zufällig in Mineo weilte. So habe ich mich erkundigt, und dann, mit der Ermächtigung von Doktor Camargo, für die Verhaftung ihres Buhlen gesorgt.«

Molinas nickte beifällig.

»Sehr gute Arbeit. Habt Ihr auch die Frau mitgenommen?«

Ingastone, ein Mann mit kantigen, entschlossen wirkenden Gesichtszügen und einer kräftigen, gedrungenen Gestalt, errötete leicht.

»Nein. Sie hatte sich ja nichts zu Schulden kommen lassen, außer des Zusammenlebens mit einem *rejudaisado.* War das ein Fehler?«

»Ja.« Molinas begleitete seine Feststellung mit einem trockenen Kopfnicken, doch in seiner Stimme lag keine Schärfe. Ja, die Worte, die er nun noch hinzufügte, fielen in einem Ton fast schon freundschaftlicher Komplizenschaft. »Bei unserer Arbeit, mein Lieber, können Frauen sehr nützlich sein. Man muss sie nur richtig einsetzen. Ihre natürliche Neigung zur Passivität macht sie zu einem idealen Werkzeug. Hat man sie erst einmal gezähmt, fällt es leicht, mit ihrer Hilfe auch den Mann an ihrer Seite zur Strecke zu bringen. Denkt das nächste Mal daran.«

Obwohl er eigentlich nicht verstand, warum der Spanier ihm diesen so selbstverständlichen Rat gab, nickte Ingastone beflissen. »Ich werde es nicht vergessen, Signore. Eure Ratschläge sind mir stets äußerst kostbar.«

»Dessen bin ich gewiss. Der Inquisition wird Euer Eifer nicht entgehen. Lasst daher so rasch wie möglich auch diese Perna einkerkern, und zwar in einer Zelle, wo ihr Mann ihr Wehklagen hören kann. Doktor Camargo wird Euren Scharfsinn zu schätzen wissen, und denkt daran, dass das Baronat von Xumantimo immer noch vakant ist.«

Molinas ließ diesen Satz ganz beiläufig fallen und gab vor, das plötzliche Aufflackern in den Augen des Kollegen nicht zu bemerken. »Und nun möchte ich diesen *lu rabi* persönlich vernehmen. Wenn Ihr erlaubt?«

»Ja, gewiss!« Ingastone rief den Kerkermeister herbei, der sich einige Schritte entfernt hatte, um das möglicherweise gefährliche Gespräch nicht unfreiwillig zu belauschen.

»Öffne die Zelle und lass den Signore eintreten.«

Das Verlies, in dem der Gefangene saß, war eine kleine Höhle mit niedrigem Gewölbe, in der nur der Fußboden ein wenig eingeebnet worden war. Sie schien nicht sehr feucht zu sein, war dafür aber bitterkalt. Der dünne *sambenito,* den der Gefangene trug, konnte ihn unmöglich vor dieser Kälte schützen, und der Mann, der auf seinem Strohlager kauerte, zitterte am ganzen Leibe. Die Zelle wurde nur spärlich durch den Schein einer einzigen Kerze erhellt, die in einem Leuchter in einer Nische steckte.

Molinas nahm den Leuchter und hielt ihn vor das Gesicht des Gefangenen. Er sah eine kahle Stirn, zwei gelbliche, furchterfüllte Augen, eine Hakennase und einen schwarzen zerzausten Bart, der bis auf eine ausgemergelte Brust reichte. »Du weißt, dass es für dich keine Hoffnung mehr gibt«, sagte er mit einem leichten, vorgeblich betrübten Seufzer. »Allein ein vollständiges Geständnis, verbunden mit einer Denunzierung anderer sündiger Juden, könnte dich retten. Denn die Kirche vergibt all jenen, die ihre Sünden bereuen und dies auch durch die Auslieferung ihrer Komplizen eindeutig unter Beweis stellen.«

»Aber ich bin doch ein guter Christ!« protestierte der Gefangene mit erstickter Stimme.

»Nimm mich nicht auf den Arm! Hat man jemals von einem guten Christen gehört, der sich ›der Rabi ‹ nennen lässt? Du bist ein jüdischer Priester.«

Der Mann schüttelte heftig den Kopf. »Ich heiße *lu rabi,* weil ich in Frankreich, meinem Heimatland, die Sprache und Lehre des Judentums unterrichtete. Doch meine Schüler waren fest im rechten Glauben stehende Christen, die mich davon überzeugt haben, mich mit der einzig wahren Kirche auszusöhnen.«

Molinas kniff die Augen zusammen. »Weißt du überhaupt, was du soeben gesagt hast? Du hast gerade zugegeben, dass du versucht hast, aus Christen Proselyten zu machen. Bei einer so schweren Schuld scheint es mir fast unmöglich, dich vor dem Scheiterhaufen zu retten.«

»Nein, nein!« Giovanni da Parigi breitete beschwörend die dürren Arme aus. »Ich habe nie versucht, irgendjemanden zu bekehren. In Frankreich herrschte damals ein großes Interesse an der jüdischen Kultur. Franz I. selbst ließ sich in der Kabbala unterrichten, und daher haben viele Gelehrte …«

»Also bist du ein Kabbalist.« Molinas' Ton wurde schärfer. »Ein praktizierender Schwarzkünstler und Geisterbeschwörer. Inquisitor Eymerich hat es ja gesagt: Es gibt keinen Juden, der nicht heimlich den Dämonen opfert und versucht, sie zu beschwören.«

»Ich bitte Euch, lasst mich erklären!« Die Augen des Gefangenen füllten sich mit Tränen. »Ich war nie ein Kabbalist. Ich habe das Interesse der Franzosen ausgenutzt und bin von Stadt zu Stadt gezogen und habe Unterricht in der hebräischen Sprache gegeben, in Paris, Lyon, Avignon, Montpellier oder Dijon. Dann kam der Krieg, und ich fand mich in Burgund wieder, das von Kaiser Karl bedroht wurde. Ich ließ mich anwerben und folgte meinem König bis nach Italien. Nach der Niederlage geriet ich in spanische Gefangenschaft und wurde nach Sizilien deportiert, wo ich versucht habe, mir ein neues Leben aufzubauen. Das ist alles.«

Vorsichtig, um sich nicht mit dem Wachs, das von der Kerze tropfte, zu beflecken, stand Molinas auf, steckte den Leuchter in die Nische zurück und erklärte: »Ein törichter Franziskaner würde dir vielleicht glauben, aber wenn du meinst, du könntest mich täuschen, dann machst du einen großen Fehler.« Mit einem Ruck drehte er sich zu dem Strohlager um: »Vorhin hast du gesagt, du hättest die jüdische Sprache und Glaubenslehre unterrichtet. Welche Lehre soll das gewesen sein, wenn nicht die Kabbala? Du hast doch selbst gesagt, dass sich die Franzosen dafür so interessierten. Oder hast du ihnen vielleicht die Botschaft des Talmuds erklärt, um sie zum Judentum zu bekehren?«

Giovanni da Parigi weinte nun haltlos.

»Nein, nein, so glaubt mir doch! Die einzige Lehre, in der ich ein wenig bewandert bin, ist die Gematrie. Diese habe ich unterrichtet.«

»Gematrie? Was soll das sein?«, fragte Molinas verwundert.

»Das ist die Kunst, Worte durch den Zahlenwert ihrer Buchstaben zu entschlüsseln. Die Juden benutzen sie, um bestimmte Passagen des mosaischen Gesetzes, der Thora, zu erklären.«

»Zahlenwert? Ich verstehe immer noch nicht.«

Bevor er weiter sprechen konnte, musste der Gefangene den Schleim, der ihm die Kehle verstopfte, auf den Zellenboden spucken.

»Es gibt Worte, die aus besonders wichtigen Zahlenkombinationen zusammengesetzt sind. Zum Beispiel das Wort Mithras, oder Abraza …«

Molinas schrak auf, als habe man ihn mit einem glühenden Eisen berührt. »Abraza hast du gesagt?«

Giovanni da Parigi blickte ihn erstaunt an.

»Ja, eigentlich handelt es sich um ein griechisches Wort, Abraxas.«

»Dann weißt du also, was das Wort bedeutet …« Alles Bemühen von Molinas, ruhig zu erscheinen, schlug fehl. Seine Stimme klang verzerrt von banger Erwartung, als fürchte er, den Faden, den er endlich wieder zwischen den Fingern hielt, zu verlieren.

»Ja sicher. Das ist doch nicht schwer.«

Fiebrig erregt, mit rasendem Herzen kehrte Molinas zu dem Strohlager zurück und beugte sich nieder. Es gelang ihm mit ausreichender Kühle weiter zu sprechen. »Jetzt hör mir mal gut zu. Du wirst mir ganz ausführlich erklären, was es mit diesem Wort Abraxas auf sich hat, was es bedeutet, wer es benutzt, wozu … Einfach alles. Ich weiß, dass du mit einer Frau namens Perna zusammenlebst. Und glaub mir, ich habe schon oft gesehen, wie Ehemann und Ehefrau gemeinsam auf den Scheiterhaufen gestiegen sind und man sie als Erste verbrannt hat, um die Qual für ihn noch zu steigern. Wenn du mir also nun die Wahrheit sagst, wirst du zumindest Perna retten können. Und nun sprich, ich höre.«

Fast eine Stunde lang blieb Molinas in dem Verlies. Als er wieder hinaufkam, machte er sich sogleich auf die Suche nach dem Inquisitor Camargo. Er fand ihn, als er gerade aus der Messe kam.

»Ehrwürdigster Herr«, sprach er ihn an, »ich bitte Euch, sogleich an die Suprema zu schreiben, dass Ihr meine Dienste fortan entbehren könnt. Ich muss unbedingt zu meiner ursprünglichen Mission zurückkehren.«

Camargo verzog vor Überraschung sein edles Gesicht mit den regelmäßigen Zügen und hob eine dichte, weiße Augenbraue.

»Ist es so dringend?«

»Ja, das ist es.«

»Gut. Dann folgt mir in mein Arbeitszimmer.«

# Unter Schmerzen gebären

Auf dem großen Platz von Agen, vor der Kathedrale von Saint-Caprais, stieg Michel de Notredame aus der Kutsche. Mit beiden Händen hielt er den viereckigen schwarzen Hut mit dem roten Pompon fest, aus Angst, der Wind könne ihn fortwehen. Seit Stunden hatte er jene Kopfbedeckung nicht mehr losgelassen, die das Symbol eines Erfolges war, der noch seine Nachfahren mit Stolz erfüllen würde. Er, der Spross einer jüdischen Familie, zu einem Leben in Erniedrigung verdammt, hatte es zum Doktor der Medizin gebracht und war damit in den Kreis der Höchsten aufgestiegen. Immer noch klang ihm das Festgeläut der Glocken von Montpellier in den Ohren, die Lobreden von Antoine Romier und des Dekans Gryphius, die Hochrufe der Studenten und Bakkalaurei. Kein Zweifel, das Jahr 1533 versprach das glücklichste seines Lebens zu werden.

Fast im Laufschritt eilte er durch die Straße, in der sein Haus lag und spürte dabei die bewundernden Blicke der Passanten, die seinem Stolz weiter Nahrung gaben. In diesem Moment beschloss er, die so viel Respekt hervorrufende Kopfbedeckung niemals mehr abzunehmen. Mochte auch sein Familienwappen *Soli Deo* verspottet, mochten auch über seine Herkunft weiterhin Zweifel geäußert werden (und er wusste, wie begründet sie waren), so war der Doktorhut auf seinem Kopf ein unbestreitbares Zeichen seines Ansehens und seines Könnens. Hätte er den Hut nicht auf dem Kopf getragen, er hätte sich vor ihm verbeugt.

Aufgeregt klopfte er an der Tür des zweistöckigen Häuschens, in dem er seine Frau praktisch gefangen hielt, und wartete geduldig, bis geöffnet wurde. Magdelène erschien mit ihrem kleinen Sohn im Arm auf der Schwelle. Einen Moment lang blickte Michel sie schweigend an. Seit der Geburt war ihre Haut weißer geworden, so als sei alles Blut abgeflossen, und das rötliche Gewebe ihrer Sommersprossen, das so sehr dem Schönheitsideal jener Zeit widersprochen hatte, war merklich verblasst, ja fast verschwunden. Obwohl von einer schwierigen Geburt gezeichnet, war Magdelène immer noch eine Schönheit, und der Glanz ihrer blauen Augen reichte aus, um das etwas eingefallene Gesicht erstrahlen zu lassen.

»Nun, was sagt Ihr?« fragte Michel mit einem Lächeln, indem er auf den Hut deutete.

»Oh, der steht dir… Euch aber gut!«

Magdelène schürzte die Lippen, doch Michel küsste zuerst die Stirn des Kindes, das verwirrt mit den Ärmchen herumfuchtelte. Erst danach gab er seiner Frau einen flüchtigen Kuss auf den Mund, um dann sogleich zu fragen:

»Ist das Essen fertig? Ich habe auf das Festessen in Castelnau verzichtet, um bei Euch zu sein.«

Magdelène errötete.

»Es tut mir furchtbar Leid, so zeitig habe ich Euch gar nicht zurück erwartet. Ich werde mich gleich darum kümmern. Macht es Euch nur bequem und überlasst alles mir.«

Zum ersten Mal an jenem Tag verdüsterte sich Michels Miene. »Jeder Ehemann erwartet ein anständiges Essen, wenn er nach Hause kommt. Besonders an einem Tag wie diesem, dem Tag seines Examens.«

»Aber das habt Ihr mir gar nicht gesagt«, stammelte Magdelène, »gewiss, Ihr habt Recht, das Essen sollte fertig sein. Aber ich habe so viel mit dem Kleinen zu tun. Niemand hilft mir dabei, außer meinen Schwestern, die aber mit ihren eigenen Kindern schon ganz ausgefüllt sind. Und eben daher kann es vorkommen, dass ich hin und wieder meine sonstigen Pflichten vernachlässige.«

»Nicht hin und wieder. Häufig. Zu häufig«, erklärte Michel streng. Seine Frau schlug die Augen nieder, doch das konnte seinen Groll gegen sie nicht mindern. Sogar an seinem Festtag war es ihr gelungen, ihm die Laune zu verderben. So riss er ihr jetzt fast das Kind vom Arm. »Geht in die Küche. Ich kümmere mich um René. Nur ihm zuliebe will ich heute darauf verzichten, Euch zu bestrafen. Doch merkt Euch, das nächste Mal kenne ich keine Gnade mehr.«

Während Magdelène im Flur verschwand, ging Michel, den Kleinen in den Armen wiegend, in sein Arbeitszimmer hinüber. Sein Sohn war ein wunderschönes Kind, wenn da nur nicht die ein wenig ins Rötliche spielenden Haare gewesen wären, die er von seiner Mutter geerbt hatte. Michel hätte es gern gesehen, wenn er ihm selbst ein wenig mehr geähnelt hätte. Dennoch betrachtete er ihn als einen Teil seiner selbst und war gerührt, wenn die winzigen Händchen nach seinem Bart haschten und ihn zu greifen versuchten.

Sein Arbeitszimmer war ein schlicht eingerichteter Raum, mit einem breiten Kamin, einem Schreibtisch, einer Truhe, einigen Stühlen und einem kleinen Sofa. Bücher waren keine zu sehen. Entschlossen, gegen die ungute Neigung seiner Frau für das Lesen vorzugehen, hatte Michel eine kleine Bibliothek in Montpellier gelassen und bewahrte auch alle Schreibutensilien verschlossen in einer Schublade auf. Umso überraschter war er daher, als er einen Tintenfleck auf dem Schreibtisch entdeckte. Doch er hatte das Kind auf dem Arm und maß der Entdeckung keine allzu große Bedeutung zu.

Er war gerade dabei, den Kleinen hoch in die Luft zu heben, um ihn zum Lachen zu bringen, als es an der Haustür klopfte.

»Magdelène«, rief er. »Geht und schaut, wer da ist.«

Einige Augenblicke später steckte seine Frau den Kopf zur Tür des Arbeitszimmers herein.

»Draußen steht ein Herr, sehr groß und kräftig und wie ein Fürst gekleidet. Er sagt, er sei gekommen, um Euch seine Glückwünsche zu übermitteln.«

»Hat er Euch seinen Namen gesagt?«

»Ja, aber er ist ziemlich kompliziert, leider habe ich ihn nicht richtig verstanden. Es scheint aber eine hoch gestellte Persönlichkeit zu sein.«

»Nehmt mir das Kind ab. Ich gehe mal nachsehen.«

Michel drückte ihr den kleinen René in den Arm und ging zur Haustür. Der Mann, der noch auf der Straße wartete, war eine wirklich auffallende Erscheinung. Ungewöhnlich groß gewachsen und kräftig gebaut, hatte er kurz geschnittene, dunkelblonde Haare und einen Kinnbart, in den die Spitzen eines langen Schnurrbarts übergingen. Dazu eine auffallend hervorstehende Nase, kugelrunde Augen und eine breite Stirn. Die Falten auf der Stirn sowie an den Augenwinkeln verrieten sein Alter von vielleicht fünfzig Jahren, er sah jedoch jünger aus. Was aber am meisten beeindruckte, war seine Kleidung: ein mit Hermelin gesäumter Umhang aus Samt mit einem Seidenkragen und einem mit Brillanten prachtvoll besetzten Lederwams darunter. Er wirkte wie eine Kreuzung zwischen dem König von Frankreich und einem Jahrmarktsgaukler.

Als er Michel erblickte, nahm er sogleich seinen mit Federn geschmückten Hut vom Kopf und verneigte sich tief.

»Ich bin gekommen, um meinem Bruder im Geiste und einem Gelehrten meine Hochachtung zu erweisen«, sagte er mit tiefer Stimme. »Erlaubt, dass ich mich vorstelle. Ich bin Jules-César des Lascalle de Bourdonis, von Geburt Italiener. In meiner Sprache Giulio Cesare della Scala dei Bordoni. Doch hier nennt man mich der Einfachheit halber nur Scaliger. Jules-César Scaliger.«

Ein wenig verwundert erwiderte Michel die Begrüßung mit einer kurzen Verbeugung.

»Entstammt Ihr vielleicht der berühmten Familie Scaligeri aus Verona?«

»Ganz richtig«, erwiderte der Italiener mit einem strahlenden Lächeln. »Aber ich mache nicht viel Aufhebens davon. Ich neige zur Bescheidenheit. Ihr habt sicher meinen Brief erhalten …«

»Einen Brief? Was für einen Brief?«

»Den Brief, den ich Euch vor sechs Monaten sandte. In dem ich Euch, den renommierten Arzt, darum bat, Euch in Agen niederzulassen, um unsere kleine intellektuelle Gemeinschaft hier zu bereichern. Und wie ich sehe, habt Ihr meinem Ansinnen schon entsprochen. Eine Entscheidung, zu der man Euch nur beglückwünschen kann.«

Vollkommen verwirrt schüttelte Michel den Kopf.

»Aber ich habe doch überhaupt keinen Brief erhalten. Und woher kennt Ihr überhaupt meinen Namen?«

»Eine verständliche Frage«, sagte Scaliger zustimmend. »Ihr wisst sicher, dass Euer Freund François Rabelais hier in der Stadt wohnte, bevor er sich an der Universität Montpellier einschrieb. François und ich sind sehr enge Freunde, ja Brüder. Gewiss, er gilt als großer Schürzenjäger, und manch einer behauptet sogar, er sei ein Dieb, ein Schwein, ein Zuhälter. Jedenfalls hat er, solange er in Agen lebte, nicht aufgehört, in den höchsten Tönen von Euch zu sprechen.«

Michel wurde die Sache immer rätselhafter. »Verzeiht, aber ich habe Rabelais doch erst in Montpellier kennen gelernt!«

»Schon möglich«, antwortete Scaliger, ohne sich im Geringsten aus der Ruhe bringen zu lassen. »Aber das heißt doch nur, dass er sich auch schon vorher für Euch großen Gelehrten interessiert hat. Und da halten ihn viele für einen Ignoranten, wenn nicht gar einen Dummkopf. Wie ungerecht ist doch das Urteil der Welt!«

Michel wusste nicht mehr, was er antworten sollte. Plötzlich wurde er sich bewusst, dass er den Fremden, entgegen aller Regeln der Gastfreundschaft, noch nicht hereingebeten hatte. »Tretet doch bitte ein. Leider kann ich Euch nicht zum Essen einladen. Meine Frau war auf meine Rückkehr nicht vorbereitet. Aber unterhalten wir uns doch drinnen weiter.«

Als er vernahm, dass ihm eine Mahlzeit versagt bleiben würde, verzog Scaliger leicht das Gesicht, um gleich darauf aber wieder seine äußerst lebhaften Gesichtszüge anzunehmen und die Schwelle zu überschreiten. »Das Gespräch ist der natürlichste Weg, auf dem große Geister in Kontakt zueinander treten«, erklärte er feierlich, und fügte dann leiser hinzu: »Aber einen Wein werdet Ihr doch wohl im Hause haben.«

»Nun, ich denke schon…«

»Nein, nein, macht Euch keine Umstände. Ein Gläschen genügt, und mehr als zwei oder drei trinke ich nie. Meine Gesundheit erlaubt es mir nicht.«

Michel bat Scaliger in sein Arbeitszimmer.

»Macht es Euch auf dem Sofa bequem, ich hole sofort etwas zu trinken.« Wie benommen von den Worten des seltsamen Gastes ging er in die Küche hinüber. Magdelène stand mit dem Kind auf dem Arm vor einem Topf mit köchelnden Bohnen.

»Haben wir Wein da?«, fragte er.

Seine Gattin deutete auf einige Flaschen in der hinteren Ecke des Raumes. »Wein nicht, aber Hypocras. Soll ich ihn Euch bringen?«

»Nein, das mache ich schon. Kümmert Ihr Euch um mein Abendessen.«

Mit zwei Bechern in der Hand, den einen halb voll, den anderen bis zum Rand gefüllt, kam er ins Arbeitszimmer zurück. Den vollen Becher reichte er Scaliger. »Kennt Ihr Hypocras? Das ist Wein mit Zucker und Zimt.«

»Ja, sicher, ein vortreffliches Getränk, gesund und wohltuend. Davon kann ich auch einen Schluck mehr trinken, ohne dass mein Darm es mir übel nimmt.« Scaliger führte den Becher an die Lippen und nahm geräuschvoll einen tiefen Schluck. »Hervorragend. Wirklich hervorragend. Nicht umsonst haben schon die Troubadoure der Antike die Qualitäten dieser aromatischen Mixtur besungen. Heute ist es ja eigentlich nur noch als Arzneimittel gebräuchlich. Kennt Ihr Euch zufällig in der Arzneimittelkunde aus?«

»Ja. Mein Großvater war Apotheker, ich denke daran, diese Kunst in Agen auszuüben.«

Scaliger nickte heftig. »Ein weiser Entschluss. Ich selbst

betätige mich auch immer wieder auf dem Gebiet der medizinischen Botanik. Zur Zeit bin ich dabei, für alle Pflanzen, die in der Provence vorkommen, lateinische Namen zu finden. Hätte ich nicht auch noch zahlreiche andere Verdienste, würde dies allein schon ausreichen, um meinen Namen in die Geschichtsbücher eingehen zu lassen.« Mit einem weiteren tiefen Schluck leerte er seinen Becher. »Nun, Euer Vorhaben bestärkt mich nur noch mehr in meinem Entschluss. Ich werde Euch unter meine Fittiche nehmen, ohne dafür eine Gegenleistung zu verlangen.«

Michel starrte den Mann mit offenem Mund an. »Unter die Fittiche nehmen? Was meint Ihr damit?«

»Wenn Ihr Euch als junger Gelehrter in Agen niederlassen wollt, benötigt Ihr die Protektion einer angesehenen Persönlichkeit, die Euch in die Gesellschaft einführt und Euch dabei behilflich ist, den nötigen Respekt zu erwerben. Gewöhnlich befasst sich ein Della Scala nicht mit solchen Aufgaben, doch Ihr, junger Freund, habt mich überzeugt. Stoßen wir also auf unser neues Bündnis an.« Mit diesen Worten reichte Scaliger seinen leeren Becher Michel und deutete mit dem linken Daumen auf die Tür.

Michel zögerte einen Augenblick, entfernte sich aber dann und kehrte mit einem vollen Becher zurück. Der Mann, der da so selbstgefällig auf seinem Sofa saß, kam ihm vollkommen verrückt vor. Aber er wusste auch, dass es nicht einfach sein würde, in einer fremden Stadt als Apotheker Fuß zu fassen. Nicht nur die alteingesessenen Apotheker, sondern auch die Doktoren, würden ihm vermutlich Steine in den Weg legen. Die gegenseitige Abneigung zwischen Medizin und Pharmakologie war alt. Er selbst gehörte zwar beiden Bereichen an, konnte aber nicht sicher sein, ob das Stadtparlament diesen Umstand würde zu schätzen wissen. Und Scaliger mochte zwar überspannt erscheinen, zählte aber seiner Kleidung nach zweifellos zu den Honoratioren der Stadt. Solch einen Mann zum Freund zu haben, konnte sich in einer fremden Umgebung gewiss als sehr nützlich erweisen.

Diesmal leerte der Gast seinen Becher in nur einem Zug und

stieß dann einen tiefen zufriedenen Seufzer aus. »Ah, man spürt doch sofort die besondere Heilkraft dieser Mixtur«, rief er aus, um dann unvermittelt das Thema zu wechseln. »Aber zurzeit brauche ich all meine Kräfte. Ich bin dabei, diesen Betrüger Erasmus in Stücke zu reißen.«

»Erasmus?«

»Ja, Erasmus von Rotterdam. Ein Scharlatan, der ganz unverdient hohes Ansehen genießt, in Wirklichkeit aber ein Hurenbock und, verzeiht die Ausdrucksweise, ein emeritierter Riesenfurz ist. Aber wenn er die Schmähschrift liest, die ich gerade gegen ihn verfasse, wird ihn der Schlag treffen. Nun, ich werde ihm mit Sicherheit keine Träne nachweinen. Wenn man bedenkt …«

Scaliger brach ab und stand auf. Magdelène war mit dem Kind auf dem Arm in der Tür erschienen, vielleicht um Michel zu sagen, dass das Abendessen fertig sei. Doch bevor sie noch den Mund aufmachen konnte, hatte sich der Gast schon übertrieben tief vor ihr verneigt, war zur Schwelle geeilt und streichelte nun den Kopf des Säuglings, wobei er aber nur Augen für Magdelène hatte. »Welch schöne Frau. Nur schade wegen der Sommersprossen. Ist das Eure Gattin?«, sagte er an Michel gewandt, wartete aber keine Antwort ab. »Madame, auch ich bin kürzlich in den Stand der Ehe getreten und bin mir sicher, dass Ihr und meine liebe Gemahlin enge Freundinnen werdet. Und dieses Kind … In meinem ganzen Leben habe ich kein schöneres Kind gesehen. Wann kommt denn das nächste?«

Magdelène lächelte verlegen. »Ach, dafür ist es noch zu früh. Jetzt müssen wir uns erst einmal um René kümmern.«

»Madame, Euer Becken ist wie geschaffen für eine vielköpfige Nachkommenschaft. Wie war denn die Geburt? Schmerzhaft?«

»Ja, schon«, stammelte Magdelène, »ich habe mich noch nicht ganz davon erholt.«

Scaliger schüttelte den Kopf. »Das wird schon wieder. Bei der nächsten Geburt wird alles viel einfacher. Überlegt einmal, wie viele Kätzchen eine Katze in ihrem Leben werfen kann.«

Scaligers Worte waren so unglaublich taktlos, dass sie Magdelène ein Lächeln entlockten.

»Wie gesagt, Monsieur, jetzt müssen wir zunächst einmal an René denken.«

»Gewiss, gewiss, doch der kleine René verlangt schon nach einem Brüderchen oder Schwesterchen, mit dem er zusammen aufwachsen kann. Ich jedenfalls wünsche mir von meiner Gattin mindestens zehn Kinder und bin überzeugt, dass es keinen christlicheren Wunsch geben kann.«

Magdelènes Lächeln wirkte jetzt schon weniger strahlend. »Manche Frauen sind für die Mutterschaft geschaffen«, bemerkte sie, »und Eure Gattin wird glücklich sein, sich um eine vielköpfige Familie kümmern zu können.«

*»Alle ehrbaren Frauen sind für die Mutterschaft geschaffen.«* Es war nicht Scaliger, der diese Worte sprach, sondern Michel, und zwar mit kaum verhohlenem Zorn. »Und Ihr, Madame, seid doch auch dieser Meinung!«

Erschrocken senkte Magdelène den Kopf.

»O ja, sicher, ich bin ganz Eurer Meinung.« Es war wohl die Anwesenheit einer dritten Person, die ihr Sicherheit gab und sie ermutigte, weiterzusprechen: »Dennoch glaube ich …«

Unvermittelt, so als wolle er die Frau seines Gastgebers daran hindern, etwas Entsetzliches auszusprechen, trat Scaliger zur Tür des Arbeitszimmers und erklärte: »Es ist spät geworden. Ich muss mich verabschieden. Gern hätte ich noch einen Schluck Hypocras genommen, der so wohltuend Leber und Darm massiert, aber die Zeit drängt. Monsieur de Notredame, es wäre mir eine Ehre, Euch und Eure Gattin in den nächsten Tagen bei mir zum Abendessen begrüßen zu dürfen. Unser Bündnis ist geschlossen.«

Obwohl ihm anderes durch den Kopf schwirrte, gelang es Michel, immerhin zu antworten:

»Erlaubt mir, dass ich Euch zur Tür begleite.«

»Sehr freundlich.«

Als er in den Raum zurückkehrte, stand Magdelène, das Kind

ganz fest an sich gedrückt, als könne ihr diese liebevolle Geste die Angst nehmen, die sie ergriffen hatte. Sie warf ihrem Mann einen schüchternen Blick zu und schaffte es irgendwie, ein Lächeln anzudeuten: »Michel, das Essen ist fertig. Ich habe getan, was ich konnte, um Euch etwas Schmackhaftes zuzubereiten. Zum Glück war noch etwas Speck im Haus, und dazu gibt es Bohnen, und natürlich Marmelade, diese herrliche Marmelade, die Ihr selbst vor ein paar Monaten gekocht habt. Erinnert Ihr Euch? Eure Leidenschaft für die Marmelade hat ein Abendessen gerettet, das …«

Michel stand mit verschränkten Armen schweigend in der Tür. Der Zorn, der ihn anfangs überkommen hatte, war einem Gefühl eisiger Kälte gewichen. Er wartete, bis die verlegenen Erklärungen seiner Frau in einem konfusen Gestammel untergingen und fragte dann mit der kalten Ruhe eines Richters, der ein vernichtendes Urteil verliest:

»Seid Ihr Euch eigentlich darüber im Klaren, was Ihr soeben vor einem Fremden geäußert habt? Ihr habt ihm den Eindruck vermittelt, dass Ihr zu der Sorte Frauen gehört, denen die Mutterschaft nichts bedeutet. Ich verlange eine Erklärung und kann nur hoffen, dass sie überzeugend ausfällt.«

Es dauerte eine Weile, bis Magdelène, ohne ihren Gatten anzuschauen, eine Antwort herausbrachte. »Ihr habt mich missverstanden. Oder vielmehr habe ich mich …« Die Stimme der Frau war nicht viel mehr als ein Wimmern. »Die Geburt von René war sehr schmerzhaft und hat mich am ganzen Leibe geschwächt. Für mich ist es einfach noch zu früh, um daran zu denken … Ich brauche Zeit. Nur ein wenig Zeit.«

Michel beobachtete die Frau vor ihm so distanziert, als lägen Abgründe zwischen ihnen. Und plötzlich war ihm klar, was er zu tun hatte. Einen kurzen Moment fragte er sich, ob ihm der Gedanke vielleicht vom schwärzeren Teil seiner Seele eingegeben wurde. Aber nein, es gab keinen anderen Weg. Er stellte sich vor, wie Scaliger der ganzen Stadt erzählen würde, dass er, Michel de Notredame, eine Frau geheiratet hatte, die wie eine Hure freiwillig nicht schwanger wurde. Der Respekt, den er sich mühsam erworben hatte, wäre dahin, seine gesellschaftliche Stellung ruiniert, noch bevor er sie hatte festigen können. Der Alptraum, gegen den seine Familie seit einem Jahrhundert ankämpfte, würde erneut seine Fratze zeigen: Er wäre ein Heimatloser, verspottet und dazu verdammt, am Rand der Gesellschaft sein erbärmliches Dasein zu fristen… Ein Schauer überkam ihn. Nein, nein, es gab wirklich keinen anderen Weg.

»Ihr werdet mir weitere Kinder gebären«, sagte er scharf. »Und Ihr wisst nur zu gut, was ich dazu tun muss.«

Das schien nicht zuzutreffen, denn Magdelène drückte ihren Sohn nur noch fester an sich, so als wolle sie ihn als Schutzschild benutzen.

»Ich flehe Euch an, schlagt mich nicht. Ich stille doch noch… die Milch könnte ausbleiben.«

»Ich habe keineswegs vor, Euch zu schlagen. Geht mir voraus ins Schlafzimmer.«

Magdelène war wie vom Donner gerührt.

»Ihr wollt doch nicht wirklich…«, stotterte sie fassungslos, während ihr die Tränen in die Augen traten. Noch einmal versuchte sie zu lächeln, doch es gelang ihr nicht mehr. »Das Essen ist fertig«, sagte sie leise. »Später vielleicht…«

»Nein, jetzt sofort. Geht ins Schlafzimmer. Heute werdet Ihr Euer zweites Kind empfangen.«

Magdelène schien wie gelähmt. René hatte zu weinen begonnen, als ob er die Dramatik der Situation spürte. Michel riss ihr das Kind aus den Armen und legte es behutsam aufs Sofa. Mit einer fahrigen Geste streichelte er seinem Sohn kurz über das feine rötliche Haar.

Dann packte er Magdelène und zog sie aus dem Zimmer. Die ließ es willenlos geschehen, so als sei alles Leben in ihr erloschen. Michel empfand eine eigenartige Erregung, als ob die Macht, die er ausübte, nicht nur seiner Eigenliebe schmeichelte, sondern auch seine Sinne erregte.

Ohne sich von dem verzweifelten Wimmern, das über die Lippen seiner Frau kam, beirren zu lassen, warf er sie aufs Bett. Er streckte die Hände aus, um ihre Brüste zu entblößen, zog sie aber sogleich wieder zurück, weil sie voller Milch waren. So packte er Magdelène um die Brüste zu schonen an den Hüften, drehte sie um und schob ihr die Röcke und das Hemd hoch. Dann ließ er seine Beinkleider runter. Einen Augenblick später schon drang er in sie ein und bewegte sich rhythmisch in ihr, während ihr Rücken, von Schluchzern geschüttelt, gegen seine Brust schlug.

Als er fertig war, ließ er sich ermattet auf die Matratze fallen und blieb einige Minuten reglos wie eine Puppe dort liegen. Dann lief er in sein Arbeitszimmer, wo der kleine René verlassen auf dem Sofa lag und weinte. Er nahm ihn hoch und wiegte ihn liebevoll im Arm.

# *Abraxas. Die Wüste.*

*Die weite ausgedörrte Ebene, in der sich nur hier und da kleinere Hügel erhoben, spiegelte das Rot des Himmels wider. Drei blendende Sonnen standen in einer Reihe am Horizont und liebkosten den Sand mit Feuerzungen. Ihr Licht, das die Sterne nicht überstrahlte, verlängerte alle Schatten bis ins Unermessliche. Höckrige Ungeheuer mit Fledermausflügeln kauerten reglos in regelmäßigen Abständen im Sand und stießen hin und wieder kehlige Laute aus, die sich in der beklemmenden Stimme der Ebene verloren. Kein Echo brach den Schrei.*

*Nostradamus stand auf einem Felsvorsprung und starrte, ohne Anstrengung, in das gleißende Licht der Sonnen. Er wandte erst den Kopf, als er drei Gestalten sah, die sich aus verschiedenen Richtungen näherten. Auf dem sandigen Boden kamen sie nur langsam voran. Erst als sie schon recht nah heran waren, konnte er ihre Gesichtszüge erkennen. Es handelte sich um einen Mann, der in einen schwarzen Umhang gehüllt war, eine Dame in einem prunkvollen Kleid und einen jungen Priester. Seine Feinde.*

*Aufgeschreckt begann eins der höckrigen Ungeheuer mit den Klauen im Sand zu graben. Es hob eifrig ein Loch aus und verschwand erschreckt darin. Die einzige Regung in der Totenstarre der Ebene, während die drei näher kamen.*

*»Wo sind wir?«, fragte der Mann in dem schwarzen Umhang, als er den Fuß der Anhöhe erreichte.*

*Nostradamus deutete auf die drei Sonnen.*

*»Seht doch! Wir sind außerhalb der Zeit.«*

*Die Frau, die außer Atem ebenfalls beim Felsvorsprung angelangt war, brach in höhnisches Gelächter aus. »Du redest irre. Es gibt nichts außerhalb der Zeit.« Zerstreut streichelte sie einem der am Boden kauernden Ungeheuer den schuppigen Rücken. Es zuckte erschreckt zusammen, wedelte kurz mit dem Schwanz und verharrte dann wieder reglos in seiner Stellung.*

*»Du hast Recht«, antwortete Nostradamus mit einem Wispern, das von der Stille verstärkt einen dumpfen Klang bekam. »Eben dort befinden wir uns. Im Nichts. Doch nur von diesem Standpunkt aus ist alles zu überblicken. Der Anfang und das Ende.«*

*»Unsinn.« Der junge Priester schüttelte verärgert den Kopf. »Anfang und Ende sind in Gott. Und wir sind nicht in Ihm.«*

*Nostradamus zuckte die Achseln.*

*»Du bist eben ein schlechter Theologe. Die letzte Sphäre der Schöpfung grenzt an Gott. Auf der Erde, unter den Menschen, bist du tot, so wie ich und deine Gefährten. Aber hier lebt ihr, denn dort, wo es keine Zeit gibt, gibt es auch keinen Tod.«*

*»Wenn es aber keinen Tod gibt, gibt es auch kein Leben.«*

*»Ganz richtig. Keiner von uns ist tot und keiner lebt. Ein Zustand, der schwer zu begreifen ist, aber es ist der unsere. Wir sind der Zeit entzogen und müssen uns dieser Realität anpassen. Uns erwartet eine Existenz, die zwar vergänglich, aber auch grenzenlos ist.«*

*Plötzlich verdunkelte ein riesengroßer Nachtfalter für einen Moment die drei Sonnen und flog langsam durch ihre Feuerhöfe. Die Gestirne schwankten und änderten mit einer schnellen Bewegung ihre Stellung, und mit ihnen das gesamte Himmelsgewölbe, während gleichzeitig eine Art Stöhnen aus dem Raum zu hören war.*

*Der Mann mit dem schwarzen Umhang warf Nostradamus einen finsteren Blick zu.*

*»Du sagst, dass unsere Sphäre an Gott grenzt, aber das ist Gotteslästerung. Wir sind Gefangene des Dämons, dem du dienst, und wir sind deine Sklaven.«*

*Der Prophet lächelte.*

*»Du und deine Freunde, ihr habt eure Sklaverei selbst gewählt. Alle drei habt ihr einen Großteil eures Lebens damit zu-*

*gebracht mich zu verfolgen, um hinter mein Geheimnis zu kommen. Gut, Bruchstücke dieses Geheimnisses habt ihr mir entreißen können. Aber dadurch wurde es unvermeidlich, dass ihr mir bis hierher folgt. Mit eurem Hass habt ihr eure Verdammung selbst herbeigeführt.«*

*»Ich hasse dich immer noch. Ich werde dich immer hassen.«*

*»Ich auch«, sagte die Frau.*

*»Ich auch«, stimmte auch der Priester ein.*

*Nostradamus nickte. »Ich fürchte, eben das wird euer Gefängnis sein.«*

*Grünliches Licht versprühend, veränderten die drei Sonnen erneut ihre Stellung. Eins der Ungeheuer schlug mit den membranartigen Flügeln und nahm dann das Aussehen eines Felsblocks an. Jedes Geschöpf, Mensch oder Tier, verharrte reglos und starrte auf die neue Anordnung der Gestirne.*

*Dann kehrte wieder Stille ein.*

# Epilepsie

Hätte er die normalen Gefühle einfacher, schwacher Menschen erleben können, hätte sich Diego Domingo Molinas glücklich gefühlt, zurück in Südfrankreich zu sein. Im Grunde liebte er nämlich die warmen Farben dieser Landschaft und die ewige Sonne, die sie umspielte. Er liebte auch den grauen Stein, aus dem die Häuser gebaut waren, die tief heruntergezogenen Dächer und die zahlreichen Brunnen überall. Eine viel lieblichere Landschaft als das karge, eintönige Aragon, wo er geboren war.

Dennoch warnte ihn seine Vernunft vor der Leichtlebigkeit, mit der hier alles, von den Pflanzen bis zu den Menschen, durchtränkt war, vor dem verderblichen Geschmack der Sünde, den auch die Schlösser und Villen des Adels ausströmten, ja diese ganze süßliche Architektur, die trotz zahlreicher Kriege mehr Gärten als Wehrtürme hervorgebracht hatte.

Agen hatte noch viele weitere negative Eigenschaften: Eine große, jüdische Gemeinde, die ungestört zwischen den christlichen Vierteln blühte. Eine hugenottische Gemeinde, die stetig wuchs und schon so stark war, dass ihre fähigsten Männer bereits in den Räten der Stadt saßen. Um Molinas' Laune stand es daher nicht zum Besten, als er, eingehüllt in seinen schwarzen Umhang, mit dem er die Blicke der Einwohner auf sich zog, in jenem schwülen Sommer 1534 in einer Kutsche auf den gut gepflasterten Straßen durch Agen fuhr, auf dem Weg in das kleine Tal von Vivès, etwas außerhalb der Stadt. Verstärkt wurde seine schlechte Laune noch durch den Umstand, dass er nun den sittenlosesten Menschen zu treffen hatte, den man sich in diesem sittenlosen Frankreich der Valois nur vorstellen konnte.

Am Ziel angekommen, stieg er aus und betrachtete aus dem

Schatten eines mit Früchten überladenen Kirschbaumes heraus das Anwesen des Mannes, den er suchte. Es handelte sich um eine Villa hinter einem wappengeschmückten Tor, umgeben von einem weitläufigen Garten, der sich in Terrassen bis ins Tal zum Bach von Saint Martin de Fouloyronnes erstreckte. Das ganze Anwesen machte einen freundlichen Eindruck, und der Garten war gut gepflegt. Doch das Tor war, abgesehen von dem Wappen, vollkommen verrostet, und das Gebäude selbst schien mehr vom Efeu, mit dem es bewachsen war, als von der Festigkeit seiner Mauern zusammengehalten zu werden.

Nach einer Weile trat Molinas zum Tor und zog an der Glocke. Sie blieb stumm. Also stieß er einen der nur angelehnten Torflügel auf und marschierte auf das Haus zu.

Jemand schien jedoch das Klimpern des verrosteten Metalls gehört zu haben, denn die Haustür öffnete sich, noch bevor er sie erreicht hatte, und auf der Schwelle erschien eine alte Frau mit einem Oberlippenbärtchen. Auch ihr Kinn war ein wenig behaart. Sie kniff ein Auge zu, jedoch nicht komplizenhaft, sondern weil sie nur mit dem anderen sah. »Monsieur Scaliger und seine Gattin haben sich zum Mittagsschlaf zurückgezogen. Sie sind nicht zu sprechen«, erklärte sie abweisend.

Molinas zuckte mit den Achseln. »Wir sind verabredet, und zwar genau zu dieser Stunde. Weckt Euren Monsieur Scaliger und sagt ihm, der Mann, den seine Eminenz Kardinal Antonio della Rovere gesandt hat, sei eingetroffen. Und teilt ihm weiter mit, dass ich nur wenige Minuten auf ihn warten kann. Danach bin ich gezwungen zu gehen. Menschen wie ich kennen keinen Mittagsschlaf.«

Die alte Dienerin blickte ihn verwirrt an. Sie hatte wohl von dem, was Molinas gesagt hatte, bis auf den Namen des Bischofs überhaupt nichts verstanden. Wortlos verschwand sie im Haus. Während der Spanier den Blick über die anmutig gestutzten Hecken zu seinen Füßen schweifen ließ, fragte er sich, was die Alte wohl von seiner Vorstellung weitergeben mochte.

Doch er war wohl zu pessimistisch gewesen. Denn es dauerte nicht lange, und er hörte ein lautes Gepolter und Scaliger erschien in der Tür. »Mein Gott, welch eine Ehre«, schrie der Italiener aus vollem Hals. »Ein Bürger des edlen Spaniens, und noch dazu ein Freund unseres hochverehrten Kardinals della Rovere!« Er blickte seinen Gast begeistert an. »Und man erkennt sofort den spanischen Genius! Bei dieser Hitze einen schwarzen Umhang zu tragen. Originell, wirklich sehr originell! Vielleicht sollte ich auch meinen alten Bärenpelz suchen gehen und ihn, allen Konventionen zum Trotz, gleich überziehen!«

Molinas zog eine Augenbraue hoch, während er überlegte, ob sein Gegenüber ihn wohl auf den Arm nahm. Er kam zu dem Ergebnis, dass dem nicht so war. Bei dem, was er von dem Mann gehört hatte, waren solch bizarre Äußerungen durchaus zu erwarten.

»Kardinal della Rovere bat mich, seine Grüße zu übermitteln«, sagte er mit einer Verneigung. »Er wird bald aus Marseille zurückkehren.«

»Ja, ich habe seinen Brief gelesen. Dann habt Ihr ihn wohl dort, in Marseille, getroffen?«

»Ja, als ich vor einem Monat von Sizilien kommend dort an Land ging.«

»Seine Eminenz fehlt uns sehr. Ganz im Vertrauen, hier in Agen tragen sich entsetzliche Dinge zu. Wirklich entsetzliche Dinge!« Jeder andere Mensch hätte bei diesen Worten seine Stimme gesenkt. Scaliger jedoch wurde noch lauter.

»Aber kommt doch bitte herein. Hier haben die Wände Ohren.«

Molinas dachte, dass, wenn dem so war, die Trommelfelle jener Ohren schon geplatzt sein mussten. Außerdem standen hier keine weiteren Häuser, und die einzige weitere Person war der Kutscher, der sich um seine Pferde kümmerte. Er zuckte mit den Achseln und folgte seinem Gastgeber durch einen langen Flur, in dem es zwar ein wenig modrig roch, der aber mit einer wertvollen, nur hier und da etwas verblichenen Tapete ausgekleidet und mit eleganten Spiegeln dekoriert war. Vor einer Holztreppe machte der Flur einen Bogen und führte weiter in einen kleinen Salon.

»Audiette, komm herunter, wenn du fertig bist«, rief Scaliger die Treppe hinauf. »Wir haben einen hohen Gast!« Dann an Molinas gewandt: »Wollt Ihr nicht ablegen?«

»Nein, danke, mir ist nicht zu warm.«

»Ach, wie originell. So nehmt doch bitte Platz. Ich lasse Euch einen kühlen Wein aus Cahors bringen und etwas Pflaumenkonfitüre.«

Während Scaliger nach seiner Dienerin suchte, um ihr die Anweisungen zu erteilen, hatte Molinas Muße, sich ein wenig umzusehen. Den von einem großen Fenster erhellten Salon hätte man durchaus geschmackvoll, ja raffiniert eingerichtet nennen können. Nur, dass er über und über mit Büchern voll gestopft war. Überall lagen die Bände herum: unter dem Kaminabzug, der offensichtlich selten benutzt wurde, auf den Stühlen, den Tischen, unter dem Sofa… Und eine vollkommen verstaubte, einarmige Ritterrüstung aus dem 14. Jahrhundert wachte streng über dieses Büchermeer.

Scaliger kehrte zurück und deutete auf das Sofa.

»Worauf wartet Ihr? Setzt Euch doch bitte.« Er blickte sich vergeblich nach einem freien Stuhl um und nahm dann selbst auch auf dem Sofa Platz, am anderen Ende. »Ich sagte ja bereits, dass hier in Agen beunruhigende Dinge vor sich gehen«, begann er aufgeregt zu erzählen. »Ihr wisst ja, dass wir hier eine wenn auch kleine Universität haben. Und was soll ich Euch sagen, es unterrichten dort doch tatsächlich Dozenten, die offen ihrer Bewunderung Ausdruck geben für… ja, ratet mal!«

»Ich wüsste nicht…«

»Für Erasmus! Für Erasmus von Rotterdam! Für diesen von den Hugenotten vergötterten Einfaltspinsel, diesen Sodomiten, dieses Ungeheuer! Was sagt Ihr dazu. Ist das nicht ungeheuerlich?«

Molinas zuckte die Achseln.

»Vielleicht. Doch als die Inquisition versuchte, seine Werke zu verbieten, war es gerade Euer König, Franz I., der sich widersetzte. Man weiß ja, dass er eine tiefe Bewunderung für Erasmus hegt.«

Scaligers braune Augen funkelten ihn verschlagen, ja böse an.

»Nicht mehr lange. Ich habe unserem Souverän in diesen Tagen erst eine Schrift zukommen lassen, in der ich Erasmus in Stücke reiße. Und Ihr könnt sicher sein, dass er in Kürze seinen unhaltbaren Standpunkt aufgeben wird. Außerdem hat unsere gerechte Sache im letzten Jahr noch eine mächtige Verbündete bekommen. Ich will hier keine Namen nennen…«

»Nun sagt schon. Von wem sprecht Ihr?« Molinas fühlte sich ein wenig gelangweilt, wusste aber, dass sein Gesprächspartner auf diese Frage gewartet hatte.

»Ich will keine Namen nennen, aber Euch kann ich es ja sagen: Katharina von Medici. Ja, die Gattin des Herzogs von Orleans. Sie ist eine gute Christin, und sobald sie meine Schmähschrift in Händen hat…«

Scaliger hielt inne, weil gerade der Wein und die Konfitüre gebracht wurden. Allerdings nicht von der bärtigen Dienerin, sondern von einem jungen Mädchen in einem blauen Kleid, fast einem Kind noch, das kaum das Tablett zu tragen vermochte.

»Gut gemacht, Audiette«, sagte Scaliger. »Und begrüße doch unseren lieben Gast, den bekannten spanischen Humanisten und Gelehrten Diego Abelardo Mendoza.«

»Diego Domingo Molinas«, stellte dieser richtig, ohne den Fauxpas übel zu nehmen, stand auf und verbeugte sich vor dem jungen Mädchen; dann nahm er ihr das Tablett ab und stellte es, nachdem er die Bücher zur Seite geschoben hatte, auf ein niedriges Marmortischchen. In diesem Moment hob das Mädchen den Kopf, und Molinas war beeindruckt von dem, was er sah: Pechschwarze, leuchtende Augen, deren Glanz aber weniger Intelligenz zu verraten schien, als vielmehr eine naive Neugier, wie man sie auch in den Augen von Säuglingen entdecken kann. Und ganz ähnlich wie ein Säugling ließ auch sie eine Ferne, eine Distanz zur äußeren Welt erahnen, als wolle sie sich angesichts der unverständlichen Dinge zurückziehen.

Neugierig geworden, musterte Molinas sie eingehender. Audiettes Gesichtszüge waren so regelmäßig, dass sie schon mehr langweilig als schön wirkten. Und ihr Körper war fast gar nicht existent. Er war so flach wie der eines Jünglings, und auch das blaue Kleid trug wenig dazu bei, ihm irgendeine Form zu geben. Es schien unvorstellbar, dass jemand für diesen Kokon mehr als jene distanzierte Zärtlichkeit, die man allen zerbrechlichen Dingen entgegenbringt, empfinden könnte. Und noch ferner lag die Vorstellung, jenes geschlechtlose Geschöpf könne gar Mutter werden.

Scaliger schien jedoch glücklich, ein so trauriges Juwel vorweisen zu können. »Señor Ramirez, vor Euch steht meine geliebte Gemahlin, Audiette de Roques-Lobéjac. Unser Altersunterschied beträgt vierunddreißig Jahre, was erneut beweist, wie die Kraft des Geistes sich über die Zeit hinwegzusetzen vermag. Schon vor unserer Ehe war Audiette meine treue und starke Kampfgefährtin, eine Waffenschwester, noch bevor sie meine Geliebte wurde. Sie ist durchdrungen von einer Leidenschaft für den katholischen Glauben, die jeden Bischof neidisch machen könnte.«

Wenn dem so war, so verstand sie es vortrefflich, ihr Feuer zu verbergen. Nachdem Molinas ihr das Tablett abgenommen hatte, schien sie nicht mehr zu wissen, was sie tun sollte, und starrte unentwegt zur Tür, als könne sie es nicht erwarten, endlich gehen zu dürfen. Dann plötzlich drehte sie sich um und verließ grußlos den Raum, als folge sie einem Ruf aus der Ferne.

Scaliger schien die Verwunderung seines Gastes gar nicht wahrzunehmen und sprach, abrupt das Thema wechselnd, weiter: »Seine Eminenz, Kardinal della Rovere, schreibt, dass Ihr eine Art Rundreise durch Frankreich plant, in der Art, wie sie unsere Studenten zu Beginn ihres Universitätslebens unternehmen.«

»Nun, nicht ganz«, antwortete Molinas. »Seht, ich bin zwar kein Arzt, interessiere mich aber brennend für die neuesten Entwicklungen in den Wissenschaften Medizin und Pharmazie. Nun ist mein Heimatland in diesem Bereich längst nicht so weit wie das Eure, und Sizilien, wo ich das letzte Jahr verbrachte, hat abgesehen von Gianfilippo Ingrassia in der Heilkunst auch keine großen Talente vorzuweisen. Daher entschloss ich mich, nach Frankreich zu reisen, um mit den berühmtesten Ärzten des Landes Kontakt aufzunehmen.«

»Eine hervorragende Idee!« Scaliger warf sich in die Brust. »Ohne unbescheiden erscheinen zu wollen, darf ich wohl von mir behaupten, auf dem Gebiet der Medizin, auch ohne Arzt zu sein, mehr zu wissen als jeder andere in dieser Stadt. Und auch die Pharmakologie birgt für mich keine Geheimnisse mehr, auch wenn ich die Brunnenkresse verabscheue, und noch nicht einmal ihren Anblick ertrage. Dies ist meine einzige Schwäche, und ich sehe keinen Grund, sie zu verschweigen.«

Molinas' Ton wurde vorsichtiger.

»Gewiss, von Eurer imponierenden Gelehrsamkeit spricht man mittlerweile schon jenseits der Grenzen Frankreichs. Doch wie man hört, seid Ihr nicht der einzige berühmte Mann, der in Agen lebt. Wenn ich recht unterrichtet bin, hat sich hier ein Freund von Euch niedergelassen, vielleicht auch Euer Schüler, der mit immer größerem Erfolg auf dem Gebiet der Heilkunde …«

»Ein weiterer berühmter Mann? Unmöglich! Ich bin der Einzige hier.«

»O nein, versteht mich recht, sicher kein Mann von Eurem Rang. Ich spreche von einem Arzt, der in Euch einen väterlichen Freund und Lehrer gefunden hat. Michel de Notredame.«

Scaliger zog eine Augenbraue hoch.

»Ach Michel. Gewiss, ein Freund, der mich häufig aufsucht. Ich helfe ihm so gut ich kann, aber leider weist sein Wissen allzu große Lücken auf. Doch ich möchte nicht schlecht über einen Menschen reden, den ich trotz seiner offensichtlichen Schwächen ins Herz geschlossen habe… Verzeiht, aber wie habt Ihr eigentlich von diesem doch recht unbekannten Mann erfahren?«

»Nun, mir kam jene Geschichte zu Ohren, nach der Ihr Euch vor einigen Monaten zusammen mit Notredame dazu entschlossen haben sollt, Agen zu verlassen. Daraufhin hätten Euch Vertreter des Stadtparlaments mit Geschenken beladen aufgesucht, um Euch von diesem Vorhaben abzubringen. Eure einmütige Antwort darauf sei gewesen, die Geschenke den Armen und Kranken zu spenden. Zweifellos eine noble Geste, für die Euch die Bürger am folgenden Tag im Triumph durch die Stadt getragen haben. Stimmt das?«

Scaliger blickte seinen Gast zutiefst verwundert, ja bestürzt an. »Nein, nein das stimmt nicht«, rief er aus. »Ja gewiss, sollte ich mich dazu entschließen, die Stadt zu verlassen, würden die Stadtväter zweifellos Trauer verordnen. Und ich weiß auch, dass die Bürger von Agen schon häufig daran dachten, mich im Triumphzug durch die Stadt zu tragen. Und was die Geschenke angeht, würde ich mit Sicherheit genauso handeln, wie Ihr es berichtet. Doch glaubt mir, es ist vollkommen undenkbar, dass man einem solch mittelmäßigen Mann wie Nostradamus die gleiche Ehre zukommen lassen sollte. Versteht mich recht, er ist mir ein lieber Freund, und er gibt sich ja auch Mühe. Aber… Nun, deshalb werde ich auch niemandem das Geheimnis verraten, das er selbst mit allen Mitteln zu verbergen sucht…«

»Was für ein Geheimnis?«

»Er stammt aus einer jüdischen Familie. Und es ist gut, dass niemand davon weiß. Denn das würde seinem Ansehen erheblich schaden. Wie gesagt, er ist eifrig und voll guten Willens. Stundenlang erzähle ich ihm von den italienischen Städten, den großen Kunstwerken, von der hebräischen Kabbala, von Methoden zur Marmeladenzubereitung, von Heilmitteln gegen die Pest. Ich weiß natürlich nicht, ob er das alles versteht, aber unsere Freundschaft hält mich dazu an, nichts unversucht zu lassen, um seinen kulturellen Horizont zu erweitern.«

»Das ist in der Tat sehr großherzig von Euch«, pflichtete Molinas ihm bei. »Wovon lebt er eigentlich?«

»Er verdingt sich als Apotheker, was ihm dank gewisser Rezepte, die ich ihm verraten habe, auch einigermaßen gelingt. Manchmal geht er wohl auch Jean Schyron zur Hand, wenn dieser nicht in Montpellier gebunden ist. Kennt Ihr Schyron?«

»Ich habe von ihm gehört. Was haltet Ihr von ihm?«

»Ein vorzüglicher Mann, wäre er nicht ein Hochstapler und eingefleischter Ketzer. Erst kürzlich ist er zum protestantischen Glauben übergetreten, was aber kein Wunder ist, wenn man seinen unaufhaltsamen Niedergang in den letzten Jahren verfolgt hat. Ihr wisst sicher nicht, dass er in Montpellier der Doktorvater eines anderen Halunken war, François Rabelais.«

»Doch, ich habe davon gehört.«

»Umso besser. Dieser Rabelais hat kürzlich erst ein Buch veröffentlicht, mit dem Titel…, mit dem Titel…, wartet einen Moment…« Scaliger machte sich an dem Bücherstapel zu Füßen der Ritterrüstung zu schaffen, die er dabei bedrohlich ins Wanken brachte. »Hier ist es ja. *Pantagruele, der König der Dipsomanen.* Eine Verhöhnung unseres gesamten Wissens. Ich bin zwar nicht ausdrücklich darin genannt, aber es ist klar, dass er mich damit treffen will.«

»Ihr habt Euch also an bestimmten Stellen wieder erkannt?«, fragte Molinas, dessen Geduld durch das groteske Gespräch auf eine harte Probe gestellt wurde.

»Um die Wahrheit zu sagen, nein. Doch auf mich und meine Gattin Audiette könnten sich Abschnitte des Kapitels beziehen, das den Titel trägt *Wie aus den Fürzen Pantagrueles Tausende kleiner Männer gezeugt wurden, und aus seinen schleichenden Winden ebenso viele kleine Frauen.* Doch ich werde diese Provokation nicht unbeantwortet lassen. Ich werde darauf antworten, und wie ich antworten werde!«

Molinas musste ein Gähnen unterdrücken. »Gewiss, gewiss. Doch wir sprachen über Michel de Notredame. Ist er verheiratet?«

»Ja, mit einer sehr schönen Frau. Doch man sieht sie nur selten, weil sie sehr abgeschieden lebt und jetzt auch, kurz nach dem ersten, schon ihr zweites Kind bekommt. Vielleicht ist es auch schon auf der Welt. Wer weiß. Michel spricht nie über sie. Das typische Verhalten eines gehörnten Ehemannes.«

»Gehörnt? Wie kommt Ihr darauf?«

»Ich habe zwar keine konkreten Beweise, aber alles deutet darauf hin, dass...«

Ein durchdringender Schrei vom oberen Stockwerk her unterbrach Scaliger mitten im Satz. Man hörte, wie jemand die Treppe hinunter gestürzt kam, und kurz darauf wurde die Türe aufgerissen.

»Madame Audiette hat wieder einen Anfall«, rief die alte Magd, mit den Händen vorm Gesicht. »Sie hat Schaum vor dem Mund, phantasiert, zuckt und zappelt. Genau wie die letzten Male!«

Scaliger sprang auf und warf Molinas einen verzweifelten Blick zu.

»Wenn Ihr Euch in der Medizin auskennt, so kommt mit. Ich bitte Euch. Meiner Frau geht es sehr schlecht.«

Sie liefen die Treppe zum Obergeschoss hinauf, wo ein kurzer Korridor zu einem rosa tapezierten Schlafgemach führte, das zum Großteil von einem breiten Bett mit Baldachin in der gleichen Farbe eingenommen wurde. Audiette wand sich in Zuckungen auf ihrer Decke und schlug immer wieder mit dem Kopf aufs Kissen.

»Sie leidet unter der Fallsucht«, erklärte Scaliger erregt, während er den Kopf seiner Frau anhob. »Eine entsetzliche Krankheit...«

»Ja, Epilepsie«, unterbrach ihn Molinas, während er sich dem Bett näherte und sich die Lippen des Mädchens betrachtete, über die üppig der Speichel floss. Dann blickte er seinen Gastgeber mit ernster Miene an. »Ihr habt vorhin gesagt, dass Ihr in der Heilkunst bewandert seid. Wie behandelt Ihr in einem solchen Fall?«

Scaliger, dessen konfuse Überheblichkeit vollkommen verflogen war, sah weiterhin den Kopf seiner Gattin haltend, Molinas ratlos an. »Nun, ich muss gestehen… Mein Fachgebiet umfasst eigentlich nicht…« Er war leichenblass und stammelte. Dann fiel ihm eine plausible Antwort ein: »Ich gebe ihr ein Kraut. Ja, das tue ich. Ich gebe ihr ein spezielles Kraut.«

»Was für ein Kraut?«

»Ich weiß nicht genau. Ich beziehe es von einem Apotheker.«

»So? Zufällig von Michel de Notredame?«

»Ja.«

»Und wo ist dieses Kraut?«

Die Antwort kam von der Magd, die leise ins Zimmer getreten war. »Dort steht es.« Sie deutete auf ein Gefäß auf einem Tischchen. »Hier nennt man es Habichtskraut.«

»Habichtskraut? Nie gehört.« Molinas streckte die Hand aus. »Gebt her.«

Sie reichte ihm das Gefäß, und der Spanier nahm den Deckel ab, betrachtete den Inhalt und schnupperte daran. Dann schüttete er etwas von den getrockneten, zerstoßenen Blättern auf seine Handfläche, schnüffelte erneut daran und blickte Scaliger schließlich mit unverhülltem Spott an.

»Und Ihr wisst wirklich nicht, was das ist? Jeder Apotheker der Welt kennt doch dieses Kraut.«

Scaliger hörte ihm gar nicht zu. Audiettes Krämpfe wurden immer stärker, und er bemühte sich, sie festzuhalten.

So wandte sich Molinas an die Magd. »Ihr gebt ihr dieses Kraut doch nicht etwa während der Anfälle? Das wäre doch zu seltsam.«

Die Frau schüttelte den Kopf.

»Nein, nein. In diesem Zustand kann Madame gar nichts einnehmen. Doktor Nostradamus hat uns erklärt, dass das Kraut zur Vorbeugung dient. Daher bereite ich meiner Herrin jeden Nachmittag einen Aufguss davon zu.«

»Seltsam. Ein Pilosella-Aufguss gegen die Fallsucht. Das ist mir neu«, murmelte Molinas nachdenklich. Dann zeigte er mit dem

Finger auf die Magd und fragte streng: »Fügt Ihr etwa noch andere Kräuter hinzu?«

»Nein, ich jedenfalls nicht. Doktor Nostradamus stellt doch die Substanzen für den Aufguss zusammen.«

Audiettes Krämpfe schienen nun schwächer zu werden, doch plötzlich stieß die junge Frau einen Schrei aus. Ein Schwall Speichel trat aus ihrem Mund und lief ihr übers Kinn. Vielleicht wurde dadurch ihre Kehle frei, denn sie begann nun, mit vernehmlicher Stimme zu sprechen:

»Der Dauphin… er ertrinkt, er ertrinkt, durch Sebastianos Schuld… frisches Wasser in einem Becher. Darin ertrinkt er… Ein unglückliches Leben hat ihn böse gemacht… Tod durch das Wasser.«

Wie von einer Zentnerlast befreit, entspannte sich Audiettes Körper. Offensichtlich war der Anfall vorüber. Scaliger brach in Tränen aus und beugte sich über sie, um die breite bleiche Stirn seiner Gattin zu küssen.

Molinas trat vom Bett zurück und ließ die Krümel getrockneter Kräuter aus seiner Hand zu Boden fallen. Dann entfernte er sich unbemerkt.

# Das Habichtskraut

In Agen waren die ersten Vorzeichen tragischer Ereignisse im August 1536 wahrzunehmen, als Hitze und Trockenheit die Wiesen und Hügel schon mit einem gelben Schleier überzogen hatten. Durch die Straßen der Stadt wand sich ein langer Zug ausgezehrter, Not leidender Menschen, begleitet von Karren, die ächzten und knarrten unter der Last des Gerümpels, mit dem sie beladen waren. Es waren Bauern mit nackten blutenden Füßen, Frauen, die erschöpft ihre Kinder hinter sich herzogen, verwundete Soldaten, die sich auf ihre Lanzen und Piken stützen mussten, um überhaupt noch vorwärts zu kommen. Schweigend und ohne sich umzublicken marschierten sie einem fernen Ziel entgegen.

Magdelène, die am Fenster des Salons stand und ihren Säugling im Arm wiegte, während der kleine René zu ihren Füßen spielte, sah den Zug und rief aufgeregt: »Michel! Kommt und seht Euch das an!«

Einen Augenblick später stand Michel auf der Schwelle, begleitet von dem Gast, mit dem er sich in der Küche, vor den Töpfen mit kochender Marmelade stehend, unterhalten hatte. »Was ist los?«

»Seht selbst.«

Michel trat ans Fenster, und mit ihm sein Besucher, ein spindeldürrer Mann, der einen eleganten Rock aus roter Seide trug.

»Die sehen wie Flüchtlinge aus«, bemerkte er stirnrunzelnd, »was haltet Ihr davon, Philibert?«

»Ja, kein Zweifel, das sind Flüchtlinge«, antwortete der andere. »Ihr wisst ja wohl, was weiter im Süden und in der gesamten Provence vor sich geht.«

»Philibert, Ihr wisst genau, dass ich mich nur für meine Arbeit und Forschungen interessiere! Mit Politik sollen sich andere befassen.«

»Wenn das nur immer möglich wäre. Wie oft befasst sich die Politik mit uns! Ein deutliches Beispiel dafür habt Ihr hier vor Augen.« Der Mann wandte sich an Magdelène: »Madame, verzeiht, dass ich ein Thema anspreche, das eine Frau langweilen muss.«

Vielleicht waren seine Worte als höfliche Aufforderung gemeint, den Raum zu verlassen, doch Magdelène schien sie nicht so zu verstehen: »Aber Ihr langweilt mich doch nie, Monsieur Sarrazin. Fahrt nur fort und beachtet mich gar nicht.«

Ein wenig verwirrt, wandte sich Sarrazin wieder Michel zu.

»Ihr wisst ja sicher, dass der Krieg zwischen unserem König und Kaiser Karl V. in seine entscheidende Phase getreten ist. Der Kommandant unseres Heeres, der Herzog von Montmorency, hat beschlossen, die Provence zu opfern, um Savoyen und Piemont halten zu können. Die Weizenfelder wurden in Brand gesteckt und durch das Feuer sind zahlreiche Dörfer vernichtet worden. Als nun das kaiserliche Heer vor gut einer Woche die Alpen überquerte, fand es nur noch verbrannte Erde vor. Aber die Situation ist kritisch. Marseilles, Montpellier und andere wichtige Städte werden belagert, auf dem Land fehlt es an Nahrung, und die feindlichen Soldaten lassen ihre Wut an den armen Bauern aus.«

Nun war Michel höchst alarmiert.

»Meint Ihr, dass der Krieg auch zu uns kommt?«

»Nein, soviel ich weiß, liegen die Schlachtfelder noch weit von uns entfernt. Aber wir müssen uns auf eine Invasion von Flüchtlingen gefasst machen, von Menschen, denen zunächst Montmorencys Taktik alles genommen hat und die jetzt vor der Kaiserlichen Armee flüchten.«

Michel schaute wieder aus dem Fenster. Die traurige Prozession der Flüchtlinge wollte gar nicht enden. Die Bewohner Agens liefen auf die Straße und boten den Menschen Brot, Wein und andere Lebensmittel an. Schweigend, nur mit Blicken dankend, wurden die Gaben entgegengenommen. Halb verborgen hinter Fensterläden weinten viele Frauen. Vereinzelte Rufe aus den Reihen der Zuschauer wie »Es lebe Frankreich! Es lebe der König!«, wurden vom Zug nicht aufgenommen. Diesen Unglücklichen war das Gespenst des Hungers unter den Insignien ihres eigenen Souveräns erschienen.

In jener bedrückten Atmosphäre klang Magdelènes Frage dumm und bizarr: »Monsieur Sarrazin, glaubt Ihr, dass ein Spanier, der jetzt in der Stadt lebt, in Gefahr sein könnte?«

Michel blickte seine Frau mit zorniger Miene an: »Was plappert Ihr denn da? Was gehen Euch die Spanier an?«

Doch Sarrazin, obwohl ebenfalls verwundert, antwortete in höflichem Ton:

»Ich glaube, Madame, dass die Stimmung in Agen im Moment sehr spannungsgeladen ist. Ein Untertan der spanischen Krone könnte leicht für einen Agenten Karls V. gehalten werden. Die Folgen möchte ich lieber nicht ausmalen. Doch ich wüsste nicht, dass Spanier in der Stadt leben.«

»Ach, hört doch gar nicht auf sie«, rief Michel aus, indem er Magdelène mit glühenden Augen anstarrte. »Wie alle Frauen redet meine Gattin ohne Sinn und Verstand. Wie mein Freund Rabelais im zweiten Band seines *Pantagruele* so richtig schreibt: Schon allein die Existenz der Frauen scheint das Werk einer Natur, die den Verstand verloren hat.«

Er sprach diesen Satz, den sein Urheber wahrscheinlich scherzhaft gemeint hatte, voller Groll und Verachtung aus. Sarrazin, dem die Sache offensichtlich peinlich war, beeilte sich, das Thema zu wechseln. »Ich hoffe für die armen Bewohner der Provence, dass sich die Heere Karls V. nur aus Spaniern und Brabantern zusammensetzen. Sicher, auch diese Soldaten sind grausam, aber ihre Brutalität hält sich noch in einem gewissen Rahmen. Die Landsknechte, die ihnen folgen, hingegen …«

»Ihr meint jene Soldaten, die vor neun Jahren Rom eingenommen und so entsetzlich geplündert haben?«

»Ja, richtig. Diese Söldner sind zu ungeheuren Gräueltaten fähig. Wo sie vorüberziehen, bleibt kein Geistlicher am Leben, und kein weibliches Wesen Jungfrau, egal wie alt. Und sie halten sich ganze Kohorten von Sklaven, die sie ihren Familien entrissen haben und denen ein entsetzliches Ende bevorsteht.«

Michel legte die Stirn in Falten.

»Philibert, erlaubt mir eine etwas heikle Frage. Die Landsknechte, von denen Ihr sprecht, sind doch Lutheraner, und es ist ja kein Geheimnis, dass Ihr zu demselben Glauben übergegangen seid. Wie lässt sich der Abscheu, den Ihr für diese Männer empfindet, mit der Tatsache vereinen, dass Ihr ihre Glaubenssätze teilt?«

Sarrazin legte die Hand an den Spitzbart, der sein Kinn zierte, und öffnete die Lippen zu einem wohlwollenden Lächeln.

»Aber Michel, was ist denn das für eine Frage? Ihr seid doch auch überzeugter Katholik, und dennoch, ebenso wie ich, ein entschiedener Gegner der Inquisition. Die Landsknechte sind nicht grausam, weil sie Lutheraner sind, sondern weil Töten ihr Handwerk ist und sie den untersten, ungebildetsten Schichten des Volkes entstammen. In jedem Zeitalter, an jedem Ort sammelt sich im Heer immer der Abschaum einer Gesellschaft, und manchmal sogar der Abschaum des Abschaums.«

Auf der Straße war jetzt eine bedrückende Stille eingekehrt. »Sie sind vorüber«, sagte Michel, der wieder hinausblickte, »aber es werden nicht die Letzten gewesen sein.«

»Das fürchte ich auch«, seufzte Sarrazin. Er zeigte in Richtung Küche. »Wenden wir uns lieber wieder unserer Konfitüre zu. Ihr habt mir das Rezept noch nicht zu Ende erläutert.«

Den Rest des Nachmittags brachten die beiden Männer vor dem Küchenherd zu, bis Michel seinen Gast irgendwann zur Tür brachte. Als dieser gegangen war, blieb er noch einen Moment an den Türrahmen gelehnt stehen, stieß einen tiefen Seufzer aus und kehrte dann in den Salon zurück. Magdelène, die eine Bronzelampe angezündet hatte, saß auf dem Sofa und strickte, eingerahmt von ihren beiden Kindern, die an sie geschmiegt schliefen. Sie war wunderschön, doch Michel hatte keine Augen dafür. »Madame, wieder einmal habt Ihr mich in aller Öffentlichkeit bloßgestellt. Was habt Ihr zu Eurer Rechtfertigung vorzubringen?«

Die Frau hob den Blick. In ihren blauen Augen standen weder Überraschung noch Furcht. »Michel, Ihr macht mir …«

»Nennt mich Monsieur.«

»Wie Ihr wollt. Monsieur, Ihr macht mir keine Angst mehr. Unzählige Male habt Ihr mich geschlagen. Ihr habt mich weggesperrt, Ihr habt mir alles verboten, was Euch in den Sinn kam. Sogar meine geliebte Priscille«, sie deutete auf den schlafenden Säugling neben sich, »ist die Frucht einer Eurer Gewalttaten. Weiter könnt Ihr nicht mehr gehen. Ihr könnt mich nur noch umbringen. Doch in Angst und Schrecken versetzen könnt Ihr mich nicht mehr. Nie mehr.«

Michel errötete, hin und her gerissen zwischen Zorn und einem eigenartigen Gefühl von Machtlosigkeit. Aus diesem Konflikt heraus kam ein wütender Satz über seine Lippen, den er jedoch zögerlich aussprach: »Ich hätte es wissen müssen. Ich habe eine Hure ohne Mitgift geheiratet, um sie zu einem anständigen Menschen zu erziehen, und bekomme es nun mit Hass und Beleidigungen heimgezahlt.«

»Monsieur, Ihr wusstet genau, wer ich war. Ich war es vielmehr, die Euch nicht kannte. Was ist aus dem Studenten geworden, der alle Konventionen verabscheute? Euer freier Geist ist durch Euren grenzenlosen Ehrgeiz abgetötet worden – einer Sucht nach Anerkennung, die so stark ist, dass sie schon fast lächerlich wirkt.«

»Hat man schon jemals eine Frau so reden hören?«, schrie Michel so laut, dass René aufwachte und zu weinen begann. »Ich habe alles getan, um einen besseren Menschen aus Euch zu machen. Eure Sommersprossen habe ich mit einer Salbe aus Ochsengalle getilgt, damit Ihr wie eine Dame ausschaut. Sogar vergewaltigen musste ich Euch, damit Ihr mir Kinder gebärt. Allmählich fange ich an, zu glauben, Ihr seid eine Hexe, gerade gut genug für den Scheiterhaufen!«

»Eine kuriose Beschuldigung aus dem Mund eines Mannes, der der Gattin Scaligers Substanzen verabreicht, damit sie die Zukunft vorhersagt, und der Rattenblut destilliert. Auf dem Scheiterhaufen werde ich nicht allein sein.«

Das war eine schwerwiegende Drohung, und Magdelène, die sich bewusst wurde, dass sie damit zu weit gegangen war, beugte sich nieder und nahm René auf den Arm. Sie streichelte dem Jungen über den Kopf und versuchte, ihn zu beruhigen. In ihren Augen jedoch waren keine Tränen.

Michel war fassungslos. »Eine Erpressung«, murmelte er, »Ihr wollt mich erpressen. Nach allem, was ich Euch gegeben habe.«

»Was habe ich von Euch schon bekommen? Eine stinkende Salbe zum Bleichen meiner Haut und Schläge. Von Euch will ich keine weiteren Kinder mehr. Wenn Ihr anderer Meinung seid, bleibt Euch nur, mich umzubringen. Und ich denke, dazu wäret Ihr fähig.«

Michel spürte, wie seine Knie weich wurden. Er wollte sich an die Stirn fassen, doch seine Finger stießen an den lächerlichen viereckigen Hut mit dem roten Pompon. Er schleuderte ihn fort. »Jetzt hört mir mal gut zu«, sagte er mit fester Stimme. »Was ich Euch jetzt sagen werde, sage ich nur ein einziges Mal. Ihr glaubt, dass Ihr gelitten habt, aber Ihr wisst nicht, was ich durchzumachen hatte.« Er hielt inne, da er einen seltsamen Juckreiz in den Augenwinkeln spürte. Tränen? Er wischte sie mit dem Ärmel fort. Er wollte und er durfte keine Schwäche zeigen, auch jetzt nicht, im Moment der Wahrheit.

»Wisst Ihr überhaupt, was es bedeutet, einer jüdischen Familie zu entstammen? Tatenlos mitansehen zu müssen, wie fast täglich Menschen des gleichen Bluts unter allgemeiner Zustimmung verspottet, verprügelt oder gar getötet werden? Wie man ihnen groteske Kopfbedeckungen aufsetzt oder irgend ein Bursche ihnen mit Gewalt zur Belustigung seiner Freunde den Schädel oder den

Bart rasiert. Da wird der Kampf um Ansehen und Anerkennung, den Ihr verspottet, zum einzigen Ausweg. Denn es reicht nicht, zum Christentum überzutreten: Ganz Spanien brennt von den Scheiterhaufen konvertierter Juden. Man muss Erfolg haben, sich hervortun, entweder in der Wissenschaft oder im Handel, denn alle anderen Wege sind uns verschlossen. Und man muss jeder möglichen Kritik die Grundlage entziehen, indem man ein völlig tadelloses Leben führt, an dem niemand etwas aussetzen kann. Oder man erfindet sich illustre Vorfahren, denkt sich Familienwappen aus, legt nicht existierende Genealogien fest, so wie es mein Vater getan hat. Versteht Ihr, was ich meine?«

Magdelènes Augen waren etwas sanfter geworden, verrieten aber dennoch keine echte Rührung. Michel fühlte sich elend. Die Worte, mit denen seine Frau ihm antwortete, blieben ihm unverständlich.

»Michel, mein ganzes Leben war ich Demütigungen ausgesetzt, die jenen, von denen Ihr sprecht, ganz ähnlich sind. Als Frau aus dem einfachen Volk, ohne den Rückhalt einer einflussreichen Familie, ist man allen Übergriffen schutzlos ausgeliefert. Ich will nicht mehr dazu sagen, denn Ihr würdet es gewiss nicht verstehen. Nur so viel: Was meint Ihr, wer hätte wohl mehr zu befürchten, wenn diese Landsknechte, über die Ihr vorhin mit Monsieur Sarrazin gesprochen habt, zu uns kämen? Ihr oder ich? Denkt darüber nach, vielleicht versteht Ihr dann, was es bedeutet, in dieser grausamen Welt eine Frau zu sein.« Plötzlich nahm Magdelènes Stimme eine sanftere Färbung an. »Ihr kennt doch die Legende von den beiden Juden, einem Mann und einer Frau, die lange durch die Welt irrten, um sich eines Tages zu treffen und gemeinsam den Weg ins Licht, zur Befreiung zu gehen. Könnte nicht auch mit uns das Gleiche geschehen?«

Es war ein schlimmer Fehler von Seiten Magdelènes, diesen hebräischen Mythos auszusprechen. Wenn es etwas gab, das Michel nicht ertrug, dann waren das ihre Kenntnisse vom Judentum. Seine Hand fuhr zum Gürtel, doch er hielt sich zurück. Nein, er hatte keine Lust mehr, sie zu schlagen: Es war sinnlos. Stattdessen warf er sich in die Brust und erklärte: »Ich will nur eins: Respekt. Nicht jenen des Adels, der sich auf eitler Zurschaustellung gründet, sondern den des Bürgertums, dessen Grundlage Fleiß und Können sind. Und von diesem Ziel lasse ich mich von niemandem abhalten: weder von Euch noch von sonst irgendjemandem. Und wenn ich Euch verstoßen und aus dem Haus jagen müsste, mitsamt Eurer Brut.«

Magdelène antwortete nicht. Sie legte nur schützend die linke Hand über die schlafende Priscille, während sie René auf ihrem Arm noch fester an sich drückte. Michel bemerkte die Geste und dachte mit Genugtuung, dass es ihm endlich gelungen war, dieses liederliche Weib in Angst zu versetzen. Er nutzte die Gelegenheit, um ihr die Frage zu stellen, die ihm schon die ganze Zeit auf den Lippen lag:

»Warum habt Ihr Sarrazin gefragt, was einem Spanier geschehen könnte, der sich jetzt in der Stadt aufhält. Die Frage ist so abwegig, dass Ihr sie sicher nicht ohne Hintergedanken gestellt habt. An wen habt Ihr dabei gedacht?«

»An niemand Bestimmtes. Die Frage kam mir nur so in den Sinn«, antwortete Magdelène zunächst ausweichend, um dann jedoch, fast gegen ihren Willen, spöttisch hinzuzufügen: »Wie Ihr wisst, handeln wir Frauen unter dem Einfluss des Mondes und plappern daher viel sinnloses Zeug vor uns hin. Ihr selbst habt mir einmal gesagt, dass es die zu stark konzentrierten Säfte in der Gebärmutter seien, die uns phantasieren lassen. Sucht daher keine weitreichenderen Erklärungen für eine typisch weibliche Phantasterei.«

Michel bebte vor Zorn und hatte Mühe, die Frau, die ihn da verhöhnte, nicht mit eigenen Händen zu erwürgen.

»Das werdet Ihr mir büßen«, schrie er mit erstickter Stimme. »Und wie Ihr mir das büßen werdet. Und glaubt nicht, Ihr könntet mir etwas verheimlichen. Mir kann man nichts verheimlichen. Mir nicht!«

Er stürzte aus dem Zimmer ohne zu bemerken, dass Magdelène, sobald er ihr den Rücken zukehrte, ihren Tränen endlich freien Lauf ließ. Michel fühlte sich wie im Fieber und hatte seine Nerven kaum noch unter Kontrolle. Er stolperte die Treppe zum oberen Stockwerk hinauf, durchquerte das Schlafzimmer und betrat eine von einigen Kerzen erhellte Kammer. Von dort führte eine Leiter durch eine Luke auf den Speicher. Seine zittrigen Finger ließen ihn beinahe auf den Sprossen den Halt verlieren, aber mit Gottes Hilfe kam er oben an. Der Speicher, in dem ein Kandelaber brannte, war voll gepackt mit Büchern. Überall auf kleinen Tischchen und zahlreichen Konsolen standen Gläser und Flaschen aufgereiht. Er schob einen großen auseinander gezogenen Zirkel zur Seite und nahm die Phiole mit dem *diarodon* zur Hand, dem Pulver aus roten Rosenblüten, dem er einige Blätter Habichtskraut beigefügt hatte.

Er konnte das Zittern kaum unterdrücken, während er ein wenig aus der Phiole in eine Tasse gab und dann einige Tropfen einer Lösung aus Bilsenkrautsaft hinzufügte. Vielleicht hätte er das Ganze noch gut durchrühren sollen, aber er war zu ungeduldig. Er schluckte das Gemisch hinunter und ließ sich auf ein mit verschossenem Samt bezogenes Sofa fallen.

Nach den vielen Experimenten, die er unter dem Vorwand, ihre Epilepsie zu heilen, an Audiette durchgeführt hatte, war es nun das erste Mal, dass er die Mixtur an sich selbst ausprobierte. Dabei war er sich keineswegs sicher, *Abraxas* zu erreichen: Ulrich von Mainz, von dem er das Rezept am Ende jener schrecklichen Nacht in Bordeaux erhalten hatte, hatte ihm gesagt, dass dazu nur ganz bestimmte, ausersehene Menschen fähig seien. Das einzige, dessen er sich sicher war, war, dass ihm eine erschütternde Erfahrung bevorstand. Im Geiste begann er zu zählen, wobei er sich die Bedeutung jeder Zahl bildlich vorzustellen versuchte: 1, 2, 100, 1, 200, 1, 60…

Das erste Symptom war eine übermäßige Speichelproduktion. Er konnte nicht verhindern, dass der Speichel seinen Mund füllte und ihm dann, als er die Lippen zum Atmen öffnete, in Bächen übers Kinn floss. Heftige Zuckungen, zunächst vereinzelt, dann immer häufiger, befielen seine Glieder. Plötzlich verkrampfte sich sein rechtes Bein, so dass der Pantoffel fortgeschleudert wurde, und der Fuß vibrierte und wand sich wie von Seilen gefesselt, die bald angezogen, bald gelockert wurden.

Dann bäumte er sich plötzlich auf und fiel vom Sofa, das mit ihm umstürzte. Keuchend lag er nun auf dem Erdboden und versuchte vergeblich, sich wieder aufzurichten. Seine Finger versteiften sich wie trockene Zweige. Ein entsetzlicher Schmerz, der aber nur wenige Augenblicke andauerte, schoss ihm durch den Kopf. Sein Blick verschleierte sich, und er glaubte zu sterben, sich erbrechen zu müssen, blind zu werden…

Doch dann überkam ihn, ohne Vorankündigung, ein seltsames Wohlbehagen, das rasch immer stärker wurde. Sein Gesichtssinn kehrte zurück, aber das einzige, was er sehen konnte, war ein helles Licht, durchzogen von einigen dunklen Fäden. Diese Fäden verbanden sich miteinander und nahmen die Ränder seines Blickfelds ein. Sie bildeten einen Kreis und ermöglichten einen Blick wie durch einen Tunnel. Dann verlor das Licht an Intensität und enthüllte einen Sternenhimmel.

Michel, erschrocken und gebannt zugleich, erblickte einen Schwarm Fledermäuse, die rasch über den für ihn erkennbaren Ausschnitt des Firmaments hinwegflogen. In unermesslicher Entfernung nahm er nun die seltsamsten Phänomene wahr. Blutende Sonnen drehten sich in wahnsinniger Geschwindigkeit, Sternenschwärme rotierten in Spiralen, Gaswolken trieben vorüber und explodierten im Nichts. Dann raunte ihm eine groteske, sich im Dunkeln haltende Gestalt, aufgeregt unverständliche Sätze zu. Es waren jene verworrenen Worte, die den Anblick des Himmels verschwinden und in ein sehr viel vertrauteres Bild übergehen ließen.

Er sah sein Haus, genauer, jenen Salon, den er vorhin im Zorn verlassen hatte. Seine Frau stickte, René saß an ihrer Seite, während Priscille in ihrer Wiege schlief. Das Fenster des Raums jedoch wurde von einem schwarzen Schatten verdunkelt. Es war der Schatten einer gigantischen, mit den Flügeln schlagenden Krähe. Magdelène sah den Vogel und stieß einen Schrei aus. Die Stickarbeit fiel zu Boden.

In Wirklichkeit handelte es sich um ein Trugbild. Vor dem Fenster stand ein Mann, der gegen die Scheibe klopfte. Die Vision vergrößerte sich. Michel konnte ein ausgezehrtes, totenblasses Gesicht mit schweren Augenlidern erkennen. Dann ein Blitz, der ihn für einen Moment auslöschte und alles in rotes Licht tauchte. Einen Augenblick später war das Bild wieder da, aber er sah den Mann nur noch von hinten. Einen schwarzen Umhang, eine schlanke Figur mit ungewöhnlich langen Armen, zwei Hände, die sich wie Klauen auf die Scheibe legten. Und Magdelène stand vom Sofa auf und lief zum Fenster...

Nun wusste Michel, wer der Spanier war, den seine Frau im Sinn gehabt hatte. Der Mann, der ihn vor Jahren verfolgt hatte, der sich für seine Bücher interessierte und den er von seinen Freunden, in der sorglosen Zeit des Studentenlebens, hatte durchprügeln lassen. Wie hieß er noch gleich? Diego... Diego... er erinnerte sich nicht mehr – zu viel Zeit war seit damals vergangen.

Nun, da er die gewünschte Information erhalten hatte, wäre Michel liebend gerne wieder in die Realität zurückgekehrt. Leider war es nicht an ihm, über die Wirkungsweise der Mixtur zu bestimmen. Ulrich hatte ihn gewarnt:

»Es wird sich immer weniger deinem Willen fügen. Das ist der Preis, der für die höchste Erkenntnis zu zahlen ist.«

Der im Dunkeln kauernde Dämon war verstummt, doch deshalb war Michel noch nicht frei. Sein Körper verharrte in einer schmerzhaften Erstarrung. Durch ein von seinem Nacken ausgehendes Band war er an eine Verdoppelung seiner selbst gefesselt, die im Raum umherschwebte und in kosmische Abgründe blickte, die den Menschen sonst verborgen blieben.

Schließlich endete diese Qual, und Michel fand sich ausgestreckt in einiger Entfernung von dem umgestürzten Sofa auf den Dielen liegend wieder. Er betastete seine Glieder und stellte fest, dass die Taubheit allmählich nachließ. Auch die Muskelzuckungen waren fast verschwunden. Nach mehrmaligen Versuchen gelang es ihm endlich, taumelnd aufzustehen. Sein Kopf schmerzte, aber auch das ging allmählich vorüber.

Irgendwie gelang es ihm, das Sofa wieder richtig hinzustellen. Erschöpft ließ er sich darauf fallen und war im nächsten Augenblick schon eingeschlafen. Als er aufwachte, hatte er die volle Kontrolle über alle Körperfunktionen wiedererlangt, und sein Geist war so klar wie selten. Er hatte auch keinerlei Schmerzen mehr. Sein Herz pochte zwar mächtig, aber das war nach einem so gewaltsamen Gefühlserlebnis kein Wunder.

Jetzt musste er zu Magdelène hinuntergehen und ihr den Namen ins Gesicht schreien, den sie ihm hatte verheimlichen wollen. Und sie vielleicht töten, falls sie ihm gestand, dass der Spanier ihr Liebhaber war…

Nein, töten konnte er sie nicht. Mit der Tat hätte er seine eigene Zukunft vernichtet, und die Hure hätte noch eine späte Rache gefeiert. Es war besser, sie zu demütigen und dann aus dem Haus zu jagen, zurück in die Tavernen und Freudenhäuser, wo er sie einmal aufgelesen hatte.

Fest entschlossen, dies in die Tat umzusetzen, trat Michel auf die Bodenluke zu. Doch er hatte die Leiter noch nicht erreicht, als er plötzlich erstarrte, denn er spürte, dass das, was er gesehen hatte, in seinem Kopf immer mehr verblasste, so wie ein Traum kurz nach dem Erwachen.

Er lief Gefahr, die Einzelheiten seiner Vision zu vergessen. Er durfte keine Zeit verlieren und musste alles genau festhalten, aufschreiben, ohne jedoch auf die Formulierungen zu achten, denn dann würden die Bilder noch während des Schreibens verschwinden.

Er lief zu einem Tisch und bemühte sich dabei, die Visionen in seinem Kopf verschlossen zu halten wie in einem Schrein. Erneut hatte er die heisere, zischende Stimme des Dämons im Ohr. Er zog einen Stuhl heran, griff zu dem Gänsekiel neben dem Tintenfass und schrieb auf, was die Stimme ihm eingab:

»Voultour de nuit se cache sous Selin.«

Vielleicht wollte er eigentlich »Selene«, der Mond, schreiben. Doch er war nicht mehr Herr über seine eigene Hand. Es schien der erste Vers eines Gedichts zu sein. *Ein nächtlicher Geier verbirgt sich hinter dem Mond.* Die Feder raste übers Papier und schuf weitere Verse:

*La rue l'éclair allume d'exilés*
*mensonge horrible la stérile Magdelène*
*comète d'autrefois l'avait prédicté.*

Als er die Zeilen niedergeschrieben hatte, fühlte er sich erleichtert und erneut ganz Herr seiner selbst. Die Stimme in seinem Ohr war verstummt. Michel las noch einmal, was seine Hand zu Papier gebracht hatte. Seine Vision war in den Grundzügen festgehalten: Ein Geier, wohl der Spanier, der sich in der vom Mond erhellten Nacht versteckt, und zwar in eben jener Straße, durch die am Nachmittag die Flüchtlinge gezogen waren. Magdelène, die Feindin der Mutterschaft, die wieder einmal eine entsetzliche Lüge aussprach. Und so lag der Gedanke nahe, dass der Komet, den sie fünf Jahre zuvor gemeinsam gesehen hatten, nicht nur Krieg und Naturkatastrophen, sondern auch ihre Untreue und ihren Verrat angekündigt hatte.

Michel faltete das Blatt zusammen und versteckte es in einer Schublade. Dann stand er auf, löschte die Kerzen und bewegte sich auf das Licht zu, das durch die Bodenluke sickerte. Mit Genugtuung dachte er darüber nach, wie er seine Frau bestrafen würde.

# Die Flucht des Geiers

Die Lage verschlechterte sich von Tag zu Tag. Das Heer Karls V. hielt weiterhin die ganze Provence besetzt, besaß jedoch zu wenige Kanonen, um die Belagerung der wichtigsten Städte in kurzer Zeit siegreich zu beenden. Die Soldateska aus Spaniern, italienischen Söldnern und nicht zuletzt auch den gefürchteten Landsknechten zog durchs Land und versetzte die Bevölkerung in Angst und Schrecken, ohne auch nur einen einzigen strategischen Vorteil zu erringen. Vielleicht hatte Karl V. darauf gebaut, sich mit dem anderen kaiserlichen Heer vereinen zu können, das unter dem Kommando des Grafen von Nassau Paris von Norden her bedrohte. Doch die Zange war zu weit auseinander gerissen, und die Moral der Soldaten war am Boden.

Die Provence war damit, wie vom Herzog von Montmorency geplant, für die kaiserlichen Truppen zu einer tödlichen Falle geworden. Einst ertragreiche Felder waren mit Asche bedeckt, und in den halb verlassenen Dörfern waren die Vorratslager gähnend leer. Nachdem sie bei ihren Plünderungen Tausende von Bauern getötet und unzählige Frauen jeden Alters vergewaltigt hatten, war in der Armee Karls V. der Hunger eingekehrt. Gewiss, es gab noch die Klöster, in denen zahlreiche Flüchtlinge Zuflucht gefunden hatten, die oft noch Lebensmittel bei sich hatten. Doch der Kaiser, der seinen Ruf als guter Christ nicht aufs Spiel setzen wollte und eine Annäherung an den neuen Papst Paul III. suchte, hatte seinen Heerführern den ausdrücklichen Befehl gegeben, Kirchen und Klöster zu verschonen. Sogar die Landsknechte hatten sich, vielleicht weil in dem Invasionsheer in der Minderheit, diesem Erlass beugen müssen. Auch wenn der eine oder andere schon mal einen vereinzelten Schuss mit der Arkebuse gegen die

Mauer eines geistlichen Gebäudes abfeuerte, nur um die Menschen, die sich dort versteckt hielten, wissen zu lassen, dass ihre Verabredung mit dem Tod nur verschoben war.

Das Zusammenleben so vieler, auf engstem Raum und unter erbärmlichen sanitären Verhältnissen zusammengepferchter Menschen, war – wie immer in solchen Fällen – ein idealer Nährboden für zahlreiche Krankheiten. Es begann mit Skrofulose, Magen-Darm-Krankheiten, Parasiten und Fieber, die vor allem durch das schmutzige Wasser verursacht wurden. Doch dann hielt auch die Königin aller Krankheiten wieder ihren Einzug: die Pest. Vor allem die Städte im Languedoc bekamen sie zu spüren und die etwas weiter nördlich gelegenen, wie Agen, wo immer mehr verzweifelte Flüchtlinge aus der besetzten Provence Zuflucht suchten. Es kamen immer häufiger Menschen, die sich kaum noch auf den Beinen halten konnten, in mit stinkendem Eiter besudelter Kleidung und bereits von Halluzinationen geplagt. Viele ließen sich einfach irgendwo zu Boden fallen, befreiten sich mit einem letzten Seufzer von den Krämpfen, die sie seit Tagen quälten, und starben auf der Stelle. Einmal traf in Agen sogar ein ganzer Karren mit Leichen ein, mit einem Kutscher auf dem Bock, der ebenfalls während der Fahrt gestorben war, gezogen von schweißbedeckten und völlig verschreckten Pferden. Das war das Zeichen für den Bailli der Stadt, die Tore schließen zu lassen und keine weiteren Flüchtlinge mehr aufzunehmen.

Als Diego Domingo Molinas aus dem Munde Scaligers von der Situation erfuhr, wog er rasch Vor- und Nachteile gegeneinander ab.

»Aber man kommt doch noch hinaus?«, fragte er besorgt.

»O ja, das schon. Aber wer einmal draußen ist, kommt nicht mehr hinein.«

Molinas grübelte über die Lage nach. Seit einem Monat war er nun Scaligers Gast, seit zwei Jahren reiste er regelmäßig nach Agen. Gewöhnlich wohnte er bei seinen Aufenthalten in der Stadt bei Kardinal Della Rovere. Dieser hatte es jedoch nach der Besetzung der Provence vorgezogen, Agen zu verlassen. Und so hatte sich Molinas wohl oder übel bei Scaliger einquartieren müssen, dessen anfänglichen Widerstand er mit einer großzügigen finanziellen Entschädigung hatte brechen können.

»Was glaubt Ihr, wird Nostradamus heute noch vorbeischauen?«, fragte der Spanier.

Scaliger verzog das Gesicht. »Ich denke schon, aber es wird einer seiner letzten Besuche hier sein. Natürlich bin ich ihm dankbar, dass er meine Frau mit seiner Arznei von der Epilepsie geheilt hat. Aber seine Freundschaft mit dem Hugenotten Philibert Sarrazin will und kann ich nicht länger hinnehmen. Eine tüchtige Person und ein hervorragender Apotheker, gewiss, aber auch ein Ketzer, der auf den Scheiterhaufen gehört, und, wie viele sagen, ein behaarter Esel in Menschengestalt.«

»Aber gestern habt Ihr doch noch gesagt, dass Ihr daran denkt, ihn später mal als Hauslehrer Eurer Kinder anzustellen.«

»Das ist richtig. Ich hoffe eben, dass er bis dahin zum rechten Glauben zurückgefunden hat.«

Molinas wurden die Widersprüchlichkeiten seines Gastgebers immer unerträglicher. Daher wechselte er jetzt das Thema. »Habt Ihr mal einen Blick in die Handschrift geworfen, die ich Euch zu prüfen bat?«

»Die mit dem Titel *Arbos mirabilis*?«

»Ja sicher, eine andere habe ich Euch schließlich nicht gegeben.«

Scaliger breitete die Arme aus.

»Ich blättere noch darin herum. Aber das Ganze ist mir ein Rätsel. Dieses vollkommen fremde Alphabet, das aber dennoch dem unseren gleicht. Der Text ist sicher verschlüsselt, es ist aber vor allem die Schrift, die so anders ist als jede mir bekannte.«

»Und die Zeichnungen sagen Euch auch nichts?«

»Ein Schauer überkam mich, als ich sie sah. Von den Pflanzen im ersten Teil sind ja einige bekannt, aber es sind auch andere abgebildet, die nirgendwo in der bekannten Welt existieren. Die anatomischen Darstellungen, die danach kommen, haben mich noch mehr verwirrt. Allein die aufgeklebten Anmerkungen auf Arabisch scheinen mir entzifferbar.«

»Genau die interessieren mich auch. Ihr habt mir gegenüber behauptet, des Arabischen mächtig zu sein.« Molinas wurde immer ungeduldiger.

»In der Tat verstehe ich Arabisch, wie übrigens alle Sprachen des Mittelmeerraums und des Vorderen Orients, doch hier ist die Handschrift hochkompliziert und so unglaublich klein. Wenn ich mich nicht täusche, handelt es sich um Zitate eines gewissen Al Farabi.«

»Wisst Ihr, wer das ist?«

»Nein, und glaubt mir, wenn ich ihn nicht kenne, kennt ihn sonst auch niemand. Wahre Humanisten sind heutzutage sehr dünn gesät. Ihr hattet das Glück, auf mich zu stoßen, der ich vielleicht der beste, sicher aber der berühmteste bin. Aber ich brauche noch ein wenig Zeit. Noch nicht einmal ich mit meinem Wissen, das weit reicht … Mein Gott!«

Scaliger lief zum offenen Fenster und steckte den Kopf hinaus, um ihn wenig später, blass und verstört, wieder zurückzuziehen.

»Seht! Seht selbst!«

Molinas schüttelte den Kopf.

»Ihr wisst doch, dass ich mich nicht sehen lassen darf. Was ist denn los?«

»Da ziehen schreckliche Ungeheuer die Straße entlang«, stammelte Scaliger. »Ganz in Weiß gekleidet, mit Vogelköpfen, langen Schnäbeln und Funken sprühenden Augen. Nein, das sind wirklich Ungeheuer!«

Beunruhigt stand Molinas auf, trat ans Fenster und blickte vorsichtig hinaus. »Ach was, das sind Ärzte mit ihren Helfern«, erklärte er. »Die Schnäbel sind Schläuche zum Filtern der Luft, und die Augen in Stoffmasken eingesetzte Linsen. Diese Ausrüstung wird bei Epidemien verwendet. Ihr könnt Euch wohl denken, was das bedeutet.«

»Nein, sagt es mir.«

»Das bedeutet, dass es offiziell ist. Die Pest hat Agen erreicht. In wenigen Stunden werden die Leichen die Straßen füllen.«

Scaliger stieß einen Schrei aus, und im nächsten Augenblick hörte man es laut an der Tür pochen. Der Italiener riss den Mund auf und faltete die Hände. »Die *alarbres*! Sie sind schon da!«

Molinas zuckte mit den Achseln.

»Aber nein, erkennt Ihr denn das Klopfen nicht? Das ist unser Freund Notredame. Ich verschwinde in meinem Versteck.«

Verängstigt rang Scaliger die Hände. »Ich kann ihn doch nicht hereinlassen. Vielleicht hat er sich schon angesteckt. Er könnte hier sterben und uns alle anstecken!«

»Nein, nein, Menschen wie er sterben nicht so leicht. Auf, verliert keine Zeit. Versteckt mich, und macht ihm dann auf.«

Scaliger riss sich zusammen und öffnete eine unscheinbare Tür in der Wand, direkt neben der Ritterrüstung. Er hielt sie auf, bis Molinas dahinter verschwunden war, und schloss sie dann wieder sorgfältig. Erneut hörte man es klopfen. Der Hausherr machte Anstalten, öffnen zu gehen, doch die Schritte seiner Magd, die die Treppe hinunter eilte, kamen ihm zuvor. Kurz darauf zeigte sich die Frau an der Tür des Salons. Sie schien verwundert, dass Scaliger alleine war. »Monsieur Notredame ist da«, sagte sie schnaufend. »Er bittet darum, Euch sprechen zu können.«

Der Italiener seufzte. »Schon gut, lass ihn eintreten.«

Ungewohnt stürmisch betrat Notredame den Salon. »Monsieur Scaliger, wisst Ihr schon das Neueste?«, fragte er ohne lange Vorrede.

»Ja, ich weiß. Die Pest ist in der Stadt.«

»Nein, nein, das meine ich nicht. Ich habe gerade erfahren, dass vor zwei Tagen der Thronfolger gestorben ist!«

Im Dunkel der Abstellkammer presste Molinas sein Ohr an das dünne Holz der Geheimtür. Sein Herz begann heftiger zu schlagen, und er spürte den Pulsschlag bis in seine Schläfen. Um noch besser hören zu können, hielt er den Atem an. Scaliger schien eher überrascht als bestürzt. »Das ist traurig, sehr traurig«, sagte er so leise, dass Molinas die Worte nicht richtig hören, aber den Sinn erfassen konnte. »Als treuer Diener unserer Monarchie neige ich betrübt das Haupt angesichts einer Tragödie, die …«

»Ihr versteht mich nicht!« Durch die Tür der Abstellkammer klang Notredames ungeduldige Stimme aufs Höchste erregt. »Der Dauphin ist gestorben, weil er ein Glas Wasser getrunken hat! Und wisst Ihr, wer ihn vergiftet haben soll? Graf Sebastiano Montecuccoli!«

»Und warum soll das so wichtig sein?«

»Ja, erinnert Ihr Euch denn nicht? Vor ein paar Jahren habt Ihr mir berichtet, dass Eure Frau während eines Anfalls davon sprach, dass der Dauphin ertrinke, wobei sie als den Täter einen gewissen Sebastiano nannte.«

»Ja, Ihr habt Recht. Mein Gott, das ist ein Wunder.«

»Nein, das ist es nicht«, erklärte Notredame mit glänzenden Augen. »Es ist der Beweis für die Richtigkeit all meiner Forschungen. Wo ist Eure Frau jetzt?«

»Sie ist oben und ruht sich aus. Wisst Ihr eigentlich, dass sie wieder schwanger ist?«

»Könnt Ihr mich zu ihr bringen?«

»Ja, aber …«

»Gut. Gehen wir.«

Molinas wartete, bis die beiden Männer den Raum verlassen hatten, und öffnete dann vorsichtig das Türchen der Abstellkammer. Er hörte noch das Geräusch der Schritte auf der Treppe, und als sie verklungen waren, verließ er sein Versteck und schloss die Tür vorsichtig hinter sich. Leise und schnell durchquerte er den Korridor, schob behutsam den Riegel zurück und trat auf die Straße hinaus. Er zog sich den Umhang vors Gesicht, so dass er, ohne ihm die Sicht zu nehmen, die untere Hälfte seines Gesichts verdeckte.

In der glühend heißen Sonne bot sich ihm ein Bild wie aus einem Alptraum. An allen Ecken standen Ärzte in ledernen Brustpanzern, die ihre Bewegungen verlangsamten, und schwenkten Weihrauchkessel, in denen Aloe, Moschus und andere Substanzen brannten. Ihre grotesken Masken ließen sie wie monströse Hühner aussehen und steigerten noch das Entsetzen derer, die hinter den verrammelten Läden ihrer Häuser das Spektakel beobachteten. Passanten waren keine auf der Straße, bis auf einige Flüchtlinge, die ohne Unterkunft geblieben waren, und ein Soldat, der sich von Fieberschauern geschüttelt an einen Balken klammerte. Das einzige Geräusch, das durch die schon vergiftete Luft drang, kam von einer hellen Glocke in der Ferne, die vielleicht zu einem Karren der *alarbres* gehörte. Doch kurz darauf schon begannen auch die schweren Glocken der Kathedrale Sturm zu läuten.

Molinas ging die Straße hinunter. Wie erwartet, dauerte es nicht lange, bis er von zwei Ärzten mit Vogelmasken angehalten wurde.

»Wohin des Wegs?«, fragte der kleinere der beiden.

»Zum Hause von Monsieur Michel Notredame, dem Apotheker. Ich brauche dringend Salben für meine Familie.«

Der Arzt zuckte zusammen und wandte sich an seinen Kollegen:

»Wohnt Michel etwa hier in der Gegend?«

Der andere nickte. »Ja, wusstest du das nicht? Vor einigen Jahren schon hat er sich hier niedergelassen.«

Der kleinere Arzt blickte Molinas genauer an. »Ihr kommt mir irgendwie bekannt vor, aber vielleicht täusche ich mich auch. Nun, jedenfalls hat der vom König ernannte Sanitätsmagistrat Maître Schyron persönlich die Anordnung erlassen, dass alle in ihren Häusern zu bleiben haben. Wenn Ihr jedoch auf dem Weg zu Doktor Notredame seid, wollen wir Euch nicht aufhalten. Wir bitten Euch nur, ihm auszurichten, dass sich zwei Freunde von ihm in der Stadt aufhalten: Guillaume Rondelet und François Robinet: Wir würden uns freuen, ihn wieder zu sehen.«

Molinas war froh, dass sein vors Gesicht gezogener Umhang verhinderte, dass die beiden das heftige Zucken seines Adamsapfels bemerken konnten. An Rondelet konnte er sich sehr gut erinnern, während die Erinnerung an Robinet verschwommener war. Seiner Gestalt nach zu urteilen, war dieser wohl der größte der Studenten gewesen, die ihn vor Jahren durch die Straßen von Montpellier geprügelt hatten. Er machte eine leichte Verbeugung und murmelte: »Ich danke Euch, Messieurs, auch im Namen meiner Frau und meiner Kinder. Ich werde es nicht versäumen, Eure Botschaft zu überbringen.« Dann entfernte er sich eilig.

Nur zu gut kannte Molinas das kleine aber gepflegte Haus, in dem Michel de Notredame wohnte. In letzter Zeit war vor das zweistöckige Hauptgebäude aus Holzbrettern eine Art Laden angebaut worden, der nur mit einer Plane überspannt war. Auf einem kleinen Schild war eine Schlange zu sehen, und daneben in gotischen Schriftzeichen die Bezeichnung *Apotheke*. Aber heute war niemand hinter der mit einer Tischdecke bezogenen Theke, auf der Krüge, Flaschen und Tonschüsseln standen, zu sehen.

Die Straße jedoch war alles andere als menschenleer. Ein Stück weiter unten saßen einige provenzalische Flüchtlinge im Schatten eines Portikus und teilten ungeachtet der Ansteckungsgefahr einen Laib Brot. Fast gegenüber, in gebührendem Abstand von den Zivilisten, waren einige Söldner zu sehen, die die Helme abgenommen, den Brustharnisch aber anbehalten hatten, sich faul auf einer Bank vor einer verlassenen Schneiderwerkstatt lümmelten und lärmend eine Flasche Wein kreisen ließen.

Molinas trat direkt auf den Haupteingang von Michels Haus zu. Zweimal betätigte er den Türklopfer, und einige Zeit verging, bis endlich eine Frauenstimme fragte: »Wer da?«

»Ich bin's. Öffne, Magdelène.«

Zunächst herrschte Stille auf der anderen Seite der Tür, dann erwiderte die Stimme:

»Mein Mann muss gleich zurückkommen. Ihr möchtet doch wohl nicht, dass er Euch hier findet.«

»Nein, der hat noch eine Weile zu tun. Mach kein Theater und öffne.«

Man hörte, wie eine Zeit lang an dem schweren Riegel herumhantiert wurde, bis er endlich zurückglitt und die Tür aufging.

Wie selbstverständlich betrat Molinas den feuchten, kühlen Korridor, und erst als er auf der Höhe des Arbeitszimmers war, drehte er sich um und blickte Magdelène an, die ihre beiden Kinder an der Hand hielt. Der Junge konnte mittlerweile gut allein laufen, die Kleine hing noch an Mutters Rockzipfel. Magdelène war immer noch sehr schön, obwohl ihr Gesicht ziemlich mitgenommen wirkte. Eine Rötung über dem rechten Wangenknochen ließ vermuten, dass sie erst kürzlich geschlagen worden war. Anscheinend verwendete sie auch regelmäßig aggressive Kosmetika, denn ihre Haut war an einigen Stellen wund und rissig.

Molinas deutete auf das Arbeitszimmer. »Komm hier hinein, wir haben zu reden. Aber vielleicht ist es besser, wenn du vorher die Kinder zu Bett bringst.«

Magdelène schüttelte den Kopf. »Nein. Die schlafen jetzt nicht, und außerdem muss ich Priscille gleich stillen. Eine Amme oder Magd, die mir ein wenig zur Hand gehen könnte, habe ich ja nicht.«

»Michel hält dich wohl recht knapp, nicht wahr?«

»Wir haben wenig Geld, aber das ist nicht seine Schuld. Die neue Apotheke bringt noch nicht viel ein.«

Molinas betrat das Arbeitszimmer und setzte sich ohne Umschweife in einen Sessel vor dem Fenster, als habe er das schon viele Male getan und sei mittlerweile Herr im Hause. Magdelène nahm auf dem Sofa Platz. Sie hob das Mädchen auf ihren Schoß, während René auf dem Teppich zu ihren Füßen zu spielen begann.

Molinas blickte die Frau eine Weile scharf an und versuchte so, sie in Verlegenheit zu bringen. Da ihm dies nicht gelang, sagte er plötzlich barsch: »Was ist los? Warum bekomme ich keine Berichte mehr? Der Letzte ist so lange her, dass ich schon gar nicht mehr weiss, wann das war.«

»Es gilt immer noch das, was ich Euch mitteilte, als Ihr in Sizilien wart. Michel will nicht, dass ich schreibe. Ich habe noch nicht einmal Papier und Feder.«

In Magdelènes Stimme lag eine Sicherheit, die vor einiger Zeit noch undenkbar gewesen wäre:

»Außerdem seid Ihr so häufig persönlich hier, dass es vollkommen überflüssig wäre, Euch auch noch schriftliche Mitteilungen zu machen. Ich frage mich nur, warum Ihr Euch dermaßen in die Sache verbeißt. Wenn Ihr Michel vernichten wolltet, hättet Ihr das schon lange tun können.«

Molinas seufzte. »An deinem Gatten habe ich gar kein besonderes Interesse. Ich bin dabei, die Beweise für eine große Verschwörung zusammenzutragen. Das Christentum ist in Gefahr durch eine neue Kirche, die noch teuflischer ist als die hugenottische, weil sie die Stellung des Menschen in der Schöpfung verändern will. Hast du Michel vielleicht einmal von der Kirche der Illuminaten sprechen hören?«

»Das habt Ihr mich doch schon so oft gefragt. Nein, niemals.«

»Und von Ulrich von Mainz?«

»Das habe ich Euch doch auch schon gesagt. Er spricht den Namen hin und wieder aus, aber nur in seinen Alpträumen. Anscheinend versetzt ihn dieser Name in panisches Entsetzen.«

»Dabei bin ich sicher, dass Ulrich sein Lehrmeister war. Und dieser Ulrich ist es, an den ich herankommen muss, und zwar über Michel. Es gibt mittlerweile keinen Winkel mehr in Europa, wo die teuflischen Umtriebe der so genannten Illuminaten gegen das Reich Christi nicht schon ihre Spuren hinterlassen hätten. Daher hat mich auch der spanische Großinquisitor ermächtigt, hin und wieder …« Zu spät wurde Molinas bewusst, dass er dabei war, sich einer Frau gegenüber zu rechtfertigen. Er biss sich auf die Unterlippe und versuchte dann, Magdelènes Aufmerksamkeit in eine andere Richtung zu lenken, indem er ihre ganz persönlichen Verhältnisse ansprach. »Wie ich sehe, schlägt Michel dich immer noch.«

Unwillkürlich legte die Frau eine Hand auf die blutunterlaufene Stelle über dem Wangenknochen. »Ja schon, aber nur noch selten«, murmelte sie verwirrt. »Er ist zwar nicht gut zu mir, aber seitdem ich ihm Kinder schenke …« Sie zog die Hand zurück und legte sie auf die winzige Schulter des Mädchens auf ihrem Schoß. »Es ist nicht mehr so schlimm wie früher. Er hat sogar aufgehört, mir ständig vorzuhalten, dass ich ihm keine Mitgift gebracht habe. Und er ist ein liebevoller Vater.«

»Aber ein verdammt schlechter Ehemann.« Molinas legte die Hände zusammen. Nun war der Moment gekommen, die Sache zur Sprache zu bringen, die ihn hergeführt hatte. Es kam nur darauf an, sie langsam und verständlich zu erläutern. »Pass mal auf, Magdelène. Jetzt arbeiten wir doch schon viele Jahre zusammen. Anfangs habe ich dich, wie ich durchaus zugebe, erpresst. Nein, nein, ich bereue das nicht, denn es geschah zum Wohle Gottes und der Sache, der ich diene. Aber seitdem du Notredame geheiratet hast, merke ich immer mehr, dass es nicht länger meine Drohungen sind, die dich weitermachen lassen. Nein, es sind andere, triftigere Gründe.«

»Welche?«, fragte Magdelène, offensichtlich an einem wunden Punkt getroffen.

»Nun, erstens brauchst du ein wenig Abenteuer in deinem sonst so tristen Alltag. Michel hält dich gefangen wie ein Huhn im Käfig. Du magst mich hassen, aber immerhin ermögliche ich es dir, hin und wieder deinem langweiligen, öden Alltag zu entfliehen. Ich lasse dich an einem Spiel teilnehmen, das außerhalb dieser vier Wände gespielt wird. Nicht zufällig, bist du seit mindestens einem Jahr schon fast freundlich zu mir. Und der Grund dafür ist eben der, den ich dir gerade erläutert habe.«

Magdelène nickte.

»Ja, das stimmt«, gab sie leise zu.

»Doch es gibt noch einen weiteren Grund.« Molinas hatte Mühe, seine Genugtuung über den ersten Erfolg zu verbergen, während er schon den zweiten anpeilte. »Möglicherweise liebt Michel dich, aber er unterdrückt dich auch und behandelt dich wie seinen Besitz. Er erlaubt es dir noch nicht einmal, zur Messe zu gehen. Darüber hinaus fürchtest du die Schmerzen, die eine Geburt mit sich bringt, während er von dir verlangt, dass du auf Jahre hinaus noch ein Kind nach dem anderen zur Welt bringst. So wie jene schwachsinnige Puppe, die mit Scaliger verheiratet ist. Ganz zu schweigen davon, dass Michel jeder Vorwand recht ist, um dich zu schlagen, und er dir jede Zerstreuung, die nicht mit dem Gebären und der Mutterschaft zu tun hat, verweigert. Er hat dich vergewaltigt, immer wieder, auf viele verschiedene Arten. Und das ist das Schlimmste für dich.«

Noch vor wenigen Jahren wäre Magdelène jetzt in Tränen ausgebrochen. Doch heute hielt sie, wenn auch mit feuchten Augen, dem Blick des Spaniers stand. »Und wenn das alles wahr wäre, was bietet Ihr mir an?«

»Nicht mehr passive Mitarbeiterin zu sein, sondern ein aktives Mitglied der Inquisition! Dich an die stärkste Macht der Christenheit zu binden, um deine Rache in die Wege zu leiten! Dann werden wir beide nicht mehr Herr und Dienerin sein, sondern Bruder und Schwester in derselben Mission: Und zwar jener, Michel de Notredame zu enttarnen und den diabolischen Plan aufzudecken, den er mit den so genannten Erleuchteten schmiedet. Den Mann zur Strecke zu bringen, der dich schlägt und erniedrigt. Dich und deine Kinder von dem Peiniger zu befreien, der dich hier gefangen hält. Ich denke, du hast verstanden. Was sagst du dazu?«

Es entstand ein kurzes Schweigen, dann fragte Magdelène: »Was müsste ich dafür tun?«

»Ach, nichts anderes, als du bisher auch schon getan hast. Aber du wirst es mit größerer Hingabe tun. Ich brauche Informationen zu diesem Sarrazin, mit dem dein Gatte immer zusammen steckt. Dann benötige ich eine genaue Beschreibung aller Kräuter und Salben, die Michel in seinem Laboratorium auf dem Speicher aufbewahrt. Ich muss den Titel jedes neuen Werkes kennen, das er sich beschafft... Ach übrigens, erwähnt er manchmal noch das Buch, das ich ihm entwendet habe?«

»Ja, hin und wieder. Es scheint Informationen zu enthalten, die äußerst wichtig für ihn sind.«

»O ja … Na, jedenfalls hast du wohl verstanden, was ich von dir erwarte. Bist du dazu bereit?«

Magdelène runzelte die Stirn und nickte nach kurzem Schweigen.

»Ja, das bin ich.«

»Sehr gut.« Molinas war begeistert. Vielleicht war es diese Hochstimmung, zusammen mit der Gewissheit, einen überaus wichtigen Sieg errungen zu haben, die ihn dazu veranlasste, Worte auszusprechen, die er selbst nicht von sich erwartet hätte: »Und nun zeig sie mir.«

»Was?«

»Das weißt du genau. Zeig sie mir, so wie damals.«

Magdelène starrte ihn mit offenem Mund an. Ihre Wangen röteten sich, während ihr Blick kalt und feindselig wurde. Sie drückte ihre Tochter fest an sich und zog auch den Jungen zu sich heran.

»Ich bin nicht mehr die Frau von damals«, zischte sie. »Ich bin jetzt Mutter. Ich habe Kinder. Das könnt Ihr unmöglich von mir verlangen.«

Molinas war sich schon bewusst, dass er, von irgendeinem Dämon verleitet, einen großen Fehler begangen hatte. Schweißperlen traten ihm auf die Stirn. Bemüht, die Sache herunterzuspielen, brachte er stammelnd eine Entschuldigung vor:

»Verzeih, das habe ich nicht sagen wollen … Der Teufel hat mir die Worte in den Mund gelegt. Ich will dich zu nichts zwingen, ich möchte, dass du gehorchst … nein, dass du es aus freien Stücken tust.«

»Aus freien Stücken?« Magdelènes Empörung war grenzenlos. Ihr Kind fest an die Brust gepresst, rannte sie zum Fenster. »Hilfe!« schrie sie hinaus. »Ein Spanier ist bei mir eingedrungen!«

Erschrocken sprang Molinas auf. »Hast du den Verstand verloren? Pass auf …«

Von der Straße fragte eine vom Wein belegte Stimme zurück:

»Was ist los, Madame?«

»Hier ist ein spanischer Soldat!« brüllte Magdelène wieder. »Ein Mann des Kaisers. Er will mir Gewalt antun!«

Molinas stieß einen wütenden Fluch aus und stürzte zum Ausgang. Auf der Straße sah er schon einen kleinen Haufen aus Kriegsflüchtlingen und Söldnern bedrohlich näher kommen. Er tastete nach dem Degen unter seinem Umhang, bekam ihn aber nicht richtig zu fassen: Die Waffe glitt ihm aus der Hand und landete klimpernd auf dem Pflaster.

Er nahm die Beine in die Hand und rannte, so schnell er konnte, in Richtung eines kleinen Platzes, den gerade ein mit Leichen beladener Karren überquerte. Der Umhang behinderte ihn beim Laufen, er versuchte, ihn aufzuschnüren, und schon im nächsten Augenblick traf ein schwerer Stein sein Schulterblatt.

Er stürzte zu Boden und schlug sich die Nase auf, und während er spürte, wie ihm das Blut übers Gesicht rann, hörte er noch, neben dem lauten Dröhnen in den Ohren, die aufgebrachten Rufe seiner Verfolger über sich und das Klingeln der Glocke, die den Karren mit den Pesttoten ankündigte.

# Vorspiel zur Tragödie

Im Stadtparlament von Agen, sonst für seine langweiligen Sitzungen bekannt, ging es an diesem Abend äußerst turbulent zu. Im Chor der Kirche Saint-Pierre, dem Tagungsort, knarrten die Bänke, weil die Räte im Eifer der lebhaften, teilweise hitzigen Wortgefechte, immer wieder erregt aufsprangen. Der Bailli, der in der Mitte saß, hatte Mühe, etwas Ordnung in die Versammlung zu bringen, und wandte sich wiederholt Rat suchend an den Gast neben sich: Dies war Jean Schyron, der durch königlichen Erlass zum Sanitätsmagistrat für die gesamte Region, das Languedoc und die Gascogne ernannt worden war. Hin und wieder musste sich der Bailli jedoch auch zur anderen Seite umdrehen, um die Gefühlsausbrüche des Mannes zu seiner Linken zu besänftigen: des Stadtkämmeres Jules-César Scaliger, bei dem sich nachdenkliches Schweigen mit wüsten Ausfällen gegen dieses oder jenes Ratsmitglied abwechselten.

Michel de Notredame erschien mit einiger Verspätung zur Versammlung, rückte sich den viereckigen Hut mit dem roten Pompon zurecht, erblickte einen freien Sessel und ließ sich schwer atmend darauf fallen. Schyron saß ihm genau gegenüber. Michel grüßte ihn mit einer Handbewegung, doch der Maître schien ihn nicht zu erkennen, wirkte nur ein wenig amüsiert über den Hut, den er hingegen sehr gut kannte. Dann wandte er seinen Blick ab.

Ein Rat war aufgesprungen und erklärte aufbrausend:

»Wisst Ihr, warum heute keine Adligen anwesend sind? Weil die sich alle aus Angst vor der Pest in ihre Schlösser verkrochen haben. Wieder einmal bleibt es uns Notabeln und Bürgern überlassen, uns unter Gefahr für Leib und Leben um das Schicksal der Stadt zu kümmern!«

Der Bailli breitete die Arme aus.

»So ist es immer gewesen, und so wird es immer sein. Was sollen wir dagegen machen.«

»Was wir dagegen machen sollen?« schrie der Rat aufgebracht. »Das will ich Euch sagen. Der Tag ist nicht mehr fern, da wir Bürger uns weigern werden, mit unserer Hände Arbeit diese adligen Schmarotzer auszuhalten, die, ohne jeglichen Gemeinsinn, nur ihren lasterhaften Vergnügungen nachgehen. Was hat sich in Agen geändert, seit sie geflohen sind? Nichts. Wir haben ihre Abwesenheit noch nicht einmal bemerkt. Und wenn sie in Zukunft für immer gehen werden, werden wir uns alleine zu regieren wissen, genau so, wie wir es jetzt bereits tun.«

Michel war von dieser Rede überrascht und beunruhigt. Sicher, auch er war im Prinzip dieser Meinung, aber das Ganze schmeckte doch ein wenig nach einem Angriff auf die Monarchie. Zum Glück wurde der Stadtrat nun von einem Kollegen zum Schweigen gebracht, der sich mit dem Ruf bemerkbar machte:

»Sei still! Du redest wie ein Hugenotte!«

Es kam zu einem Tumult. Mindestens ein Viertel der Anwesenden waren Hugenotten, teils bekennend, teils heimlich, und damit genau genommen seit fast zwei Jahren vogelfrei, und immer in Gefahr aufs Rad geflochten zu werden. Mittlerweile gab es aber so viele Protestanten, dass in weiten Teilen Frankreichs das strenge Edikt gegen die Ketzer vom 11. Januar 1535 völlig unbeachtet blieb.

So reagierten auch jetzt die Ratsmitglieder bestürzt auf den Zwischenruf. Der Bailli fand jedoch die richtigen Worte, um wieder Ruhe einkehren zu lassen.

»Messieurs, in der Stadt wütet die Pest! Habt Ihr das vergessen? Die Pest!«

Schlagartig verstummte die Versammlung, und der Bailli nutzte die Gelegenheit, um sich an Jean Schyron zu wenden: »Maître, würdet Ihr uns bitte einen Überblick über die Lage geben.«

Der Arzt stand auf und ließ mit ernster Miene seinen Blick

über die Versammelten schweifen: »Da gibt es nicht viel zu erklären. Bisher haben wir noch nicht viele Tote zu beklagen, aber zahlreiche Einwohner von Agen sind bereits erkrankt. Morgen werden sicher an die fünfzig Opfer zu begraben sein, und in den nächsten Tagen wird sich die Lage noch dramatisch verschlechtern. Wir haben alle uns bekannten hygienischen Maßnahmen ergriffen, aber das Urteil über die Stadt scheint schon gesprochen zu sein.«

Ein Schaudern durchlief den Chor. Ein alter, kahlköpfiger Mann, der seiner schwarzen Kleidung nach ein Notar oder Advokat sein mochte, schüttelte den Kopf. »Wir hätten eben niemals so viele Flüchtlinge aufnehmen dürfen. Man weiß doch, dass der Krieg von der Pest gefolgt wird. Die ganze Provence ist infiziert. Ein Flüchtling ist eine Gefahr für sich und für die anderen.«

Schyron hob einen Finger. »Der Befehl, den Flüchtlingen Aufnahme zu gewähren, kam von seiner Majestät Franz I. persönlich«, stellte er mit lauter Stimme klar. »Und dies ist, wie ich betonen will, nicht mehr als ein Akt christlicher Barmherzigkeit. Weder Agen noch die anderen Städte entlang der Garonne konnten sich dem entziehen.«

»Sehr richtig!« Ein junger Geistlicher namens Michaelis, der wohl als Vertreter des Klerus an der Versammlung teilnahm, breitete emphatisch die Arme aus. »Freunde, bevor wir die Not leidenden, vor Krieg und Hunger flüchtenden Menschen für die Pest verantwortlich machen, sollten wir zunächst die wahrscheinlichste Erklärung ins Auge fassen. Wir wissen mit Sicherheit, dass sich in unserer Stadt Spione des Kaisers aufhalten. Scheint es Euch nicht nahe liegend, dass sie uns die Pest gebracht haben, um uns zu schwächen und ihrem Heer die Gelegenheit zu geben, noch tiefer in unser Land einzudringen?«

Erstaunte Blicke richteten sich auf den Redner.

»Spione? Was für Spione?« fragte einer.

»Pater Michaelis hat Recht«, schaltete sich der Bailli ein, indem er sich weit vorbeugte, »heute Nachmittag wurde ein Spanier festgenommen, dessen Identität wir allerdings noch nicht kennen. Meine Wachen konnten ihn gerade noch vor einigen provenzalischen Soldaten retten, die ihm den Garaus machen wollten. Jetzt liegt er in einer Zelle, allerdings so übel zugerichtet, dass ich ihn noch nicht verhören konnte.«

Scaliger war erblasst.

»Wo hat man ihn festgenommen?«, fragte er mit bebender Stimme.

»Vor dem Haus einer jungen Dame, der er Gewalt antun wollte«, erklärte der Bailli, um gleich darauf lauter hinzuzufügen: »Ach, dort sehe ich ja auch ihren Gatten! Monsieur de Notredame, vielleicht könnt Ihr uns berichten, was Eurer tapferen Gemahlin zugestoßen ist.«

Michel, dessen Miene sich schon bei der Erwähnung eines Spaniers verdüstert hatte, schreckte zusammen. Er war am Nachmittag noch gar nicht zu Hause gewesen. Nachdem er sich zwei Stunden mit Scaligers Ehefrau unterhalten hatte, war er zu Sarrazin aufgebrochen, um bei diesem zu Abend zu speisen. Auf dem Weg erfuhr er von der Tagung des Stadtparlaments und war sofort zum Versammlungsort geeilt. Dennoch wollte er jetzt keinesfalls zugeben, dass er von dem Vorfall mit dem Spanier noch gar nichts gehört hatte.

»Verzeiht, Monsieur Bailli. Ich bin noch zu sehr erschüttert, um von diesem entsetzlichen Vorfall berichten zu können.«

»Michel de Notredame! Jetzt erkenne ich Euch wieder!« Der Ausruf kam von Maître Schyron, der übers ganze Gesicht strahlte und sich nun an die Mitglieder des Stadtparlaments wandte. »Messieurs, immerhin darf ich sagen, dass wir in dem ganzen Unglück auch ein wenig Glück haben. Dieser junge Arzt hier trug vor sechs Jahren in Montpellier entscheidend dazu bei, die Pest zu besiegen. Daher ernenne ich ihn hiermit auf der Stelle zu meinem Gehilfen, und ich bitte Euch, ihm jedwede Unterstützung zukommen zu lassen.«

Unter anderen Umständen hätte sich Michel über so viel Anerkennung gefreut. Doch er war in Gedanken ganz bei seiner Frau und dem Bild, wie sie sich mit dem Fremden im schwarzen Mantel unterhielt. Fast zerstreut verneigte er sich zustimmend.

»Zu Euren Diensten.«

Nun ergriff der Bailli wieder das Wort.

»Monsieur de Notredame genießt in der Stadt hohes Ansehen, sowohl aufgrund seiner Fähigkeiten als Apotheker als auch wegen seiner tadellosen Lebensführung. Wir freuen uns alle, ihn nun auch als Arzt am Werk zu sehen. Habe ich Recht?«

Alle klatschten oder nickten beifällig, bis auf Scaliger, der nun mit verdrießlicher Miene erklärte:

»Monsieur Bailli, Maître Schyron, Eure Wahl ist klug und richtig. Dennoch bin ich der Meinung, dass es ratsam wäre, Monsieur de Notredame eine etwas reifere Persönlichkeit zur Seite zu stellen, eine Persönlichkeit, die über die neuesten Fortschritte in der Medizin informiert ist und Gelehrsamkeit mit Menschlichkeit in sich vereint.«

»Habt Ihr da jemand Bestimmtes im Sinn?« fragte Schyron, ein wenig verwundert.

»Würde mir die Bescheidenheit es nicht verbieten, müsste ich mich selbst empfehlen. Denn ich glaube nicht, dass unser Freund Notredame sich schon mit dem neuesten Werk von Gerolamo Cardano, *De malo medendi usu,* befassen konnte, das mich gerade druckfrisch aus Venedig erreichte.«

»Wieso? Ist das denn ein besonders nützliches Werk?«

»O nein. Das nicht. Es enthält zahlreiche Fehler, und man versteht rein gar nichts. Ja, dieser Cardano scheint mir ein rechter Narr zu sein. Doch wie dem auch sei …«

Schyron brachte ihn mit einer schroffen Geste zum Schweigen. »Neben Monsieur Notredame benötige ich keine weiteren Helfer. Wenn Messieurs erlauben, würde ich jetzt gern mit ihm unter vier Augen sprechen.« Er stieg die Stufen des Chors hinunter und gab Michel ein Zeichen, ihm zu folgen. Am Altar vorbei gelangten sie ins Kirchenschiff, das in einen duftenden Nebel gehüllt war.

Offenbar hatte man wegen der Pest und angesichts der Anwesenheit der Stadträte dem üblichen Weihrauch Aloe und andere aromatische Substanzen beigemischt. Das Resultat war allerdings, dass nun das Atmen schwer fiel.

»Ihr werdet mir also wirklich helfen?« fragte Schyron noch einmal, als sie beim Weihwasserbecken angekommen waren. »Seinerzeit hat mir Rabelais erzählt, welche entscheidende Rolle Ihr bei der Bekämpfung der Pest in Montpellier gespielt habt. Ich könnte Euch den Titel eines *conservator pestis* verleihen und auch ein kleines Entgelt zahlen.«

Michel, der seinen viereckigen Hut in der Hand hielt, verneigte sich tief, wobei er seinem Gegenüber die ersten Anzeichen einer beginnenden Glatze zeigte.

»Ich helfe Euch gern, Maître, auch ohne offizielles Amt. Nun jedoch möchte ich Euch bitten, mich für einen Moment zu entlassen. Ihr habt selbst gehört, was meiner Gemahlin zugestoßen ist.«

»Ja, gewiss, sie wird Euch jetzt brauchen«, stimmte Schyron zu. »Geht nur. Wir treffen uns dann morgen früh hier vor der Kirche.«

Michel bekreuzigte sich und entfernte sich in aller Eile. Die Straßen waren menschenleer, doch aus den geöffneten Fenstern drang das Stöhnen der Kranken und das Weinen der Kinder. In der Ferne hörte man die Totenglocke und die obszönen Gesänge der *alarbres,* die nur betrunken die Kraft fanden, ihre entsetzliche Arbeit zu tun.

Michel bemerkte, dass der perfekt runde Mond am fast sternenlosen Himmel eine rötliche Farbe aufwies. Wenn das kein schlechtes Vorzeichen war! Seine Neigung zum Pessimismus, wie sie bei einem unter dem Einfluss des Saturn geborenen Menschen nicht anders zu erwarten war, wurde durch seine trüben Gedanken noch verstärkt. Ein Spanier in seinem Haus! Bezüglich seiner Identität hatte er keine Zweifel. Die Vision, die er vor längerer Zeit nach der Einnahme des Habichtskrauts gehabt hatte, war eindeutig. Er zweifelte nur daran, dass der Fremde Gewalt anwenden musste, um Magdelène zu besitzen.

Tränen stiegen ihm in die Augen. Magdelène war ein Kreuz für ihn, ein ständiges Hindernis auf dem Weg zur Verwirklichung seiner ehrgeizigen Pläne. Ihr gegenüber hatte er immer eine beschämende Schwäche an den Tag gelegt. Nach der Vision hatte er sie zwar so heftig geschlagen, dass sie ohnmächtig geworden war, aber gezähmt hatte er sie dadurch nicht. Nicht nur hatte sie nichts zugeben wollen, nein, sie hatte ihn auch noch als Phantasten hingestellt und entsprechend verhöhnt. Aber jetzt war Schluss damit. Jetzt war der Moment gekommen, sie aus dem Haus zu jagen und in irgendeiner Absteige verrecken zu lassen. Doch was würden seine Mitbürger dazu sagen? Vielleicht würden sie ihn als gehörnten Ehemann verlachen und sich auf ihre Seite stellen? Sein Ansehen wäre mit einem Schlag auf dem Tiefpunkt angelangt.

Als sein Haus in Sichtweite kam und sein Blick auf die nur mit einer Plane überdachte Apotheke fiel, verwandelten sich die unterdrückten Tränen in ein haltloses Weinen. Dieser schäbige Laden, den er mit so viel Mühe aufgebaut hatte, sollte die erste Stufe auf seinem Weg zur endgültigen Befreiung sein. Zwar hatte er sich damit abfinden müssen, nicht als Arzt, sondern nur als Apotheker zu praktizieren, weil er keinesfalls die Missgunst der anderen ortsansässigen Ärzte wecken wollte, die jederzeit seine jüdische Abstammung wieder zur Sprache bringen konnten. Er wusste ja, dass sie ihn unter sich *recutius* nannten, eine abfällige Bezeichnung für jene getauften Juden, die sich auf chirurgischem Wege die Vorhaut wiederherstellen ließen. Nur dadurch, dass er immer eine gewisse Distanz hielt, hatte er Neid und Spott vermeiden können. Aber die Apotheke sollte seinen Aufstieg begründen. Und nun machte seine Frau alles zunichte…

Mit dem Ärmel wischte er sich über Nase und Augen und kramte in seinen Taschen nach dem Hausschlüssel, aber er war zu nervös, und so hämmerte er bald schon wie von Sinnen gegen die Tür. Kurz darauf erschien Magdelène und öffnete ihm. Michel stürzte sich auf sie, packte sie am Hals und drängte sie gegen die Wand in der Vorhalle. Dabei fiel ihr der Leuchter aus der Hand.

Zum Glück spendete eine Ölfunzel, die auf einem Tischchen stand, noch etwas Licht. »Wie heißt er?«, brüllte er, indem er noch fester zupackte.

Magdelène rang nach Luft und brachte dann schließlich mit Mühe heraus: »Er heißt Diego … Diego Domingo Molinas.«

»Gib's zu: Er ist dein Liebhaber.«

Obwohl erschrocken, schien Magdelène nicht wirklich von Furcht ergriffen. »Nein, nein. Er hat versucht …, mir Gewalt anzutun.«

»Dir Gewalt anzutun? Erzähl mir nichts. Ich kenne dich doch!« Michel kam mit seinem Gesicht ganz nahe an das seiner Frau heran. »Ich glaube dir kein Wort. Du wirst mir jetzt die Wahrheit sagen!«

Magdelène presste die Lippen aufeinander, offenbar entschlossen, nicht nachzugeben, als vom Obergeschoss Priscilles Weinen zu ihnen drang. »Ja, ich werde Euch alles sagen«, raunte sie.

Michel ließ sie los und stieß sie in Richtung Salon. Bevor sie eintrat, wandte sie ihm einen flehenden Blick zu: »Erlaubt mir bitte, die Kinder zu holen. Ich kann sie da oben nicht alleine lassen.«

Er schüttelte den Kopf. »Die Kinder interessieren mich nicht. Das sind *deine* Kinder. Bei deinem Lebenswandel gibt es keinen Beweis dafür, dass ich der Vater bin. Aber sei unbesorgt. Sie werden nicht lange auf dich warten müssen.« Mit einem Kerzenleuchter zündete er die Lampe an, die von der Decke hing. Den Leuchter in der Hand, ging er auf seine Frau zu, die sich aufs Sofa geworfen hatte. »Diego Domingo Molinas«, murmelte er. »Erzähl mir mehr von ihm. Wer ist das genau?«

Magdelène, aufgeregt aber relativ gefasst, antwortete ohne Umschweife: »Ein Agent der spanischen Inquisition. Ein Familiare, wie er sagt.«

Michel schrak zusammen.

»Der spanischen Inquisition! Und warum interessiert er sich für uns?«

»Weil er überzeugt ist, dass Ihr Euch mit Zauberei befasst und einer Familie von Magiern entstammt.«

»So wenden sich die Geschichten, die mein Vater erfunden hat, um unseren Stammbaum zu veredeln, nun gegen mich«, dachte Michel mit lauter Stimme, die Stirn in tiefe Falten gelegt. Im Grunde seines Herzens wusste er, dass man ihn noch sehr viel schwerwiegenderer Dinge beschuldigen könnte, aber darüber wollte er lieber nicht nachdenken. »Wie lange triffst du dich schon mit ihm?«

»Schon lange. Schon seit der Zeit, als Ihr noch Student wart.«

»Du sagst das, ohne zu erröten, so als handelte es sich um das Normalste der Welt.«

»Versucht doch bitte, mich zu verstehen. Für mich ist es eine Erleichterung, Euch endlich alles zu beichten.«

Michel musste den Blick von Magdelènes Augen abwenden, in denen er weder Liebe, noch Unterwerfung oder Reue erkennen konnte: lediglich eine vage Beunruhigung wegen der beiden Kinder, die man im oberen Stockwerk immer noch weinen hörte. Er wischte sich den Schweiß von der Stirn: »Ich will die Wahrheit hören. Warst du seine Geliebte?«

»Nein, niemals!«

»Aber du hast mich in seinem Auftrag bespitzelt!«

»Das ja. Er hat mich erpresst. Er drohte, mich als Hexe auf den Scheiterhaufen zu bringen.«

Michel zuckte mit den Achseln. »In Frankreich werden doch heutzutage fast keine Hexen mehr verbrannt. Die Inquisition beschäftigt sich fast ausschließlich mit den Lutheranern, und auch denen gegenüber ist sie fast machtlos.«

»Bis vor einigen Jahren war das noch ganz anders.«

»Aber die Zeiten haben sich geändert. Das wusstest du sehr genau. Und dennoch hast du mich weiter bespitzelt. Nicht wahr?«

Magdelène wirkte jetzt sonderbar heiter, als sei ihr Schicksal ihr nun gleichgültig geworden. »Das ist wahr«, gab sie zu.

»Und warum? Dafür muss es doch einen Grund geben.«

»Ja, den gibt es auch«, antwortete Magdelène mit fester Stimme. »Molinas ist zwar eine widerwärtige Kreatur, aber er ist immer noch besser als Ihr.«

Michel war, als habe er einen Faustschlag in den Magen bekommen. Er ließ sich so schwer aufs Sofa fallen, dass ihm beinahe der Leuchter aus der Hand fiel. Er stellte ihn auf dem Boden ab und atmete tief durch, um wieder sprechen zu können.

»So verhasst bin ich dir also, du kleine Hure?«

»Ja. Das einzige, was Ihr mir gegeben habt, waren Erniedrigung und Schmerzen. Die Zusammenarbeit mit Molinas war meine Art, mich an Euch zu rächen. Auch wenn er eine Schlange in Menschengestalt ist.«

Es entstand ein langes Schweigen, so lang, dass sogar die Kinder aufhörten zu weinen. Michel saß vornübergebeugt, die Ellbogen auf den Knien, den Kopf in die Hände gestützt, reglos da, bis er irgendwann den Blick hob.

»Magdelène«, sagte er, seine Frau seit Jahren zum ersten Mal wieder mit dem Vornamen anredend, »du kannst dir denken, was ich mit dir tun werde?«

Die Frau zuckte die Achseln. »Wahrscheinlich werdet Ihr mich umbringen. Vielleicht schlagt und vergewaltigt Ihr mich auch zuvor. Aber töten werdet Ihr mich auf jeden Fall. Das seid Ihr Eurer gottverdammten Ehre schuldig.« Der Gebrauch des »Ihr«, mit dem sie sich absichtlich distanzierte, klang wie eine scharfe, eisige Klinge.

Überrascht blickte Michel seine Frau an, als sehe er sie zum ersten Mal. Ihr langes, rotes Haar war immer noch betörend schön, ebenso ihre tiefblauen Augen. Doch in das hübsche Gesicht, von dem die Sommersprossen mit Hilfe von Salben gewaltsam vertrieben worden waren, hatten sich tiefe Falten eingegraben, besonders auf der Stirn, und dunkle Ringe lagen unter den Augen. Der Mund, der früher so häufig gelächelt hatte, hatte einen eigenartigen, harten Zug bekommen.

Doch jetzt war keine Zeit für Sentimentalitäten. Michel richtete sich gebieterisch auf:

»Du unterstellst mir, dass ich mich wie ein Schurke verhalten habe und das beweist, dass du immer noch nicht aufrichtig bist. Doch ich will dir noch einmal Gelegenheit geben, mir das Gegenteil zu beweisen. Beantworte mir ganz ehrlich folgende Frage: Warst du an dem Diebstahl einer Handschrift beteiligt, die einmal mir gehört hat?«

Überrascht breitete Magdelène die Arme aus: »Nein. Damals kannten wir uns doch noch gar nicht.«

»Dann weißt du also, wovon ich spreche. Wo ist diese Handschrift? Bei Molinas?«

»Ja. So glaube ich zumindest. Hin und wieder hat er sie erwähnt, als Schlüssel, der zu Eurem Untergang führen würde.«

»Weißt du denn, was er daran so interessant findet?«

»Nein … Es sei denn, Ihr meint dieses seltsame Wort, das er häufig erwähnte und das ein Rätsel zu sein scheint, das ihn nicht mehr loslässt.«

»Was für ein Wort?«

»Ich glaube *Abra … Abraxas.*«

Michel stieß einen gotteslästerlichen Fluch aus, der ihn in Toulouse mit Sicherheit an den Pranger gebracht hätte. Er sprang auf und streckte den Zeigefinger gegen seine Frau aus: »Nein, ich werde dich nicht schlagen und auch nicht vergewaltigen. Ich verstoße dich. Nimm deine Brut und verlasse auf der Stelle mein Haus. Ich will dich nie mehr wieder sehen.«

Obwohl Magdelène innerlich bebte, ließ sie sich nichts anmerken, schluckte nur und sagte mit leiser Stimme: »Es ist schon tiefe Nacht, und ich wüsste nicht, wohin ich jetzt gehen sollte. Ich bitte Euch, gewährt mir noch bis morgen früh Obdach. Ich verspreche Euch, bei Sonnenaufgang werde ich Euer Haus für immer verlassen.«

»Nein. Sofort. Du besudelst mein Heim.«

Während Magdelène müde den Raum verließ, stand Michel mit gesenktem Haupt reglos da und bewegte sich auch nicht, als sie im Obergeschoss ein paar Sachen zusammenpackte und die Kinder anzog. Einen Moment fragte er sich, wie er reagieren würde, wenn seine Frau ihn endlich um Verzeihung bäte. Doch rasch verbannte er den Gedanken wieder aus seinem Hirn. Das Problem, auf das er sich nun konzentrieren musste, lag woanders. Wie würde er den Rauswurf seiner Frau und der Kinder gegenüber seinen Mitbürgern rechtfertigen? Gewiss, wenn er ihnen erklärte, dass Magdelène ein untreues Weib und die Kinder möglicherweise gar nicht seine eigenen waren, würden sicher viele Verständnis und Sympathie für sein Verhalten aufbringen. Aber würde er damit nicht gleichzeitig auch seine eigene Würde verletzen?

Er war derart in Gedanken versunken, dass er, hätten die Kinder nicht geweint, Magdelène gar nicht mehr bemerkt hätte. Voll bepackt schleppte sie sich zur Haustür. Michel drehte ihr den Rücken zu, und blieb mit gesenktem Kopf in der Tür des Salons stehen. Kurz darauf hörte er das metallische Geräusch, als der Riegel angehoben wurde. Wenig später wurde die Tür von einem Windstoß zugeschlagen.

Von draußen drang das Gebimmel der Glocke an einem Leichenkarren zu ihm, der langsam die Straße entlang rollte, während die *alarbres*, vom Wein erhitzt, ihre vulgären Lieder grölten. Er trat ans Fenster und sah, wie sich Magdelène mit den Kindern und dem Kleiderbündel auf dem Arm die vom Mond beschienene Straße hinunter schleppte. Anscheinend wusste sie nicht, wohin, denn sie machte nach nur wenigen Schritten Halt und blickte sich erschöpft um. Da hielt der Karren der *alarbres* neben ihr.

Einer der Männer lehnte sich hinaus und rief ihr etwas zu. Michel konnte die einzelnen Worte nicht verstehen, begriff jedoch, dass es sich um eine scherzhafte Aufforderung zum Aufsteigen handelte. Und zu seinem Entsetzen nahm Magdelène das Angebot tatsächlich an. Damit änderte sich schlagartig das Verhalten der *alarbres.* Zwei von ihnen hoben die Kinder auf den Wagen, während ein Dritter das Bündel auflud. Jener, der der Anführer zu sein schien, half der Frau aufzusteigen, und sagte dann etwas zu ihr, vielleicht eine Ermahnung, die Todkranken nicht zu berühren. Sie schien ihn jedoch nicht zu verstehen und sank, die Kinder zu sich rufend, mitten unter die reglos daliegenden Leiber.

Michel wurde von einer unbeschreiblichen Angst gepackt. Er versuchte, das Fenster aufzureißen und seine Frau zu warnen. Doch seine Hände zitterten, und so dauerte es eine Weile, bis er den Hebel angehoben hatte. Als er endlich den Kopf hinausstreckte, rumpelte der Karren schon in einiger Entfernung über das unebene Pflaster.

Michel konnte das Geräusch nicht ertragen. Er lief auf den Speicher, um an sein Habichtskraut zu kommen, ergriffen von dem verzweifelten Verlangen, der Wirklichkeit zu entfliehen, zumindest für eine Weile.

# Von Angesicht zu Angesicht

In Agen gab es kein richtiges Gefängnis; daher fand sich der mit Prellungen übersäte und blutende Molinas eingesperrt in einem Keller voller Fässer unter einer verrufenen Taverne wieder. Kaum hatten die beiden Soldaten in Diensten des Bailli den Gefangenen unsanft in die Zelle geworfen, deutete der Kommandierende, ein *Lieutenant criminel* namens Serrault, höhnisch auf das einzige Oberlicht, durch das ein schwacher Luftzug drang: »Macht Euch keine falschen Hoffnungen. Das Gitter sieht nicht besonders robust aus, aber Ihr werdet es weder herausreißen noch durchfeilen können.« Und als der Gefangene nicht antwortete, fügte er hinzu: »Normalerweise hätte man Euch in wenigen Stunden den Prozess gemacht und mit Sicherheit zum Tode verurteilt. Aber jetzt, wo die Pest wütet, wird es nicht so schnell gelingen, ein Tribunal zusammenzustellen. Macht Euch also auf eine lange Wartezeit gefasst und beklagt Euch nicht zu oft. Vielleicht rechnet man es Euch später an.«

Als der Mann gegangen war, blieb Molinas auf der nackten Erde, das Gesicht gegen den feuchten Boden gepresst liegen. Die Kühle schien das Brennen seiner Wunden ein wenig zu lindern. Dann versuchte er sich ganz vorsichtig aufzurichten. Er brauchte mehrere Anläufe, bis er endlich, unter starken Schmerzen, auf die Knie kam. In dieser Stellung verharrte er und bat Gott um Vergebung dafür, dass er wieder einmal dem Dämon des Fleisches erlegen war und damit den Erfolg seiner Ermittlungen über die gefährliche »Sekte der Illuminaten« gefährdet hatte. An allen Gliedern bebend, betete er wie gewöhnlich lange und hingebungsvoll. Doch der gekreuzigte Christus, der wie er sich vorstellte zwischen ihm und seinem Schöpfer vermittelte, schien trotz seines gleichmütigen Gesichtsausdrucks abweisend und unerbittlich zornig zu bleiben.

Er verstand, dass er nach einer Strafe verlangte, die seiner schweren Verfehlung angemessen war. Anscheinend war der Tod, der ihn hier erwartete, noch keine ausreichende Sühne, oder der Himmel hatte ihm ein anderes Schicksal zugedacht. Mit letzter Kraft stand er auf und trat wankend unter das Oberlicht. Den Umhang hatten sie ihm genommen, und das Wams aus schwarzem Samt, das er noch am Leibe trug, war verdreckt und zerrissen. Durch die Löcher konnte er die klaffenden Wunden auf seiner Brust sehen, und er wusste, dass auch sein Rücken nicht weniger zerschunden war. Die engen Beinkleider waren blutdurchtränkt.

Er blickte sich um. Unter den zahlreichen Fässern fiel ihm eines auf, das ziemlich morsch war und nur noch von einem verrosteten Metallband zusammengehalten wurde. Er humpelte dorthin und untersuchte es eingehend. Mit einiger Mühe schaffte er es, einen langen, verbogenen Nagel herauszuziehen. Genau das, was er jetzt brauchte.

Nun war über das weitere Vorgehen zu entscheiden. Am naheliegendsten wäre jetzt die Selbstkastration gewesen, und vielleicht verlangte der Gekreuzigte eben dies von ihm, so wie er es einst von Origines verlangt hatte. Molinas fand den Gedanken verlockend, verwarf ihn dann jedoch. Eine so schwerwiegende Verstümmelung hätte zu möglicherweise tödlichen Blutverlusten geführt, und falls er, was jedoch unwahrscheinlich war, doch überleben würde, wäre er seinen Feinden vollkommen ausgeliefert. Er musste etwas ebenso Grausames tun, ohne damit die Todsünde des Selbstmords auf sich zu laden.

Er trat wieder unter das Oberlicht und zog mit den Fingern seiner linken Hand den zerrissenen Stoff über einer breiten Wunde am Bauch auseinander. Die Ränder klafften noch auseinander, doch das Blut begann schon, zu einem dunklen, klebrigen Brei zu gerinnen. Er biss die Zähne aufeinander, setzte den Nagel an einem Ende der Wunde an und zog die Spitze mit einer raschen, entschlossenen Bewegung durch das Fleisch. Ein unmenschlicher Schmerz durchfuhr ihn, während frisches Blut über das schon geronnene Blut hinweg schoss und seinen Unterleib überschwemmte.

Damit nicht zufrieden, suchte er eine zweite Wunde auf seiner Brust und wiederholte den Vorgang. Diesmal konnte er einen Schmerzensschrei nicht unterdrücken. Während er die Sinne verlor, war ihm, als sehe er, wie sich die strengen Gesichtszüge Christi zu einem wohlwollenden Lächeln entspannten.

Er erwachte, als ihn wieder ein höllischer Schmerz durchfuhr, während ihm gleichzeitig der wohlvertraute Geruch von verbranntem Fleisch in die Nase stieg. Er brüllte so laut, dass er sich fast den Oberkiefer ausrenkte. Der Mann, der neben ihm kniete, ließ das glühende Eisen zurückschnellen, das er mit einer Zange hielt, und warf es weit weg. »So, das hätten wir«, hörte er ihn murmeln. »Die Wunden sind jetzt kauterisiert. Wäre es nicht eigentlich unvorstellbar, würde ich sagen, dass er sich die Verletzungen selbst beigebracht hat.«

Molinas' fiebriger Blick fiel auf zwei weitere Männer in der Zelle. Sein von Tränen verschleierter Blick erlaubte es ihm nicht, ihre Gestalt genau wahrzunehmen, aber er konnte genau hören, was einer der beiden gerade sagte.

»Also ich kann das nicht gutheißen. Draußen wächst uns die Arbeit über den Kopf, und wir vergeuden hier unsere Zeit mit diesem erbärmlichen Wurm. Warum haben wir ihn nicht verrecken lassen? Niemand hätte ihm eine Träne nachgeweint. Warum liegt dir nur so viel an ihm, Michel?«

»Erkennst du ihn denn nicht, Guillaume? Das ist der Spanier, den wir damals in Montpellier durchgeprügelt haben.«

Michel de Notredame, ja, das war seine Stimme, unverwechselbar. Der andere musste Guillaume Rondelet sein... Molinas' Geist war plötzlich so klar, dass er seine Schmerzen fast vergaß. Und der Dritte, der größte von ihnen, war mit Sicherheit François Robinet. Er befand sich in den Händen seiner Todfeinde!

»Du hast Recht, er sieht schlimm aus, aber ich erkenne ihn«, pflichtete ihm Rondelet bei. »Da, er scheint zu sich zu kommen. Gleich werden wir ihm ein paar Fragen stellen können.«

»Nein, lasst nur, das ist meine Sache«, erwiderte Notredame. »Ich habe noch eine Reihe alter Rechnungen mit ihm zu begleichen. Bringt ihr das Eisen und die glühenden Kohlen weg. Wir treffen uns dann beim Lazarett. Ich komme, sobald ich kann.«

Molinas sah, wie Robinet seinem Freund eine Hand auf die Schulter legte.

»Es ist vielleicht zu gefährlich, allein mit diesem Mann zu bleiben, Michel.«

»Aber nein, in diesem Zustand kann er mir unmöglich etwas antun. Und außerdem patrouilliert draußen ständig eine Wache. Geht nur, es wird nicht lange dauern.«

Molinas schloss die Augen, weil die Schmerzen wieder stärker wurden, und sah nicht mehr, wie die beiden Ärzte die Zelle verließen. Am Rasseln einer Kette hörte er, wie das Becken mit den glühenden Kohlen angehoben und fortgetragen wurde. So blieb er in tiefstem Frieden mit sich selbst liegen. Die Strafe, die er sich auferlegt hatte, hatte sein Fleisch und seine Seele gereinigt. Nun konnte er sich mit Wollust den Schmerzen hingeben, die so läuternd und so erlösend waren.

»Du kannst mich nicht täuschen. Ich weiß, dass du wach bist«, sagte Notredame mit harter Stimme. »Du bist bei vollem Bewusstsein, wie eine Schlange, wenn man ihr einen Teil des Schwanzes abschneidet.«

Aus seiner wohligen Qual gerissen, schlug Molinas die Augen auf. »Ja, ich bin wach. Aber ich habe Euch nichts zu sagen. Lasst mich allein.« Anfangs fiel ihm das Sprechen schwer, doch dann kamen ihm die Worte flüssig über die Lippen.

Notredame legte die Stirn in Falten.

»Wahrscheinlich habe ich dir gerade das Leben gerettet. Doch ich erwarte keinen Dank. Ich will nur wissen, warum du mich schon so lange mit der Besessenheit eines tollwütigen Hundes verfolgst.«

»Ihr wisst nichts über mich und Ihr werdet von mir nichts erfahren. Gebt es auf! Es ist zwecklos.«

Notredames Lippen verzogen sich zu einem höhnischen Grinsen.

»Du glaubst also, dass ich nichts über dich weiß? Da irrst du dich aber. Du heißt Diego Domingo Molinas, bist ein Untertan Karls V. und Familiare der spanischen Inquisition. Schon seit Jahren bist du hinter mir her und hast auch meine Gattin dazu verleitet, mich zu bespitzeln. Du hast mir eine Handschrift gestohlen und einen Berg von Anklagepunkten gegen mich zusammengetragen, ein Lügengebäude aus Dummheiten und Irrtümern. Wie du siehst, bringt dich deine Weigerung, mir Rede und Antwort zu stehen, nicht weiter.«

Trotz seiner Schmerzen lächelte Molinas innerlich. Er hatte wissen wollen, wie weit Notredames Kenntnisse über ihn reichten, und war nun im Bilde. Magdelène hatte ihrem Mann viel verraten, aber nicht alles. Um noch mehr zu erfahren, konnte er ihm nun einige kleinere Zugeständnisse machen. »Ja, das Heilige Tribunal, dem ich unterstehe, ist darüber unterrichtet, dass Ihr dem Teufel dient und von einem gewissen Ulrich von Mainz in die Schwarze Magie eingeführt wurdet.«

Notredame zuckte zusammen. »Das weißt du?« Er schluckte und brauchte eine Weile, bis er sich wieder gefangen hatte. Dann murmelte er mit unsicherer Stimme. »Wenn du so gut informiert bist, musst du ja wissen, das ich diesem Teil meiner Vergangenheit abgeschworen habe. Ich bin kein Schüler dieses Dämons und habe Ulrich seit zehn Jahren nicht mehr gesehen. Weder mit ihm noch mit anderen Hexenmeistern habe ich etwas zu schaffen.«

»Lügen«, knurrte Molinas. »Ihr entstammt einer Familie von Astrologen und Magiern! In Spanien, dem Herkunftsland Eurer Sippe, bereitet man schon seit Jahren einen Prozess gegen Euch vor.«

Über Notredames erregte Gesichtszüge huschte ein Schatten der Verblüffung. »Aber keiner meiner Vorfahren war jemals in Spanien! Das sind Märchen, die mein Vater ...« Plötzlich merkte er, dass er, der Ankläger, in die Defensive geriet. Rasch änderte er seinen Ton: »Schluss damit. Es war dein Fehler, einer Verfehlung aus meiner Jugendzeit zu große Bedeutung beizumessen. Ich bin nicht gefährlich. Aber was hat es noch für einen Sinn, dir zu widersprechen? Du wirst bald sterben. Trotz der Pest hat sich der Bailli auf mein Betreiben dazu bereit erklärt, dir gleich morgen den Prozess zu machen. Die Verbrennungen, die ich dir zu deiner Rettung beibringen musste, sind nur ein Vorgeschmack auf die Strafe, die dich erwartet. Du hast mein Leben und meine Familie zerstört, und deshalb werde ich, der Herr möge mir vergeben, deinen Todeskampf genießen. Es sei denn ...« Notredame machte eine wohlkalkulierte Pause. »Es sei denn, du sagst mir, wo die Handschrift versteckt ist, die du mir gestohlen hast. Wer hat dich hier in Agen beherbergt? Ich wette, dass sich die Handschrift im Hause deines Gastgebers befindet. Los, antworte, dann will ich mich für dich verwenden.«

Molinas zog einen Mundwinkel hoch.

»Ihr sprecht vom *Arbor mirabilis.* Aber es geht Euch wohl mehr um die Anmerkungen darin, von diesem Araber Al Farabi? Seht Ihr? Eure Lektüre beweist, dass Ihr keineswegs, wie Ihr mich glauben machen wollt, den Lehren Ulrichs abgeschworen habt.«

Zum ersten Mal im Verlauf des Gesprächs wurde Notredame jetzt wirklich von Entsetzen gepackt.

»Was weißt du darüber?« fragte er mit belegter Stimme. »Du willst mir doch nicht erzählen, dass dir die Entschlüsselung ...«

Er brach ab, weil plötzlich der *Lieutenant criminel* in Begleitung zweier Soldaten in der Kellertür stand.

»Zum Glück weiß der Pöbel noch nicht, dass wir den Spanier hier eingesperrt haben«, meinte er, während er die Steinstufen herunterkam. »Die Leute machen ihn für die Pest in der Stadt verantwortlich. Einige wollen ihn sogar gesehen haben, wie er mit

Gift getränkte Lappen in den Brunnen geworfen hat. Ganz Agen fordert seinen Kopf.«

Notredame zeigte auf den Gefangenen. »Nehmt ihn mit, Monsieur, und werft ihn ruhigen Gewissens dem Pöbel vor. Schon die paar Minuten mit ihm haben mich überzeugt, dass er die Seuche in die Stadt gebracht hat.«

Molinas schreckte auf. Alles hätte er sich erwartet, nur nicht ein solches Ende. Sollte dieser Hexenmeister tatsächlich ungeschoren davonkommen? Der von Gott gewollte Plan zur Vernichtung dieses Frevlers eine Lücke aufweisen? Nein, das war unmöglich. Es musste einen Ausweg geben. Wenn nur diese Schmerzen nicht gewesen wären, die jetzt rein gar nichts Befreiendes mehr an sich hatten …

Monsieur Serrault nickte zufrieden. »Aus dem Munde eines so bedeutenden Mannes wie Euch kommen diese Worte einem Urteil gleich. Selbstverständlich werde ich mich noch mit dem Bailli beraten müssen. Doch auch ich halte es für das Beste, den Gefangenen dem Pöbel auszuliefern, der vor dem Rathaus zusammengelaufen ist und darauf brennt, diesen Mörder zu richten. Folgt mir. Der Bailli wird sich freuen, auch Euch zu empfangen.«

Molinas, der fieberhaft nach einem Ausweg gesucht hatte, kam plötzlich der rettende Gedanke: »Es lebe Luther!« rief er laut, mit allem, was seine schmerzenden Lungen noch hergaben. »Tod dem Papst und all seinen Anhängern! An der Pest sollen sie sterben, so hat Luther befohlen, und ich habe gehorcht! In ganz Frankreich wird kein einziger Katholik am Leben bleiben!«

Serrault, der schon auf der Treppe stand, drehte sich entgeistert um.

»Was soll das? Was habt Ihr mit Luther zu schaffen?«

Notredame, gleichermaßen überrascht, fasste Serrault am Ärmel.

»Monsieur, ich habe das Gefühl, der Schurke will uns hinters Licht führen. Der ist doch kein Lutheraner, ganz im Gegenteil …«

Molinas hob den Zeigefinger und deklamierte weiter. »Die

Schreckensherrschaft der korrupten, parasitären Römischen Kirche geht ihrem Ende entgegen. Hunderte weiterer Männer haben so wie ich damit begonnen, in jedem Winkel Frankreichs die Pest zu verbreiten, um der Großen Hure Rom den Garaus zu machen! Martin Luther hat uns zum entscheidenden Kampf aufgerufen! Armageddon, die große Läuterung. Den sündigen Ländern Frankreichs werden wir unser Brandmal aufdrücken!«

Serrault war fassungslos. »Mein Gott. Das ist ja ein Ungeheuer. Und was sagt er? Es sollen noch andere wie er frei herumlaufen?« Er atmete tief durch, um seine Erregung in den Griff zu bekommen. »Dies ist kein Fall für unsere Gerichtsbarkeit. Wir müssen ihn der Inquisition von Toulouse überstellen.«

Plötzlich ging Notredame auf, was sein Feind mit den Tiraden gegen die Kirche bezwecken wollte. Er hielt den *Lieutenant criminel* am Arm zurück.

»Nein. Wartet. Das ist genau das, was er will. Er will der Inquisition ausgeliefert werden, weil er selbst ein Mitglied der Inquisition ist!«

»Luther hat Recht. Die Hure Rom hat lange genug ihr Unwesen getrieben«, schrie Molinas. »Und auch Euer König Franz wird hinweggefegt werden. Die Zeit der hugenottischen Rache ist angebrochen, und die Pest ist ihr Werkzeug!«

»Habt Ihr das gehört? Jetzt bedroht er sogar noch den König!«, stieß der *Lieutenant criminel* hervor, indem er sich aus dem lästigen Griff Notredames löste. »Der Bailli wird über den Fall entscheiden. Aber für mich haben wir es hier eindeutig mit einer Verschwörung gegen das Königreich zu tun! Dieser Ketzer wird sich dafür vor den zuständigen Autoritäten verantworten müssen.«

»Aber nein. Versteht doch. Er hält uns zum Narren«, rief Notredame. »Das ergibt doch alles keinen Sinn. Die Hugenotten bleiben doch auch nicht vor der Pest verschont. Dieser Gauner hat nur Angst vor dem Pöbel und vor unserem Urteil. Er ist kein Ketzer und ist es auch nie gewesen!«

Molinas bemerkte, dass der *Lieutenant criminel* einen Moment zögerte. Jetzt galt es, nicht nachzulassen. »Sarrazin hat mir die Häuser jener Papisten gezeigt, die als erste an die Reihe kommen sollten«, zischte er, »und es wird keine Woche mehr vergehen, bis sie alle tot sind. Dann wird die Pest den Widerstand des belagerten Marseille brechen, und die protestantischen Brüder im Norden werden Paris verheeren, so wie es unlängst mit Rom geschehen ist. So lange, bis König Franz schließlich unter den Schlägen meiner Freunde fällt, wenn er nicht jetzt schon tot ist.«

Serrault war leichenblass, und auch seine Soldaten waren fassungslos. »Er kennt Sarrazin und weiß, dass er Hugenotte ist. Nein, hier werden entsetzliche Dinge geplant, die wir unter allen Umständen in ihrem ganzen Ausmaß ans Tageslicht bringen müssen. Das Leben unseres Souveräns und der Bestand der Provence hängen davon ab.« Er nahm die letzten Stufen der Treppe. »Monsieur de Notredame, folgt mir! Hier könnt Ihr nicht alleine bleiben.«

»Merkt Ihr denn nicht, dass er nur wirres Zeug redet?« Notredame war der Verzweiflung nahe. »Seit wann ist denn Karl V. Lutheraner? Und was Sarrazin betrifft…«

Der *Lieutenant criminel* schüttelte den Kopf. »Eure Bedenken könnt Ihr dem Bailli auseinander setzen. Meine Pflicht ist es, ihn umgehend zu verständigen. Kommt schon, wir dürfen keine Zeit verlieren.« Und an seine Soldaten gewandt: »Holt Verstärkung und haltet den Pöbel von diesem Keller fern. Wir brauchen den Verschwörer lebend.«

Seufzend folgte Notredame Serrault zur Tür und drehte sich dort noch einmal zu Molinas um. Auf dessen ausgezehrtem Gesicht lag ein breites Grinsen, das seine infernalische Freude verriet. Doch in diesem Moment fasste ihn eine Wache am Arm, zog ihn hinaus, schlug die Tür zu und schob den schweren Riegel vor.

Als er allein war, gab sich Molinas für einen Augenblick einer ungebremsten Euphorie hin, die sich in einem trockenen, asthmatischen Lachen Luft machte. Doch er hatte nicht mehr an seine Verletzungen und die Brandwunden gedacht, von allen Seiten durchfuhr ihn ein Schmerz, der so stark war, dass er seinen Geist vernebelte. Er fiel auf den mit Blut besudelten Boden, krümmte und wand sich wie ein Wurm, um nicht wieder die Besinnung zu verlieren. Sein Geist gehorchte, aber um den Preis unmenschlicher Schmerzen, die ihn laut aufschreien ließen.

Dann blieb er einige Minuten reglos liegen und versuchte, sich an ein Gebet zu erinnern. Doch von allen, die er kannte, fielen ihm nur die ersten Worte ein. Da drang zu seiner Überraschung erneut Notredames erregte Stimme an sein Ohr, die diesmal vom Oberlicht her zu kommen schien. Das Fensterchen war jedoch ein gutes Stück von der Stelle, wo er lag, entfernt. Also drehte er sich auf den Bauch und robbte keuchend auf Ellbogen und Knien zu dem schwachen Lichtschein. Seine Anstrengung wurde belohnt, die Unterhaltung war nun klar und deutlich zu hören.

»Michel, du musst unbedingt mitkommen«, erklärte eine Stimme, die Molinas als die von Rondelet erkannte. »Ein Mensch, der dir sehr nahe steht, ist an der Pest erkrankt und liegt im Sterben.«

»Ein Mensch, der mir sehr nahe steht? Wer soll das sein?«

»Es ist schon Jahre her, dass wir sie das letzte Mal gesehen haben… Aber Robinet und ich sind sicher, dass es sich um deine Frau handelt.«

Notredame stieß einen entsetzten Schrei aus. »Unmöglich. Sie hat gestern Abend die Stadt verlassen, mit den Kindern…«

»Vielleicht ist sie es ja gar nicht. Wie ich schon sagte, ich bin mir nicht sicher. Jedenfalls ist diese Frau auf einem Karren der *alarbres* mitgefahren und hat sich durch den Kontakt mit den Kranken und Toten… Du weißt selbst, was das heißt. Es waren genau die *alarbres,* bei denen sie mitgefahren ist, die mir davon erzählten. Schon als sie vom Karren gestiegen ist, hatte sie Fieber.«

»Und… die Kinder?«, fragte Notredame stammelnd.

»Die Frau hatte zwei Kinder dabei, einen Jungen und ein Mädchen. Die Kleine ist schon tot, und der Junge liegt neben seiner Mutter im Sterben.«

An Molinas' Ohren drang ein tiefes Stöhnen. Dann Notredames verzerrte Stimme, die murmelte:

»Führt mich zu ihr. Bitte! Ich wollte doch nicht…«

»Was wolltest du nicht?«, fragte Robinet.

»Lass ihn, François«, mischte sich Rondelet ein, »komm, Michel. Es ist nicht weit.«

Als es wieder still war, drehte sich Molinas auf den Rücken. Trotz oder vielleicht auch wegen des Fiebers, rasten seine Gedanken. Magdelènes Tod käme ihm sehr gelegen. Damit wäre die Hauptbelastungszeugin gegen ihn aus dem Weg geräumt. Voller Genugtuung stieß Molinas einen tiefen Seufzer aus seiner schmerzenden Brust. Nein, der göttliche Plan war nicht in Unordnung geraten. Jedes Steinchen fand seinen Platz in dem großen Mosaik. Und das rechtfertigte all seine körperlichen Qualen, die so grausam waren und so befreiend.

# Die Agonie

Kaum hatte Michel von der Tragödie erfahren, war er davongestürmt, so rasch, dass die Freunde ihm kaum folgen konnten. In der glühenden Sonne, die Agen fest im Griff hatte, brach ihm bald schon der Schweiß aus. Aber er merkte es gar nicht. Im Kopf hatte er nur das Bild seiner Frau, seiner Kinder…

Überall waren die Zeichen der Katastrophe zu sehen, die die Stadt getroffen hatte. Abgesehen von den Karren der *alarbres* waren die Straßen menschenleer, und nur einige streunende Hunde durchwühlten kläffend die Abfallhaufen, von denen es jetzt mehr als genug gab. Es schien fast, als hätten die Händler und Handwerker, Notabeln und Geistlichen rasch noch ihre Waren und Gerätschaften auf die Straße geworfen, bevor sie ihre Beschäftigungen aufgaben, um wer weiß wo Zuflucht zu suchen. Hier ein Ballen wertvollen Stoffes, dort ein ganzer Tresen inmitten zerborstener Flaschen und Scherben, im Abwasserkanal eine Monstranz, geschwärzt von der Flüssigkeit aus einem zerbrochenen Tintenfass, das zusammen mit dem Schreibtisch auf der Straße gelandet war. Wahrscheinlicher aber war, dass skrupellose Plünderer, Berufsdiebe oder Söldner zu Beginn der Epidemie in die Häuser oder Geschäfte der ersten Opfer eingebrochen waren – um vielleicht kurz darauf selbst der Krankheit zu erliegen. Nur die *alarbres* schienen unverwundbar, und durchquerten schon zu dieser frühen Morgenstunde stolz und betrunken diese Szenerie des Todes.

Agen verfügte über ein eigenes Lazarett am Rande der Stadt, von hohen Mauern umschlossen. Doch gab es mittlerweile so viele Kranke, dass man vor dem Gebäude behelfsmäßige Strohlager auf der Wiese vor dem Gebäude aufgeschüttet hatte, manche unter einem kleinen Zeltdach, andere schutzlos der gleißenden Sonne ausgesetzt. Immerhin konnte sich dort draußen der Pestgestank besser auflösen, und manch ein Todkranker mochte die warmen Sonnenstrahlen wie lindernden Balsam gegen die Kälte empfinden, die in seinem Körper tobte.

An der Wiese angekommen, blickte sich Michel verwirrt um, als ihm plötzlich Jean Schyron in den Weg trat. »Wo habt Ihr denn gesteckt«, herrschte er ihn mit strenger Miene an. »Soll das Eure versprochene Hilfe sein?«

Robinet, der jetzt hinter Notredame angelaufen kam, hatte die Worte gehört und nahm seinen Freund in Schutz: »Verzeiht, aber seine Frau ist unter den Kranken.«

»Das tut mir furchtbar Leid, Monsieur de Notredame«, murmelte Schyron betroffen, »kümmert Euch nur um sie. Wenn ich etwas tun kann…«

Michel ging weiter auf die Strohlager zu. Rondelet schloss zu ihm auf und fasste ihn am Arm. »Komm, ich führe dich hin. Sie ist dort drüben.«

Gemeinsam gingen sie zwischen den Lagern hindurch, auf denen sich entsetzliche menschliche Tragödien abspielten: Sie sahen mit Beulen übersäte Kinder, die sich verzweifelt an ihre von der Krankheit entstellten Mütter klammerten, Eheleute, die eng umschlungen gemeinsam auf den Tod warteten, reife Männer, die sich ungläubig den Oberkörper abtasteten, während ihnen Ströme stinkenden Eiters durch die Finger rannen. Und mittendrin die furchterregenden Gestalten der Ärzte, mit den langen Schnäbeln, den Augen aus Glas und den ledernen Brustpanzern, die ihre Bewegungen verlangsamten.

»Wir sind da. Sie liegt dort unter dem Zelt«, erklärte Robinet.

Zuerst erblickte Michel nur den muskulösen Rücken eines Mannes, der über eine Art Bündel gebeugt war. Als er die Schritte der Neuankömmlinge vernahm, drehte er sich mit feindseliger Miene zu ihnen um. Er trug ein weit offenes weißes Hemd, das seinen muskulösen Oberkörper sehen ließ. Zwischen der dichten

Brustbehaarung hing eine Goldkette, die einmal einem Chevalier oder Prälat gehört haben mochte.

»Du kannst gehen, guter Mann« sprach ihn Robinet an. »Danke, dass du dich um sie gekümmert hast. Ihr Ehemann ist jetzt da.«

»Aha, das ist also der Ehemann«, knurrte der Koloss und baute sich dicht vor Michel auf. »Jetzt hör mir mal gut zu, du Bürgersöhnchen. Ich mag ein Lump sein, das will ich gar nicht abstreiten. Aber du bist noch tausendmal schlimmer als ich. Du bist ein Mörder der widerlichsten Sorte. Aber das weißt du wohl selbst am besten, nicht wahr?«

Rondelet berührte den Hünen am Arm. »Geh jetzt, du hast schon mehr als deine Pflicht getan.« Er wartete, bis der Mann ihm den Rücken zudrehte und flüsterte dann zu Michel: »Das ist der *alarbre,* der deine Frau gestern Abend aufgelesen hat. Wenn es sich tatsächlich um deine Frau handelt.«

Ja, sie war es tatsächlich. In einem erbärmlichen Zustand, bekleidet mit einem Hemd, welches das schwärzliche Grauen, das unter ihren Achseln nistete, nicht verbergen konnte, aber trotz allem immer noch schön. Sie hatte René fest an sich gedrückt, doch der Junge schien nicht mehr zu atmen. Wahrscheinlich hatten die Ärzte ihn aus reiner Barmherzigkeit in ihren Armen gelassen.

»Wir lassen dich jetzt wohl besser mit ihr allein«, murmelte Rondelet. »Wir halten uns in der Nähe auf. Gib uns Bescheid, wenn du Hilfe brauchst.«

Das war die Situation, die Michel am meisten gefürchtet hatte. Er sah, wie Magdelène die grünen, fieberglänzenden Augen zu ihm hob und ihn anstarrte, als würde sie ihn kaum erkennen. Über ihre Lippen kamen mit matter Stimme Worte, die an niemanden Bestimmten gerichtet waren:

»Wo ist meine Tochter? Warum hat man sie fortgebracht?«

Michel wäre am liebsten weggelaufen, aber dafür war es jetzt zu spät. Er betrachtete diesen geschundenen Körper, den er so oft geschlagen, vergewaltigt und zum Objekt seiner Lüste erniedrigt hatte. Mühsam versuchte er, sich jene Magdelène in Erinnerung zu rufen, die ihn bespitzelt und betrogen hatte. Aber es gelang ihm nicht. Das Bild entzog sich ihm, wie Sand, der durch die Finger rinnt. So hatte er keine andere Wahl: Er musste mit ihr reden. Aber was sollte er ihr sagen? In seiner Hilflosigkeit brachte er nur banale, unaufrichtige Worte über seine Lippen:

»Du wirst wieder gesund, Magdelène. Ich bin ganz sicher. Du wirst wieder gesund.«

Sie kniff ein wenig die Augen zusammen, so als versuche sie, den Mann an ihrem Lager besser zu erkennen. »Michel?«, sagte sie, einen Krampf überwindend, der ihre Lippen blockierte. »Bist du es?«

»Ja, ich bin es.« Michel hustete, so als müsse er seine Kehle von einem dicken Kloß befreien. Es dauerte eine Weile, bis er wieder sprechen konnte. »Glaub mir. In diesem Moment würde ich gerne mein Leben für deines geben.«

Magdelènes Antwort traf in völlig unerwartet. »Ach hättest du doch dein Leben für das von Priscille gegeben. Man hat sie mir weggenommen. Ich glaube, sie ist tot.«

Michel zuckte zusammen, und war zu nichts anderem fähig, als weiter zu lügen:

»Nein, nein, sie lebt. Unsere Tochter lebt.«

»Gestern war sie nicht mehr deine Tochter. Und René nicht mehr dein Sohn. Aber ich fürchte, er ist auch tot.«

Michel war erschüttert. Er hatte sich Tränen erwartet, Vorwürfe oder kalte Gleichgültigkeit. Aber nichts von alledem. War sie überhaupt noch bei Sinnen? Egal, er musste ihr irgendwie helfen. »Bitte, hör mich an«, sagte er mit leiser, bebender Stimme. »Ich habe dir furchtbar unrecht getan. Immer wieder. Das weiß ich. Aber ich werde alles wieder gut machen. Glaub mir, wir können es schaffen, wir können doch noch zusammen glücklich werden. Wir müssen es. Aber zuerst musst du gesund werden. Hör zu, ich habe ein Mittel gegen die Pest entwickelt, von dem noch niemand weiß. Ich laufe jetzt nach Hause und hole es…«

»Nein, geh nicht fort.«

Michel war, als höre er aus diesen mit kehliger Stimme vorgebrachten Worten so etwas wie Zuneigung heraus. Und plötzlich liefen ihm die Tränen, die schon so lange seine Augen gefüllt hatten, in Strömen übers Gesicht. Er suchte die Hände seiner Frau, die den Leichnam ihres Sohnes umklammerten, und streichelte sie zärtlich.

»Du wirst sehen. Du wirst wieder gesund. Und viele andere Kranke auch!«

Doch Magdelène schien ihn nicht zu hören.

»Geh nicht fort«, flehte sie noch einmal, ihr rotes Haar schüttelnd. »Die unbekannten Toten werden in ein Massengrab geworfen, aber ich wünsche mir einen Platz nur für mich und meine Kinder. Du kannst dafür sorgen, dass wir ein eigenes Grab bekommen. Bleib hier, ich bitte dich: Mit mir geht es gleich zu Ende. Wie gerne hätte ich auch Priscille bei mir, aber ich fürchte, man hat sie schon beerdigt.«

Michel zerriss es innerlich. Aber er wusste nicht, wie er seine Frau erreichen sollte. Es kam ihm vor, als würde er gegen eine Wand reden. Er hielt seine Tränen zurück und stieß voller Hass den Namen jenes Mannes aus, der Schuld an alledem war. »Molinas! Wir hätten ein glückliches Leben führen können, wenn sich diese Viper nicht in unser Haus eingeschlichen hätte. Dieser Mann ist ein Teufel, das Fleisch gewordene Böse.«

Magdelènes Körper zog sich zusammen, womöglich in einem Anfall von Schüttelfrost, und der kleine tote René glitt aus ihren Armen. Doch sie schien es gar nicht zu merken und drückte weiter das Nichts an sich. Dann verzogen sich ihre ausgedörrten Lippen zu einem verbitterten Lächeln. »Wie seltsam ist doch das Leben!«, murmelte sie. »Molinas scheint der Bösewicht zu sein, dabei ist er in diesem Drama von uns allen noch der Aufrechteste. Ja, er hat mich missbraucht, aber in der festen Überzeugung, etwas Gutes zu tun. Auch meinen Körper hat er missbraucht, jedoch auf eine fast unschuldige Weise, ohne mich jemals zu berühren. Die

Enthaltsamkeit, die er gelobt hat, setzt ihm zu. Er weiß, dass er eine Ratte ist, und ich glaube, er leidet auch darunter. Im Grunde verachtet er sich selbst am meisten. Aber er ist nicht selbstherrlich und setzt nicht alles daran, Ansehen zu erlangen.«

Michel verstand nicht, was sie ihm sagen wollte. Oder vielleicht verstand er sie auch, schob aber sogleich den Gedanken zur Seite und tat ihre Worte als Auswirkung des Fiebers ab. Unmöglich konnte eine Frau, die bei Sinnen war, solch komplizierten Gedankengängen Ausdruck geben. Er winkte Rondelet herbei, der jetzt auch eine Vogelmaske und den ledernen Brustpanzer trug. »Was gibt's?«, fragte er, indem er sich bückte, um den Kopf des Kindes anzuheben. Ließ ihn aber sofort wieder niedersinken.

Michel deutete auf Magdelène.

»Könnten wir sie nicht zu mir nach Hause bringen? Ich möchte mich dort um sie kümmern.«

»Nun ja, ich denke schon. Eigentlich ist es ja verboten, aber Schyron wird sicher …«

»Ich will nicht zurück in sein Haus.« Magdelène hatte mit matter, aber entschlossener Stimme gesprochen. Es war ein bedrückendes Bild, wie sie weiter die Arme über der Brust verschränkt hatte, so als hielte sie immer noch ihr Kind im Arm. Anscheinend sah und fühlte sie schon fast nichts mehr, stattdessen schien ihr Geist erstaunlich wach und durch die Krankheit noch erstaunlich geschärft zu sein. »Ich will nicht zurück in sein Haus«, sagte sie noch einmal. »Das war mein Gefängnis.«

Rondelet bemerkte Michels Verlegenheit und antwortete für ihn:

»Überlegt es Euch gut, Madame. Ihr wisst doch, dass Euer Gatte ein hervorragender Arzt ist und schon viele Pestkranke geheilt hat. Er kann Euch helfen. Hier liegt Euer Schicksal allein in Gottes Hand.« Noch einmal gelang es Magdelène alle zu verblüffen:

»Mir ist die Hand Gottes lieber als die eines Mannes, der nur auf sein Ansehen bedacht ist.«

Rondelet blickte Michel verwirrt an.

»Sie muss eine sehr intelligente Frau gewesen sein.«

»Ja, das war sie, das war sie.« Doch seine Verzweiflung hinderte ihn nicht daran, mechanisch hinzuzufügen: »Obwohl sie von niederem Stand war.«

In diesem Moment stieß Magdelène einen erstickten Schrei aus. Anscheinend waren ihre Sinne für einen Augenblick wieder erwacht, und sie hatte gemerkt, dass sie nichts mehr im Arm hielt.

»Wo ist mein René? Habt ihr ihn mir auch fortgenommen?«

Rondelet beugte sich über das Strohlager.

»Es tut mir so Leid, Madame, aber René ist tot.« Er wagte es nicht, den kleinen Körper auf dem Fußboden zu berühren, aus Angst die Frau könne es sehen. »Ihr habt mein Wort, er wird eine christliche Bestattung erhalten.«

»So bin ich jetzt ganz allein. Wären meine Schwestern noch am Leben, wären sie in diesem Augenblick bei mir. Mir bleibt nichts anderes als auch zu sterben.«

»Wir brauchen einen Priester. Hier muss doch irgendwo ein Priester sein«, stieß Michel hervor. Die Situation war ihm unerträglich, und er gierte danach, ihr wieder einen Rahmen zu geben, in dem er sich trotz aller Verzweiflung etwas sicherer bewegen konnte. »Wer spendet denn hier im Lager die Sakramente?«

Rondolet machte Anstalten zu antworten, doch Magdelène kam ihm zuvor. »Ich will keinen Priester. Priester waren meine ersten Männer, und ich erst elf Jahre alt. Sie sollen nicht auch meine Letzten sein.«

»Hör auf, Magdelène, versündige dich nicht!« Michel beugte sich über seine Frau und hob sie hoch, ohne sich durch den Eiter und den Fäulnisgestank, der von ihrem geschwächten Körper ausging, beirren zu lassen. Er blickte zu Rondelet und Robinet, der jetzt gerade mit dem ledernen Brustpanzer bekleidet zu ihnen trat, und erklärte in einem Ton, der keinen Widerspruch zuließ: »Ich bringe sie fort.«

Während er sich entfernte, hörte er noch deutlich den Wortwechsel zwischen den beiden Freunden. »Ich bin sprachlos«, flüsterte Rondelet. »Ich weiß nicht, ob diese Frau ein Engel oder ein Teufel ist.«

»Engel und Teufel haben eine gemeinsame Herkunft!«, antwortete Robinet geheimnisvoll. »Komm, die anderen Kranken brauchen unsere Hilfe.«

Am Rande des Lazaretts sah Michel, der seine Frau aufgewühlt und schmerzzerrissen in den Armen hielt und fest an sich drückte, wie eine der vogelartigen Gestalten auf ihn zukam. Als der Mann vor ihm stand und die Maske abnahm, erkannte er Philibert Sarrazin, in dessen Nasenlöchern mit Desinfektionsmittel getränkte Baumwolltupfer steckten. Fast erleichtert reagierte er auf die groteske Erscheinung. »Philibert! Ich brauche einen Karren, irgendein Fahrzeug. Ich muss Magdelène nach Hause bringen.«

»Die einzigen Karren, die es hier gibt, sind die der *alarbres*. Vielleicht kann ich aber …« Er brach ab, näherte sich der Frau auf Michels Armen und hob ihren Kopf an. »Bist du sicher, dass sie überhaupt noch atmet?«, fragte er in ungewollt barschem Ton.

»Ja, sicher. Bis eben noch …« Ein entsetzlicher Verdacht überkam ihn. Das Fleisch, das er an seine Brust gedrückt hatte, zitterte nicht mehr im Fieber. »Sie kann nicht tot sein … Unmöglich … So schnell ist die Pest nicht.«

Mit ernster Miene legte Sarrazin eine Hand auf das Herz der Frau und zog sie sofort wieder zurück.

»Leg sie auf den Boden, Michel. Magdelène ist von uns gegangen.«

Michel stieß einen erstickten Schrei aus und umklammerte den leblosen Körper so fest, als wolle er ihn beschützen. Jetzt erst spürte er, wie kalt seine Hände waren.

Sarrazin schüttelte den Kopf.

»Leg sie nieder. Als guter Christ weißt du, dass sie an einem anderen Ort weiterlebt.«

Michel begann zu weinen, doch er tat, wie ihm Sarrazin gesagt hatte. Behutsam bettete er die Tote auf den Boden, während ihm die Tränen über die Wangen rannen und seinen Bart benetzten. Er kniete neben ihr nieder, streichelte ihre Stirn und zog ihr das Hemd zurecht.

»Geh nach Hause, Michel«, forderte Sarrazin ihn mit ernster, fester Stimme auf. »Ich werde mich um sie kümmern. Ich werde einen katholischen Priester suchen. Sie wird ein würdiges Begräbnis bekommen.«

Es dauerte einige Augenblicke, bis dem verstörten Michel der Sinn dieser Worte aufging. Noch einmal fuhr er liebevoll über Magdelènes rotes Haar, das einzige Andenken an ihre frühere Schönheit, stand dann auf und sagte zu Sarrazin: »Sie wollte so gerne zusammen mit ihren Kindern bestattet werden... mit unseren Kindern.«

»Ich werde mein Möglichstes tun, um sie zu finden. Aber jetzt geh nach Hause.«

Wie betäubt machte sich Michel auf den Weg in die Innenstadt. Ihm war, als habe man ihm einen Teil seiner selbst entrissen, seines Lebens, seiner Hoffnungen. In einem Winkel seines Herzens wusste er aber auch, dass dieses Gefühl nicht ganz aufrichtig war. Seine toten Kinder beweinte er, aber als sie noch lebten, hatte er sie keineswegs bedingungslos geliebt, sondern immer wieder mit dem aufsässigen Verhalten ihrer Mutter in Verbindung gebracht. Und das Gleiche galt auch, wie ihm ein unterdrücktes, aber bohrendes Gefühl sagte, für seine Frau selbst. Auf seine Weise hatte er sie vielleicht geliebt, sie aber auch beharrlich als seinen Untergang betrachtet. Hatte er sie nicht selbst aus dem Haus geworfen? Es war Heuchelei, wenn er jetzt den gebrochenen Witwer spielte. Nein, er hatte sich richtig verhalten. Ihr ständiger Ungehorsam widersprach allen Regeln menschlichen Zusammenlebens. Ganz zu schweigen von der Tatsache, dass sie ihn bespitzelt und verraten hatte...

Doch es gelang ihm nicht, sich ganz diesen Gedanken zu überlassen. Die strengen Konventionen von Gesellschaft und Kirche schienen plötzlich ihren eisernen Griff gelockert zu haben. Er betete zu Gott, ihm die Kraft zu geben, nicht mehr zu weinen und zu leiden. Doch vielleicht auch wegen der stechenden Sonne, die ihn zwang, die Augen zusammenzukneifen, flossen die Tränen weiter in Strömen. Reiß dich zusammen, das gehört sich nicht, sagte er sich immer wieder. Doch es gelang ihm nicht.

Plötzlich fiel ihm der verhasste Name des Mannes wieder ein, der schuld war an all seinem Leid: Molinas! Von diesem Moment an hatte Michel keinen anderen Gedanken mehr. Es war Molinas gewesen, der sein Leben in Unordnung gebracht und seine Ehe zerstört hatte. Er allein hatte Magdelène verführt und sie zu ihren Verfehlungen und Missetaten angestiftet. Dieser Mann musste bestraft werden, und zwar ohne auf das Urteil einer weltlichen oder kirchlichen Gerichtsbarkeit zu hoffen, die dieser Spanier mit seinen Ränkespielen hinters Licht führen würde. Wie schon im Lazarett verschaffte es ihm auch jetzt wieder große Erleichterung, einen Sündenbock zu haben, auf den er seine eigenen Widersprüche und Zweifel schieben konnte. Auch wenn immer noch etwas an ihm nagte, das er nicht benennen und nicht ganz unterdrücken konnte. Aber immerhin weinte er jetzt nicht mehr.

In der Innenstadt angekommen, schlug er die Richtung zum Rathaus ein, in der Hoffnung, dort eine Menschenmenge zu finden, die die Auslieferung des angeblich für die Seuche verantwortlichen Spaniers forderte. Er selbst hätte sie zu dem Keller geführt, in den die Ratte sich verkrochen hatte. Doch die vielen Leichenkarren, die durch die Stadt ratterten, mussten den Leuten klar gemacht haben, wie gefährlich es war, sich in Gruppen zusammenzufinden. Der Platz vor dem Rathaus war menschenleer, auch das Gebäude selbst schien verwaist. Wahrscheinlich war der Bailli schließlich doch dem Beispiel der Adligen gefolgt und aufs Land geflohen. Und auch die Wachmannschaft war wer weiß wohin verschwunden.

Michel wurde klar, dass er keine andere Wahl hatte: Er musste auf eigene Faust handeln und seine Ehre selbst wiederherstellen. Niemand würde es wagen, ihn dafür zur Rechenschaft zu ziehen.

An den niedrigen Häusern aus grauem Stein entlang, streifte er durch die Straßen und suchte mit den Augen das Gerümpel ab, das auf dem Pflaster verstreut lag. Endlich fand er etwas, was seinen Zwecken dienlich sein konnte. Einen Dolch, wie ihn die Landsknechte benutzten, *cinquedea* genannt, weil er am Griff genau fünf Finger breit war. Eine seltene und tödliche Waffe, die wahrscheinlich ein Brigant oder Söldner in die Stadt gebracht hatte.

Er nahm den Dolch an sich und versteckte ihn unter seinem Wams. Während er noch seine Kleider ordnete, musste er plötzlich zurückweichen, weil eine schwarze, vierspännige Kutsche in voller Fahrt an ihm vorbei raste. Sicher saß ein Adliger darin, der es kaum erwarten konnte, die verpestete Stadt hinter sich zu lassen. Als die Kutsche vorüber war, vergewisserte sich Michel noch einmal, dass seine Waffe gut versteckt war und lenkte seine Schritte zu der Taverne, deren Keller als Gefängnis diente.

Dort angekommen, erblickte er einen Soldaten, der gerade dabei war, den Eingang des Hauses hinter sich abzuschließen.

»Wartet!«, rief ihm Michel zu. »Ich muss zu dem Gefangenen!«

»Zu welchem Gefangenen?«

»Zu dem Spanier, der unten im Keller sitzt. Ich bin Arzt und habe den Auftrag, ihn zu untersuchen.«

Der Soldat, ein Jüngling mit hagerem Gesicht, nahm den Helm ab, unter dem er mächtig schwitzte.

»Da seid Ihr zu spät dran. Er wurde soeben weggebracht.«

»Weggebracht? Von wem?«

»Von niemand Geringerem als Kardinal Della Rovere persönlich. Er ist extra deswegen nach Agen gekommen. Ich habe selbst gehört, wie er sagte, dass er im Auftrag der Inquisition von Toulouse unterwegs sei. Aber Ihr müsstet seine Kutsche eigentlich noch gesehen haben, eine schwarze Kutsche ohne Wappen.«

Michel verschlug es den Atem. Erst nach einigen Augenblicken gelang es ihm zu fragen:

»Wisst Ihr, wo ich den *Lieutenant criminel* finden kann? Ich muss ihn dringend sprechen.«

»Der saß auch in der Kutsche, mit dem Kardinal und dem Gefangenen.« Der Soldat deutete ein Lächeln an, wobei er seine verfaulten, lückenhaften Zahnreihen entblößte. »Wenn Ihr auch zu den Opfern des Spaniers gehört, kann ich Euch beruhigen. Er war entsetzlich zugerichtet und hat noch Blut verloren, während man ihn zur Kutsche schleifte. Und außerdem weiß man ja, dass die Inquisition solche Leute keineswegs mit Samthandschuhen anfasst. Ich möchte jedenfalls nicht in seiner Haut stecken.«

Michel ging wortlos davon. Zwei Straßen weiter warf er, einige Skorpione aufscheuchend, den Dolch in den ausgetrockneten staubigen Abwasserkanal in der Mitte der Straße.

Der Verlust seines Sündenbocks hatte genau die Wirkung, die er befürchtet hatte. Immer wieder sah er die Augen der sterbenden Magdelène vor sich, feucht von Tränen und beängstigend in ihrer abgrundtiefen Distanz.

Er spürte das starke Verlangen nach einem Pilosella-Aufguss.

# Der fünfte Inquisitor

Der junge Dominikaner ließ Diego Domingo Molinas unter dem Portikus des von zahlreichen Familiaren bewohnten Klosters San Tommaso stehen und verschwand. Molinas musste nicht lange warten. »Der *promotor fiscal* ist bereit, Euch zu empfangen«, verkündete der Geistliche. »Aber fasst Euch kurz, er hat nicht sehr viel Zeit.«

»Ich muss aber mit dem Großinquisitor sprechen«, protestierte Molinas. »Ich unterstehe ihm direkt.«

»Ihr wart wohl schon lange nicht mehr in Spanien. Habe ich Recht?«

»Nun ja. Seit gut zwei Jahren.«

»Und wann habt Ihr zum letzten Mal seine Eminenz Kardinal Manrique persönlich gesprochen?«

»Vor fünf Jahren.«

»Seht Ihr. Seitdem hat sich vieles geändert.« Der junge Mönch zeigte auf das geöffnete Tor. »Also, was ist jetzt? Wollt Ihr mir folgen?«

Sie betraten einen großen Saal mit Spitzbogengewölbe, der früher einmal als Refektorium gedient hatte. Nun wurde er fast vollständig von langen Tischen eingenommen, die mit Papieren übersät waren. An die zwanzig Schreiber ließen ihre Gänsekiele knarzend über die Blätter laufen, übertrugen Protokolle, vervielfältigten Haftbefehle oder versiegelten Schreiben, die in alle Regionen Europas und sogar in die Neue Welt hinausgingen. Zwei Notare, die an einem erhöhten Pult saßen, überwachten die Arbeit und klärten Fragen, die die Schreiber an sie richteten.

Das Kloster San Tommaso in Avila, das der frühere Großinquisitor Torquemada persönlich hatte errichten lassen, beherbergte in seinem verwinkelten Inneren mit sage und schreibe drei Kreuzgängen eine der perfektesten Bürokratien in ganz Europa. Dies war nicht zuletzt ein Verdienst Alfonso Manriques, der formal nur Kardinal von Sevilla, vor allem aber der Fünfte Großinquisitor und unumschränktes Oberhaupt der Suprema war. Als er im Jahre 1523 sein Amt antrat, hatte er damit begonnen, die weit verzweigte Organisation der spanischen Inquisition, zu der nun auch einige Häuser in Übersee zählten, weiter auszubauen, wobei er mit Weitsicht und Augenmaß alle Krisen zu meistern verstand. Heute nun, im Jahre 1538, stand das Heilige Offizium, die Inquisition dank seiner feinen verzweigten Struktur der spanischen Krone an Macht kaum nach. Es stützte sich auf ein Heer von Tausenden zuverlässiger Agenten und hatte seine Augen und Ohren überall, in allen Bereichen des alltäglichen Lebens der spanischen Untertanen, eingeschlossen krimineller Organisationen wie der *Hermanidad de la Garduna.*

Von dem Saal, in dem Molinas nun stand, gingen einige Türen zu separaten Arbeitszimmern ab. Der Dominikaner führte ihn in einen dieser Räume und stellte ihn mit dürren Worten vor:

»Señor *fiscal,* hier ist der Mann, der behauptet, persönlicher Familiare des Großinquisitors zu sein.« Dann zog er sich diskret zurück.

Hinter einem Schreibtisch saß ein vielleicht fünfzigjähriger Mann mit olivgrüner Gesichtsfarbe und hageren Zügen, dessen kahler Schädel einen auffallenden Kontrast zu seinem dünnen pomadisierten Schnurrbart und einem langen, sorgfältig gekämmten Bart bildete. Seine tief liegenden Augen waren schwarz, seine Wimpern lang wie die einer Frau.

»Macht es Euch bequem«, sagte der Mann in freundlichem Ton.

Da keine Sitzgelegenheiten vorhanden waren, deutete Molinas die Worte als eine Aufforderung, sich vor den Schreibtisch zu stellen, was er auch sogleich tat. Ein großes zweibogiges Fenster hinter dem *fiscal,* dem öffentlichen Ankläger der Inquisition, öffnete den Blick auf eine liebliche baumbestandene Landschaft. In dem

Licht, das von dort hineinströmte, tanzten Staubflocken, die wahrscheinlich von den zahlreichen Akten stammten, die in den Regalen an den Wänden gestapelt lagen.

»Ich weiß, dass ich nicht der richtige Gesprächspartner für Euch bin, doch die fünf Mitglieder der Suprema sind in einer Versammlung, unter der Leitung von Präsident Fernando Valdés, und werden den ganzen Vormittag zu tun haben«, erklärte der *fiscal* mit einem Lächeln. »Noch dazu ist heute Donnerstag, also kann sich die Sitzung bis in die Nachmittagsstunden hinziehen.«

Molinas deutete eine Verbeugung an. »Für das, was ich zu berichten habe, könnte ein öffentlicher Ankläger sogar ein passenderer Gesprächspartner sein als ein Mitglied der Suprema. Bisher habe ich jedoch meine Berichte stets direkt an den Großinquisitor gesandt.«

»Ja, das sehe ich«, antwortete der *fiscal,* indem er in den Papieren, die vor ihm auf dem Schreibtisch lagen, herumblätterte. »Ich habe mir Eure Akte kommen lassen … Hier Euer Abstammungsnachweis … Keine jüdischen Vorfahren, ebenso wenig arabische … Sehr gut. Und hier Eure Ernennungsurkunde, unterzeichnet von Inquisitor Adriano … Scheint alles in Ordnung zu sein. Erlaubt, dass ich einen Blick in Euren Lebenslauf werfe.«

Einige Minuten verstrichen, die Molinas damit ausfüllte, den Flug einiger Krähen jenseits des zweibogigen Fensters zu beobachten.

»Ha, das ist ja wieder typisch Manrique!«, rief der *fiscal* plötzlich vergnügt aus. »Lässt Euch Jahre in Frankreich Dienst tun. Auf Kosten der spanischen Krone. Und wozu? Um einen Magier ans Messer zu liefern. Als wenn unser Problem solche Schwarzkünstler wären!«

Molinas beugte sich ein wenig vor und legte die Stirn in Falten. »Wieso? Befasst sich die Inquisition denn nicht mehr mit der Hexerei? Der Erlass Manriques vom 22. Februar 1528 besagt doch …«

»Ihr habt mich missverstanden«, fiel ihm der *fiscal* ins Wort.

»Selbstverständlich befassen wir uns auch noch mit Hexerei. Aber unsere wirklichen Probleme sind heute andere: verstockte Juden, die sich als Christen ausgeben, Anhänger Luthers, die ihre teuflische Lehre verbreiten, schon vergessen geglaubte Häresien, die wieder ihr freches Haupt erheben. Sollten größere Summen aus unserem Haushalt bereitgestellt werden, dann sicher nicht, um einen isolierten Magier zu jagen.«

»Ich kann Euch versichern, dass dieser Magier alles andere als isoliert ist. Er und seine Anhänger stellen eine Bedrohung für das Christentum dar, deren Ausmaß Euch anscheinend gar nicht bewusst ist.« Molinas baute sich in voller Größe vor dem Schreibtisch auf und warf mit einer energischen Geste den schwarzen Umhang zurück. »Um meine Mission zu erfüllen, habe ich unvorstellbare Opfer auf mich genommen. Mein ganzer Körper ist eine einzige Wunde. Und das gibt mir das Recht, von einem wirklich kompetenten Vertreter der Inquisition angehört zu werden. Ich bitte daher, nein, ich verlange, mit dem Großinquisitor Manrique persönlich sprechen zu können.«

»Manrique, Manrique… Mein lieber Freund, Ihr scheint wirklich nicht auf dem Laufenden zu sein.« Der *fiscal* sprach jetzt ganz behutsam, so als fürchte er, seinen Gesprächspartner zu verärgern. »Bitte beruhigt Euch. Dann will ich Euch alles erklären…«

»Ich bin ganz ruhig.«

»Nun, um es auf den Punkt zu bringen: Bestimmt schon seit 1534 hat Kardinal Manrique wirklich allen Einfluss verloren, ja, ihm wurde sogar untersagt, seine Heimatstadt Sevilla zu verlassen. Seine Unterschrift unter den Dekreten der Suprema hat nur noch rein formalen Wert.« Der *fiscal* senkte seine Stimme noch etwas mehr. »Und wollt Ihr wissen, warum? Nun, als sich Karl V. 1529 in Rom aufhielt, um seine Krönung zum Kaiser in die Wege zu leiten, nutzte Manrique seine Abwesenheit aus und setzte alle Hebel in Bewegung, damit sein eigener Vetter die junge Erbin der Grafen von Valenza heiraten konnte und zwar so, dass alle anderen Anwärter ignoriert wurden. 1533 kehrte Karl. V. nach Spanien zurück, und als er sah, was geschehen war, kannte sein Zorn keine Grenzen mehr. Im darauf folgenden Jahre erlegte er Manrique auf, Sevilla nicht mehr zu verlassen, wo er heute noch mehr schlecht als recht lebt.«

Molinas verschlug es die Sprache. Er verstand den Dienst für die Inquisition als eine gleichsam heilige Mission, die weit von allen Niederungen, allen Verführungen der Macht oder des Fleisches entfernt war. Er sah darin eine Möglichkeit, sich von den eigenen Schwächen, von Versuchungen zu befreien, die auch ihn immer wieder heimsuchten. Und nun zu erfahren, dass der Mann, der ihm als Sinnbild der Reinheit und Aufrichtigkeit galt, der Großinquisitor selbst, beschuldigt wurde, sein Amt derart missbraucht zu haben, stellte alles in Frage, jede Rechtfertigung für die vielen Opfer, die er auf sich genommen hatte.

»Und wer hat nun das Sagen in der spanischen Inquisition?«, fragte er mit unsicherer Stimme. »Der Präsident der Suprema?«

Der *fiscal* lachte kurz auf. »Valdés? Nein, nein. Der ist nur mit den großen Fragen befasst, und nicht einmal mit allen.«

»Wer dann?«

»Nun, das lässt sich nicht so einfach sagen. Aber wenn ich Euch den Mann in der Schlüsselposition nennen sollte, von dem gut drei Viertel aller Verordnungen ausgehen, würde ich Hochwürden Fernando Niño nennen, den Sekretär der Suprema.«

Das war zu viel! Die gesamte Organisation der spanischen Inquisition, die ein Drittel Europas und ganz Amerika wie ein Nervensystem durchzog, lag in den Händen eines obskuren Priesters, der wahrscheinlich nur für Schreibtischaufgaben ausgebildet war. Und was hatte Molinas für einen solchen unbedeutenden Mann nicht alles geopfert? Er mochte überhaupt nicht daran denken. Er brauchte eine Weile, bis er sich einigermaßen von dem Schock erholt hatte. Schließlich sah er ein, dass er keine andere Wahl hatte. Er musste mit jemandem sprechen, der mit seiner Mission vertraut war, egal um wen es sich nun dabei handelte. Er warf sich in die

Brust. »Nun gut. Dann möchte ich mit Hochwürden Niño reden. Und das auf der Stelle.«

»Ich habe Euch doch schon gesagt, dass die Suprema tagt«, antwortete der *fiscal.* »Kommt doch einfach morgen Nachmittag wieder …«

»Ich muss ihn jetzt sprechen. Und bedenkt: Wer auch immer die Arbeit der Inquisition behindert… Aber was sage ich? Das wisst Ihr ja selbst am besten …« Molinas ließ seine Warnung unvollendet, deutete dafür aber auf ein dickes Buch auf dem Schreibtisch.

Der Blick seines Gegenübers wanderte zu dem Werk, dem berüchtigten *Directorium Inquisitorum* von Nicolas Eymerich, einem katalanischen Dominikaner, der vor rund zweihundert Jahren diese Grundlage der inquisitorischen Arbeit herausgegeben hatte. Und es wirkte.

»Ich werde nachsehen, ob er zu erreichen ist«, beeilte sich der *fiscal* zu erklären, indem er Anstalten machte, sich zu erheben. »Doch hütet Euch, ihn wegen einer Nichtigkeit zu stören, wenn Ihr Hochwürden verärgert …«

»Ich stehe für mein Verhalten gerade. Und das Gleiche erwarte ich von Euch.«

Ohne ein weiteres Wort stand der *fiscal* auf und ging hinaus. Diesmal musste Molinas länger warten. Er vertrieb sich die Zeit, indem er ohne Skrupel in den Schubladen wühlte, Akten aufschlug und seelenruhig die Berichte las, die ihn selbst betrafen. Als der *fiscal* endlich zurückkam, legte Molinas völlig unbefangen eine Akte aus der Hand und wandte sich zu ihm um.

Der öffentliche Ankläger machte eine Verbeugung zur Tür hin. »Tretet ein, Exzellenz. Dies ist der Familiare, der darum gebeten hat, von Euch empfangen zu werden.«

Der Neuankömmling war so hoch gewachsen, dass er den Kopf einziehen musste, um einzutreten. Nur an den Tränensäcken unter den lebhaften Augen unter den dichten Brauen konnte man ersehen, dass der Mann wohl schon im reiferen Alter war. Haupthaar, Schnurrbart und Bart waren dicht und schwarz, und nur am Kinn waren einige graue Fäden zu erkennen. In seine breite, faltenlose Stirn fiel eine widerspenstige Haarsträhne, und aus der schneeweißen Halskrause ragte ein langer, dünner Hals hervor. Auch die Finger waren auffallend schlank.

»Señor *fiscal*«, sagte er höflich, »ich möchte Euch bitten, mir für einige Minuten Euer Arbeitszimmer zu überlassen.«

Der öffentliche Ankläger hatte wohl nicht erwartet, verabschiedet zu werden, ließ sich aber nichts anmerken. »Selbstverständlich, Exzellenz. Die Señor Molinas betreffenden Unterlagen liegen auf meinem Schreibtisch bereit. Ebenso wie sein Blutnachweis.«

Der Sekretär der Suprema lächelte.

»Oh, Señor Molinas ist doch ein alter Freund von mir, auch wenn er vielleicht nichts davon weiß. Nun denn, Ihr bekommt Euer Zimmer so bald wie möglich zurück.«

Der *fiscal* verließ mit einer erneuten Verbeugung den Raum.

Als sie allein waren, stellte sich Don Fernando Niño mit verschränkten Armen vor Molinas. »Ihr werdet Euch sicher fragen, warum ich Euch als einen alten Freund bezeichnet habe.«

»In der Tat.«

»Nun, es verhält sich so, dass ich Eure Schreiben schon seit Jahren lese. Alle Berichte, die Ihr an Kardinal Manrique gerichtet habt, sind auf meinem Schreibtisch gelandet. Wusstet Ihr das?«

»Nein.«

»Das dachte ich mir. Jedenfalls bin ich über Eure Unternehmungen in allen Einzelheiten unterrichtet. Ich weiß auch, dass Ihr Euch während einer entsetzlichen Pestepidemie in Südfrankreich aufhieltet und dass Ihr selbst beschuldigt wurdet, Urheber dieser Seuche zu sein. Nur durch das Eingreifen des Kardinals von Agen, Gallazzo Della Rovere, und die Inquisition von Toulouse, der Ihr überstellt worden seid, konntet Ihr dem Tod entkommen. Erst ein Schreiben Papst Pauls III. gab Euch dann die Freiheit wieder. Habe ich Recht?«

»Ja, Exzellenz«, bestätigte Molinas mit einer Verbeugung.

»Seht, die spanische Inquisition macht gerade eine schwierige Zeit durch«, erklärte der Sekretär mit seiner ruhigen, leicht kehligen Stimme. »Durch die Entmachtung Kardinal Manriques hat der Kaiser sie praktisch ihres Kopfes beraubt, ohne sich darüber im Klaren zu sein, dass er damit die Arbeit einer Organisation gefährdet, die für den Zusammenhalt seines Reiches unerlässlich ist. So war die Suprema gezwungen, von einem rein beratenden zu einem exekutiven Organ zu werden und die Aufgaben des Großinquisitors mit zu übernehmen. Und angesichts der Tatsache, dass die Bischöfe, aus denen sie sich zusammensetzt, noch vielfältige andere Aufgaben zu erfüllen haben, kam mir die schwere Aufgabe zu, die Organisation zusammenzuhalten. Kurz und gut, praktisch bin ich der Fünfte Inquisitor.« Er verschränkte seine schlanken Finger und stützte das Kinn darauf. »Das sage ich Euch nicht, um mich damit zu brüsten, sondern um Euch über die Situation ins Bild zu setzen. War es vor Jahren noch möglich, einen Familiaren nach eigenem Gutdünken eine interessante Spur verfolgen zu lassen, so können wir uns das heute nicht mehr erlauben. Daher bitte ich Euch, Eure wertvolle Arbeit hier in Avila fortzusetzen, in Madrid, Sevilla oder auch in unseren überseeischen Besitzungen. Wo immer Ihr wollt, aber nicht mehr in Frankreich. Dort gibt es bereits Inquisitoren, die nicht uns, sondern dem Heiligen Stuhl unterstehen.«

Molinas gefiel Fernando Niños offener Ton ebenso wie seine höflichen Umgangsformen. Dennoch war er keinesfalls gewillt, das Ziel, für das er so viele Jahre seines Lebens geopfert hatte, so plötzlich aufzugeben.

»Señor«, begann er eindringlich, auf die Intelligenz seines Gesprächspartners bauend, »da Ihr meine Berichte kennt, wisst Ihr ja, dass Michel de Notredame, oder Miquel de Nostra Dama, oder Miquel de Santa Maria …«

»Ihr habt doch selbst geschrieben, dass seine spanische Herkunft recht zweifelhaft ist.«

»Ja, aber die Spuren, die mich zu ihm führten, gingen von spanischem Boden aus, einige sogar von Sizilien. Ich bitte Euch, lasst mich fortfahren.« Fernando Niño schwieg, und so sprach Molinas weiter. »Es kann kein Zweifel daran bestehen, dass Michel de Notredame die Schwarze Magie praktiziert und sich für Astrologie, Alchimie und andere gefährliche Wissenschaften interessiert. Er behauptet zwar, davon abgelassen zu haben, aber das glaube ich ihm nicht. Er ist kein gewöhnlicher Schwarzkünstler wie viele andere, die durch die Anrufung des Teufels nur ihrer eigenen Seele Schaden zufügen. Nein, er ist sehr viel weiter gegangen, und zwar unter der Anleitung eines wahrhaft satanischen Lehrmeisters. Er hat sich Fähigkeiten angeeignet, welche die Grundlagen des menschlichen Lebens auf den Kopf stellen können. Ja, im Grunde ist er eine Herausforderung Gottes und der von ihm gewollten Ordnung.«

Niño schüttelte den Kopf. »Seid bitte ganz offen. Wer soll dieser Meister sein, von dem Ihr sprecht?«

»Ulrich von Mainz. Er war es, der ihn in die okkulten Wissenschaften einführte.«

»Ja, diesen Namen habe ich mehrfach in Euren Berichten gelesen. Aber was für außerordentliche Fähigkeiten dieser Ulrich seinem Schüler übertragen haben soll, ist mir nicht klar geworden. Aus Euren Schreiben geht doch hervor, dass dieser Notredame ein eher mittelmäßiger Charakter ist, der an Selbstüberschätzung leidet und von einem krankhaften Streben nach Anerkennung besessen ist.«

»Das ist richtig. Aber nur auf den ersten Blick. Erinnert Ihr Euch, was Augustinus zur Zeitmessung sagt? ›Wir messen die Zeit, aber nicht bevor sie kommt und nicht wenn sie vergangen ist. Ebenso wenig dann nicht, wenn sie keine Dauer hat oder Beschränkungen unterliegt. Wir messen also weder die Zukunft noch die Vergangenheit oder die Gegenwart, und ebenso wenig die verstreichende Zeit. Und dennoch messen wir die Zeit.‹ Kennt Ihr des Rätsels Lösung?«

»Ja. Laut Augustinus ist es die Seele, die die Zeit misst, denn in ihr prägt sich die Erinnerung an die Vergangenheit ein.«

»Sehr richtig! ›Wie kann die Zukunft kleiner werden oder sich auflösen, wenn sie noch gar nicht existiert, wie kann eine Vergangenheit größer werden, die nicht mehr existiert, wenn nicht im Geist, wo sich dieser Prozess abspielt und eben jene drei Formen existieren?‹ Jene drei Formen, Vergangenheit, Gegenwart und Zukunft, bestehen, weil es jemanden gibt, der sie *Im Anfang* von außerhalb der Zeit hat beginnen lassen. Gott! *Im Anfang war Gott!*«

Fernando Niño schien sehr interessiert, aber auch etwas verwundert.

»Ich bitte Euch, kommt wieder auf Notredame zurück. Worin sollen denn nun seine Fähigkeiten bestehen?«

Molinas machte eine gewollt dramatische Pause. Dann sagte er, jedes Wort betonend: »Es ist nur eine einzige Fähigkeit. Aber die ist entscheidend. Er kann die Grenzen der Zeit überschreiten und auch andere in die Lage versetzen, sie zu überschreiten. Er kann sich dorthin versetzen, wo die Zeit nicht mehr messbar ist, und Vergangenheit, Gegenwart und Zukunft gleichzeitig bestehen und somit auch gleichzeitig sichtbar sind. Ein Bereich, in dem der Mensch nichts zu suchen hat, da er allein Gott gehört. Er ist dem Menschen verwehrt, weil in ihm die Worte *Im Anfang* keinen Sinn mehr haben.«

»Aber hat es nicht zu jeder Zeit Seher gegeben, oder Menschen, die man dafür hielt?«

»Ja, sicher, aber das waren eben Betrüger, oder aber Propheten, die ihre Gabe für eine gewisse Zeitspanne von Gott erhalten hatten. Aber ein so unbedeutender Mann wie Notredame geht noch sehr viel weiter. Nicht aus göttlicher Gnade oder durch die Macht eines Dämons überschreitet er die Grenzen der Zeit, sondern mit Hilfe einer bestimmten Technik, die er eben auch anderen vermitteln könnte. Ist Euch klar, welch enorme Gefahr davon ausgeht?«

Statt einer Antwort fragte der Sekretär der Suprema: »Habt Ihr Beweise für diese Fähigkeiten?«

»Abgesehen von den Dingen, die mir seine Frau erzählt hat, die letztes Jahr an der Pest gestorben ist, weiß ich aus eigener Anschauung von mindestens einem konkreten Fall, in dem sich Notredames Methode als äußerst wirksam erwies. Eine junge Frau aus Agen sagte nach einer Behandlung durch Notredame mit verblüffender Genauigkeit den Tod des französischen Thronfolgers voraus. Und später zeigte sich, dass sie in allen Einzelheiten Recht hatte.«

»Wieso? Handelte es sich tatsächlich um eine detaillierte Vorhersage? Das würde mich überraschen.«

»Nein, das nicht. Sie war eher allegorisch, so wie in einem Traum. Doch alle grundlegenden Elemente dessen, was sich ereignen würde, waren vorhanden.«

Fernando Niño seufzte. »Señor Molinas, jedes Jahr machen Hunderte, wenn nicht gar Tausende von Menschen solche Vorhersagen. Es gibt sogar einen recht gut florierenden Markt von entsprechenden Jahrbüchern. Dieser einen, wie Ihr behauptet, zutreffenden Vorhersage steht eine Unzahl falscher oder wahnwitziger Prophezeiungen gegenüber. Offen gesagt, was Ihr mir hier vortragt, reicht mir nicht, um in Eurem Notredame tatsächlich eine Gefahr für die gesamte Christenheit zu sehen.«

Obwohl schon ermüdet vom langen Stehen, richtete Molinas sich noch einmal zu seiner ganzen, nicht sehr imposanten Größe auf und erklärte: »So will ich Euch nun das fehlende Element nennen, das Euch sicher überzeugen wird. Habt Ihr schon einmal das Wort *Abraxas* gehört?«

Der Geistliche zuckte zusammen. »Ja, das habe ich. Aber was wollt Ihr damit sagen?«

»Ulrichs und Notredames ganzes Geheimnis liegt in diesem einen Wort. Und besonders schwerwiegend ist die Tatsache, dass es für Menschen unterschiedlichster Herkunft bedeutsam ist. Unter anderem auch für die abtrünnigen Juden, die Ihr… ich meine, der Großinquisitor Manrique oder die Suprema … mit besonderer Vorliebe auf den Scheiterhaufen schickt.«

»Warum habt Ihr Euch eigentlich so auf Notredame versteift, und nicht auf seinen Lehrmeister?«

»Weil sich Ulrich von Mainz in Asien aufhält und daher nicht greifbar ist. Früher oder später wird er jedoch, da bin ich mir ganz sicher, mit seinem Lieblingsschüler Kontakt aufnehmen. Deshalb ist Notredame der Mann, an den wir uns halten müssen.«

»Ein einzelner Mann kann unmöglich die Kirche Christi in Gefahr bringen.«

»Ein einzelner Mann nicht, sehr wohl aber eine ganze Religion. Ulrich hat eine eigene Sekte ins Leben gerufen. Sie wird *Ekklesia,* Kirche der Erleuchteten, genannt und hat ihre Fühler schon in allen Richtungen ausgestreckt. Notredame ist zum Hüter des Heiligen Buches der Ketzer ausersehen worden, des *Arbor mirabilis.* Nur er kennt den Schlüssel zu diesem Buch und kann die darin beschriebenen Regeln anwenden. Versteht Ihr nun die Dringlichkeit meiner Mission?«

Fernando Niño, plötzlich lebhaft interessiert, lehnte sich in seinem Stuhl zurück und legte die Handflächen auf die Schreibtischplatte.

»Señor Molinas, ich bitte Euch, mir die Bedeutung dieses Wortes *Abraxas* genauer zu erläutern. Außerdem brauche ich präzisere Informationen zu dieser Sekte der ›Erleuchteten‹. Wenn es Euch gelingt, mich davon zu überzeugen, dass tatsächlich eine Gefahr von ihnen ausgeht, werde ich Eure Mission erneuern und mich dafür verwenden, dass Euch die notwendigen finanziellen Mittel zur Verfügung gestellt werden. Zumindest so lange, wie das gegenwärtige Interregnum andauert und kein neuer Großinquisitor ernannt wird. Wenn mich Eure Erklärung aber nicht überzeugt, macht Euch darauf gefasst, versetzt zu werden oder noch Schlimmeres. Und nun sprecht, ich höre.«

Molinas nickte und holte tief Luft.

»Alles begann mit einem arabischen Philosophen, der als Al Farabi bekannt ist…«

Als sich die Nacht herabsenkte, waren Molinas und Fernando Niño immer noch in ihre Besprechung vertieft.

# Der Verrat

Während er seine kleine Apotheke aufmachte, die mittlerweile in einem Gebäude aus Holz und Backstein untergebracht war, sah Michel, eine mit Silberornamenten verzierte Kutsche in voller Fahrt vorüber rattern, mit einem Diener auf dem Trittbrett, der sich die Mütze festhalten musste, damit der Wind sie nicht fortwehte. Doch er schenkte ihr keine Beachtung. Seit einem Jahr lebte er nun schon in einer leeren Gleichgültigkeit. Die Pest hatte Agen verlassen, ebenso wie die Truppen Kaiser Karls aus der Provence abgezogen waren, nachdem sie alles geplündert hatten, was ihnen irgendwie unter die Finger kam. Ihm war das herzlich egal. Jedes Mal wenn er sein Haus betrat, spürte er die bedrückende Leere, die seine Frau und seine Kinder hinterlassen hatten.

Eine Zeit lang hatte er daran gedacht, sich ins nahe Kloster Orval zurückzuziehen, in jenen fast schon legendären Unterschlupf für schuldig gewordene Seelen. Dann jedoch war er von dem Gedanken abgekommen, weil er sich, im Lichte kühler Vernunft und der geltenden Konventionen betrachtet, keinerlei Vorwürfe machen musste. War es vielleicht Unrecht gewesen, eine Ehefrau zu schlagen, die ihn bespitzelte und in allen Bereichen des täglichen Lebens ungehorsam war? Seine Vernunft sowie die Gesellschaft, in der er lebte, antworteten mit nein. Er war mehr Opfer als Peiniger. Sich in ein Kloster zurückzuziehen, das für die Aufnahme verdammter Seelen bekannt war, wäre das Eingeständnis einer Schuld gewesen, die er gar nicht auf sich geladen hatte. Außerdem hätte er in Orval seine Forschungen einstellen müssen, um sich, möglicherweise, im Kreis der Mönche dem Brauen eines Bieres zu widmen, das zu Recht weithin berühmt war. Wollte er das? Nein, sicher nicht!

Dennoch spürte er eine ständig wachsende innere Unruhe, die seine Fluchtgedanken nährte. Manchmal ertappte er sich dabei, wie er scheinbar grundlos weinte. Dann wischte er zornig die Tränen fort und bemühte sich verzweifelt, sein schon lange verloren gegangenes inneres Gleichgewicht wieder zu finden. Sein Haus kam ihm erschreckend leer und abweisend vor, seine Arbeit empfand er als sinnlos und eintönig. Als Arzt war er kaum tätig, und in seiner Apotheke verkaufte er nur noch Schönheitsmittelchen für eitle, gelangweilte Damen. Wie anders war da doch Magdelène gewesen, so intelligent und strahlend, so lebendig …

Und immer, wenn ihn der Gedanke an Magdelène und ihr trauriges Ende quälte, suchte er Zuflucht in dem krampfartigen Vergessen, das ihm das *Hieracium pilosella* und die falsche Epilepsie, die es auslöste, verschafften. Dabei wusste er, wie gefährlich das war. Sein unheimlicher Lehrmeister, dessen Namen er vergessen wollte, hatte ihn gewarnt:

»Wer sich allzu häufig auf *Abraxas'* Schwelle zeigt, wird schließlich bei ihm wohnen. Für den, der *Abraxas* verfällt, verschmelzen Vergangenheit, Gegenwart und Zukunft zu einem einzigen Alptraum. Ja, wir wollen Götter sein – dies aber bei vollem Bewusstsein. Ohne dieses Bewusstsein ist ein Gott nichts anderes als ein Dämon, ein Gefangener seiner eigenen Hölle.«

Doch Michel hatte ein solch starkes Verlangen danach zu vergessen, dass ihn auch das Wissen um die Berechtigung dieser Warnung nicht aufhalten konnte. Sooft wie möglich bereitete er sich sein Mittel zu, in dem das Bilsenkraut mehr und mehr den Platz des *Hieracium pilosella* einnahm. Und wenn seine Glieder zuckten und sich verkrampften, verlor er sich in absurden Welten, die manchmal zu grell oder zu trüb waren, blickte von unermesslichen Höhen in tiefe Abgründe, in denen er die gesamte Menschheit und ihre Geschichte erkennen konnte. Und immer war da dieses unheimliche Geschöpf im Halbdunkel, das ihm beschrieb, was er sah. Ein Geschöpf, mit einer so intensiven Ausstrahlung, dass er es manchmal im Dunkeln auch im Wachzustand neben sich spürte. Doch nur im Rausch gelang es Michel, seiner Unruhe, seiner Angst Herr zu werden. Alle anderen Dinge des täglichen Lebens verloren dagegen für ihn immer mehr an Interesse.

Michel hatte es auch aufgegeben, sich um die Epilepsie von Audiette, Scaligers Gattin, zu kümmern, die unaufhörlich guter Hoffnung war. Doch war dies nicht seine eigene Entscheidung gewesen. Der wunderliche Jules-César, nun mit einem Pamphlet gegen den italienischen Arzt Girolamo Cardano beschäftigt (»Ich werde ihn in Stücke reißen, wie ich Erasmus in Stücke gerissen habe!«), hatte sich von Michel abgewandt. Er misstraute Michels Freundschaft zu dem Hugenotten Philibert Sarrazin. Für den angeblichen Humanisten Scaliger war Michel nun ein Skeptiker, ein gewissenloser Atheist und billiger Hexenmeister. Und dazu beschimpfte er ihn, ohne dass ihm der Widerspruch auffiel, auch als einen nur äußerlich bekehrten Juden, einen *recutitus*, einen *rétaillon* und dergleichen mehr. Verleumdungen, die in Anbetracht der politischen Situation recht gefährlich werden konnten.

Wegen der Anfeindungen Scaligers, des Stadtkämmerers, war Michel praktisch aus dem Stadtparlament ausgeschlossen worden. Der Neid seiner Kollegen und seine eigene quälende Antriebslosigkeit hinderten ihn daran, seinen eigentlichen Beruf als Arzt auszuüben, auch wegen der Dinge, die man sich hinter vorgehaltener Hand über seine verstorbene Frau erzählte, waren all seine Hoffnungen auf gesellschaftliches Ansehen dahin. Nur durch die Mittelchen, die er für die Damen Agens zusammenrührte, und die Marmeladen, die er mit fast liebevoller Sorgfalt herstellte, konnte seine Apotheke überleben. Aber das war es nicht, was er brauchte.

Er war gerade damit beschäftigt, einige Gefäße mit Paprikakonfitüre, seiner Spezialität, der aphrodisische Eigenschaften nachgesagt wurden und die deshalb am häufigsten verlangt wurde, auf der Theke anzuordnen, als Sarrazin mit besorgter Miene in den Laden trat. »Michel, weißt du, wer eben in der Stadt eingetroffen ist?« fragte er seinen Freund.

»Nein. Ich habe eine Kutsche vorbeifahren sehen, aber nicht auf das Wappen geachtet.«

Sarrazin legte die Hände auf die Theke. »Sie hat auch keins. Aber in der Kutsche saß Giovanni da Roma. Sagt dir der Name etwas?«

»Nein, wer soll das sein?«

»Erinnerst du dich nicht mehr, was sich vor sieben Jahren im Apt-Tal zugetragen hat?«

»Nein, damals war ich noch Student in Montpellier.«

»Dann hör gut zu. Damals war das Tal von waldensischen Ketzern bewohnt, den Mitgliedern jener Sekte, die heute an den Hängen des Luberon-Gebirges siedelt. Eines Tages fiel der Inquisitor Giovanni da Roma mit seinen Leuten über sie her. Mit erbarmungsloser Grausamkeit haben sie Männer und Frauen jeden Alters gefoltert, das Tal geplündert und Dutzende Waldenser getötet.«

Michel zuckte mit den Achseln. »Was geht mich das an? Für solche Fanatiker hatte ich noch nie etwas übrig.«

Über Sarrazins Gesicht huschte ein Lächeln. »Eine Kategorie, zu der du mich vermutlich auch zählst.« Das Lächeln verschwand rasch wieder. »Aber im Ernst, du bist doch auch alles andere als ein Freund der Inquisition, nach den Erfahrungen, die du mit ihr gemacht hast.«

»Du sprichst von einem einzelnen, kleinen Familiaren, einem Spanier noch dazu. Nein, weißt du, meiner Überzeugung nach kann man nicht Katholik sein und gleichzeitig die Institutionen der Kirche ablehnen. Die Inquisition weiß schon, was sie tut.«

»Das ist doch nicht dein Ernst.«

»Doch. Selbstverständlich.«

»Dann kannst du dich ja gleich bei Giovanni da Roma persönlich melden. Er ist nämlich wegen dir hier.«

Michel war bis ins Mark getroffen. Einen Moment lang brachte er keinen Ton heraus. Dann murmelte er:

»Bist du sicher?«

»Ja, mein Freund. Gleich als er aus der Kutsche stieg, hat er sich nach dir erkundigt. Und weißt du, wer ihn vor dem Bischofspalast erwartet hat?«

Immer verwirrter schüttelte Michel den Kopf. »Nein, jetzt sag schon, wer?«

»Jules-César Scaliger, diese Schlange. Verstehst du nun? Du bist in ernster Gefahr.«

Michel verstand nur zu gut, und die Beklemmung schnürte ihm die Kehle zu. Gleichzeitig wusste er auch, dass die Macht der Inquisition von Toulouse zurzeit sehr begrenzt war. Sie war ein Überbleibsel aus dem Mittelalter, das nicht im Entferntesten mit der Kriegsmaschinerie der spanischen Inquisition vergleichbar war. Ungeachtet seiner strengen Dekrete gegen die Hugenotten, ließ ihr der französische König Franz I. keinerlei Unterstützung zukommen. Ja, seine Feindschaft mit Kaiser Karl V. verleitete ihn im Gegenteil dazu, die Lutheraner, welche die Macht seines Feindes im Reich untergruben, noch zu stärken. Sogar vor einem Pakt mit den Türken hatte der König von Frankreich nicht zurückgeschreckt, war sogar so weit gegangen, die Schiffe des Korsaren Barbarossa in den Hafen von Marseille einlaufen zu lassen.

In dieser politischen Konstellation fristete die Inquisition von Toulouse ihr unbedeutendes Dasein. Trotz der protestantischen Expansion, die nun in Genf einen neuen Mittelpunkt gefunden hatte, interessierte sich Papst Paul III. nicht mehr für die versprengten Reste des alten Heiligen Offiziums und spielte mit dem Gedanken, eine eigene Inquisition ins Leben zu rufen. Das einzige, was die Predigerorden im Dienste der Inquisition von Toulouse noch tun konnten, war, den Bann auszusprechen, der dann in der Praxis wirkungslos blieb.

Michel wusste aber auch, dass eine Bestrafung durch die Inquisition auf der moralischen Ebene ausreichte, um einen Menschen aus der katholischen Gemeinschaft und damit aus dem Kreis der so genannten anständigen Leute auszustoßen. Immer deutlicher zeichnete sich ab, dass es früher oder später zu blutigen Auseinandersetzungen zwischen den Hugenotten, die inzwischen fast alle Calvinisten waren, und den Kräften des Papstes kommen würde. Und für viele aufmerksame Beobachter war die Verfolgung der Waldenser im Apt-Tal, auch wenn es sich um eine Aktion von begrenzter Reichweite handelte, so etwas wie die Generalprobe für einen Konflikt von katastrophalen Ausmaßen.

Und gerade weil er diesen Krieg vorhersah, den ihm das Habichtskraut in blutigen Bildern gezeigt hatte, zitterte Michel bei dem Gedanken daran, möglicherweise auf eine Stufe mit den Hugenotten und Ketzern zurückgestoßen zu werden. Das wäre sein völliger Ruin, weit schlimmer noch als seine derzeitige Notlage.

»Weißt du denn, worauf sich die Anklage gegen mich stützt?« fragte er und versuchte vergeblich das verräterische Zittern seiner Unterlippe zu unterdrücken. »Weißt du Genaueres darüber?«

»Ich fürchte, ja.« Sarrazin lächelte wieder, aber ohne jede Spur von Heiterkeit. »Wie ich Scaliger kenne, wird er dich des Umgangs mit einem stadtbekannten Hugenotten wie mir beschuldigen.«

Unwillkürlich blickte sich Michel um, um zu sehen, ob hinter den Fensterläden der Nachbarhäuser indiskrete Augenpaare seine Unterhaltung mit Sarrazin beobachteten. Dann schoss ihm der Gedanke durch den Kopf, dem Freund die Tür zu weisen. Aber das kam ihm unanständig vor und hätte ihn außerdem vielleicht noch mehr in Verruf gebracht. Nein, die beste Lösung war eben jene, die sein Freund ihm vorhin nicht ganz im Ernst vorgeschlagen hatte. »Ich werde Giovanni da Roma aufsuchen«, sagte er, während er hinter der Theke hervorkam. Mit einem Male kam er sich sehr mutig vor. Die Rolle gefiel ihm, und er beschloss, sie weiter zu spielen. »Ich werde ganz offen mit ihm reden und ihm die Nichtigkeit aller gegen mich erhobenen Vorwürfe auseinander setzen.«

Sarrazin zog eine Augenbraue hoch. »Sei vorsichtig, Michel. Der Mann lässt sich sicher nicht für dumm verkaufen. Und außerdem wird er irgendetwas gegen dich finden müssen. Er braucht einen Schuldigen, allein schon, um die Kosten für seinen Aufenthalt zu rechtfertigen.«

»Ich bin ja auch nicht auf den Kopf gefallen. Meine Stärke liegt gerade darin, dass ich nichts zu verbergen habe.«

Sarrazin stieß einen leisen Seufzer aus. »Vielleicht hast du Recht. Ich will dich auch nicht aufhalten. Aber ich hoffe, dass du mir später noch von deiner Unterredung mit dem frommen Mann berichten kannst.«

Eine halbe Stunde später stand Michel vor dem Bischofspalast, atmete noch einmal tief durch und stieg dann die Stufen hinauf. Oben am großen Portal stieß er auf einen kleingewachsenen Dominikaner mit einem Kranz weißer Haare um den rasierten Schädel und einem weiteren isolierten Haarbüschel über der Stirn. »Ich möchte mit Pater Giovanni da Roma sprechen«, erklärte Michel, während er nervös in die Vorhalle hineinblinzelte. »Es ist ausgesprochen dringend.«

»Ich bin Giovanni da Roma. Warum wollt Ihr mich sprechen?«

Michel stockte der Atem. Er strich mit den Händen sein Gewand glatt und versuchte auf diese Weise, ihr verräterisches Zittern zu verbergen. »Ich weiß, dass Ihr mich zu vernehmen wünscht«, murmelte er verwirrt.

Die Erwiderung des Dominikaners hätte nahe liegender nicht sein können. »So? Und darf man erfahren, wer Euch darüber unterrichtet hat?«

Die Frage, mit sanfter Stimme vorgetragen, barg eine ganze Reihe heimtückischer Fallstricke. Eine ehrliche Antwort von Seiten Michels hätte seinen Umgang mit einem Hugenotten bestätigt. Ein eher neutraler Satz hingegen, in der Art, »ich habe gehört, dass«, hätte gewirkt, als stecke er mit Leuten unter einer Decke, die den Inquisitor ausspionierten, und das sicher aus wenig legitimen Beweggründen heraus. Er wurde sich der Falle bewusst, in die er getappt war, und verfluchte Sarrazin, weil er ihn nicht aufgehalten, ja im Grunde sogar die Sache vorgeschlagen hatte. Doch irgendetwas musste er jetzt zur Antwort geben.

Nichts zu sagen, wäre noch verdächtiger erschienen als jede Antwort. »Ich weiß es von einem Hugenotten, einem gewissen Sarrazin«, murmelte er, ohne Atem zu holen. »Ich bin gekommen, um Euch über sein ketzerisches, verschwörerisches Tun in Kenntnis zu setzen.«

Seine Worte standen noch im Raum, da wurde Michel schon klar, wie schwerwiegend sein Verrat war. Aber was hätte er sonst tun können? Und im Grunde war das alles ja Sarrazins eigene Schuld. Er hatte es nicht anders gewollt. Schließlich hatte dieser Dummkopf aus seinem Glauben und seiner Ablehnung des Papsttums nie ein Hehl gemacht. Und wahrscheinlich war sein Name dem Inquisitor ohnehin längst bekannt ... Sicher, das mochte alles stimmen ... aber Michel fühlte sich schlecht.

Giovanni da Roma reagierte sehr merkwürdig. In seinen schwarzen, lebhaften, sehr tief liegenden Augen blitzte so etwas wie Verständnis auf, so als könne er all die wirren und trüben Gedanken, die seinem Gegenüber durch den Kopf gingen, wahrnehmen, ja, als habe er sie vorhergesehen. Als er dann jedoch zu sprechen anhob, war seiner Stimme weder Verständnis noch Verachtung noch irgendein anderes benennbares Gefühl zu entnehmen. Sein Ton war vollkommen neutral, ohne jegliche Gefühlsregung. »Es ist die Pflicht eines jeden guten Christen, Verfehlungen anzuzeigen. Und wie ist Euer Name?«

Michel wollte es ihm gerade sagen, da wurde er sich bewusst, dass ihm dann kein Ausweg mehr geblieben wäre. Er hatte dem Inquisitor den Namen des Freundes verraten, nun war er verpflichtet, aus der Rolle des anonymen Denunzianten in die des Hauptbelastungszeugen zu schlüpfen. Ein selbstverständlicher Schritt für Giovanni da Roma, eine folgenreiche Entscheidung für ihn. Aber was, wenn man ihn Philibert gegenüberstellte? Üblicherweise wurde zwar die Identität der Zeugen nicht preisgegeben, aber man konnte nie wissen. Einer Gegenüberstellung von Angesicht zu Angesicht hätte er nicht standgehalten. Wie hätte er weiterhin behaupten können, mit Sarrazins Glauben absolut nichts zu tun zu haben, wenn er ihm als Ankläger gegenübertrat? Er hätte sich unausweichlich in Widersprüche verwickelt, wäre immer tiefer, vielleicht unentrinnbar, in eben jene Rolle hineingeraten, aus der er sich eigentlich befreien wollte. So sah er jetzt nur noch eine Lösung: die Flucht. »Verzeiht, verzeiht bitte vielmals…«, stammelte er, »aber ich glaube, ich habe mich in der Person geirrt. Der Mann, den…« Er brach ab, drehte sich um und rannte, mehrmals stolpernd, in wilder Hast die Freitreppe hinunter.

Im Laufschritt überquerte er den ganzen Platz, beobachtet nur von einigen verwunderten Müßiggängern, die im Schatten eines Baumes zusammenhockten und das Ende der Pest und der Angst genossen. Er lief weiter, bis sein Haus mit der kleinen Apotheke daneben in Sicht kam. Erst hier drehte er sich um, wobei ihm der viereckige Doktorhut, von dem er sich niemals trennte, vom Kopf purzelte und in den Schmutz fiel. Er hob ihn auf und wischte mit dem Ärmel darüber.

Jetzt erst wurde ihm klar, dass er verloren war. In der Stadt war er der einzige, der einen solchen Hut trug, und so würde es Giovanni da Roma nicht schwer fallen, seinen Namen herauszubekommen, den er ihm verschwiegen hatte. In einer Stunde, höchstens zwei, würde er wieder vor dem Inquisitor stehen, aber diesmal als Angeklagter in einem offiziellen Verhör. Es erwarteten ihn die Folter, die Streckbank, Daumenschrauben…

Jetzt blieb ihm nur noch die Flucht. Aber das war leichter gesagt als getan. Wie im Fieber betrat er sein Haus und lief zum Speicher hinauf, wo er all die Produkte seiner Kenntnisse und Fähigkeiten aufbewahrte, angefangen von den Schönheitssalben bis zu den Substanzen, mit deren Hilfe er *Abraxas* erreichen konnte. Wie von Sinnen warf er Flakons und Ampullen zu Boden, zerschlug Flaschen und Krüge, verstreute das Pulver aus den Behältern, die zum Zerbrechen zu dick waren. Dann stürmte er ins Erdgeschoss hinunter und betrat den Salon, der ihm als Bibliothek diente und wo ihn so viele Dinge an Magdelène und seine Kinder erinnerten, vor allem die Wiege, in der sie beide gelegen hatten. Er stieß einen Bücherstapel um und fing an, einige Bände zu zerreißen. Doch schnell wurde ihm klar, dass er für eine systematische Zerstörung den ganzen Nachmittag brauchen würde. Bis dahin würde Giovanni da Roma längst seine Identität herausgefunden und ihn abgeholt haben. So drängte sich eine sehr viel radikalere Lösung auf.

Er griff zu einem Anzünder, der am Kamin lehnte, und hielt ihn an eine kostbare Abschrift der *Turba Philosophorum*. Das trockene Pergament ging sofort in Flammen auf. Er warf das brennende Buch zu den anderen am Boden und stürzte aus dem Raum.

Bevor er das Haus verließ, zog er noch seine Robe aus, die ihn nur behindert hätte, nahm aus einem Schränkchen einen mit Gulden gefüllten Beutel und hängte ihn sich an den Gürtel. Dann trat er auf die in der heißen Mittagssonne liegende Straße hinaus. Sie war menschenleer. Er warf einen Blick zurück und sah, wie aus einem der Fenster im Erdgeschoss schon eine dünne schwarze Rauchsäule aufstieg. Er hastete davon und drehte sich erst wieder um, als er schon fast die Stadtmauer erreicht hatte. Sein Haus brannte lichterloh und aus den Fenstern schlugen die Flammen. Er suchte nach einem der zahlreichen Schlupflöcher, die spielende Kinder oder der Zahn der Zeit in dem Mauerwerk hinterlassen hatten, schlüpfte ängstlich hindurch und bog in einen Feldweg ein.

Er wusste, dass er nie wieder in seinem Leben nach Agen zurückkehren würde, ein Gedanke, der etwas unerwartet Tröstliches hatte. Die Jahre, die er dort gelebt hatte, waren eine Zeit der Erniedrigung und der Niederlagen gewesen. Und auch der Feigheit und des Verrats. Nun da er den letzten, noch dazu auf so plumpe Weise begangen hatte, konnte er es sich offen eingestehen. Dreimal hatte er Verrat geübt. An seiner Frau, an seinen Kindern und jetzt an seinem Freund. Eigentlich hätte er sich jetzt das Leben nehmen müssen. Wäre er nicht ein so guter Christ gewesen, wäre Selbstmord das einzige Heilmittel für die brennenden Schuldgefühle gewesen, die ihn innerlich verzehrten. Nachdem er diesen Gedanken verworfen hatte, blieb ihm nur noch die Emigration.

Allein im Exil würde er wieder auf die Beine kommen. Magdelène, Sarrazin, Scaliger – er musste sie alle vergessen, musste ganz neu anfangen, musste in sich gehen und seine charakterlichen Schwächen von Grund auf erforschen, musste ihren Ursprung herausfinden und sich darüber klar werden, wie er sie bekämpfen konnte, um sich in den Dienst des Guten und nicht des Bösen zu stellen. Was er brauchte, war eiserne Disziplin, um zu einem neuen Gleichgewicht zu finden. Nie mehr würde er auf Rauschmittel zurückgreifen, um seinen inneren Widersprüchen und Seelenqualen zu entfliehen. Er würde niemandem mehr Gewalt antun, sei sie nun gerechtfertigt oder willkürlich. Auch seinem krankhaften Ehrgeiz würde er keinen Raum mehr geben. Und er würde keusch leben. Das auf alle Fälle. Wenn es den konsequentesten Mönchen gelang, ein ganzes Leben lang keusch zu bleiben, musste es auch ihm möglich sein, dieses Gebot zu befolgen. Und zwar bis zu dem Moment, da er wieder eine normale Familie gründen würde, um damit seinen schwierigen Weg zur Wiederherstellung seiner Ehre zu krönen.

Lange wanderte er so vor sich hin, durch eine blühende Landschaft, sonnendurchflutete Felder und mit Weinstöcken überzogene Hügel. Als er Hunger bekam, hielt er nach einem Dorf Ausschau, doch in dieser Gegend schien es nur einzelne Gehöfte zu geben. Irgendwann, als er gerade darüber nachdachte, sich bei einem Bauern mit einigen Lebensmitteln einzudecken, vernahm er in seinem Rücken das Rattern einer einspännigen Kalesche. Kurz darauf hatte das Gefährt ihn überholt und in eine Staubwolke eingehüllt. Nach wenigen Metern hielt die Kutsche jedoch, ein Passagier stieg aus und kam auf ihn zu.

Es war ein Mann von schlanker Gestalt in einem eleganten Gewand aus schwarzem Samt, das wenig passend für die brütende

Hitze war. Mit einem Lächeln im Gesicht sprach er Michel an. »Euer Hut ist zwar arg verstaubt, aber ich habe doch sofort die Kopfbedeckung jener Ärzte darin erkannt, die in Montpellier ausgebildet wurden. Ihr seid doch Arzt, oder?«

»Ja«, antwortete Michel zurückhaltend.

»Und wohin des Wegs, wenn die Frage erlaubt ist.«

»Nach Norden.«

»So, dann seid Ihr auf Wanderschaft. Mit anderen Worten, Ihr seid ein Wanderarzt!« So nannte man jene Ärzte, die von Stadt zu Stadt zogen und in den Hospitälern ihre Dienste anboten, um auf diese Weise ihr Wissen und ihre Kenntnisse zu erweitern. »Ich bin unterwegs nach Bordeaux. Wenn Euer Ziel auf meinem Weg liegt, würde ich mich freuen, Euch in meiner Kalesche mitnehmen zu dürfen.«

»Ja, aber mit wem habe ich die Ehre …?«

»Ach ja, ich habe mich noch gar nicht vorgestellt. Mein Name ist Léonard Bandon, Apotheker in Bordeaux.«

Michel zuckte vor Freude zusammen. Léonard Bandon galt als einer der fähigsten Pharmakologen Frankreichs und war Hoflieferant des Königshauses. Er machte eine Verbeugung. »Ich nehme Euer Angebot gerne an, Monsieur. Mein Name ist Notre …« In diesem Moment beschloss Michel, seinen Nachnamen ein wenig abzuändern, indem er ihn, wie unter höheren Gelehrten üblich, ins Lateinische übertrug. »Nostradamus«, beendete er den Satz.

»Nostradamus«, wiederholte Bandon mit zufriedener Miene. »Ein schöner Name. Ein Name, der Glück bringen sollte.«

Plötzlich hatte Michel tatsächlich das Gefühl, dass sich ihm mit dem neuen Namen ein neues Leben eröffnen könnte. Er durfte diese Gelegenheit nicht ungenutzt verstreichen lassen. Vielleicht gab es ja doch noch Hoffnung auf ein erfülltes, glückliches Leben.

»Ich folge Euch, Monsieur«, erklärte er mit einer erneuten Verbeugung. »Zufällig wollte ich auch nach Bordeaux.«

# Der Visitador

Giovanni da Roma beobachtete wartend, wie die Diener die einzelnen Gerichte auftrugen. Die Mahlzeit war zwar nicht so raffiniert wie bei den Adligen, übertraf aber bei weitem die Essgewohnheiten des einfachen Volkes. Vor allem gab es Fleisch: gekochtes Kalbfleisch und gesalzenen, üppig gewürzten Schinken. Dazu einen Salat aus Kichererbsen, Zwiebeln und Lauch mit einer Senfsoße. Der Wein allerdings war ein typischer Landwein, der höchstens ein Jahr lang den Gaumen erfreuen konnte und dann rasch abfiel. Für einen Geistlichen wäre es jedoch unschicklich gewesen, die lukullischen Feinheiten zu übertreiben.

Diego Domingo Molinas schien keinen Appetit zu haben. Er bediente seinen Gast, schnitt sich dann selbst ein Stückchen von dem Kochfleisch ab und ließ es lustlos auf seinen Teller fallen. Erst jetzt hielt es Giovanni da Roma für angemessen, das Gespräch zu beginnen. »Meine Mission neigt sich dem Ende zu. Seit acht Monaten halte ich mich nun in Agen auf, und andere Pflichten rufen mich. Nicht weit von hier entfernt, im Luberon-Gebirge, sind die Waldenser eifrig damit beschäftigt, sich ein eigenes kleines Reich im Zeichen der Blasphemie zu errichten. Als man mich über Euer Kommen unterrichtete, dachte ich eigentlich, dass Ihr Euch für diese Ketzer interessieren würdet. Sie sollen auch schon in Spanien Fuß gefasst haben, nicht wahr?«

Molinas schob sich einen Bissen Fleisch in den Mund und schluckte ihn, fast ohne zu kauen, hinunter. »Nein, oder zumindest sind sie zahlenmäßig so schwach, dass man sie vernachlässigen kann. Unser Hauptproblem sind die *conversos*, die angeblich bekehrten Juden. Die alten Sekten sind fast alle ausgestorben, entweder von uns ausgerottet oder auf natürlichem Wege verschwunden.

»Und die neuen Irrlehren. Die Lutheraner und Calvinisten?«

»Auch deren Ausbreitung ist bei uns nur sehr begrenzt. Seht, in jeder größeren spanischen Stadt hat die Inquisition ihre Vertreter. Und außerdem erfreut sie sich des Wohlwollens der kaiserlichen Familie. So ist es uns möglich, auch mit Hilfe der weltlichen Behörden, jedes Anzeichen von Ungehorsam schon im Keim zu entdecken und mit der nötigen Härte dagegen vorzugehen.«

Giovanni da Roma leerte seinen Becher und sagte dann:

»Ich beneide Eure Effizienz. Wie ich weiß, plant seine Heiligkeit, Papst Paul III., das spanische Modell auf die ganze Christenheit zu übertragen. Nur auf diese Weise wird es uns gelingen, die Ausbreitung der Hugenotten zu verhindern.«

Molinas zog eine Augenbraue hoch.

»Mit der Effizienz, die Ihr so bewundert, können wir leider nur gegen die offen auftretenden Irrlehren vorgehen. Daher bleiben, wie ich schon sagte, die *conversos* unser größtes Problem. Das heimtückische Judentum weiß, seine Haut zu wechseln wie eine Schlange. Es schleicht sich in jedes Gemeinwesen ein und höhlt es von innen aus. Die Vertreibung der Juden aus Spanien ging immer noch nicht weit genug. Kein Tag vergeht, ohne dass in unserer Mitte Juden enttarnt werden, denen der Katholizismus nur als Fassade dient, während sie im Verborgenen weiterhin die Riten ihres Volkes praktizieren.«

»Und Michel de Notredame, dem Euer besonderes Augenmerk gilt, ist eben ein solcher Jude.«

»Ja, aber nicht aus diesem Grunde bin ich seit Jahren schon hinter ihm her. Habt Ihr vielleicht schon einmal etwas von Ulrich von Mainz gehört?«

Die ohnehin schon kleinen Augen des Dominikaners wurden noch schmaler. »Sicher. Der Mann ist ein recht bekannter Philosoph. Er war wohl auch am Kampf des Mönches Johannes Tetzel gegen Martin Luther beteiligt. Ein Kampf, dem leider kein Erfolg beschieden war.«

»Und mehr ist Euch nicht bekannt?«

Giovanni da Roma schwieg einige Augenblicke und blickte seinen Gesprächspartner nur aufmerksam an. Er schien sich zu fragen, inwieweit er ihm vertrauen könne. Schließlich sagte er: »Mir wurde erzählt, er sei so etwas wie ein Magier geworden. Ist das wahr?«

»Leider ja«, bestätigte Molinas. Er legte das Messer zur Seite, stützte die Fingerspitzen auf die Tischplatte und lehnte sich zurück. »Ihr werdet wissen, dass Ulrich auch ein recht bekannter Arzt ist. Als nun im Jahr 1527 in Bordeaux die Pest ausbrach, bat Pietro d'Avellino, der Leiter des dortigen Lazaretts, Ulrich um seine Mithilfe. Dieser kam unter dem falschen Namen Peter Van Hoog in die Stadt und wählte sich einen jungen Medizinstudenten zu seinem persönlichen Gehilfen. Nun ratet einmal, um wen es sich dabei handelte.«

»Um Notredame?«

»Ganz richtig. Zunächst verrichteten sie völlig normal ihre Arbeit. Dann kam der 24. Dezember 1527, jener Tag, an dem Ulrich Notredame und weitere Mitarbeiter in der Kapelle von Saint-Michel zusammenkommen ließ. Man weiß nicht genau, was dort vorgefallen ist, aber ein Messdiener wusste später zu berichten, dass auf dem Fußboden des Gotteshauses ein Kreis aufgemalt war, mit einem Stern in der Mitte und hebräischen Schriftzeichen an den Rändern. Ein magischer Drudenfuß. Die ganze Nacht blieb die Gruppe in der Kapelle und gab sich teuflischen Riten hin. Als die jungen Menschen am darauf folgenden Morgen, noch vollkommen erschüttert, ins erste Licht des Morgens traten, trug ein jeder von ihnen ein ins Fleisch geschnittenes Kreuz auf dem Rücken. Das Symbol einer neuen *Ekklesia*, der so genannten ›Kirche der Erleuchteten‹.«

Giovanni da Roma verzichtete auf jegliche Bemerkung. Eine Zeit lang war seine Aufmerksamkeit ganz von dem in Essig eingelegten Schinken in Anspruch genommen, der ein herrliches Aroma verströmte. Wäre die Decke des Refektoriums, in dem sie sich befanden, nicht ganz so hoch gewesen, und hätten die halbrunden Fenster nicht hinter den Stützbalken gelegen, wäre der Appetit des Inquisitors durch die erste Frühlingsonne, die in den Raum fiel, vielleicht noch stärker angeregt worden. So aber reichte nur ein fahles Licht bis nach unten, und außerdem minderten andere geheime Sorgen die Naschhaftigkeit des Geistlichen. »Ganz offen, Señor Molinas, verfügt Ihr über sichere Beweise für das, was Ihr da behauptet?«

»Unwiderlegbare Beweise sogar.«

»Dann wäre Notredame also Angehöriger einer neuen Glaubensgemeinschaft.«

»Sehr viel mehr. Ulrich betrachtete ihn als seinen eifrigsten und gelehrigsten Schüler und händigte ihm darum sogar eine geheime Handschrift aus, die den Titel *Arbor mirabilis* trägt. Das Fundament der neuen Kirche.«

»Habt Ihr diese Handschrift gesehen?«

»Sie befindet sich in meinem Besitz. Aber sie ist verschlüsselt.«

Giovanni da Roma legte die Stirn in Falten.

»In den Monaten, die ich hier in Agen verbrachte, gelang es mir, eine ganze Reihe von Häretikern zu entlarven. Ich ließ den Lutheraner Jehan Bernéde verhaften und einen gewissen Jehan de Pommières in die Verbannung schicken. Die Lehrer Sella und D'Allard zogen es trotz einflussreicher Freunde vor, nach Spanien zu fliehen. Sogar gegen Marc Richard, den Oberen der Augustiner von Saint-Rémy, ließ ich ermitteln. Aber kein Einziger von ihnen, wirklich keiner, hat Notredame als seinen Komplizen erwähnt. Ganz im Gegenteil bezeichneten sie ihn alle als überzeugten, fast fanatischen Katholiken.«

Molinas spürte, wie leichter Ärger in ihm aufstieg. »Notredame ist kein Hugenotte. Die Sekte, der er angehört, ist eine Bruderschaft von Hexenmeistern. Eine Mitgliedschaft, mit der man sicher nicht bei aller Welt hausieren geht.«

Giovanni da Roma griff zu einer Scheibe Schinken und legte sie auf seinen Teller. »Dennoch erscheint mir sein Verhalten völlig untadelig. Könnte es nicht sein, dass es sich dabei um eine Jugendsünde handelt?«

»Eine Jugendsünde nennt Ihr das?«, zischte Molinas, der jetzt vollends die Geduld verlor. »Sich dem Teufel zu verschreiben? Verzeiht, aber Ihr scheint zu vergessen, dass es die Pflicht des Heiligen Offiziums ist, jedwede Form des Satanismus schon im Keim zu ersticken. Dazu sind keine Beweise notwendig. Indizien reichen völlig aus.«

Diese Worte, mit Feuereifer vorgetragen, lenkten Giovanni da Roma nun doch von seiner Mahlzeit ab. Mit einem gewissen Respekt blickte er Molinas an.

»Ich bin ganz Eurer Meinung«, murmelte er. »Aber was soll ich tun?«

»Nun, es kommt mir nicht zu, Euch Befehle zu erteilen«, erklärte Molinas, zu seiner geheuchelten Sanftheit zurückkehrend. »Heute Morgen habt Ihr mir erzählt, dass Ihr Notredame einmal persönlich getroffen habt. Das stimmt doch?«

»Ja, sicher. Das war im Sommer vergangenen Jahres, als ich gerade erst in Agen eingetroffen war. Notredame suchte mich auf und denunzierte ganz offen seinen Freund Philibert Sarrazin, einen Hugenotten. Ich selbst war aber auch schon auf Notredame aufmerksam gemacht worden, und zwar durch Jules-César Scaliger, einen ziemlich seltsamen Kauz übrigens.«

»Und was geschah dann?«

»Nichts mehr. Nachdem Notredame seinen Freund denunziert hatte, rannte er, wirres Zeug vor sich hin murmelnd, einfach davon. Später erfuhr ich dann, dass er sein Haus niedergebrannt und die Stadt verlassen hatte. Vielleicht stand er noch unter Schock, nach dem Tod seiner Frau und seiner Kinder, die die Pest nicht lang zuvor dahingerafft hatte.«

»Habt Ihr Sarrazin verhört?«

»Dazu kam ich nicht mehr. Wenige Tage später flüchtete er nach Genf. Er fürchtete nicht ganz ohne Grund den Scheiterhaufen oder den Ruin.« Giovanni da Roma schob die Schüssel, die vor ihm stand, zur Seite. »Señor Molinas, wie Ihr seht, habe ich auf all Eure Fragen geantwortet. Doch nun möchte ich Euch, wenn Ihr erlaubt, selbst einige stellen.«

Molinas nickte. »Zu Diensten, Padre. Fragt nur.«

»Die erste Frage mag ein wenig provozierend klingen, ist aber nicht so gemeint. Ihr werdet wohl nicht vergessen haben, was Euch vor zwei Jahren in Agen zustieß. Man misshandelte Euch und warf Euch in den Kerker, unter dem Verdacht, die Pest eingeschleppt zu haben. Viele Eurer damaligen Ankläger sind inzwischen verstorben, andere werden Euch vergessen haben. Doch der eine oder andere wird sich sicher noch an Euch erinnern. Und so frage ich Euch: Wieso lauft Ihr so unbefangen mit Eurem schwarzen Umhang durch die Stadt, so als wäre nie etwas geschehen? Habt Ihr denn keine Angst, wieder erkannt zu werden?«

»Hätte ich Angst, könnte ich meine schwierige Aufgabe nicht erfüllen.«

»Sicher, aber da ist noch etwas anderes. Mir scheint, dass Ihr, was Notredame angeht, eine nicht mehr nachvollziehbare Verbissenheit an den Tag legt. Wie viele andere Hexenmeister habt Ihr jahrelang durch ganz Europa verfolgt? Keinen, vermute ich. Und ich wette, dass keiner Eurer Kollegen jemals ähnlich hartnäckig gewesen ist. Ich verstehe ja, dass Euer eigentliches Ziel Ulrich von Mainz ist. Aber auch das ist keine ausreichende Erklärung. Was soll eigentlich an der Lehre Ulrichs so gefährlich sein?«

Molinas hatte die Frage erwartet. Als ihm der Sekretär der Suprema vor nicht allzu langer Zeit dieselbe Frage stellte, hatte er ihm, wie es seine Pflicht war, ganz offen und ohne Umschweife geantwortet. Doch Giovanni da Roma gehörte einem anderen Zweig der Inquisition an. »Die Hugenotten dienen nur dem Teufel, aber die Illuminaten sind seine direkte Ausgeburt«, erklärte er trocken. »Und das verleiht ihnen ganz konkrete Fähigkeiten. Fragt mich jedoch nicht, welche.«

Wenn Giovanni da Roma davon beeindruckt war, zeigte er es nicht. Er beugte sich vor, um an die Salatschüssel zu kommen, und bedeutete dem Diener, der auf der Schwelle erschienen war, mit einer Geste, einen weiteren Krug Wein zu bringen. Erst dann wandte er den Blick wieder seinem Gesprächspartner zu. »Und Ihr könnt mir tatsächlich nicht mehr darüber sagen?«

»Nein, tut mir Leid.«

»Und was erwartet Ihr von mir? Bedenkt, dass Ihr nur ein einfacher Familiare seid.«

»Nein, das ist nicht ganz richtig. Ich bin nun *visitador*. Eine Art Inspekteur, dazu ermächtigt, die Aufgaben eines spanischen Inquisitors zu übernehmen, sollte dieser sich als unfähig erweisen.«

»Wir sind hier aber nicht in Spanien. Ich wiederhole meine Frage. Was erwartet Ihr von mir?«

Molinas entschloss sich, die offensichtliche Skepsis seines Gegenübers zu ignorieren.

»Ganz einfach. Ich benötige ein offizielles Mandat der französischen Inquisition. Nein, keine Angst, meine Unkosten werden weiterhin zu Lasten der spanischen Inquisition gehen. Es verhält sich nur so, dass mir das Schreiben Kardinal Della Roveres, das Euch dazu bewog, mich zu empfangen, zwar volle Bewegungsfreiheit auf französischem Boden gewährt, die Behörden der französischen Kirche aber nicht zur Zusammenarbeit verpflichtet. Wohin ich auch komme, bin ich gezwungen zu erklären, wer ich bin und was mein Auftrag ist. Ein offizieller Auftrag der Inquisition von Toulouse würde es mir gestatten, meine Mission ohne diese Behinderungen zu erfüllen.«

»Dazu müsste ich mich an den Großinquisitor Mathieu Ory wenden. Wie lautet die zweite Bitte?«

»Nun, ganz einfach. Ich möchte von Euch wissen, wo sich Notredame jetzt aufhält. Vor einiger Zeit habe ich seine Spuren verloren. Ihr habt sicher Berichte über ihn erhalten und dürftet wissen, wo er steckt.«

Mit dem Messer in der Hand vollführte Giovanni da Roma eine beiläufige Geste.

»Ja, das kann ich Euch sagen. Er ist in Bordeaux.«

»Und wisst Ihr auch, was er dort tut?«

»Meine Berichte sind vielleicht nicht auf dem neuesten Stand. Aber ich denke, er beschäftigt sich mit der Herstellung von Konfitüren, Schönheitscremes und anderen nichtigen Dingen. Er arbeitet in der Apotheke von Léonard Bandon, einem namhaften Pharmazeuten, was ihm auch die Freundschaft anderer gelehrter Männer in der Stadt verschaffte.«

»Von Juden, nehme ich an.«

Giovanni da Roma wartete, bis der Diener den neuen Krug Wein auf den Tisch gestellt und sich zurückgezogen hatte.

»Nein. Charles Seninus, Jean Tarraga und den Advokaten Jean Treilles kenne ich sogar persönlich. Das sind gute Christen und angesehene, wohlhabende Bürger.« Der Inquisitor lächelte. »Was die Juden angeht, seid ihr Spanier wahrlich besessen.«

»Dazu haben wir auch allen Grund. Geht aus Euren Berichten auch hervor, dass Notredame eine Beziehung zu einer Frau unterhält?«

»Einer bestimmten? Nein. Er wird wohl mit den Damen des einschlägigen Gewerbes verkehren, wie es alle tun.« Giovanni da Roma zuckte mit den Achseln. »Versteht mich recht, Señor Molinas. Auch nach allem, was Ihr mir über die Illuminaten erzählt habt, erscheint mir Euer Zauberer immer noch von geringem Interesse. Bedenkt, dass die Hugenotten Tag für Tag einen enormen Zulauf haben, und dass die Waldenser mittlerweile ganz dreist in aller Öffentlichkeit ihre Riten zelebrieren. Ich werde versuchen, Euch die Dokumente, um die Ihr mich batet, rasch zukommen zu lassen. Aber mehr kann ich nicht für Euch tun. Ich kann nicht all meine Kräfte darauf verwenden, einen einzelnen Mann zu verfolgen.«

»Es mag sich um einen Einzelnen handeln, doch sein Name steht für eine ganze, höchst bedrohliche Bewegung.«

Mit diesen düsteren Worten legte Molinas das Besteck zur Seite und stand mit einem Ruck auf. »Verzeiht, Padre, ich habe mich noch um andere wichtige Angelegenheiten zu kümmern. Wenn

Ihr aus Toulouse mein Mandat erhaltet, wisst Ihr, wo ich zu finden bin.«

Unter den verwunderten Blicken des Inquisitors und der Dienerschaft verließ Molinas den Raum. Er durchquerte die Vorhalle, trat aber nicht ins Freie, sondern bog in einen mit flandrischen Wandteppichen geschmückten Korridor ein und ging bis zu einer Tür aus grobem Holz, die in starkem Gegensatz zu dem luxuriösen Ambiente rings herum stand. Auf Anweisung von Kardinal Gallazzo Della Rovere bewohnte Molinas einen eigenen Raum in dem Gebäude. So konnte er es vermeiden, sich tagsüber in der Stadt sehen zu lassen. Es handelte sich um einen Kellerraum, dessen Wände jedoch trocken und dessen Einrichtung zwar schlicht, aber sauber und gepflegt war.

Molinas stieg einige Treppenstufen hinunter, öffnete, unten angekommen, die nur angelehnte Tür seiner Kammer und schnürte den Umhang auf. Die Frau, die auf dem Bett saß, stand auf. Sie war noch jung und schön, obwohl ihre vollen Rundungen schon eine beginnende Fettleibigkeit andeuteten, und einige Fältchen um die Augen vom bevorstehenden Alter kündeten.

»Ihr habt mich fast zwei Stunden warten lassen!«, schimpfte sie nun. »Ich habe die Glockenschläge gezählt. Beinahe wäre ich hier eingeschlafen.«

Molinas lächelte mit ein wenig verkniffenem Mund, wie jemand, dem freundliche Gesten schwer fallen. »Tut mir Leid, aber ich wurde aufgehalten. Außerdem solltest du wissen, Jumelle, dass ich dich in deinem eigenen Interesse habe kommen lassen.«

Die Frau verzog das Gesicht. »Ich heiße nicht mehr Jumelle. Ich heiße jetzt Anne, Anne Ponsarde. Für meine Freunde Annie.«

»Das weiß ich sehr wohl, Annie. Und gerade über einen alten Freund wollte ich mit dir sprechen. Und darüber, wie du schnell reich werden kannst.«

Die Gesichtszüge der Frau entspannten sich.

»Ich wäre auch gewiss nicht gekommen, hättet Ihr mir nicht, zusammen mit Eurer Nachricht, ein nettes Säckchen voll Münzen überbringen lassen. Arm scheint Ihr jedenfalls nicht zu sein. Deshalb verstehe ich auch nicht, warum Ihr mich hier in diesem Pfaffenwohnheim sehen wolltet, und noch dazu in dieser Gruft.«

Tatsächlich war es arg düster in dem Raum, und die Einrichtung bestand lediglich aus dem Bett, einigen Stühlen, einer Truhe und einem Tischchen unter dem Oberlicht. Eine ganze Wand wurde von einem ungewöhnlich großen Kruzifix eingenommen, das recht grob aus einem einzigen Stück Holz gefertigt schien, möglicherweise aus dem Stamm eines gigantischen Baumes. Dadurch wirkten die Gesichtszüge Christi hart und kantig, gleichzeitig aber auch geistesabwesend und streng. Eine Handarbeit, wie sie schon seit Jahrhunderten nicht mehr gefertigt wurde, und die in jedem Raum eine bedrückende Atmosphäre verbreitete.

Molinas hängte seinen Umhang an einen Haken und nahm auf einem der Stühle Platz. »Die Münzen, die ich dir geschickt habe, sind nichts als ein Vorschuss. Mit mir kannst du dein Glück machen.«

»Das hört man gern«, antwortete Jumelle. »Aber umsonst ist nur der Tod. Also, was muss ich dafür tun?« Mit einer aufreizenden Geste ließ sie sich aufs Bett fallen und spreizte die Beine. »Aber eigentlich kann ich mir schon denken, was Ihr von mir wollt.«

»Nein, das kannst du nicht«, erwiderte Molinas trocken und wandte den Blick ab. »Ich habe dir ja schon gesagt, es geht um einen alten Freund von dir. Erinnerst du dich an Michel de Notredame?« Unbeabsichtigt lehnte er sich etwas vor, so dass ein Sonnenstrahl durchs Oberlicht auf sein Gesicht fiel. »Erinnerst du dich?«

»Jetzt weiß ich«, stieß Jumelle überrascht hervor. »An Euch erinnere ich mich! Ihr wart das, an jenem Abend in Montpellier, vor der *La Soche*...« Ein Anflug von Furcht veränderte ihre hübschen Gesichtszüge. »Ihr wollt Euch doch nicht an mir rächen? Ich hatte doch nichts damit zu tun.«

»Nein, keine Sorge«, beruhigte Molinas sie, indem er rasch sein Gesicht ins Halbdunkel zurückzog. »Ich habe nicht vor, dir irgendetwas zu tun. Es geht mir nicht um Rache, sondern allein um Michel de Notredame. Ich frage dich noch einmal. Erinnerst du dich an ihn?«

»Und ob ich mich an den erinnere!« antwortete Jumelle mit hasserfüllter Stimme. »Dieser Hund. Erst sagt er, er liebt mich, und dann lässt er mich wegen einer dürren Ziege mit karottenroten Haaren sitzen. Ach, die Männer sind doch alle gleich.«

»Diese Ziege, wie du sie nennst, hieß Magdelène. Sie ist an der Pest gestorben.«

»Das geschieht ihr ganz recht. Sie hat all meine Hoffnungen auf ein besseres Leben zerstört. Obwohl ich mich heute eigentlich nicht beklagen kann. Seit Corinne von einem Soldaten getötet wurde, bin ich die Chefin der Mädchen im *La Soche*. Ich verdiene nicht schlecht und muss auch nicht mehr mit jedem ins Bett. Aber Michel ließ mich eine kurze Zeit auf ein anderes Leben hoffen. Er schien es wirklich ernst zu meinen.«

Molinas hatte solche Worte erwartet. Er beugte sich vor.

»Dieses andere Leben steht dir immer noch offen. Du brauchst nur zu tun, was ich dir sage. Dann sind dir Geld und Ansehen sicher. Es handelt sich um einen Mann, der dich anbeten und dich zu seiner Frau machen wird.«

Jumelle starrte Molinas mit offenem Mund an.

»Sprecht Ihr von Michel? Ich soll noch einmal …«

»Nein, das nicht. Jedenfalls nicht sofort. Notredame würde niemals mehr ein Freudenmädchen heiraten. Ich kenne jedoch einen senilen, gebrechlichen Alten, der eine Frau sucht. Jean de Beaulme heißt er, ein schwerreicher Mann aus Salon. Hast du nicht Lust, ihm seine letzten Tage zu versüßen? Länger als ein Jahr, höchstens zwei, macht er es sowieso nicht mehr.«

Jumelle kam aus dem Staunen nicht mehr heraus. Sie legte den Kopf in den Nacken und begann lauthals zu lachen.

»Und solch einen Vorschlag macht Ihr mir hier im Palast des Kardinals? Jetzt erzählt mir nicht, wenn der Alte krepiert ist, soll ich Michel umgarnen.«

»Doch, genau das. Doch wie meine weiteren Pläne mit dir aussehen, brauchst du vorerst gar nicht zu wissen. Was ich dir aber versprechen kann, ist, dass du mit meiner Hilfe nicht mehr Jumelle sein wirst. Du wirst Anne Ponsarde sein, mit vollem Recht, reich und geachtet auch in der besseren Gesellschaft.«

»Aber das kann noch Jahre dauern.«

»Warum so ungeduldig?«

»Und dann soll ich wirklich zu Michel zurückkehren?«

»Ja. Aber mach dir darüber keine Gedanken. Alles zu seiner Zeit. Du brauchst nichts weiter zu tun, als jeden Schritt, den ich dir vorgebe, genau zu befolgen. Und bedenke, Notredame ist auch nicht schlechter als deine heutigen Kunden. Eine Zeit lang war er tatsächlich in dich verliebt.«

Jumelle schürzte die Lippen. »Ja, damals war ich noch schüchtern und furchtbar naiv. Jedes Wort habe ich ihm geglaubt. Doch dann wurde mir klar, dass das einzige, was er wirklich an mir geliebt hat, diese beiden hier waren.« Sie legte die Hände an ihr prall gefülltes Mieder. Als sie merkte, dass ihr Gegenüber zusammenzuckte, fuhr sie mit einem koketten Lächeln fort. »Vielleicht seid Ihr ja auch an den beiden interessiert, Monsieur.« Sie machte Anstalten, das Lederbändchen, das ihr Dekolleté verschnürte, zu lösen.

»Nein, nein!«, rief Molinas abwehrend. Dann, als ihm bewusst wurde, dass er viel zu heftig reagiert hatte, erklärte er bemüht sachlich: »Heutzutage interessiert mich nur noch meine Rache.«

# Die Schönheit der Damen

Notredame stand auf der Schwelle von Léonard Bandons Apotheke, fast zu Füßen des mächtigen Glockenturms der Kirche Saint-Michel. Wie so häufig an jenen Herbstmorgen des Jahres 1539 war der Himmel bewölkt, und es roch nach Regen. Aber die Temperaturen waren noch recht mild, und das tröstete den jungen Arzt, der sich, seit er in Bordeaux war, unaufhörlich nach der warmen Sonne der Provence und des Languedoc sehnte.

Er wartete auf Bandon, von dem allerdings noch nichts zu sehen war. Mit dem Apotheker verband ihn mittlerweile schon eine herzliche Freundschaft. Vor allem aber war es Dankbarkeit, die er ihm gegenüber empfand. Bandon allein war es, dem er seine Stellung als angesehener, in den Häusern der Bürger akzeptierter und wegen seiner Gelehrsamkeit geschätzter Mann verdankte. Wie gewaltig hatte sich sein Leben doch in den letzten Monaten verändert. Mit der Verbrennung all seiner Bücher hatte er den okkulten Wissenschaften für immer abgeschworen, ebenso der Astrologie und all jenen Künsten, die die Kirche, längeren Zeiträumen der Toleranz zum Trotz, immer noch als gefährlich erachtete. Nun verbrachte er einen Großteil seiner Zeit damit, mit Kräutern zu experimentieren (außer dem Habichtskraut, das er nicht einmal mehr sehen wollte) und zu beten.

Vor allem betete er für die Seelen von Magdelène, René und Priscille, und das linderte ein wenig die quälenden Schuldgefühle, die ihn immer wieder übermannten und ihm die Tränen in die Augen trieben. Sein eigentlicher Trost lag aber in der Gewissheit, ein neuer Mensch geworden zu sein. Nach dem Zauberlehrling hatte er auch den vom Ehrgeiz getriebenen Arzt in sich getötet. Geblieben war ein unauffälliger, all seinen Christenpflichten nachkommender Apotheker. Eines Tages würde der Himmel ihn dafür belohnen und ihn seine schweren Sünden vergessen lassen.

»Guten Tag. Ist Monsieur Bandon zu sprechen?«

Aus seinen Gedanken gerissen, blickte Michel auf und erkannte einen Bauer aus Castillon, der ihnen ab und an Früchte, Kräuter und andere Pflanzen vorbeibrachte, die sie für die Herstellung von Kosmetika und Arzneien benötigten.

»Nein, er muss aber gleich kommen«, sagte er und fragte dann, als er das Bündel unter dem Arm des Bauern bemerkte: »Was habt Ihr uns denn heute zu verkaufen?«

»Nun, es ist etwas ungewöhnlich. Ich weiß gar nicht, ob Monsieur Bandon überhaupt daran interessiert ist.«

»Tretet ein und lasst sehen.«

Im Unterschied zu anderen Apotheken verfügte die von Bandon über keine Theke. Stattdessen stand in der Mitte des geräumigen, hellen Ladens ein Tisch mit einigen Stühlen darum. Die Regale an den Wänden waren voller Flaschen, Ampullen und Flakons, und auf dem Schreibtisch an einer Seite lag ein großes Register, in das der älteste Sohn des Apothekers die Ein- und Ausgaben eintrug.

»So, legt es dort ab.« Michel deutete auf den großen Tisch. »Passt ein wenig auf, dass Ihr nichts schmutzig macht.«

»Nein, nein, das macht keinen Dreck. Obwohl wenn man es so sieht, könnte man vielleicht schon denken …«

Der Bauer begann, sein Bündel auszuwickeln, und als Michel den Inhalt sah, schrak er angewidert zurück.

»Ja, habt Ihr den Verstand verloren?« schrie er. »Das ist ja Hundekot!«

»Nein, nein. Seht es Euch nur genauer an. Es soll sogar ziemlich wertvoll sein. Ich weiß, dass die Fischer in den Wintermonaten solches Zeug manchmal in ihren Netzen finden. Und sie bekommen viel Geld dafür. Deshalb habe ich mir gedacht, dass sich Monsieur Bandon dafür interessieren könnte.«

Michel beugte sich über das aufgeschnürte Bündel. Die Substanz wies eine gräuliche Farbe auf, und obwohl sie auf den ersten Blick tatsächlich an Hundekot erinnerte, war sie doch sehr viel regelmäßiger gerundet. Darüber hinaus stank sie auch nicht, sondern strömte im Gegenteil einen angenehmen, feinen Duft aus.

»Was tust du denn da, Notredame? Untersuchst du jetzt schon den Mist der Bauern?«

Michel hob den Blick. In der Tür stand Jean Treilles, ein ungefähr vierzigjähriger, angesehener Advokat, in dessen Salon Michel seit einiger Zeit verkehrte. Bei ihm war Jean Tarraga, ein Arzt aus wohlhabender Familie, der trotz seiner erst kürzlich begonnenen beruflichen Laufbahn schon auf einen beachtlichen Kundenstamm blicken konnte. Beide lachten.

In ihr Gelächter einstimmend, erklärte Michel: »Ja, so sieht es aus. Zuerst dachte ich ja auch, es wäre Kot, aber das ist es nicht. Oder zumindest stammt es weder von einem Menschen noch von einem Hund. Könnte aber von einem Meeresbewohner sein.«

Neugierig traten die beiden Männer näher. Tarraga berührte den vermeintlichen Kot mit einem Finger und nahm dann ohne Scheu ein Stückchen in die Hand.

»Mindestens drei Unzen«, meinte er, es in der Hand wiegend. »Wenn es das ist, was ich glaube, findet man es selten in solchen Mengen.« Er blickte Treilles fragend an.

Sein Freund nickte. »Kein Zweifel, das ist Amber. Walkot. So viel auf einmal habe ich wirklich noch nie gesehen, noch dazu außerhalb der Saison. Sonst kann man nach der Sonnenwende im Dezember schon mal kleinere Stücke am Strand finden.«

»Wenn es Amber ist, ist es kein Kot«, warf Tarraga ein. »Es ist auch in den *Pandekten* erwähnt, und da steht, dass es sich um Walsperma handelt.

»Möglich.« Jean Treilles blickte Michel an. »Hast du den Handel schon geschlossen?«

»Nein, noch nicht. Ich wusste ja gar nicht, was das ist.«

»Gut, dann sind wir ja gerade noch rechtzeitig gekommen.« Er wandte sich an den Bauern. »Hör mal, mein Freund, du hast versucht, unserem lieben Michel Wahlscheiße anzudrehen, oder gar Walsperma, was noch schlimmer ist. Dafür hättest du eigentlich den Stock verdient. Doch wir sind keine Unmenschen, und deshalb wollen wir dir auch deine Unkosten vergelten. Monsieur Notredame wird dir jetzt vier Tournois aushändigen, und dann kehrst du schleunigst auf deinen Hof zurück.«

»Aber die Fischer sagen, dass das Zeug sehr wertvoll ist«, protestierte der Bauer.

»Wertvoll? Was soll diese Kacke schon wert sein... Aber gut, sagen wir fünf Tournois, und die Sache ist erledigt. Damit könnt Ihr Euch heute auf unsere Kosten einen schönen Abend machen... Notredame, bezahl diesen Mann. Betrachtet es einfach als ein Almosen.«

Michel öffnete den Geldbeutel an seinem Gürtel, holte fünf Münzen hervor und zählte sie dem Bauern in die offene Hand. Dieser machte eine hastige Verbeugung und eilte davon, so als fürchte er, die Herren könnten es sich noch einmal anders überlegen. An der Tür stieß er fast mit einem eleganten, jungen Mann zusammen, der gerade hereinkam.

»Charles, du kommst genau richtig«, rief Jean Treilles lachend aus. »Michel hat gerade drei oder vier Unzen Amber für fünf Tournois gekauft!«

Der Neuankömmling riss verblüfft die Augen auf. »Aber das ist doch mindestens hundertmal so viel wert.« Er stürzte zum Tisch und nahm ein Stück zur Hand. »Ja, das ist Amber, und dazu noch nicht durch Füchse gegangen.«

»Was meint Ihr damit?«, fragte Michel.

»Nun ja, Füchse werden von der Substanz unwiderstehlich angezogen. Schon aus einiger Entfernung nehmen sie den Duft des Amber auf, verschlingen ihn, können ihn aber nicht richtig verdauen, so dass sie ihn an einem Stück wieder ausscheiden. Der Amber, der durch die Därme eines Fuchses gewandert ist, ist dunkler und sehr viel weniger wert. Dieser hier aber ist, wie ich sehe, ganz jungfräulich – und sehr kostbar.«

Jean Treilles blickte Notredame belustigt an. »Tja, Michel, da haben wir dir zu einem guten Geschäft verholfen. Der hier anwesende hochgelehrte Charles Seninus wird es dir bestätigen: Du hast ein Stück Scheiße gekauft, und so Gott will, wurde es nur einmal ausgeschissen und du bist jetzt ein reicher Mann. Die Schriften vieler unserer Philosophen sind von der gleichen Beschaffenheit, aber lange nicht so viel wert.«

»Die werden ja auch viele Male ausgeschissen«, gab Charles Seninus grinsend zu bedenken, »diese Kacke aber nur einmal.«

»Aber das ist doch gar keine Scheiße, sondern getrocknetes Sperma!«, protestierte Tarraga.

»Na und, am Wert der Substanz ändert das doch nichts.«

Michel, der den Wortwechsel amüsiert verfolgt hatte, hob abwehrend die Hände.

»Reich geworden ist hier nur Léonard Bandon. Mir stehen nur die fünf Tournois zu, die ich vorgestreckt habe.«

Seninus fasste ihn freundschaftlich an der Schulter. »Unsinn, Michel. Du hast den Amber gekauft, und deshalb gehört er dir auch. Stimmt's, Jean?«

Treilles nickte ernst.

»Ulpianus und Modestos sagen klar und deutlich: Wer Scheiße kauft, muss sie auch behalten. Selbst wenn es sich um Walscheiße handelt.«

Tarraga pflichtete ihm bei. »Und das Gleiche gilt für getrocknetes Sperma. Ich verweise noch einmal auf den Hinweis in den *Pandekten.*«

Lachend knotete Michel das Bündel wieder zu.

»Wenn ich euch so reden höre, ist mir, als stände mein alter Freund Rabelais neben mir. Also gut, einverstanden, ich behalte dieses Zeug. Ich hoffe nur, es wird mich tatsächlich so reich machen, wie ihr sagt. Wie kann ich mich bei euch erkenntlich zeigen?«

»Oh, ganz einfach«, antwortete Jean Treilles. »Abgesehen von den seltenen Besuchen in den Salons unserer Gattinnen, lebst du doch praktisch wie ein Einsiedler. Aber da wir dich nun zu einem reichen Mann gemacht haben, kommst du heute Abend mit uns in die Taverne und hältst uns frei. Da kannst du dir dann auch eine Mademoiselle aussuchen und mit ihr den Rest deines Geldes in süßer Gesellschaft bei entspanntem Tun durchbringen. Na, was meinst du dazu?«

Michel, der dabei war, den Amber in einer Kiste zu verstauen, schüttelte den Kopf.

»Solch ein Leben habe ich früher als Student geführt. Aber jetzt bin ich sechsunddreißig und muss meine Ersparnisse zusammenhalten. Ich will meine Ehe nicht aufs Spiel setzen.«

»Was meinst du damit? Hältst du uns vielleicht für ehrlose Leute?« Nicht mehr scherzend, sondern ernsthaft gekränkt, drehte sich Jean Treilles zu seinen Freunden um. »Der redet wie diese verfluchten Juden, die sich in ihren düsteren Läden verschanzen und den ganzen Tag damit beschäftigt sind, das Gold zu wiegen, das sie sich durch Wucherei von ehrlichen Christen ergaunert haben. Wir tun wohl besser daran, Notredame ab sofort aus unseren Häusern und von unseren Gattinnen fern zu halten. Es ist ja bekannt, dass die Juden von der Fleischeslust beherrscht sind.«

Michel schrak zusammen. Treilles und die anderen fragten nicht nach seiner Herkunft. War es denn möglich, dass allein schon in seinem Verhalten seine jüdische Abstammung erkennbar war? Anscheinend ja. Er musste etwas dagegen tun. »Lass mich ausreden, Jean«, sagte er mit einem gezwungenen Lächeln. »Es ist doch klar, dass ich bei diesem Gewinn, den ich euch zu verdanken habe, heute Abend meinen strengen Vorsätzen mal untreu werde. Als stolzer Besitzer eines Stückchens Walscheiße komme ich natürlich mit in die Taverne. So ein Ereignis muss schließlich gebührend gefeiert werden.«

Treilles' Gesichtszüge entspannten sich augenblicklich, und der junge Mann brach in schallendes Gelächter aus, in das die anderen einfielen. »Verzeih mir, Michel, dass ich dich mit einem *rétail-*

*lon* verglichen habe. Ich wollte dich nur aufrütteln und aus deiner Einsamkeit herausreißen. Und keine Angst, heute Abend zahlen wir. Du bist uns lieb und teuer, und wir wollen dich gern in unserer Mitte haben.«

Michel spürte, wie ihm Tränen in die Augen stiegen. »Danke, mein Freund. Dann sehen wir uns also heute Abend nach Einbruch der Dunkelheit in der Taverne. Vielen Dank euch allen.«

Die drei verabschiedeten sich und verließen die Apotheke. Einen Augenblick später zeigte sich Tarraga noch einmal auf der Schwelle. »Das ist kein Kot, sondern Sperma, glaub's mir.«

»Das tue ich«, antwortete Michel mit einer leichten Verbeugung.

Der weitere Vormittag verlief ohne besondere Vorkommnisse. Bandon traf recht spät ein, in Begleitung seines Sohnes, der sich sogleich an die Bücher setzte und die Ein- und Ausgänge notierte. Unter den wenigen Kunden an diesem Morgen waren ein älterer, unter Gicht leidender Herr, dem man einen Aufguss aus Herbstzeitlosen verschrieb, der sogleich in der angrenzenden Küche zubereitet wurde; dann kam eine an Asthma erkrankte Dame mittleren Alters, die für viel Geld eine mit Vorsicht anzuwendende Wolfsmilchtinktur erstand, und ein vielleicht zwanzigjähriges Mädchen, das kürzlich erst geheiratet hatte. Ihr Problem war, dass der Ehemann noch nicht ein einziges Mal seit der Vermählung seinen ehelichen Pflichten nachgekommen war und sich ihren weiblichen Reizen gegenüber vollkommen gleichgültig zeigte. Die üblichen Liebestränke hatten leider keinerlei Wirkung gezeigt.

Umständlich legte die Frau ihren Fall dar, und Bandon brauchte einige Zeit, bis er den Kern des Problems erfasst hatte. Als er endlich soweit war, blickte er ratlos zu Notredame hinüber. »Michel, ich glaube, hier sind deine Kenntnisse gefragt. Ich kenne nur jene Mittel, die nach den Worten der Madame alle schon versagt haben.«

Michel musterte die junge hübsche Frau, die so befangen vor ihnen stand.

»Würde es Euch gelingen, Eurem Gatten zumindest einen Kuss zu entlocken?«

»Schon, ja«, murmelte sie. »Ich könnte es versuchen.«

»Gut, dann kenne ich ein Mittel, das mir für Euren Fall geeignet scheint und absolut sicher wirkt. Es heißt *Poculum amatorium ad Venerem*, und man sagt, es soll von Medea erfunden worden sein. Es handelt sich um eine Flüssigkeit, die Ihr in den Mund nehmen und Eurem Gatten mit einem Kuss auf den Lippen verteilen müsst. Allerdings gebe ich zu bedenken, dass die Zubereitung sehr aufwendig und nicht ganz billig ist.« Während er sprach, kamen Michel Magdelènes Lippen in den Sinn. Sofort verscheuchte er den Gedanken.

»Oh, das ist kein Problem. Mein Vater wird für die Kosten aufkommen«, erklärte die junge Frau, eingeschüchtert aber hoffnungsvoll. »Kann ich gleich eine Ampulle davon mitnehmen?«

»Nein, unmöglich. Die Zubereitung dauert mindestens zwei Wochen. Seht Ihr Euch in der Lage, noch so lange durchzuhalten?«

»Ja, gewiss. Mir bleibt ja keine andere Wahl.«

»Gut, dann überlasst alles mir und kommt in vierzehn Tagen wieder. Dann können wir Euch auch den genauen Preis sagen, und wenn er genehm ist, erhaltet Ihr das Mittel. Damit, das kann ich Euch versprechen, wird Euer Eheleben für immer glücklich sein.«

Bandon wartete, bis die junge Frau gegangen war, und brach dann in schallendes Gelächter aus. »Notredame, Ihr seid schon ein rechter Gauner! Ich wette, dieses *Poculum amatorium* habt Ihr gerade erfunden.«

»Nein, nein«, protestierte Michel fröhlich, »das Mittel gibt es tatsächlich und war schon den alten Griechen bekannt. Ich selbst konnte es bisher noch nicht zubereiten, weil ich nie alle Zutaten beisammen hatte, aber das Rezept ist mir bekannt. Nur leider ist es höchst kompliziert.«

»Das heißt …?«

»Nun, zunächst pflückt man bei Sonnenaufgang drei Alraunwurzeln …«

»Die Wurzeln hätten wir schon da«, erklärte Bandon, indem er auf ein Glas im Regal deutete. »Und sie wurden, wie erforderlich, bei Sonnenaufgang gepflückt.«

»Gut, aber das ist ja erst der Anfang. Dann wickelt man die Wurzeln in Eisenkrautblätter und lässt sie so eine Nacht ruhen. In der Zwischenzeit zerstößt man auf einem Stein sechs Gran des *Lapis magneticus,* des so genannten ›Steins der Verliebten‹, und träufelt später ein wenig vom Saft der Alraunwurzeln darüber. Dazu gibt man dann das Blut von sechs männlichen Sperlingen, das durch einen Schnitt im linken Flügel gewonnen wurde. Dann sieben Gran Moschus, dreihundertsiebenundsiebzig Gran Zimt von bester Qualität, einen Levkojenzweig und etwas Aloeholzpulver, ein Stückchen von jedem Fangarm einer Krake, gekocht in einundzwanzig Gran Honig, und schließlich siebenundfünfzig Gran reinen Amber …«

Bandon unterbrach ihn, langsam den Kopf schüttelnd. »Alle anderen Zutaten werden sich irgendwie auftreiben lassen, aber reiner Amber ist so äußerst selten … Nein, nein, Ihr habt bei dieser armen Frau Hoffnungen geweckt, die unmöglich zu erfüllen sind.«

»Lasst mich nur machen«, antwortete Michel, ein wenig verlegen. »Gewiss, Amber ist teuer, aber die Kundin scheint recht betucht zu sein.«

»Gut, ich vertraue Euch. War das nun alles?«

»Fast. Dem Ganzen werden noch fünfhundert Gran *racina apurisus* beigefügt – das haben wir da – und ein gerütteltes Maß kretischen Weins, den wir sicher am Hafen bekommen werden. Dazu noch ungefähr eine Unze sehr fein gemahlener Zucker. Das alles zerstößt man nun mit einem Holzpistill in einem marmornen Mörser und kocht die Masse dann ein, bis der Zucker karamellisiert ist. Das wär's. Und unsere Kundin braucht dann nur ein

Löffelchen davon beim Kuss in den Mund zu nehmen, und danach wird sie das Feuer ihres Gatten kaum noch löschen können.«

Bandon schien weiter skeptisch.

»Auf alle Fälle wird das Mittel äußerst teuer. Madame muss die Last der Keuschheit wirklich spüren, wenn sie es tatsächlich ersteht. Nun, ich werde mich mal erkundigen, wie es um die Vermögensverhältnisse ihres Vaters bestellt ist. Ich will nicht auf den Kosten sitzen bleiben.«

»Bedenkt, dass wir der Dame nur ein Löffelchen verkaufen. Da bleibt uns genug für andere Kundinnen übrig«, erwiderte Michel mit schelmischer Miene. »Die wenigsten Frauen unserer Stadt, vielleicht der ganzen Welt, sind doch zufrieden mit der Potenz ihrer Männer. Ihr werdet sehen, man wird uns das Mittel aus den Händen reißen.«

Bandon schien endlich überzeugt. »Wahrscheinlich habt Ihr Recht. Bei Euren Fähigkeiten. Ich habe es wirklich noch keinen Tag bereut, Euch in meiner Apotheke aufgenommen zu haben. Ihr seid ein Meister Eures Fachs. Nur eine Sache verwundert mich.«

»Was denn?« fragte Michel nach.

Bandon wurde wieder ernst.

»Im Grunde vertrödelt Ihr hier Eure Zeit mit der Herstellung von Schönheitscremes, Aphrodisiaka und banalen Marmeladen. Dabei verfügt Ihr doch über umfangreiche wissenschaftliche Kenntnisse und habt Euren Abschluss in Medizin in Montpellier erworben, einer anerkannten harten Universität. Habt Ihr denn nie daran gedacht, Euch anspruchsvolleren Forschungen zu widmen?«

»Was versteht Ihr unter anspruchsvolleren Forschungen«, fragte Michel vorsichtig.

»Damit meine ich, zum Kern der Elemente vorzudringen, zu einem Punkt, wo nicht mehr nur ihre Vermischung, sondern auch ihre Verschmelzung möglich wird. Sind Euch vielleicht schon einmal die Schriften von Paracelsus oder von Denis Zacharie in die Hände gekommen, die beide …«

Michel legte die Stirn in Falten. »Ihr sprecht mir von zwei Alchimisten, und der eine von ihnen ist obendrein noch Protestant.«

»Missversteht mich nicht«, erwiderte Bandon alarmiert. »Ich möchte Euch nicht dazu verleiten, Euch auf ein Gebiet vorzuwagen, das die Kirche missbilligt, sondern einfach nur anregen, Euer Wissen weiter zu vertiefen.«

»Im Moment habe ich kein Bedürfnis danach, über meine Grenzen hinauszugehen.«

Bandon nahm den entschiedenen Ton seines Gehilfen wahr und drang nicht weiter auf ihn ein. »Wie Ihr wollt. Dann machen wir uns jetzt an die Arbeit. Schließlich haben wir nicht nur das *poculum,* sondern auch noch eine Reihe anderer Mittel zuzubereiten.«

Bis zum Abend blieben sie in der Apotheke und unterbrachen ihre Arbeit nur, um in Bandons Haus rasch eine kleine Mahlzeit einzunehmen. Als es dunkel wurde, verabschiedete sich Michel und machte sich lustlos auf den Weg zur Taverne *Au poisson noir,* unweit der kleinen Kirche Saint Eloi. Dies war der beliebteste Treffpunkt unter den jungen Bürgersöhnen Bordeaux', aber ihn selbst zog nichts dahin. Er schätzte mehr die Abende, an denen er allein, umgeben von der Stille, am offenen Fenster saß und den Sternenhimmel beobachtete. Auch die Freudenmädchen hatten ihren Reiz für ihn weitgehend verloren. Immer seltener spürte er im Unterleib das erregte Kribbeln, das er noch vor wenigen Jahren ständig verspürt hatte. Seine Manneszier war verkümmert, und seine Hoden füllten sich nicht mehr. Allein das Gebet, verbunden mit der versunkenen Betrachtung des Sternenhimmels, übte noch einen gewissen lebendigen Reiz auf ihn aus.

Die traurige Wahrheit war, dass ihm vor allem der Trunk aus Habichts- und Bilsenkraut fehlte. Doch das wollte er nicht zugeben, weil er sich dann hätte eingestehen müssen, regelrecht abhängig von diesen Substanzen zu sein. Während er die fast menschenleeren, nur vom Mondschein erhellten Straßen Bordeaux' durchquerte, versuchte er, an gar nichts zu denken. Doch es gelang ihm nicht. Endlich erblickte er das Tavernenschild, einen mit dunklem Rost überzogenen Fisch aus Eisen, und bemerkte fast gleichzeitig, dass vor dem Lokal etwas im Gange war.

Er verlangsamte seinen Schritt, um die Szene ungestört beobachten zu können. Einige Personen hatten einen Kreis gebildet, in dessen Mitte er Jean Treilles sah, der einen von Panik ergriffenen alten Mann verfolgte. Dieser versuchte, mal hierhin, mal dorthin auszuweichen, doch wohin er sich auch wendete, immer empfing ihn ein Faustschlag oder eine Ohrfeige, so dass er sich um die eigene Achse drehte und seinem Verfolger erneut in die Arme taumelte.

»So, jetzt bist du dran!« schrie Jean Treilles, als er den Fliehenden endlich gepackt hatte. »Hatte ich dich nicht gewarnt, ich würde dir deinen Bart ansengen, wenn du noch einmal von einem Christen Geld zurück verlangst?!« Er blickte sich um. »Charles, Charles, jetzt komm endlich!«

Mit einer brennenden Fackel in Händen trat Charles Seninus aus der Taverne. »Ich bin ja schon da, Jean. Und hier ist auch das Werkzeug für den perfekten Barbier.«

Gelächter erhob sich aus der Menge. Doch einige Huren, die auf der Schwelle standen, schienen Mitleid zu empfinden. Eine von ihnen weinte sogar und legte die gefalteten Hände auf ihr Herz.

»Aber er ist doch gar kein Jude mehr«, rief sie. »Er ist ein Christ.«

Seninus drehte sich grinsend zu ihr um. »Genau das sind die Schlimmsten! In Spanien würde man kurzen Prozess mit ihm machen.«

Er reichte Treilles die Fackel. »Dann los, Jean. Rasier ihn, diesen *recutitus!*«

Jean Treilles hielt die Fackel an den dichten langen Bart des alten Mannes. Der stieß einen Schrei aus und schlug entsetzt die Hände vors Gesicht, wo die Flammen schon sein Kinn ergriffen. Die Menge teilte sich und ließ ihn unter Hohn und Spott durch die Öffnung entfliehen.

»Das soll allen Wucherern in dieser Stadt eine Warnung sein«, erklärte Treilles mit lauter Stimme, bevor er wieder auf den erhellten Eingang der Taverne zutrat. »Damit es keiner von ihnen mehr wagt, einen echten Christen zu schikanieren.« Aus der Menge erhob sich eher zögerlicher, aber doch hörbarer Beifall.

Michel hatte sich ins Dunkel eines Portikus zurückgezogen und versuchte krampfhaft dem Brechreiz Herr zu werden, der ihm Brust und Kehle zerriss. Plötzlich wusste er, dass er diese von Unmenschen bewohnte Stadt so schnell wie möglich verlassen musste, bevor man die Wahrheit über seine Herkunft herausfand. Doch wohin sollte er sich ohne Geld wenden?

Da fiel ihm der graue Amber wieder ein.

# *Abraxas. Der Abgrund*

*Eine plötzliche Sturmbö fegte über das Wüstenland, wirbelte den Sand auf und ließ die geschuppten Dämonen erschauern. Nostradamus und die drei anderen, die um ihn herumstanden, blickten besorgt zum Himmel, aufgeschreckt von einer gewaltigen pulsierenden Bewegung, die die Sterne hier vergrößerte, dort verkleinerte oder verschob, und alle Konstellationen durcheinander brachte.*

*»Was ist da los?«, fragte der junge Priester, der von den vieren am aufgeregtesten war.*

*Nostradamus machte eine gleichgültige Geste.*

*»Nichts Besonderes an diesem Ort. Ein Abgrund tut sich auf.«*

*Er hatte noch nicht zu Ende gesprochen, da schien sich plötzlich der Sand zusammenzuziehen, und ein gewaltiger Riss durchlief die Ebene.*

*Immer weiter fielen die Ränder der Erde auseinander, bis sich schließlich eine breite Spalte aufgetan hatte. Einer der Dämonen, in seiner Ruhe gestört, breitete die Flügel aus, flog auf, und ließ sich bald wieder etwas entfernt von dem Abgrund nieder. Dann kehrte wieder Stille ein.*

*Nostradamus näherte sich dem Abgrund und tauchte ohne zu zögern hinab, indem er einem schmalen, fast unsichtbaren Pfad folgte, der in die Tiefe führte. Es dauerte einige Augenblicke, bis sich die anderen entschlossen, ihm zu folgen. Der unendliche, konisch geformte Hohlraum schien sich ins Nichts zu öffnen, ein finsteres, bedrohliches Nichts, das an den Rändern noch glitzerte und im Zentrum tiefschwarz war. Durch die Schritte auf dem Pfad lösten sich Steine, die ins Leere fielen, ohne dass ein Ton zu hören war. Bald schon umfing sie dichter schwarzer Nebel, so dass sie nichts mehr erkennen konnten, außer dem Teil der Wand, an dem sie entlang streiften, und das Fleckchen Erde unter ihren Füßen.*

*Doch sie hatten keine Angst, denn dort, wo sie sich nun befanden, gab es keinen Grund mehr, Angst zu haben. Angst, vor was? Zu sterben? Anderen Orts waren sie längst gestorben. Angst sich wehzutun? Dort, wo es keine Geräusche mehr gab, konnte es auch keinen Schmerz mehr geben. Aber immerhin verspürten drei von ihnen eine wachsende Unruhe; und wenn sie sich doch vor etwas ängstigten, dann höchstens davor, dass sich diese Spannung bis in alle Ewigkeit nicht mehr lösen würde.*

*Irgendwann begann sich der Nebel aufzulösen. Sie waren am Ausgang des Schlundes angekommen, und erblickten einen Himmel, der jenem, den sie hinter sich gelassen hatten, sehr ähnlich war und ebenfalls drei Sonnen im Zentrum aufwies. Nur strahlten die Sterne hier ein viel matteres Licht aus.*

*Nostradamus drehte sich um und deutete in den tiefschwarzen Stollen, aus dem sie jetzt auftauchten.*

*»Seht! Wenn ihr genau hinschaut, könnt ihr hinter dem Nebel, aus dem wir aufgetaucht sind, das Universum in einem anderen Licht erkennen. Dieser Blick ist nicht jedem gegeben. Wir haben die Zeitgrenze erreicht.«*

*Nur die Frau wagte einen flüchtigen Blick zurück. Sie schien zu erschaudern. »Das stimmt«, rief sie aus. »Am Ende des Abgrunds ist ein Sternenhimmel zu sehen! Wir glaubten, hinabzusteigen und sind in Wahrheit hinaufgestiegen. Aber ist das noch unser Himmel?«*

*»Wer weiß. Unsere Sinne sind zu verwirrt«, grummelte die Gestalt im schwarzen Umhang. »Wir haben jeglichen Bezugspunkt verloren.«*

*Nostradamus wartete mit der Antwort, bis sie wieder eine reglos daliegende, flache Sandwüste erreicht hatten und die Gefährten zu ihm aufschlossen.*

*»Ihr täuscht euch. Wir haben einen Standpunkt. Und zwar je-*

*nen, der es uns erlaubt, gleichzeitig Vergangenheit und Zukunft zu erkennen, so als wenn beide gegenwärtig wären.«*

*»Und was soll das für ein Standpunkt sein?«*

*»Der Standpunkt Gottes.«*

*Der Kosmos vibrierte, wie ein von einem Windhauch geblähter Schleier, und die Sterne verschoben sich erneut.*

# Der Attentäter

In der Kutsche, die eine schneebedeckte Provence durchquerte, saß Diego Domingo Molinas und fror. Sogar die Pferde froren, so dass der Kutscher ihnen vorsorglich wärmende Wolldecken über die Rücken gelegt hatte. Molinas hatte ebenfalls versucht sich zu wärmen, indem er sich fest in seinen Umhang eingemummt hatte, der jedoch im gleichen Maß, wie er im Sommer zu dick, für den Winter zu dünn war, und nur weil er die Kiefer fest aufeinander presste, klapperte er nicht laut mit den Zähnen.

Um die Kälte zu vergessen, nahm er noch einmal lustlos die Dokumente vor, die er in einem großen Umschlag mit sich führte. Eines war der Entwurf eines Edikts, das Franz I. unterzeichnen sollte und das noch härtere Strafen für Ketzer vorsah als das von 1535. Gerichte und Ständeversammlungen des gesamten Königreichs wurden aufgefordert, die Häresie mit allen Mitteln zu bekämpfen und die Langsamkeit der ordentlichen Verfahren zu überwinden. Im Wortlaut gegen Waldenser und andere Minoritengruppen gerichtet, konnte kein Zweifel daran bestehen, dass man mit diesem Edikt auch gegen die rasch wachsenden Hugenottengemeinde würde vorgehen können – mit noch gar nicht absehbaren Folgen.

Molinas schüttelte den Kopf. Der französische König würde mit Sicherheit Monate brauchen bis er sich entschlösse, dieses Edikt zu unterzeichnen, eine Verordnung, welche die Einheit seiner Untertanen und seines Adels zerstören würde.

Die Schwäche des Souveräns zeigte sich schon darin, dass ein solch geheimes Dokument, vielleicht durch einen Beichtvater bei Hofe, in die Hände der Inquisition von Toulouse gelangen konnte. Früher oder später würde Franz I. mit Sicherheit unterzeichnen.

Im Grunde war er ja gewillt, gegen die Hugenotten vorzugehen. Wie empört war er damals vor fünf Jahren gewesen, als man ihm ein Manifest der Lutheraner an die Tür seines Schlafgemachs genagelt hatte. Alles eine Frage der Zeit. Man musste nur etwas Geduld mit ihm haben.

Das zweite Dokument war ein persönliches Schreiben des neuen spanischen Großinquisitors, Juan Pardo de Tavera, der dieses Amt zwei Monate zuvor, am 7. Dezember 1539, übernommen hatten. Er sandte Molinas seinen Segen und gab zu verstehen, dass er durch den Sekretär der Suprema über die Hintergründe seiner, Molinas', Mission unterrichtet worden war. Dennoch schien er vom Sinn dieses Unternehmens wenig überzeugt, denn er bat ihn, sich für eine Aufgabe als *visitador* auf Sardinien bereitzuhalten, um die Arbeit des dortigen Inquisitors zu überwachen. Zum Glück legte er weder ein Datum fest, noch beschrieb er seine Aufgabe, und so hoffte Molinas, dass diesem Schreiben keine weiteren folgen würden.

Das dritte Dokument war ein in großen Lettern und mit kunstvoller Schrift geschriebener Brief, der die Hand eines Schreibers verriet. Molinas kannte das Schreiben mittlerweile auswendig, doch mit vor Kälte zitternden Fingern machte er sich daran, es zum wiederholten Mal durchzulesen. Es war mit Anne Ponsarde unterzeichnet und kam aus Salon-en-Craux. Die ersten Worte waren lateinisch, ein klares Zeichen dafür, dass der Schreiber an das Verfassen von Bittschriften gewöhnt war, doch der Rest war in gutem Französisch gehalten:

> *Exponitur S. V. pro parte Annae Ponsarde quod* die Ehe in den vergangenen Tagen geschlossen wurde. Der Bräutigam ist alt, doch bei überraschend guter Gesundheit. Glücklicherweise kann und will er seinen ehelichen Pflichten nicht nachkommen, und dafür danke ich Gott, denn er ist entsetzlich hässlich und zur Hälfte gelähmt. Ich zittere jedoch bei der Vorstellung, mein ganzes Leben in diesem stinkenden

Nest voller Bauerntölpel verbringen zu müssen, wo es außer Ball spielen für den Adel und Würfeln für das gemeine Volk keinerlei Abwechslung gibt. Ich bitte Euch, mich bald besuchen zu kommen, denn Euer Todesantlitz ist mir immer noch lieber als die grinsenden Schweinsgesichter, unter denen ich leben muss.

Trotz der Kälte, die ihm immer tiefer in die Glieder kroch, huschte ein Lächeln über Molinas' Gesicht. Da! Plötzlich ein Schlag gegen die Seite des Wagens, begleitet von einem dumpfen Knall, und die Dokumente fielen ihm aus der Hand. Sofort ahnte er, was geschehen war. Eine schnellere Kutsche hatte versucht sie zu überholen und war dabei auf dem vereisten Boden ins Schleudern geraten und gegen seine Kutsche geknallt. Er hörte das aufgeregte Schnauben und Wiehern der Pferde und erschrak zu Tode, als er merkte, dass sein eigenes Gefährt gefährlich hin und her schaukelte. Im nächsten Augenblick wurde er auf die Seite geschleudert, die Kutsche neigte sich immer mehr, stürzte um, und Molinas fand sich mit in die Höhe gestreckten Beinen am Boden wieder, während das Wiehern draußen immer lauter und angsterfüllter wurde.

Eine Weile blieb er reglos liegen, dann betastete er vorsichtig seine Glieder und stellte fest, dass seine Knochen, bis auf eine schmerzende Schulter, wohl alle heil geblieben waren. Von außen drang die gleichzeitig jammernde und fluchende Stimme seines Kutschers herein. Doch die bewegendsten Klagelaute kamen von den Pferden, die sich anscheinend die Beine gebrochen hatten.

Wieder verging eine Weile, dann machte sich jemand am Schlag der Kutsche zu schaffen und riss sie schließlich mit Gewalt auf. Molinas konnte nur mit Mühe einen Schrei unterdrücken, als er sah, dass der Kopf, der jetzt ins Wageninnere gestreckt wurde, der eines pechschwarzen Mohren war. Banditen – schoss es ihm durch den Kopf, und er langte nach seinem Dolch, fand ihn aber nicht. Der Mohr jedoch streckte helfend die Arme zu ihm aus und wirkte insgesamt keineswegs feindselig. Molinas klaubte hastig die am Wagenboden verstreuten Blätter zusammen, steckte sie unter seinen Gürtel, und nahm die Hilfe jener schwarzen Hände mit den rosafarbenen Innenflächen an.

Er zitterte vor Kälte, als er endlich aus dem Wagen geklettert war, mehr aber noch vor Entsetzen über das Bild, das sich seinen Augen bot. Die Kutsche, in der er gesessen hatte, hatte ein Rad verloren, während sich ein zweites langsam und schief auf der in die Luft ragenden Achse drehte. Die beiden Pferde lagen am Boden und bemühten sich unter erbärmlichem Wiehern vergeblich, wieder auf die gebrochenen Beine zu kommen. Neben ihnen kniete der Kutscher im Schnee und weinte, das Gesicht in den Händen vergraben, wie ein kleines Kind. Er blutete aus einer Wunde an der Stirn, die breit aber scheinbar nicht tief war.

Die andere Kutsche hatte in kurzer Entfernung vom Unfallort angehalten, und alle Passagiere waren ausgestiegen. Staunend musterte Molinas das Grüppchen, denn so etwas Eigenartiges wie dieses Quartett hatte er selten gesehen. Der Mohr war ein wahrer Riese, dessen muskulöse Arme unbekleidet waren, so als störe ihn die Kälte überhaupt nicht. Sein intelligentes, aber hartes Gesicht schien wie aus Ebenholz geschnitten. Er trug ein dünnes gelbes ärmelloses Hemd, und ebenso dünn war der Stoff seiner violetten Beinkleider, die in mit zahlreichen Schnüren versehenen Stiefeln steckten.

Neben ihm stand ein schmächtiger junger Mann, mit einem verschlagen wirkenden Gesicht und mit auffallend langem, zu Zöpfen geflochtenem Haar. An der Seite trug er einen langen Degen, obwohl er von Gestalt und Antlitz alles andere als adlig oder soldatisch wirkte. Aber damit nicht genug. An seinem Gürtel hing obendrein, in einer Lederscheide, ein langer Dolch, ein so genannter *sfondagiaco,* spanischer oder italienischer Herkunft. Ein an den Rändern verstärkter lederner Brustpanzer sowie ein Hut, nach Art der Landsknechte längs der Krempe mit einer Feder besetzt, ließen an einen altgedienten Söldner denken.

Der dritte Mann hingegen hatte das klassische Aussehen eines Meuchelmörders oder Banditen. Sehr ungewöhnlich war, dass er eine Radschlosspistole am breiten Gürtel trug, wie sie im Heer Karls V. Verwendung fand, mit einem drei Handbreit langen Lauf, der mit einer Spitze für den Gnadenstoß versehen war. Dazu trug auch er noch einen leichten Degen, gut sichtbar unter dem grauen Mantel. Er hatte dunkle stechende Augen und unverkennbar südländische Gesichtszüge. Auf dem Kopf trug er einen großen Hut mit einer einzigen vergilbten und verknickten Feder, die schon bessere Zeiten gesehen hatte.

Molinas' Blick wandte sich, als er nun vorsichtig einen Fuß auf den vereisten Boden setzte, sogleich dem vierten Mann zu. Einem Jüngling von vielleicht sechsundzwanzig oder siebenundzwanzig Jahren, der mit über der Brust verschränkten Armen etwas abseits von den anderen stand. Er hatte feine Gesichtszüge, dichtes Haar und einen dunklen, gepflegten Bart. Seine Kleidung war weniger auffällig als die der anderen, dafür aber aus feinster Wolle und Bologneser Samt gefertigt. Er trug zwar keinen Degen und auch keine anderen Waffen, dennoch sah man auf den ersten Blick, dass er es war, der die Gruppe befehligte.

Der junge Mann mit den langen Zöpfen trat nun, den Mohren zur Seite drängend, auf Molinas zu. »Monsieur, mein Herr ist zutiefst betrübt über den Vorfall und lässt Euch seine aufrichtige Entschuldigung übermitteln«, erklärte er mit einer Verbeugung, so tief, wie es ihm sein Lederpanzer erlaubte. Er sprach mit eindeutig italienischem Akzent. »Mein Name ist Spagnoletto Nicolini, und dies ist mein Freund Vito de' Nobili.« Er deutete auf den Mann mit der Pistole. »Was den Mohren angeht, so hat auch er einen eigenen Namen, aber der ist so schwer auszusprechen, dass wir ihn der Einfachheit halber nur Mohr nennen.«

Molinas erwiderte die Begrüßung mit einer nicht allzu tiefen Verbeugung.

»Gut, aber wie heißt Euer Herr?«

Der Angesprochene trat vor. »Mein Name ist Lorenzo da Sarzana, Student am Königlichen Kolleg in Paris«, erklärte er mit noch stärkerem italienischem Akzent als der Jüngling im Brustpanzer. »Ich bedaure diesen Unfall zutiefst und versichere Euch, dass keine böse Absicht im Spiel war, sondern die schlechten Straßenverhältnisse daran Schuld waren. Selbstverständlich werde ich für den Schaden aufkommen.« Mit seiner zarten Hand deutete er auf den Kutscher, der immer noch schluchzend im Schnee hockte.

Molinas war sofort klar, dass der Fremde bezüglich seiner Identität schamlos log. Wäre er wirklich ein Student gewesen, hätte er sich nicht mit zwei bis an die Zähne bewaffneten Begleitern umgeben müssen, ganz zu schweigen von dem Mohren, egal ob dieser nun sein Diener oder sein Sklave war. Instinktiv entschloss er sich, selbst auch seine eigene Identität zu verheimlichen: »Mein Name ist Michel de Notredame, von Beruf Wanderarzt. Ich war auf dem Weg nach Salon-en-Craux, um dort meine Dienste anzubieten.«

»Selbstverständlich werde ich Euch in meiner Kutsche dorthin geleiten«, sagte der angebliche Lorenzo da Sarzana mit ausgesuchter Höflichkeit. »Doch zunächst sollten wir uns um die lahmen Pferde kümmern. Ist es Euch recht, wenn meine Männer das übernehmen?«

»Sicher, ich wäre Euch sogar dankbar.«

In der Tat wurde das klagende Wiehern der am Boden liegenden Pferde immer unerträglicher. Mit einer herrischen Geste forderte Lorenzo einen seiner Männer, Spagnoletto Nicolini nämlich, auf: »Kümmere du dich darum!«

»Mit Vergnügen.«

Der junge Mann zog den Dolch aus der Scheide und trat ohne Hast auf das erste Tier zu, schnitt ihm mit einer raschen Bewegung aus dem Handgelenk die Kehle durch und trat dann zurück, um dem spritzenden Blutstrom auszuweichen. Wenige Schritte entfernt kniete der Kutscher mit durchnässten Beinkleidern im Schnee und beobachtete die Szene, ohne recht zu verstehen, was da vor sich ging. Umso besser verstand aber das andere Pferd, das einen schaurigen, herzzereißenden Klagelaut ausstieß, der jedoch schon im nächsten Augenblick durch die Klinge jäh erstickt wurde, die ihm die Halsschlagader durchtrennte. Spagnoletto sah zu wie der Kopf des Tieres noch ein paar Mal zuckte, und steckte dann den Dolch, ohne ihn vorher zu säubern, in die Scheide zurück. Der Kutscher kam entsetzt auf die Füße und begann von neuem zu weinen. Molinas hingegen hatte bewundernd die chirurgische Kunstfertigkeit des Jünglings mit den Zöpfen beobachtet. Er überlegte, dass ein solcher Mann in Diensten der spanischen Inquisition ein idealer Familiare wäre. Doch zunächst gab es andere Dinge, um die er sich kümmern musste.

Lorenzo machte eine höfliche Geste mit der rechten Hand.

»Doktor Notredame, meine Kutsche steht zu Eurer Verfügung. Zu fünft wird es etwas unbequem werden, aber es wird schon gehen.«

»Warum zu fünft?«

»Nun ja. Wir müssen Mohr schon auch mit hinein nehmen. Sein Platz auf dem Bock gebührt nun wohl Eurem armen Kutscher. Sobald wir unser Ziel erreicht haben, werde ich meine Schuld mit einem Wechsel begleichen. Was haltet Ihr davon?«

»Gut. Einverstanden.«

Eine halbe Stunde später fuhr die unbeschädigte Kutsche zügig durch die verschneite Provence. Molinas, dem es kein Unbehagen bereitete, mit einem Neger, einem Chevalier verdächtiger Herkunft und zwei mutmaßlichen Schurken in dem Gefährt zusammenzusitzen, war zunächst wenig gesprächig. Er machte sich seine Gedanken. Er befand sich in Gesellschaft von Italienern, von denen einer offensichtlich einer aristokratischen Familie entstammte, sich aber mit regelrechten Berufsverbrechern umgab, deren Geschäft ohne Zweifel Mord war. Dafür gab es zwei mögliche Erklärungen. Entweder war der Adlige selbst ein Brigant, oder die Schurken waren zu seinem Schutz angeworben worden.

Die erste Erklärung schien wenig stichhaltig, angesichts der Zuvorkommenheit, die Lorenzo seinem unfreiwilligen Opfer gegenüber an den Tag legte. Also blieb nur die zweite Erklärung. Doch warum sollte ein italienischer Adliger auf französischem Boden in solcher Gefahr sein, dass er sich mit einer bewaffneten Eskorte umgeben musste? Es sei denn, er hätte jemanden beleidigt, der noch mächtiger war als er selbst, oder sich eines Verbrechens schuldig gemacht…

Und plötzlich fiel es Molinas wie Schuppen von den Augen. Es hatte da in Italien einen Fall gegeben, der genau ins Bild passte. Aber um sicher zu gehen, brauchte er Beweise.

»Aus welcher Stadt kommt Eure Familie?« fragte er völlig unvermittelt den bärtigen Adligen, der ihm gegenüber saß.

»Aus Florenz… Ich meine, aus der Gegend von Florenz.«

Die erste Antwort war zweifellos die richtige. Molinas zuckte zusammen. Nun wusste er über alles Bescheid. Sein junger Reisegefährte war Lorenzino de' Medici, den die Florentiner Lorenzaccio nannten. Drei Jahre zuvor hatte er seinen Vetter Alessandro ermordet, der, von Kaiser Karl V. als Regent über Florenz gestellt, eine beispiellose Schreckensherrschaft ausgeübt hatte. Seit dieser Zeit jagten die Häscher Cosimo de' Medicis, des Nachfolgers von Alessandro, den jungen Lorenzo durch ganz Europa. Man wusste mittlerweile, dass er sich in Frankreich aufhielt, wo er im Auftrag seines Beschützers Franz I. in geheimen Missionen unterwegs war. Doch man wusste weder unter welchem falschen Namen er sich versteckte, noch wo er seine Bleibe hatte.

Molinas war sorgsam darauf bedacht, seine Schlussfolgerungen unter einer Maske der Gleichgültigkeit zu verbergen. Schließlich interessierte ihn dieser bärtige Jüngling nur aus einem Grund. Er war ein Vetter von Katharina von Medici, der unfruchtbaren und unglücklichen Gemahlin des französischen Thronfolgers Heinrich von Valois. Man wusste, dass Katharina um ihren ermordeten Verwandten Alessandro nicht viele Tränen vergossen hatte. Ganz Europa war von Grauen gepackt worden, als bekannt wurde, dass der Tyrann seine Feinde mit Vorliebe in winzige Kerkerzellen eingemauert halte, in denen sie sich kaum umdrehen konnten, und sie durch ein Loch im Gestein ernähren ließ, damit sich ihre Qualen möglichst lange hinzogen.

Der angebliche Lorenzo da Sarzana bedachte Molinas mit einem Lächeln.

»Ist Euch kalt, Monsieur de Notredame?«

»Ja. Gegen die Kälte bin ich sehr empfindlich.«

»Keine Sorge. Bis Salon ist es zwar noch weit, aber wir werden irgendwo in einem Gasthaus am Weg Halt machen, um zu speisen und die Pferde zu wechseln. Selbstverständlich seid Ihr mein Gast.«

»Ich bin Euch sehr verpflichtet.«

»Das ist doch das Mindeste, was ich für Euch tun kann, angesichts des Missgeschicks, das Euch durch mich widerfahren ist. Doch erzählt mir von Eurer Arbeit. Ihr habt Medizin studiert, sagtet Ihr?«

»Ja, in Montpellier. Und zurzeit verdinge ich mich, wie ich Euch sagte, als Wanderarzt. Zudem beschäftige ich mich auch mit Pharmazie und Kosmetik und erteile, je nach Bedarf, auch astrologische Auskünfte.«

Lorenzino horchte auf. »So, Ihr versteht Euch auch auf die Astrologie? Kennt Ihr zufällig Gerolamo Cardano?«

»Ich habe von ihm gehört.«

»Und Jean Ferniel? Cosma Ruggieri? Oder Agostino Nifo?«

»Von ersteren weiß ich, dass sie am französischen Königshof tätig sind, in Diensten von Katharina von Medici. Und vom letzteren kenne ich einige Übersetzungen aus dem Arabischen.« Molinas legte die Hände auf die Knie und beugte sich vor. »Offensichtlich beschäftigt Ihr Euch mit Astrologie.«

»Nun, nur so am Rande. Es ist nämlich so, dass ...«

Lorenzinos Erklärung blieb unausgesprochen, denn in diesem Moment verlangsamte die Kutsche ihre Fahrt. Spagnoletto steckte den Kopf zum Fenster hinaus, wechselte einige Worte mit dem Kutscher und erklärte dann, an seinen Herrn gewandt. »Dort ist ein Gasthof, Signore, der Kutscher lässt fragen, ob er dort Halt machen soll.«

»Ja, eine Rast können wir jetzt alle gebrauchen. Besonders die Pferde.«

Der Gasthof war ein breites, zweistöckiges Gebäude, das allein inmitten der weiten schneebedeckten provenzalischen Landschaft lag und von außen einen recht anständigen Eindruck machte. Molinas entdeckte zu seiner großen Freude im Inneren einen großen Kamin, in dem die Flammen munter tanzten und mit ihrem Widerschein die Wände beleuchteten, die mit wenig kunstvollen, aber hübsch anzuschauenden Jagdszenen bemalt waren. Wie in den meisten Relaisstationen gab es auch hier keine Prostituierten wie in den städtischen Lokalen, und im Moment waren auch keine weiteren Gäste zu sehen. Den Neuankömmlingen wurde ein Tisch unweit des Feuers angeboten.

Der Wirt, in Begleitung seiner Gattin und zweier Dienerinnen mit runden geröteten Gesichtern, rief einem Burschen etwas zu und verkündete dann:

»Ich habe Anweisung gegeben, Eure Pferde zu wechseln.« Er deutete auf die Küche im hinteren Teil des Saales. »Wir hätten einen knusprigen Schweinebraten mit Kastanien da. Allerdings ohne Gewürze. Die sind hier schon seit einer ganzen Weile knapp. Aber ich kann den Herrschaften auch etwas anderes zubereiten lassen, wenn Messieurs ein wenig Geduld haben.«

Ohne sich mit den Gefährten zu beraten, hob Lorenzino eine Hand.

»Schweinefleisch ist jetzt genau das Richtige, um unsere Bäuche zu wärmen. Bringt dazu noch Brot, weißes, wenn Ihr habt, und Käse. Wie sieht es mit Weinen in dieser Gegend aus?«

»Der Beste ist zweifellos der Vin de Craux.«

»Dann bringt uns diesen, und reichlich, für alle.«

Als der Wirt sich entfernt hatte, flüsterte Lorenzino Spagnoletto und Vico zu: »Behaltet die Tür im Auge. Jeder Fremde, der hereinkommt, ist verdächtig.« Er wartete auf ihr zustimmendes

Kopfnicken und wandte sich dann, ein wenig verlegen, Molinas zu. »Ihr müsst wissen, Monsieur de Notredame, dass es hier in der Gegend seit den Zeiten der spanischen Invasion schon von Banditen nur so wimmelt. Ehemalige Söldner, landlose Bauern …«

Molinas schlug die von der Kälte geröteten Augenlider nieder.

»Das ist mir nur zu gut bekannt.«

Flink wechselte Lorenzino das Thema:

»Ihr könnt Euch gar nicht vorstellen, wie glücklich ich bin, Euch getroffen zu haben. Einen Mann, der in der Astrologie und den magischen Künsten so bewandert ist, dass er Nifo und die anderen Autoren kennt, die ich Euch genannt habe. Ich glaube, es war wirklich das Schicksal, das uns zusammenführte. Ihr müsst nämlich wissen, dass ich nicht nur Student bin, sondern in der vorlesungsfreien Zeit auch spezielle Aufgaben im Dienst hochrangiger Persönlichkeiten wahrnehme. Derzeit bin ich damit beauftragt, in Frankreich …«

»Beauftragt? Von wem?«, fiel Molinas ihm ins Wort.

»Verzeiht mir diesbezüglich eine gewisse Zurückhaltung«, antwortete Lorenzino mit einem Lächeln. »Sagen wir, ich wurde von einer Person von sehr hohem Stand beauftragt.«

»Verzeiht meine Neugier.«

»Oh, Eure Neugier ist nur zu verständlich. Nun, ich bin also beauftragt, einen Magier, Astrologen oder Alchimisten ausfindig zu machen, der tatsächlich fähig ist, Wunder zu wirken.«

»Und das wäre?«

»Nun, bei Hofe lebt eine Frau, die außer Stande ist, Kinder zu gebären. Die hoch gestellte Persönlichkeit, der ich diene, ist dieser Frau zugetan und würde sie ungern vom Hofe verjagen, wie sonst in solchen Fällen üblich. Also hat man mich gebeten, einen Experten auf dem Gebiet der okkulten Wissenschaften ausfindig zu machen, der im Stande ist, seinem Schützling ihre Fruchtbarkeit zurückzugeben. Ich war schon auf dem Weg nach Mailand, um mich dort an den berühmten Gerolamo Cardano zu wenden, als ich von einem Mann in Bordeaux hörte, einem Apotheker namens Bandon, der sich auf Mittel spezialisiert hat, welche die weibliche Gebärmutter beleben und mit Säften füllen können. Als wir auf so ungeschickte Weise mit Euch zusammentrafen, war ich gerade auf dem Weg dorthin.«

Die Dienerschaft brachte den Wein, und Molinas wartete, dass Krüge und Becher auf den Tisch gestellt wurden. Innerlich jubelte er. Es war leicht zu erraten, dass die unfruchtbare Frau niemand anderes als Katharina von Medici war, und ihr mysteriöser Beschützer König Franz I. persönlich. Dennoch war ihm im Moment noch nicht klar, wie er dieses Wissen zu seinem eigenen Vorteil nutzen konnte. Instinktiv spürte er, dass es ratsam war, Lorenzino zu seinem fügsamen und treuen Werkzeug zu machen. Aber dazu reichte es nicht, dass er über seine Lage so gut Bescheid wusste. Er brauchte jemanden, der ihn in seinem Auftrag gefügig machte. Mit anderen Worten: eine Frau.

Er wartete, bis Spagnoletto alle Becher gefüllt hatte und bemerkte: »Wenn ich recht verstanden habe, Signor Lorenzo, glaubt Ihr nun, in mir den richtigen Mann gefunden zu haben.«

»Ja richtig. Das spüre ich.«

»Aber ich werde nicht sofort mit Euch kommen können, ganz gleich, wohin Ihr unterwegs seid. In Salon habe ich noch Einiges zu erledigen, das keinen Aufschub duldet. Einige Tage werde ich schon dort bleiben müssen.«

»Das macht nichts. Dann treffen wir uns eben später wieder«, sagte Lorenzino, indem er seinen Becher auf einen Zug leerte und sogleich wieder die Hand nach dem Krug auf dem Tisch ausstreckte. Sein Gesicht hatte schon Farbe bekommen, ganz offensichtlich war er nicht besonders an Alkohol gewöhnt.

Molinas nahm die leichte Veränderung im Gesicht des jungen Adligen wahr und versuchte, sie für sich zu nutzen. »In Salon werde ich eine junge Dame aufsuchen, die, offen gestanden, meiner ärztlichen Hilfe eigentlich gar nicht bedürfte. Vor einigen Monaten hat sie einen senilen Alten geheiratet und spürt schon jetzt unangenehm die Last der Enthaltsamkeit. Was sie bräuchte, ist weniger ein Medikament, sondern vielmehr einen feurigen Liebhaber.«

Lorenzinos Augen leuchteten auf.

»Und wie ist diese Dame so?« Der junge Mann leerte auch den zweiten Becher in einem Zug und streckte wieder die Hand zum Weinkrug aus.

»Oh, sie ist außerordentlich schön. Und ich glaube auch, dass mit ihrem Unterleib alles in bester Ordnung ist. Er müsste nur ein wenig gekitzelt werden.«

Molinas hatte auf das Ungestüm von Lorenzinos Jugend gebaut, auf die Entbehrungen seines unsteten Lebens und auf die Komplizenschaft des Weines. Und die Wirkung übertraf seine kühnsten Erwartungen.

»Hört, was ich euch zu sagen habe, Freunde«, rief der junge Mann, indem er seine Begleiter mit feurigem Blick anstarrte. »Wir werden eine Weile in Salon bleiben, bis Monsieur de Notredame seine Konsultationen beendet hat; ich werde ihn begleiten um zu sehen, ob ich nicht selbst dieser unglücklichen Frau ein wenig Trost spenden kann. Ach, wie heißt die Dame eigentlich?«

»Anne Ponsarde«, antwortete Molinas. Doch seine Stimme ging im Geklapper der Teller unter, die jetzt, gefüllt mit duftendem Braten, auf den Tisch gestellt wurden.

# Die Zeit der Ungeheuer

Michel erkannte die Apotheke am Stadtrand von Valence-des-Allobroges an der Rhone, zu der er unterwegs war, an der typischen bronzenen Schlange über dem Laden. Der Apotheker, ein betagter Mann mit auffallend großer Nase und väterlich wohlwollenden Gesichtszügen, empfing ihn freundlich und untersuchte sorgfältig das graue Stück Amber, das Michel ihm anbot.

»Mein Freund«, sagte er nach einer Weile, »ich bin an der Ware interessiert, sie scheint von ausgezeichneter Qualität zu sein. Doch in aller Offenheit, ich kann Euch nicht viel dafür geben. Schließlich ist die Verarbeitung sehr aufwendig ...«

»Ich kann Euch auch eine Reihe schon fertiger Produkte anbieten«, warf Michel ein, indem er auf die Tasche deutete, die er unter der Theke abgestellt hatte. »Parfüme, Aphrodisiaka, Kompressen, die gegen Sterilität oder Frigidität schützen... Kurzum, was immer Ihr wollt.«

Der Apotheker setzte eine betrübte Miene auf.

»Tut mir Leid, aber solche Mittel sind zurzeit nicht sehr gefragt, außer vielleicht den Blondierungsmitteln für die Damen.«

Michel beschlich ein leises Gefühl der Verzweiflung. In den ersten Monaten seines Herumvagabundierens durch Südfrankreich hatte er mit dem Verkauf des Ambers sowie der Produkte, die er daraus erstellte, für seinen Lebensunterhalt sorgen können. Noch dazu war damals sein Geldbeutel prall gefüllt gewesen, denn Bandon hatte ihn fürstlich entlohnt für das *Poculum amatorium ad Venerem,* das tatsächlich das Glück der vernachlässigten jungen Ehefrau wieder hergestellt hatte. Mit jenem Geld hatte Michel Bordeaux verlassen, wobei er sich über die flehentlichen Bitten des Apothekers doch noch zu bleiben hinweggesetzt hatte.

Mit jeder Etappe seiner Reise waren seine Ambervorräte mehr und mehr dahingeschmolzen. Darüberhinaus war die Substanz in den Wintermonaten weniger schwer zu finden, so dass folglich ihr Preis fiel. Diese jahreszeitlichen Schwankungen hatte Michel nicht bedacht. Als das Geld knapp wurde, hatte er dann versucht, sein Einkommen aufzubessern, indem er hier und dort seine Dienste als Wanderarzt anbot.

Hierbei hatte sich ihm nun ein zweites, unerwartetes Hindernis in den Weg gestellt. Das im Juni von König Franz I. erlassene Edikt von Fontainebleau, das gegen Häresien aller Art gerichtet war, hatte das Klima im ganzen Land vergiftet. Viele Ärzte waren Juden oder Hugenotten. Auch gegen sie richtete sich die durch das Edikt noch angeheizte Feindseligkeit des Pöbels. Michel hatte auf seiner Wanderschaft viele geschlossene Hospitäler und verlassene Apotheken vorgefunden, weil die Ärzte beschuldigt wurden, papsttreue Patienten umgebracht zu haben und jüdische oder hugenottische Apotheker vertrieben worden waren. Schließlich war er nur noch zu Fuß wie ein Bettler weitergezogen, gebeugt unter einem Bündel, indem seine ganze Habe verstaut war und, was viel schwerer wog, unter der Last seiner Schuldgefühle.

»Meine Schönheitsprodukte sind auch von bester Qualität«, wiederholte er noch einmal, wobei er sich schämte, den Mann derart bedrängen zu müssen. »Auch die Medikamente und Konfitüren. Sie sind zum größten Teil nach Rezepten hergestellt, die ich selbst entwickelt habe.«

Der Apotheker schüttelte den Kopf. »Wir sind hier in einem kleinen Ort. Wie gesagt, die Nachfrage ist gering. In Vienne werdet Ihr eher Abnehmer finden. Dort praktizieren bekannte Ärzte.« Plötzlich schien ihm ein Gedanke zu kommen. »Wenn Ihr hingegen Ungeheuer hättet…«

»Ungeheuer?«, fragte Michel verblüfft nach.

»Ja, so wie diese dort.« Der Apotheker deutete auf eine Reihe großer Glasgefäße auf dem Regal hinter sich, die Michel noch gar nicht aufgefallen waren. Als ihm aufging, um was es sich da handelte, entfuhr ihm ein Schrei fassungslosen Entsetzens. Eines der Gefäße enthielt zweifellos einen menschlichen Fötus, der jedoch vier Beine hatte. Er schwamm in einer Flüssigkeit, die eine Essiglösung zu sein schien und drückte sich mit zwei winzigen, aufgerissenen Äuglein gegen die Glaswand. In dem Gefäß daneben befand sich der abgeschnittene Kopf eines Kalbes ohne Augen. Es folgten ein Huhn mit Sperlingsflügeln, eine außergewöhnlich lange Eidechse und andere Schrecklichkeiten. In dem letzten Gefäß aber war keinerlei Flüssigkeit, sondern nur ein kleiner menschlicher Körper mit einem Hahnenkopf und zwei Schlangenschwänzen anstelle der Füße.

»Was… ist denn das?«, stammelte Michel, der seine Bestürzung kaum verbergen konnte.

Der Apotheker zuckte die Achseln.

»Ach, das ist das einzige künstliche Geschöpf meiner kleinen Sammlung. Eine Gipsfigur, die eine antike Gottheit darstellt – *Abraxas.*«

Michel spürte, wie das Blut in seinen Schläfen heftig pochte. Blitzartig sah er wieder die Szene vor sich, die er nunmehr für immer verdrängt zu haben glaubte. Die kreisrunde Flammenwand rings um den auf den Fußboden der Kapelle gezeichneten Drudenfuß, Ulrichs eiskalte Augen, die entsetzten Blicke seiner Gefährten, die außerhalb des Kreises geblieben waren. Dann, nur einen Schritt von ihm entfernt, das Aufsteigen des dichten schwarzen Nebels, indem die Umrisse einer Furcht einflößenden Gestalt mit einem abnormen Hahnenkopf auszumachen waren…

Er konnte nicht verhindern, dass sich der Name dieses verhassten Dämons in sein Bewusstsein drängte: *Parpalus.* Kaum hatte er den Namen im Geiste ausgesprochen, durchfuhr ihn ein stechender Kopfschmerz, der seinen Schädel zu sprengen drohte. Er hatte das Gefühl, ohnmächtig zu werden. Dann verschwand die Erinnerung so schnell wie sie gekommen war und mit ihr der Schmerz. Seine Beine zitterten so sehr, dass er sich am Ladentisch der Apotheke festhalten musste. Aber er war wieder bei klarem

Verstand. Wie viel Zeit mochte wohl vergangen sein? Gar keine, offenbar.

Der Apotheker, der ihm den Rücken zugewandt hatte, schien Michels Erregung gar nicht zu bemerken. Er deutete auf die anderen Gefäße.

»Das sind die Dinge, nach denen die Leute verlangen. Menschliche oder tierische Ungeheuer. Ich weiß auch nicht warum, aber es gibt hier wohl keine wohlhabende Familie im Ort, die nicht schon eine Missgeburt unter Spiritus von mir hätte kaufen wollen, um sie im Arbeitszimmer, wenn nicht gar im Salon des Hauses aufzustellen.«

Michel musste einige Male schlucken. Erst als er sicher war, dass er mit klarer Stimme sprechen konnte, wagte er es, in ernstem Ton zu sagen: »Missgeburten kündigen Zeiten der Kriege und des Elends an. Unausweichlich.«

»Dann kommen harte Zeiten auf uns zu. Ein Reisender erzählte mir, dass im März in Sarzana in Italien ein Säugling mit zwei Köpfen geboren wurde. Man weiß ja, dass auf italienischem Boden ein blutiger Bürgerkrieg tobt. Wenn Ihr Recht habt, heißt das wohl, dass wir uns auf weitere Tragödien gefasst machen müssen.«

Michel hob eine Hand, wobei er erleichtert feststellte, dass sie nicht mehr zitterte. Es war, als sei überhaupt nichts vorgefallen. »Sicher, Ihr habt Recht, aber in manchen Fällen kann eine Missgeburt auch nur auf ein persönliches Schicksal hinweisen. Möglicherweise ist eine bestimmte Person von einer Gefahr bedroht, die von Sarzana ihren Ausgang nimmt oder auf irgendeine Weise mit dieser Stadt in Zusammenhang steht.«

»Und wie kommt Ihr darauf?«

»Ich sagte, möglicherweise. Um sicher zu sein, müsste man die Zeichen deuten, die seinen Weg begleiten. Die Zukunft ist unbekannt, aber sie hinterlässt auch Spuren in der Vergangenheit, mit der sie sich außerhalb des sichtbaren Universums vermengt. Ein aufmerksamer sensibler Mensch kann jene Spuren lesen und ihre

Bedeutung erkennen. Allerdings handelt es sich dabei immer um Symbole, die erst noch entschlüsselt werden müssen, weil ihre Sphäre nicht die unsere ist.«

Der Apotheker stieß ein bewunderndes Zischen aus.

»Alle Achtung. Wie ich sehe, versteht Ihr Euch auf die okkkulte Philosophie. Kennt Ihr vielleicht auch Cornelio Agrippa?«

»Ja, aber ich schätze ihn nicht sehr. All das, was die Kirche verdammt, ist auch mir verhasst.«

»Wenn Ihr es damit nicht so genau nähmet, könntet Ihr Euer Glück machen. Meine Kunden haben nicht nur großes Interesse an Missgeburten, sondern interessieren sich auch leidenschaftlich für Magie und Astrologie, kurzum für all das, was den Wirrnissen, in denen sie heute leben, einen Sinn geben kann.«

»Ja, das ist typisch für Zeiten großer Veränderungen, in denen die Zukunft noch ungewisser als sonst erscheint.« Michel hatte sich mittlerweile wieder ganz im Griff und machte eine entschiedene Geste. »Nein, ich interessiere mich nicht mehr für Magie und Hexerei. Früher mag das anders gewesen sein. Doch heute nach den tragischen Ereignissen, die mich in den Ruin getrieben haben, geht es mir nur noch darum, meinen bescheidenen Lebensunterhalt zu verdienen.«

»Aber davon spreche ich ja gerade«, erwiderte der Apotheker, sich ereifernd. »Heute lässt sich mit Sterndeutung und Weissagungen sehr viel mehr verdienen als mit Medizin oder Pharmazie! Ja, durch solche Fähigkeiten ist es Menschen niederen Standes sogar schon möglich geworden zu Ehre und Ansehen zu gelangen, was noch vor wenigen Jahren undenkbar schien.« Er senkte die Stimme. »Soll ich Euch ein konkretes Beispiel geben? In ganz Valence-des-Allobroges werdet Ihr heute keinen Juden mehr finden, egal ob bekehrt oder nicht. Die wurden hier schon vor einiger Zeit verjagt. Und das Edikt von Fontainebleau, obwohl eigentlich nicht direkt gegen die Juden gerichtet, hat dazu geführt, dass der Pöbel auch die Letzten aus der Stadt getrieben hat. Und dennoch lebt hier ein Jude, den niemand anzutasten wagt. Er ist zwar konvertiert, aber zum Hugenottentum. Könnt Ihr Euch vorstellen, warum er verschont blieb?«

»Ja, das kann ich«, murmelte Michel, höchst interessiert, aber auch vorsichtig.

»Weil er im Ruf steht, ein Magier und Prophet zu sein«, erklärte der Apotheker. »Deshalb ist er hoch geachtet. Sogar die Stadtoberen suchen ihn auf und behandeln ihn als ihresgleichen. Der königliche *prévôt* liebt die Unterhaltung mit ihm, der Bischof empfängt ihn. Ihr seht also, dass Eure okkulten Kenntnisse Euch sehr viel mehr einbringen könnten als Eure Salben und Tinkturen.«

Michel war beeindruckt, fürchtete aber eine Rückkehr in die Albträume früherer Zeit. Und so entgegnete er fast unhöflich »Ich bin hier, um Euch mitten im August Amber zu verkaufen. Seid Ihr interessiert oder nicht?«

»Und ob ich will«, erwiderte der Aptheker leicht ungeduldig. »Ich hoffe dennoch, dass Ihr über meine Worte nachdenkt. Ich könnte gut einen Astrologen für mein Geschäft gebrauchen.«

»Wie viel zahlt Ihr für den Amber?«

»Wenig, das hatte ich Euch ja gesagt.«

»Gut, mir ist jede Summe recht. Wie Ihr an meinen Kleidern sehen könnt, lebe ich von der Hand in den Mund, ich brauche das Geld sofort.«

Der Apotheker kramte in seinem Geldbeutel und drückte ihm ein paar Münzen in die Hand. Es war sehr viel weniger, als Michel erwartet hatte, aber er sagte nichts, legte nur sein letztes Stück Amber auf den Ladentisch und wandte sich zum Gehen.

Er war schon an der Tür, als der Apotheker ihm nachrief. »Lasst Euch mein Angebot durch den Kopf gehen!« Dann fügte er hinzu: »Wohin wollt Ihr denn jetzt?«

Michel drehte sich um. »Nach Vienne, wie Ihr mir geraten habt.«

»Wendet Euch dort an Doktor Francisco Valeriola. Das ist ein guter Freund von mir und ein angesehener Arzt.«

»Danke«, antwortete Michel. Er verließ den Laden und nahm seine beschwerliche Reise an den Ufern der Rhone entlang wieder auf.

Nun, da er ein wenig Geld in der Tasche hatte, hätte er in irgendeiner Taverne einkehren und etwas essen können, doch er wollte so rasch wie möglich nach Vienne gelangen. Er war verwirrt und glaubte, sich nur von dem Albtraum befreien zu können, wenn er den Ort möglichst weit hinter sich ließ.

Das grelle Licht der Mittagssonne, das sich im Wasser des Flusses brach, rief jedoch eine andere Vision in ihm hervor. Einen Monat zuvor hatte er in einem Wachtraum gesehen, wie über Montpellier eine schwarze Wolkendecke aufriss und drei Sonnen am Himmel enthüllte. Er wusste sofort, dass die drei Gestirne nichts anderes waren als die Gesichter, die ihn nachts in seinen Träumen quälten: die von Magdelène, René und Priscille. Er war darauf gefasst gewesen, dass ihn auch die unsichtbare, Furcht erregende Kreatur mit der verzerrten Stimme wieder heimsuchen würde, um ihm die Bedeutung der Erscheinung zu offenbaren. Aber er hatte die Traumbilder verscheuchen können, bevor es dazu kommen konnte.

Nun, in der heißen Mittagssonne, war ihm, als ergriffen die Traumbilder erneut Besitz von ihm. Mit den Kräften der Vernunft kämpfte er dagegen an und konzentrierte seine Gedanken ganz auf seine missliche finanzielle Lage und seinen raschen gesellschaftlichen Abstieg. Die Ausflucht gelang und mit einem Gefühl der Erleichterung stellte Michel fest, dass er sich nun praktischen Überlegungen zuwenden konnte.

Der Apotheker hatte Recht gehabt. War die Alchimie immer noch eine Sache für kleine Zirkel fachkundiger Gelehrter, so genossen Astrologie und natürliche Magie in letzter Zeit eine völlig unerwartete Popularität. Bücher mit Ephemeriden, wie jenes berühmte von Johannes Stoeffler, Jahrbücher mit Prophezeiungen, kurze Traktate, in denen gefährliche Sternenkonjunktionen angekündigt wurden, gingen von Hand zu Hand und erreichten sogar die ungebildeten Stände. Überall in Frankreich arbeiteten Astrologen und Wahrsager, von verschiedenen Ständen umworben, und versuchten, sich einen Namen zu machen, um eines Tages vielleicht sogar an den Hof gerufen zu werden.

Es hieß, diese Mode habe mit dem Eintritt Katharinas von Medici in die königliche Familie begonnen, denn bekanntermaßen hatten die Medici eine besondere Vorliebe für die Astrologie. Doch Michel hielt die Popularität der Wahrsagerei für eine Folge der allgemeinen Unsicherheit und der Angst. Und er wusste nur zu genau, wovon er sprach. In ihm selbst ergänzten sich okkulte Wissenschaften, Unsicherheit und Angst in perfekter Weise.

Die Sonne ging schon unter, als er auf eine Gruppe von Fußsoldaten unter dem Kommando eines Reiters traf. Obwohl die Männer schlecht gekleidet und gerüstet waren, erweckten sie nicht den Eindruck von Briganten oder Versprengten. Eher wirkten sie wie junge Bauern, die sich in ihrer kriegerischen Aufmachung unbehaglich fühlten: Einige stützten sich auf Arkebusen, so als seien es Wanderstöcke, während andere plump ihre Degen vom Körper weg hielten, um nicht darüber zu stolpern.

Michel fand den Mut, sich dem Kommandanten zu nähern, der ebenfalls zu Fuß ging und sein Pferd am Zügel führte.

»Verzeiht, mein Herr, ist es noch weit nach Vienne?«

Der Offizier war ein stattlicher Mann, mit dichten dunklen Locken, die ihm bis auf die Schultern fielen, um die er einen Umhang von auffallender Eleganz trug. Statt zu antworten, musterte er Michel mit unverhüllter Neugier.

»Ihr seid noch jung«, bemerkte er, »und doch tragt Ihr zerschlissene Kleider und ausgetretene Schuhe, denen man ihre einst gute Machart noch ansieht. Wie heißt Ihr?«

»Michel de Notredame.«

»Auch Eure Kopfbedeckung ist eigenartig. Ist das nicht solch ein Hut, wie ihn manche medizinische Fakultäten vergeben?«

Michel betastete den Rand seines viereckigen Doktorhutes mit dem roten Pompon.

»In der Tat, ich bin Doktor der Medizin.«

»So? Ein Arzt wäre jetzt genau das, was wir bräuchten. Ihr seid doch hoffentlich Katholik, oder?«

»Ja, ich bin römisch-katholisch«, antwortete Michel, ein wenig verwirrt von den vielen Fragen.

Der andere deutete eine Verbeugung an und ließ dabei die Spitzen seines langen, pomadisierten Schnurrbarts vibrieren. »Darf ich mich vorstellen? Mein Name ist Antoine Escalin des Aymars, Baron de la Garde, Kapitän der levantinischen Flotte.«

Plötzlich fürchtete Michel, auf einen Seemann gestoßen zu sein, der mit Gewalt Ruderer für seine Galeere anheuerte. So trat er einen Schritt zurück, wurde sich aber sogleich darüber klar, dass seine Sorge völlig unbegründet war. Sie befanden sich zu weit vom Meer entfernt, und der Haufen bewaffneter Bauernburschen glich nichts weniger als einer Rudermannschaft.

Der Baron de la Garde schien seine Gedanken zu erraten, denn er lächelte ihn beruhigend an und sagte: »Keine Sorge, ich bin nicht auf der Suche nach Männern für die Riemen. Ich werbe an, das ja, aber nur Freiwillige, die unzweifelhaft katholischen Glaubens sind. Ihr wisst sicher, was sich zurzeit im Luberon-Gebirge ereignet.«

Michel hatte keine Ahnung und bemühte sich auch nicht, das zu verheimlichen.

»Ich weiß so eben, wo das Luberon-Gebirge liegt. In der Provence, nicht wahr?«

»Ja. Östlich von Salon-en-Craux und nördlich von Aix. In dieser Gegend macht sich die Ketzerei breit und verdrängt die wahren Christen. In letzter Zeit lehnen sich die Waldenser gewaltsam gegen die Ansiedlung katholischer Gemeinden in ihren Gebieten auf und führen Strafexpeditionen gegen jene durch, die sich auf ihren Ländereien niederlassen. Bis gestern noch waren wir machtlos dagegen und mussten uns auf Bittschriften an den Königshof beschränken. Doch seit dem Edikt von Fontainbleau sind uns endlich die Hände nicht mehr gebunden. Ich ziehe nun die Rhone entlang, um eine schlagkräftige Armee gegen die Ungläubigen zusammenzustellen.«

Michel warf einen skeptischen Blick auf das Grüppchen als Soldaten verkleideter Bauern, das dem Reiter folgte. Die meisten von ihnen waren von dem kurzen Fußmarsch schon so erschöpft, dass sie die Pause genutzt und sich zur Erholung ins Gras gesetzt hatten. Doch er wagte es nicht, Bemerkungen darüber zu machen.

»Habt Ihr selbst Ländereien in jener Gegend?«, fragte er stattdessen.

»Nun, ja. Ich wohne in Salon, wenn ich nicht auf See bin, habe aber einige den Ketzern entrissene Besitzungen im Luberon-Gebirge. Doch glaubt nicht, ich sei von einem persönlichen Interesse geleitet. Hier geht es um nicht weniger als einen neuen Kreuzzug gegen die Ungläubigen, und ich bin sicher, dass sich der ganze Süden uns anschließen wird. Wir können jeden Mann brauchen, vor allem aber einen Arzt wie Euch.«

Dies war der kritische Moment. Nun galt es, die Aufforderung, sich anzuschließen, glaubhaft und geschickt abzulehnen. Zum Glück hatte ihm der Apotheker in Valence ungewollt einen guten Vorwand geliefert. So breitete Michel seine Arme so weit aus, wie es ihm sein Bündel gerade erlaubte und erklärte:

»Wie gerne würde ich Euch folgen, Monsieur. Doch Verpflichtungen in Vienne machen das unmöglich. Francisco Valeriola, der dort als Arzt tätig ist, hat mich zu seinem Gehilfen berufen, und ich befinde mich auf dem Weg zu ihm.«

Der Offizier nahm die Ablehnung nicht übel. Ganz im Gegenteil. Er zeigte ein breites Lächeln, das von den letzten Sonnenstrahlen des Tages in ein bernsteinfarbenes Licht getaucht wurde.

»Francisco Valeriola? Aber das ist ja ein guter Freund von mir. Da habt Ihr es wirklich gut getroffen. In der ganzen Gegend, vielleicht gar in ganz Frankreich, gibt es keinen kundigeren Gelehrten. Richtet ihm doch bitte meine herzlichen Grüße aus.«

»Das werde ich tun, Monsieur«, antwortete Michel, erleichtert, so problemlos davongekommen zu sein.

»Danke. Aber eins müsst Ihr mir versprechen. Sobald Ihr mit Eurer Arbeit bei Doktor Valeriola fertig seid, müsst Ihr zu mir stoßen. Ihr gefallt mir und ich spüre, dass Ihr der richtige Mann für mich seid. Also, ich erwarte Euch!«

»Und wo kann ich Euch finden?«

»Im Luberon-Gebirge.«

»Ja, aber wo dort?«

Das Lächeln des Barons verzog sich zu einem raubtierhaften Grinsen. »Das wird sich zeigen. Aber wo immer Ihr das Wehklagen der Ketzer hört, bin ich gewesen. Wollt Ihr mich finden, braucht Ihr nur den Spuren der Brandschatzungen zu folgen.«

Michel erschauderte. Er warf sich den Sack über die Schulter und machte sich wieder auf den Weg, wobei er noch murmelte: »Dann viel Glück, Monsieur!«

Die Antwort hörte er nicht mehr. Er hatte sich schon ein gutes Stück entfernt, als das wütende Brüllen des Barons zu ihm drang, der seine Soldaten aufscheuchte: »Steht auf, ihr faules Bauernpack. Glaubt ihr vielleicht, ihr wäret schon am Ziel? Marsch, marsch, ihr verlausten Hungerleider… Na, bitte, es geht doch. Aber was macht ihr denn da? Die Degen und Arkebusen sind doch keine Krücken…! Und ihr wollt Kreuzfahrer sein? Der Herr stehe uns bei gegen die Ketzer!«

Es war schon spät am Abend, als Notredame endlich in Vienne eintraf. Die ganze Stadt schlief bereits, und nur die Türen und Fenster der Tavernen waren noch geöffnet und erhellt. Da er immer noch keinen Appetit hatte, hielt er Ausschau nach einem Gasthaus, in dem er die Nacht verbringen könnte. Als er eines gefunden hatte, trat er ohne zu zögern ein.

Wie in allen Lokalen dieser Art befand sich im Erdgeschoss eine Weinschenke, in der jetzt ein unbeschreibliches Gedränge herrschte. Mit den Ellbogen kämpfte er sich durch ein buntes Gemisch von Studenten, Kaufleuten, Soldaten, Handwerkern und zwielichtigen Gestalten hindurch. Ein Grüppchen angetrunkener Franziskanermönche vervollständigte das Bild. Die zahlreichen

Huren saßen fast alle mit entblößten Brüsten unter den Zechbrüdern und versuchten, sich kokett den Tätscheleien entziehend, den einen oder anderen zahlungskräftigen Kunden aufs obere Stockwerk zu lotsen.

Als Michel endlich zu dem Wirt vorgedrungen war, bedachte dieser ihn mit einem abschätzenden Blick.

»Bettler schlafen bei uns im Stall, aber der ist schon voll.«

Über den Lärm und das Gelächter hinweg gab Michel schreiend zur Antwort:

»Ich kann bezahlen. Und im Voraus. Ich möchte eine Kammer für die Nacht.«

Die abweisende Miene des Wirts entspannte sich ein wenig.

»Nun denn, wenn Ihr Geld habt, sollt Ihr mir willkommen sein. Aber vielleicht reicht es nicht für eine Kammer. Die Mädchen brauchen die Räume für ihre Arbeit. Nur wenn ich sicher weiß, dass ich nicht draufzahle, könnte ich eine frei machen. Wie viel Geld habt Ihr denn?«

Trotz des Gedränges von allen Seiten, schaffte es Michel, die Hand voll Münzen vorzuzeigen, die er besaß.

Doch der Wirt schüttelte den Kopf. »Das reicht nicht. Das heißt, es würde schon für eine Nacht reichen, aber mit den Mädchen verdiene ich mehr. Kennt Ihr denn sonst niemanden in der Stadt?«

»Doch«, rief Michel aus, »Francisco Valeriola, den Arzt. Ich bin auf dem Weg zu ihm.«

Der Wirt schien verwirrt. Nach einem Moment fasste er den Fremden am Arm und schob ihn durch den Saal bis zu einer Holztreppe, die zum Obergeschoss führte. Hier war der Lärm schon merklich gedämpfter. »Dieses Zimmer hier kann ich Euch geben«, erklärte er, indem er auf eine Tür deutete. Er nahm eine Laterne von der Wand und schloss den Raum auf, ein niedriges Kämmerchen mit einem schmalen Bett, das aber alles in allem ganz sauber und ordentlich wirkte. »Wenn Euch diese Kammer recht ist?«

»Ja, sehr sogar.«

»Darf man Euren Namen erfahren?«

»Michel de Notredame, Arzt, aus Saint-Rémy gebürtig.«

»Macht es Euch bequem.« Der Wirt stellte die Laterne auf einen Stuhl und zog sich dann, die Tür hinter sich schließend, zurück.

Eine halbe Stunde später, Michel war gerade dabei, das Fenster fest zu verschließen, um sich ungestört von Lärm und Durchzug zur Ruhe zu legen, hörte er ein Klopfen an der Tür. Er dachte, es sei noch einmal der Wirt.

»Herein«, sagte er, den Blick den Fensterläden zugewandt. »Was gibt es noch?«

Als er sich umdrehte, erblickte er einen kleinwüchsigen Mann, fast schon einen Zwerg, der sich am Türpfosten fest hielt.

»Seid Ihr Michel de Notredame?«, fragte er mit dunkler, tiefer Stimme.

Michel betrachtete das feine Profil des Besuchers, das sich wie ein Schattenriss gegen den hell erleuchteten Flur abzeichnete.

»Stets zu Diensten. Und wer seid Ihr?«

»Francisco Valeriola«, antwortete der Zwerg mit freudiger Stimme. »Ihr könnt Euch nicht vorstellen, wie glücklich ich darüber bin, einen persönlichen Berater unserer künftigen Königin kennen zu lernen.«

Michel war dermaßen fassungslos, dass er zu einem Stuhl greifen musste und sich darauf fallen ließ.

# Die Rattenlöcher von Paris

Das Tier, das in Molinas schlummerte und das er mit der Kraft des Glaubens niederzuhalten suchte, gab in bestimmten Situationen immer wieder Lebenszeichen von sich. So auch jetzt, während er im Flur der luxuriösen Pariser Wohnung des Ehepaars Beaulme darauf wartete, dass Anne Ponsarde, früher als Jumelle bekannt und Lorenzino de' Medici, endlich ihre Liebesspiele beendeten.

Zwei Stunden wartete er jetzt schon auf der Sitztruhe vor der Tür, und allmählich begann er, die Geduld zu verlieren. Es war nicht nur die Langeweile, die ihm zusetzte, sondern auch die Kälte dieses regnerischen Herbsttages. Die Zimmer der Wohnung waren mit kleinen Kaminen beheizt, der Flur jedoch nicht. Molinas fror ganz erbärmlich, obwohl er vor kurzem erst seinen alten, mittlerweile zerschlissenen Umhang gegen einen neuen gefütterten aus schwerem Samt eingetauscht hatte.

Das Tier in ihm war wieder erwacht, als er bemerkt hatte, dass die Tür des Schlafzimmers einen Spalt offen stand und dass er, wenn er sich nur ein wenig nach vorn beugte, die Liebenden, wenn auch nur undeutlich, beobachten konnte. Zunächst hatte er der Versuchung widerstanden, doch bald schon war der Drang, einen Blick hineinzuwerfen, immer stärker geworden. Es entbrannte ein wilder Kampf in seinem Inneren zwischen dem strengen Gebot der Enthaltsamkeit, das er sich auferlegt und jahrelang gehalten hatte und seiner doch nie ganz bezähmten Fleischeslust. Auch die Zuflucht zum Antlitz des Gekreuzigten, von dem er sich sonst leiten ließ, hatte überhaupt nichts genützt. Als das Fleisch endlich über den Geist gesiegt hatte, beugte er sich weit nach vorn und unterdrückte die Angst, dabei entdeckt zu werden.

In Wirklichkeit war die Szene, die sich darbot, alles andere als großartig. Wenn überhaupt etwas von den beiden in den Kissen unter dem Baldachin zu erkennen war, dann nur Lorenzinos schmächtiger, jugendlicher Körper, der Molinas nun überhaupt nicht interessierte. Jedes Mal, wenn dieser in seinem Blickfeld auftauchte, setzte er sich flugs gerade hin. Die kurzen seltenen Augenblicke, in denen Annes lüsterner Leib in seiner üppigen Pracht in voller Beleuchtung erschien, entschädigten ihn jedoch für sein Warten. Er sah sie in Stellungen, die keine anständige Dame jemals eingenommen hätte und bei Handlungen, die nur deshalb kein Beichtspiegel verdammte, weil sie einfach undenkbar waren.

Molinas' Empörung über Jumelles ausschweifendes Gebaren wurde nur durch die eigenen Schuldgefühle, die er nicht zum Schweigen bringen konnte, gemildert. So verbrachte er eine quälend lange Wartezeit. Auf eine Viertelstunde hatte er sich eingerichtet und nun wollte sie einfach nicht enden, so als wären alle verfluchten Mächte der Hölle in dieser Kammer zum Stelldichein versammelt.

Irgendwann hörte er Schritte im Korridor und setzte sich erschrocken auf. Es war Spagnoletto Nicolini, der ihn jetzt mit einem ironischen Lächeln ansah.

»Immer noch hier? Ist Euch denn nicht kalt?«

»Doch«, antwortete Molinas mürrisch, »aber Euer Herr hat mich gebeten, hier auf ihn zu warten.«

Das Lächeln im Schurkengesicht des Söldners verzog sich zu einem breiten Grinsen. »Ihr wusstet wohl nicht, dass für meinen Herrn die Zeit stehen bleibt, wenn er sich mit einer Dame amüsiert. Aber schließlich ist er noch jung und war durch Umstände lange gezwungen, seine Energien zurückzuhalten.«

Molinas dachte an die Energien, die er schon seit gut zwanzig Jahren nun zurückhalten musste und die in manchen Nächten, wenn ihn unkeusche Träume heimsuchten, sein Bett befleckten. Seine Miene verfinsterte sich, und er beeilte sich, das Gespräch auf konkretere, harmlosere Themen zu bringen. »Wo ist Monsieur Beaulme?«

»Der Alte? Unten im Erdgeschoss. Er schläft fast die ganze Zeit, und sobald er zu sich kommt, gibt der Mohr ihm Wein zu trinken, so dass er gleich wieder einschläft.«

»Habt Ihr die Fenster offen gelassen?«

»O ja, sicher. In Beaulmes Kammer ist es mittlerweile entsetzlich kalt und der Fußboden ist vom Regen überschwemmt. Ziemlich ungemütlich da unten. Der Mohr beklagt sich schon.«

»Und der Alte hustet und spuckt?«

»Aber woher denn? Der schläft ganz friedlich, besoffen wie er ist. Glaubt mir, Doktor, Opa Beaulme macht es noch mindestens zwanzig Jahre.«

Offensichtlich waren die Stimmen bis ins Schlafgemach gedrungen, denn Lorenzino erschien nackt, seine Blöße mit den Händen bedeckend, auf der Schwelle. Hinter ihm Anne, nur mit einem Hemd bekleidet und einen frommen Ausdruck im Gesicht. »Was ist denn das für ein Lärm hier draußen«, brauste der junge Medici auf, dann erblickte er Molinas auf seiner Sitztruhe und errötete. »Oh, verzeiht vielmals. Ich vergaß. Ich hatte Euch ja selbst gebeten, auf mich zu warten …«

Molinas blickte ihn gleichmütig an. »Halb so schlimm. Sagt mir lieber, warum Ihr mich sprechen wolltet.«

»Ich bedaure, ich bedaure das wirklich sehr«, murmelte Lorenzino und man merkte, dass es ihm ernst war. »Habt noch einen Moment Geduld. Ich will mich nur rasch anziehen, dann erkläre ich Euch, worum es geht.«

Der Jüngling zog sich mit seiner schönen Gespielin zurück und zog diesmal die Tür fest hinter sich zu. Spagnoletto brach in Gelächter aus.

»Versucht, ihn zu verstehen, Doktor. Mittlerweile dürfte Euch klar geworden sein, dass er ein gehetzter Mann ist. Ab und zu braucht er seine Zerstreuungen.«

»Ich verstehe sehr gut«, antwortete Molinas bei sich.

»Ich gehe noch mal zu dem Alten und versuche, ihm eine anständige Lungenentzündung beizubringen. Auch wenn ich eigentlich diesen ganzen Aufwand für Zeitverschwendung halte. Wenn Ihr wollt, erwürge ich ihn Euch gleich.«

»Das Gesetz Gottes verbietet das Verbrechen und die Gesetze der Menschen ahnden sie.«

»Wie Ihr wollt. Wir sehen uns dann später.«

Molinas bedauerte innerlich die geistige Schlichtheit des Söldners. Im Chaos jener Jahre ging die Unterscheidung zwischen einer lässlichen Sünde und einer Todsünde immer mehr verloren. Einen anderen zu töten, war eine Todsünde, sein Ableben zu erleichtern, eine lässliche Sünde. Und so beging er selbst, wenn er die Scham eines Weibes betrachtete, eine lässliche Sünde, während er, hätte er seinen Gelüsten freien Lauf gelassen, eine Todsünde begangen hätte. Überließ nicht auch die spanische Inquisition die Ausführung ihrer Todesurteile, die darüber hinaus noch sehr allgemein gehalten und mit Floskeln der Barmherzigkeit versehen waren, ihrem weltlichen Arm, um sich selbst auf diese Weise rein zu halten?

Als Lorenzino auftauchte, hing Molinas immer noch seinen Gedanken nach, von denen er sich nur mühsam losreißen konnte. Der junge Medici, der seit mindestens zwei Monaten wusste, dass derjenige, den er für Notredame hielt, seine wahre Identität kannte, trug einen schwarzen Rock mit einem weiten, bestickten Kragen. Darüber einen Degen, den er als Adliger zu seinem Schutz mitführen durfte. Anne hatte sich ein schlichtes graues Kleid übergeworfen, das, ohne das tiefe Dekolleté allerdings, gut zu ihrer künftigen Rolle als Witwe gepasst hätte.

Lorenzino streichelte ihr das blond gefärbte Haar und verabschiedete sie mit einem Kuss auf die Wange.

»Nun geh, meine Kleine. Wir sehen uns heute Nacht.«

»Das hoffe ich doch«, antwortete sie nur, warf Molinas einen kurzen unsicheren Blick zu und verschwand den Flur hinunter.

Lorenzino trat zu dem Spanier, der sich sogleich von der Sitztruhe erhob. »Ihr wisst doch, dass ich der künftigen Königin, meiner Base Katharina, schon vor einiger Zeit von Eurer Gelehrsamkeit und Euren Fähigkeiten berichtet habe. Doch es gibt da etwas, das ich Euch verschwiegen habe, und das gehört zu den zahlreichen Dingen, für die ich mich bei Euch entschuldigen muss.«

»Die Entschuldigungen könnt Ihr Euch sparen. Kommt zur Sache«, erwiderte Molinas, den die Kälte, die ihm in die Glieder gefahren war, ohne dass er etwas dagegen tun konnte, unhöflich werden ließ.

»Das, was ich Euch erzählen will, trug sich im letzten Frühjahr zu, als ich meine Base in Amboise aufsuchte, wo sich der Hof fast ständig aufhält. Eurem Ratschlag folgend, habe ich den Magiern und Astrologen, mit denen Katharina sich umgibt, in der Hoffnung, von ihrer skandalösen Unfruchtbarkeit geheilt zu werden, jenes Wort zugeflüstert, das Ihr mir genannt habt: *Ambra* …«

*»Abraxas.«*

»Ja, richtig. Keiner von ihnen konnte damit etwas anfangen, bis auf einen Mann, der aber weder Astrologe noch Seher ist, sondern Arzt, Francisco Valeriola. Er scheint sehr berühmt zu sein.«

»Ja, ich habe von ihm gehört. Er hat einige wichtige Bücher geschrieben, speziell über die Ursachen und die Behandlung der Pest.«

»Ja, richtig. Franz I. hatte ihn an den Hof geladen, damit er nach Katharina sehe und ihr vielleicht helfe, schwanger zu werden. Als er aus meinem Mund das Wort *Abraxas* vernahm, war er sofort Feuer und Flamme und stellte mir eine Menge Fragen, auf die ich natürlich nicht zu antworten wusste. Später erfuhr ich, dass er meiner Base von Euch, Michel de Notredame, erzählt und ihr geraten hat, Euch zu konsultieren. Wie ich hörte, schilderte er Euch als einen außerordentlich gelehrten Mann.«

»Aber er kennt mich doch gar nicht«, protestierte Molinas.

»Ach tatsächlich? Euer Name scheint ihm aber vertraut zu sein. Jedenfalls scheint dieses Wort, *Abraxas*, nur wenigen Menschen bekannt zu sein und die scheinen fest zusammenzuhalten und sich gegenseitig zu helfen. Könnt Ihr mir sagen, was es bedeutet?«

»Nein«, antwortete Molinas und das entsprach der Wahrheit. Dann fügte er hinzu: »Ich nehme an, Katharina von Medici wird mich nun nach Amboise bestellen.«

»Sie möchte schon, aber sie kann Euch nicht empfangen. Nicht jetzt.« Lorenzino schien verlegen. »Euer Nachname lässt, wie Ihr selbst zugegeben habt, auf eine jüdische Herkunft schließen. Zurzeit kann meine Base weder einen Notredame empfangen noch einen Benveniste oder Levites. Das Edikt von Fontainebleau lässt in Frankreich praktisch nur noch eine Religion zu. Ich weiß, dass Ihr Euch zu dieser bekennt, doch Euer familiärer Hintergrund verbietet derzeit Verbindungen zum Hof.«

Molinas jubilierte innerlich. Wenn die Dinge so lagen, bedeutete das, dass es mit der lasterhaften Toleranz, die König Franz von Valois jahrelang gezeigt hatte, endlich ein Ende hatte. Dennoch gab er sich zerknirscht.

»Das ist sehr schade. Aber worüber wolltet Ihr dann mit mir sprechen?«

»Worte sind hier überflüssig. Folgt mir und Ihr werdet sehen. Bereitet Euch auf eine Fahrt in das tiefste, geheimste Paris vor. Gebt mir nur noch etwas Zeit, ich lasse die Kutsche bereitstellen.«

Molinas war froh, endlich den eiskalten Flur verlassen zu können, obwohl es draußen auch nicht freundlicher aussah. Der Regen prasselte hernieder und stellte die Dachrinnen der Pariser Häuser auf eine harte Belastungsprobe. Die Straße hatte sich in einen dreckigen Fluss verwandelt, der Unrat aller Art mit sich führte. Und ein kalter Wind, der ihn erschaudern ließ, peitschte um die Fassaden einer Stadt, die zwar an Regen gewöhnt war, nicht aber an den eisigen Griff eines zu frühen Wintereinbruchs.

In der wappenlosen Kutsche nahmen neben Molinas Lorenzino, der Mohr und Vico de' Nobili Platz. Letzterer trug keine sichtbaren Waffen, doch unter dem grauen Mantel, der bis auf seine Knie fiel, waren die Umrisse eines Degens und einer großen, unter dem Gürtel steckenden Pistole zu erahnen.

Im sintflutartigen Regen setzte sich die Kutsche in Bewegung. Molinas kannte sich in Paris nur wenig aus, merkte jedoch schon nach kurzer Zeit, obwohl man durch den Regen kaum etwas erkennen konnte, dass sie das Viertel der Tuilerien hinter sich ließen und zum rechten Seineufer hinunterfuhren. Dort unten sammelten sich schon seit Jahrhunderten alle Formen sozialen Elends, die in einer zu groß gewordenen Metropole nur denkbar waren. Am Ufer entlang reihten sich die so genannten »Höfe der Wunder« dicht aneinander: Anhäufungen chaotisch übereinander gebauter und ineinander verschachtelter Hütten und Baracken, die ein undurchschaubares Gewirr von Höfen entstehen ließen, in die sich sogar die Gendarmen oder die berittene Polizei nur selten hineinwagten.

Zudem waren die zahlenmäßig schwachen und schlecht ausgerüsteten Sicherheitskräfte in jenen Monaten des Jahres 1540 voll und ganz damit beschäftigt, den *Grand Tric* zu bekämpfen, einen Streik der Buchdrucker, der ausgehend von Lyon nun auch die Hauptstadt erreicht hatte. Franz I. war darüber so empört, dass er es den Buchdruckern durch einen Erlass untersagt hatte, Versammlungen abzuhalten, Lohnerhöhungen zu fordern und sich zu Bruderschaften zusammenzuschließen. Mit der Durchsetzung dieses Erlasses waren nun die Gendarmen jedoch derart ausgelastet, dass sie der Gesellschaft von Bettlern und Kriminellen das Feld hatten überlassen müssen.

In den »Höfen der Wunder«, vom größten beim Pont Neuf bis zu den unzähligen kleineren darum herum, gab man sich daher in jenen Tagen völlig unbeschwert. Molinas bemerkte das sofort, kaum dass die Kutsche in die Welt der Gässchen beim Gefängnis von Châtelet eingetaucht war. Vor den Türen der unzähligen Tavernen lungerten überall Zigeuner herum, die die Stadtverwaltung früher einmal dafür bezahlt hatte, dass sie außerhalb der Stadtmauern blieben; daneben fanden sich Bettler aller Art, Deserteure, die noch Fetzen ihrer alten Uniform am Leibe trugen, alte, verlebte Huren, junge Burschen mit entweder zu verschlagenen oder zu apathischen Mienen. Und alle warteten darauf, dass es endlich zu regnen aufhörte, um wieder ihren zweifelhaften Aktivitäten nachgehen zu können.

Das Haus, vor dem die Kutsche nun stehen blieb, zwischen einer Schenke und einem alten Warenlager gelegen, war ebenso heruntergekommen und verschachtelt wie die anderen Häuser im Viertel. Auf einen Korpus aus Stein waren im Laufe der Zeit immer neue Holzkonstruktionen gesetzt worden, bis das ganze Gebäude aussah wie ein düsterer schiefer Turm von Babel.

»Ihr werdet Euch wundern«, sagte Lorenzino lächelnd zu Molinas, »aber in diesem schauerlichen Gebäude werdet Ihr auf einen der gelehrtesten Männer unserer Zeit treffen.«

»Und warum sollte ich ihn treffen?«, fragte der Spanier beunruhigt. Ihn quälte die beständige, wenn auch wenig begründete Furcht, jemandem zu begegnen, der den wahren Michel de Notredame kannte und ihn selbst als Betrüger entlarven würde.

»Ich habe ihm von Euch erzählt, und er möchte Euch gern kennen lernen. Er ist ein wichtiger Mittelsmann, um an den königlichen Hof zu gelangen.«

Der Hausflur, den sie nun im Laufschritt erreichten, hatte aber absolut nichts Königliches an sich. Dafür aber gab es unheimlich wirkende, hakennasige Gesichter, die aus den vielen Türen an dem feuchten Korridor hinausblickten, um zu sehen, wer die Fremden waren. Molinas bemerkte endlos lange Bärte und breite Hüte, halb verborgen in der Dunkelheit der dahinterliegenden Räume. Er hatte keinen Zweifel an der Identität dieser Menschen, die sein alter Hass instinktiv wieder erkannte: Juden. In diesem Nest wimmelte es von Juden. Er schlang seinen Umhang enger um den Körper, so als müsse er sich vor dem Ekel schützen, den dieser Abschaum in ihm erregte.

Lorenzino gab Vico ein Zeichen und murmelte. »Ihr beide könnt hier unten warten. Dort oben droht mir keine Gefahr.«

Dann wandte er sich an Molinas. »Und Ihr folgt mir bitte, Monsieur de Notredame. Und lasst Euch nicht von Äußerlichkeiten abschrecken. Auch in einem Misthaufen können sich Edelsteine verbergen.«

Er führte ihn über eine verwinkelte Treppe zu dem hölzernen Teil des Gebäudes hinauf. Sie überquerten einen Steg, der sich über einen überdachten Hof spannte, in dem weitere bärtige Männer in ihre Lektüre vertieft auf und ab spazierten. Endlich gelangten sie zu einer Tür zwischen schiefen Pfosten. Lorenzino klopfte an und wartete, bis eine Stimme rief: »Herein.«

Dann stieß er die Tür auf und schob Molinas hinein.

Der Spanier fand sich in einem großen, nicht ungemütlich wirkenden Raum wieder, dessen Wände mit Regalen voller Bücher und Handschriften bedeckt waren. An einem Tisch saß ein vielleicht vierzigjähriger Mann, den ein schwarzer Bart etwas älter machte, mit feinen, ebenmäßigen Gesichtszügen. Hinter ihm stand ein alter Jude, der einen bis zu den Füßen reichenden Überrock trug und ein Scheitelkäppchen auf dem weißen Haar. Er schien damit beschäftigt, dem Jüngeren die Worte einer antiken Schrift zu erläutern, die aufgeschlagen vor ihnen lag. Beim Anblick der Besucher verharrte er reglos mit dem Zeigefinger noch auf dem Pergament.

Die Augen des Mannes mit dem schwarzen Bart aber leuchteten erst vor Überraschung, dann vor Freude.

»Lorenzino de Medici! Welch außerordentliches Vergnügen, Euch wieder zu sehen!«

Lorenzino schien nicht mehr daran gewöhnt, bei seinem richtigen Namen genannt zu werden, denn er reagierte ein wenig verstört, ging dann aber auf den Hausherrn zu und schüttelte ihm herzlich die Hand.

»Das Vergnügen ist ganz auf meiner Seite, Maître Guillaume! Wir haben uns ja bestimmt einen ganzen Monat nicht mehr gesehen und das ist doch entschieden zu lang.« Er wandte sich an Molinas, der immer noch auf der Schwelle stand: »Monsieur de Notredame, dies ist Guillaume Postel! Ihr habt sicher schon von ihm gehört.«

Molinas, dem der Name überhaupt nichts sagte, verbeugte sich höflich. Dennoch schien sein Blick ein wenig Verwirrung zu verraten, denn Lorenzino fügte hinzu: »Monsieur Postel ist ein enger Freund von mir. Wir haben uns vor drei Jahren kennen gelernt, im Jahr 1537, direkt nach...«

Offensichtlich lag es ihm auf der Zunge, auf seine Verbrechen anzuspielen, hielt sich jedoch gerade noch rechtzeitig zurück und verbesserte sich: »Während einer Mission im Auftrag unseres Königs am Hofe des türkischen Herrschers Sulaiman. Ich war Botschafter und Maître Postel einer der Gelehrten in meinem Gefolge. Später, nach meiner Abreise aus Konstantinopel, traf ich ihn als Professor für Mathematik und orientalische Sprachen am Königlichen Kolleg wieder, das ich, wie Ihr ja wisst, besuche.«

Molinas wusste nicht, was er antworten sollte und verneigte sich wieder. Postel befreite ihn aus seiner Verlegenheit, indem er sich an den alten Juden wandte: »Danke, Ihr könnt gehen, Rabbi Todros.« Kaum war der Alte gegangen, wandte Postel seinen Blick dem Gast mit dem schwarzen Umhang zu und erwiderte die Verbeugung.

»Monsieur de Notredame, ich könnte mir denken, dass Euch die Umstände unseres Zusammenkommens etwas seltsam erscheinen, aber es ist rasch erklärt. Mir wurde berichtet, dass Ihr ein guter Katholik seid, dass Eure Familie aber, die der Santa Maria, jüdischen Ursprungs ist und wahrscheinlich auf der Flucht vor der spanischen Inquisition nach Frankreich verschlagen wurde. Und so wisset, dass auch dieses Haus hier Angehörige des jüdischen Volkes beherbergt, die in Frankreich Schutz suchten, weil das spanische Heilige Offizium sie bedrängte. Leider sind sie unter den gegebenen Verhältnissen auch hier gezwungen, sich unter Bettlern und Hungerleidern zu verstecken, konnten aber ihrem alten Glauben die Treue halten und ihre alte Gelehrsamkeit bewahren.«

Lorenzino schien etwas von Molinas' Feindseligkeit gegenüber den Juden zu spüren, denn er setzte erklärend hinzu: »Maître Postel ist kein Jude und wohnt auch nicht in diesem Haus. Hierher kommt er nur zum Studieren.«

»Um was zu studieren?«, fragte Molinas, wobei er sich mühte, seine Abscheu über das, was er da hörte, zu unterdrücken.

Es war Postel, der antwortete: »Diese armen Flüchtlinge tragen Wissen von unschätzbarem Wert mit sich. Man kann sich gar nicht vorstellen, wie viel Weisheit in der jüdischen Philosophie steckt und speziell in dem, was sie die Kabbala nennen. Ich bin Christ wie Ihr, aber auch überzeugt, dass das Judentum den Ursprung aller anderen Religionen und Sprachen in sich trägt. Es ist ja kein Zufall, dass unser König Franz in direkter Linie vom ältesten Sohn des Juden Noah abstammt.«

»Franz I. empfindet eine enorme Hochachtung für Maître Postel und ebenso meine Base Katharina«, erklärte Lorenzino. »Und auch Sulaiman war hingerissen von seiner unermesslichen Gelehrsamkeit. Das hat uns sehr dabei geholfen, ihn für das Bündnis mit unserem König gegen Kaiser Karl V. zu gewinnen.«

Postel tippte mit dem Zeigefinger auf die Schrift, die er vor sich liegen hatte. »Ich bin gerade dabei, ganz langsam und mit größter Mühe das Buch *Bahir* aus der Kabbala zu übersetzen, so wie ich es zuvor schon mit dem Buch *Sohar* gemacht habe. Die christliche und die jüdische Religion müssen wieder zu ihrem gemeinsamen Ursprung zurückgeführt werden. Und die Kabbala spielt dabei eine entscheidende Rolle. Aber damit diese Notwendigkeit allgemein anerkannt wird, muss ich zuerst den Hof von dieser Idee überzeugen. Ich allein schaffe das nicht. Ich brauche einen gelehrten Mann wie Euch, der die Keime beider Religionen in sich trägt und allein schon durch seine Existenz die Fruchtbarkeit jener Verbindung beweist.«

Molinas dachte bei sich, dass der wahre Notredame an dieser Stelle empört den Raum verlassen hätte. Er hielt es jedoch für unangebracht, sich derart unnachgiebig zu zeigen. »Es sieht aber so aus, als wolle man mich bei Hofe nicht empfangen«, murmelte er in unterwürfigem Ton.

»Ich weiß, ich weiß. Ihr habt unter den verbreiteten Vorurteilen gegen die Juden zu leiden, von denen sogar unser sonst so liberaler König nicht ganz frei ist. Ich biete mich als Vermittler zwischen Euch und der Gattin des Thronfolgers an, die mich nicht nur als Philosophen schätzt, sondern auch eine starke Zuneigung zur Astrologie und den anderen Künsten, mit denen Ihr Euch beschäftigt, gefasst hat.«

»Das stimmt«, pflichtete Lorenzino ihm bei. »Sie hat mehr Astrologen um sich geschart als Hofdamen.«

»Und wenn Ihr dann noch, Monsieur de Notredame, mit Euren medizinischen Kenntnissen ein Mittel gegen ihre Unfruchtbarkeit finden könntet …«

Molinas war hin und hergerissen. Einerseits hatte er hier eine Reihe loser Fäden in der Hand, mit denen sich eine herrliche Intrige knüpfen ließ, andererseits das Gefühl, gleich zu ersticken. Das lag zum einen sicher an den Balken dieser merkwürdigen Hütte, die im prasselnden Regen widerlich stinkende Ausdünstungen verströmten, die gut zu dem verworfenen Menschenschlag passten, den sie beherbergte. Zum anderen aber auch an der für ihn schockierenden Entdeckung, dass eine Monarchie, die sich selbst als christlich bezeichnete, von einer zwielichtigen Gestalt wie diesem Postel unterwandert wurde, der jüdischer war als jeder tatsächliche Jude.

»Vielleicht überschätzt Ihr meine Fähigkeiten«, sagte er, gegen den Brechreiz ankämpfend.

»O nein!« Postels freundliches Lächeln wurde noch aufdringlicher. »Jedweder Gelehrte, der sich mit der jüdischen Philosophie beschäftigt, weiß, was *Abraxas* bedeutet. Und er weiß auch, dass man zu diesem Wort nur gelangt, wenn man weitreichendste Kenntnisse mit ebenso ausgeprägten Fähigkeiten vereint.« Er legte die Fingerspitzen zusammen. »Monsieur de Notredame wollt Ihr Euch mir anvertrauen?«

»Das will ich.«

Molinas lächelte zustimmend, jedoch nicht aus Herzlichkeit, sondern weil er sich das Schicksal ausmalte, das er Postel zugedacht hatte, ebenso wie diesem ganzen schmutzigen Nest von Juden und all ihren Komplizen. Lorenzino eingeschlossen. Vor allem Lorenzino.

# Die drei Sonnen

Michel empfand große Sympathie für Francisco Valeriola. Obwohl dieser überall einen ausgezeichneten Ruf genoss, war er ein bodenständiger, mit natürlicher Herzlichkeit begabter Mensch geblieben. Bei ernsthaft Kranken, die sich von ihm behandeln ließen, zeigte er ein außergewöhnliches Einfühlungsvermögen, eine Behutsamkeit, die häufig mehr zur Genesung beitrug als die besten Medikamente. Hypochonder behandelte er mit einer gewissen Ironie, die aber nie bösartig oder verletzend war. Er vertrat nämlich die Ansicht, dass auch eingebildete Krankheiten als Krankheiten anzusehen und zu behandeln waren. So hatte er für jeden ein gutes Wort, und wenn ihn auch vielleicht nicht alle Patienten vollständig geheilt verließen, so gingen sie doch um einiges erleichtert von ihm fort.

Von einem Problem war Valeriola wahrhaft besessen.

»Seht, Michel«, sagte er hin und wieder und fasste seinen Gast am Arm. »Alle Krankheiten, mit denen wir es zu tun haben, sind nur ein Schatten des einen verheerenden Übels: der Pest. Vom Standpunkt der Medizin aus ist sie der Schlüssel zu den Problemen unseres Jahrhunderts. Wenn wir das Problem der Pest lösen, bekommen wir auch alle anderen in den Griff.«

Üblicherweise spielten sich solche Gespräche in dem kleinen Raum ab, der als Behandlungszimmer diente und der in dem luxuriösen Anwesen, das Valeriola mit seiner ergebenen Gattin und einer Schar Kinder bewohnte, an den Laden grenzte, in dem er seine eigenen Mixturen zubereitete und verkaufte.

»Das denke ich auch«, antwortete Michel, den die Erinnerung an Magdelène und seine toten Kinder schmerzte. »Die Pest ist die einzige Krankheit, der wir machtlos gegenüberstehen.«

»Ja, und als Wanderarzt werdet Ihr auf Euren Fahrten bemerkt haben, dass die Pest immer dort auftritt, wo Krieg und Not herrschen. Deshalb behaupte ich auch, dass sie der Schlüssel zu den Problemen unseres Jahrhunderts ist. Wir leben in einer Zeit des Hungers und der Konflikte. Und die Seuchen sind ihre Krönung. Wüssten wir, wie sie entstehen, würde sich nicht nur ein Weg zur Heilung, sondern auch zur Lösung unserer gesellschaftlichen Probleme auftun.«

Michel fand diesen Gedanken sehr scharfsinnig und anregend. Er sah jedoch auch, dass Valeriola bei aller Vernunft, mit der er das Phänomen analysierte, keine konkrete Vorgehensweise vorzuschlagen hatte. Der Mann begnügte sich mit einer Diagnose, die zwar treffend war, aber ohne praktische Auswirkungen blieb, wie es, wenn auch auf weniger intelligente Weise, die gemeinhin an den Universitäten gelehrte Medizin ebenfalls tat.

Erst an einem Morgen im März 1541, als die erste Frühjahrssonne die Reiselust in ihm weckte, sprach Michel Valeriola noch einmal ganz offen auf dieses Thema an und setzte ihm seine Bedenken auseinander. »Ihr predigt mir seit Monaten, dass die Pest ein Begleiter von Kriegen und Not ist. Man könnte fast meinen, mit Eurer These wolltet Ihr all jenen Recht geben, die die Seuche zu einer Strafe Gottes für die Sünden der Menschheit erklären.«

Valeriola, der seinen Kleinsten auf den Knien wiegte, streckte mit solcher Inbrunst die Hände aus, dass der Kleine auf den Fußboden zu kullern drohte. »Aber Ihr wisst doch ganz genau, dass ich mit dem Unsinn, den die Pfaffen von den Kanzeln predigen, nichts zu tun haben will.«

»Ja schon, aber aus dieser Ablehnung zieht ihr keinerlei Konsequenzen. An was gebricht es denn, wenn man in einem Klima der Verwüstung lebt? Ich werde es Euch sagen: an der Hygiene. Eine sorgfältig rein gehaltene Stadt braucht die Pest nicht zu fürchten. Das lehrt mich die Erfahrung.«

Valeriola schüttelte den Kopf, während er sein Söhnchen wieder auf den Arm nahm.

»Gewiss, Ihr habt mir ja des Öfteren von Euren praktischen Erfahrungen in Montpellier und später in Agen berichtet. Aber andere behaupten eben, dass die Pest durch Ratten in die Städte gebracht wird, die auf den unbestellten Feldern keine Nahrung mehr finden und sich deshalb über die städtischen Getreidespeicher hermachen. Zugegeben, das ist bloß eine Theorie wie viele andere auch. Aber es spricht für sie, dass sie den Ursachen für die Seuchen nachgeht. Ihr hingegen erzählt mir davon, wie die Symptome zu bekämpfen sind. Nehmt es mir nicht übel, aber für mich ist das Volksmedizin.«

Michel schüttelte den Kopf. »Für die empirische Medizin sind Ursache und Symptome untrennbar miteinander verbunden. Überlegt doch mal. Würden die Ratten denn in eine saubere Stadt einfallen? Nein, denn sie würden nicht genügend Unrat vorfinden, von dem sie sich ernähren. Und auch wenn sie hineinkämen und jemanden ansteckten, würde die saubere Luft die Ausbreitung der Seuche behindern.«

»Was würdet Ihr denn vorschlagen?«, fragte Valeriola, den kleinen Sohn nun beruhigend auf den Armen wiegend.

»Das Dringendste wäre, die befallenen Städte von allem Unrat zu befreien. Als Nächstes wäre dafür zu sorgen, dass die Bewohner keine verseuchte Luft einatmen müssen. Das heißt, man muss ihnen mit reinigenden Substanzen getränkte Tücher verabreichen, die sie vor Mund und Nase halten und so die Atemluft filtern können.«

»Das wird ja schon getan.«

»Ja, aber es müsste in größerem Umfang geschehen. Und es müssten tatsächlich geeignete Balsame verwendet werden.«

Valeriola stieß einen halb missmutigen, halb bewundernden Seufzer aus.

»Im Grunde Eures Herzens seid Ihr eben Pharmazeut, und so ist Euer Verständnis der Medizin, nehmt es mir nicht übel, ein wenig verengt. Auf diesem Gebiet habt Ihr erstaunliche Fähigkeiten, und doch ist dies eigentlich nicht Euer Weg.« Der Arzt ereiferte sich ein wenig, blieb aber höflich. »Ihr vergeudet Eure Zeit mit der Herstellung von Schönheitsmittelchen und Marmeladen. Und auch die Mittel, mit denen Ihr die Gattin des Thronfolgers versorgt, damit diese endlich einen Sohn gebäre, liegen unter Euren wahren Möglichkeiten … Was ist mit Euch?«

»Ach, nichts.« Tatsächlich aber war Michel zusammengeschreckt. Als Valeriola damals, bei ihrem ersten Zusammentreffen, Michels angebliche Dienste für Katharina von Medici erwähnt hatte, war er zu feige gewesen, die Sache sofort richtig zu stellen. Nicht ganz zu Unrecht vielleicht nahm er an, dass es Valeriolas Wertschätzung erhöhte, wenn er den Arzt in seinem Glauben ließ. Später, nachdem die Sache immer mal wieder erwähnt worden war, hatte Michel sich fest vorgenommen, seinem Gastgeber bei nächster Gelegenheit die Wahrheit zu sagen, hatte dann aber nie den Mut dazu gefunden. Dass Valeriola ihn als seinesgleichen behandelte, ja ihn praktisch zu seinem Teilhaber gemacht hatte, hing auch damit zusammen, dass er glaubte, Michel sei bei Hofe eingeführt. Und Michel legte es im Grunde seines Herzens immer noch darauf an, ein geachtetes Mitglied der besseren Gesellschaft zu werden. Und diese Chance würde er sich nicht dadurch verbauen, dass er die Wahrheit sagte.

»Lasst mich fortfahren«, sagte Valeriola nun. »Eigentlich wollte ich dieses für Euch und auch für mich heikle Thema gar nicht anschneiden, aber Ihr kennt doch ein gewisses Wort, das nur wenigen Eingeweihten bekannt ist. Nicht wahr?«

Michel erbleichte. »Was wisst Ihr darüber?«

»Ich habe es Euch ja gesagt. Bei Hofe spricht man über Euch. Und da ist auch die Rede davon, dass Ihr vor vielen Jahren in Bordeaux die Pest bekämpftet. Und zwar nicht mit Duftstoffen, sondern mit kleinen Mengen Rattenblut …«

Michel spürte, wie es in seinen Schläfen heftig pochte. Er hob eine Hand. »Ich bitte Euch«, rief er mit heiserer Stimme, »diese Erlebnisse habe ich aus meinem Gedächtnis gestrichen. Bitte lasst sie nicht wieder aufleben!«

»Wie Ihr wollt. Ich will Euch auch nicht in Verlegenheit bringen. Nur so viel: Zu einem gewissen Zeitpunkt Eures Lebens habt Ihr Euch für eine Wissenschaft geöffnet, bei der es jedem Sterblichen schwindelig werden kann. Entwickelt diese Kenntnisse weiter. Nehmt das Studium der okkulten Philosophie wieder auf und versucht, sie nutzbringend anzuwenden. Das würde Euer Ansehen, das zwar beträchtlich, aber noch begrenzt ist, ganz ungeheuer stärken.«

Zumindest nach außen hin schien Michel seine Ruhe wiedergefunden zu haben. Er schüttelte resolut den Kopf. »Ich habe vor einiger Zeit beschlossen, mich nur noch der Pharmazie und der Medizin zu widmen.«

»Nun gut, aber dann widmet Euch der *großen* Medizin! Vergeudet nicht länger Eure Zeit mit Schönheitsmittelchen, Konfitüren und dergleichen mehr!« Valeriola merkte, dass der Kleine eingeschlafen war und bettete ihn behutsam in die Kissen des reich verzierten Ledersofas, doch er senkte seine Stimme nicht, im Gegenteil: »Es gilt, die Pest zu besiegen, nicht mehr und nicht weniger, versteht Ihr? Wem dies gelingt, wird unsterblichen Ruhm ernten, dem ist die Gunst des Volkes und der Kirche sicher, des Adels und nicht zuletzt der Krone. Und Ihr besitzt alle Voraussetzung, um Euch an diese Herkulesarbeit zu wagen. Was zögert Ihr noch?«

»In der Tat, als ich vorhin von Hygiene sprach ...« Michel brach ab, weil ein Diener auf der Schwelle erschienen war und auf eine Erlaubnis zu sprechen wartete. Da der Hausherr schwieg, erteilte Michel sie ihm mit einer Handbewegung.

»Soeben ist ein Kurier eingetroffen, mit einer Botschaft für Monsieur de Notredame«, erklärte er, indem er einen versiegelten Umschlag vorzeigte. »Hier ist er.«

Verblüfft nahm Michel den Umschlag entgegen. Es gab nicht viele Menschen, die wussten, dass er sich in Valence aufhielt. Sein Bruder Jehan, den er seit Jahren nicht gesehen hatte, mit dem er aber einen unregelmäßigen Briefwechsel unterhielt und der sich anschickte, am Gericht von Aix eine glänzende Karriere zu machen. Oder Maître Romier, dem er einige Male geschrieben hatte, ohne allerdings eine Antwort zu erhalten. Die Handschrift auf dem Umschlag war jedoch von keinem der beiden. Es war die Handschrift eines Mannes, aber sie wirkte gedrängt und kantig, so als habe der Schreiber es sehr eilig gehabt oder hege Groll gegenüber dem Adressaten.

»Ich lasse Euch jetzt lieber allein, damit Ihr in Ruhe Eure Post lesen könnt«, sagte Valeriola höflich. Er nahm seinen schlafenden Sohn wieder auf den Arm, drückte ihn liebevoll an seine Brust und entfernte sich mit seinem Diener.

Als er allein war, öffnete Michel den Umschlag und begann zu lesen, und mit jedem Wort schlug sein Herz schneller:

*Lieber Michel,*
*ich weiß nicht, ob Ihr Euch überhaupt noch an mich erinnert, aber mein Herz sagt mir, ja. Wir haben uns vor vielen Jahren kennen gelernt, in Montpellier, Ihr wart damals noch Student. Vielleicht sagt Euch der Name Jumelle noch etwas. Sie war damals das schüchternste von den Mädchen in der La Soche. Und dieses Mädchen bin ich. Wir haben uns damals geliebt, doch dann trennten sich unsere Wege, denn Ihr wandtet Euch einer anderen zu. Ich glaubte damals, Euch zu hassen, doch die Liebe, die Ihr mir geschenkt hattet, lebte in meinem Herzen weiter. Vielleicht war das auch der Grund, warum ich mein Leben änderte und eine fromme tugendhafte Frau wurde. Ich lebe jetzt in Salon-en-Craux, abgesehen von gelegentlichen kurzen Aufenthalten in Paris, und bin mit einem boshaften, gewalttätigen alten Mann verheiratet, dem sein immenser Reichtum nicht gut bekommen ist. Dieser Mann quält mich und ist angesichts seines Alters auch nicht mehr in der Lage, seine Pflichten zu erfüllen und dafür zu sorgen, dass ich Kinder bekomme. So bleibt mir nichts anderes übrig, als zu träumen, zum Beispiel davon, dass Ihr*

*eines Tages vor mir steht, um mich zu befreien, schön, kühn und liebevoll, wie ich Euch in Erinnerung habe. Ich weiß jedoch, dass dieser Traum niemals Wirklichkeit werden kann. Und deshalb habe ich beschlossen, Euch zu schreiben, nicht um Euer sicher schönes Leben zu stören, sondern um Euch das Pochen eines Herzens zu vermitteln, das, trotz allem, immer noch für Euch schlägt.*

*Anne Ponsarde, einstmals bekannt als Jumelle*

Nach der Lektüre begann Michel, von den gegensätzlichsten Gefühlen ergriffen, am ganzen Leibe zu zittern. Das Zittern war rein körperlicher Natur und auf drei Jahre selbstverordneter Keuschheit zurückzuführen. Wie gut erinnerte er sich an Jumelles frische Lippen, an die langsamen, schlängelnden Bewegungen ihrer Zunge, ihre vollen, weichen Brüste, die sich so lustvoll streicheln und drücken ließen. Die Erinnerung an ihre süße Weiblichkeit machte ihn schwach, und in seiner Vorstellung verdichtete sich das Bild eines nackt zusammenliegenden Paars. Wie lange schon hatte er solche Gefühle nicht mehr erlebt, wie lange schon verdrängte er sie, ohne dass es ihm ganz gelungen war, wie sich jetzt zeigte.

Doch der Impuls, sich sogleich nach Salon aufzumachen, wurde von anderen, beunruhigenden Gedanken gebremst, die sein Verstand ihm eingab. Woher wusste Jumelle, wo er sich aufhielt? Wer hatte den Brief für sie geschrieben? Die Handschrift war mit Sicherheit nicht die einer Frau, und auch nicht die eines neutralen, unbeteiligten Schreibers. Das ganze Schreiben war von einer Aura der Feindseligkeit umgeben, die Michels geschärften Sinnen aber nicht entging, obwohl sie ein gewöhnlicher Leser gar nicht wahrgenommen hätte.

Doch wie sollte er die Wahrheit in Erfahrung bringen? Da gab es nur einen Weg … Doch nein, er hatte sich geschworen, sich niemals wieder mit diesen Praktiken zu befassen. Sicher, es handelte sich hier um einen außergewöhnlichen Fall. Wenn er die Wahrheit nicht erfuhr, würden seine wiedererwachten Triebe seine Vernunft aus dem Feld schlagen. Dieser Mund, diese Brüste … Und diese feuchte, geschwollene Scham …

Er knüllte den Brief zusammen und lief in die Vorhalle, bis zu der kleinen Tür, die das Wohnhaus mit der Apotheke verband. Dort saß Valeriola und las, während er auf Kunden wartete.

»Habt Ihr *Hieracium pilosella* da?«, fragte Michel aufgeregt.

»Sicher«, antwortete Valeriola verblüfft. Er deutete auf ein Gefäß auf dem Regal. »Wie viel braucht Ihr? Leidet Ihr unter Harnverhalt?«

»Und was ist mit Bilsenkraut. Ist auch davon noch etwas da?«

Jetzt blickte der Arzt schon etwas skeptischer drein. »Ja, aber Ihr wisst doch, dass wir das Medikament nur ganz selten verabreichen. Und das auch nur tropfenweise, auf verfaulte Zähne, oder äußerlich, wenn der Patient unter Läusen leidet. Ihr habt weder verfaulte Zähne noch Läuse, und bei gesunden Menschen ist die Wirkung ähnlich wie bei Belladonna: Man verliert den Verstand.«

»Jetzt gebt mir endlich die Kräuter«, befahl Michel erregt. »Ich weiß schon, was ich tue. Seid unbesorgt.«

Valeriola versuchte, Michels herrischen Ton zu ignorieren.

»Für das Habichtskraut sehe ich kein Problem. Aber was das Bilsenkraut angeht, appelliere ich an Euer Verantwortungsgefühl als Arzt. Unterrichtet den Patienten, dem Ihr es verabreichen wollt, über die gefährlichen Nebenwirkungen.«

»Das werde ich tun.«

Als er das Gesuchte in Händen hatte, zog sich Michel in die Küche des Hauses zurück und wies einen der Köche an, einen Aufguss aus den beiden Pflanzen zuzubereiten, die er in seiner linken Hand zu Pulver verrieben und gemischt hatte. Aufmerksam überwachte er den Kochvorgang, dann ließ er die Flüssigkeit in eine Kupftertasse gießen und befahl dem Koch, den Topf sehr sorgfältig abzuwaschen.

Mit dem Gefäß in Händen stieg er in die kleine Kammer hinauf, die er in Valeriolas Haus bewohnte. Die Tür war zwar nicht zu verriegeln, aber vertraute auf die Diskretion des Arztes. Schweiß trat ihm auf die Stirn, als er sich auf den Rand des Bettes setzte, und sein Herz pochte so heftig, als wolle es zerspringen.

Er zögerte noch einen Moment und schluckte dann die Flüssigkeit hinunter, wobei er den zerknüllten Brief fest in seiner linken Hand drückte. Es vergingen einige entsetzlich lange Augenblicke. Dann fühlte er plötzlich, dass genauso wie viele Jahre zuvor, seine Glieder von gewaltigen, unkontrollierbaren Krämpfen geschüttelt wurden. Er sah, wie die Tasse auf den Boden fiel und mit einem dumpfen Geräusch aufschlug. Gleichzeitig verschwand die gesamte Wand vor ihm, und zum Vorschein kam ein dunkler Himmel, an dem drei perfekt in einer Linie stehende Sonnen standen.

Jetzt wurde ihm klar, dass er sich bezüglich dieser Erscheinung geirrt hatte. Die Gestirne waren nicht die Gesichter Magdelènes und seiner verstorbenen Kinder. Sie waren etwas sehr viel Beunruhigenderes. Wie eine abartige, den Kosmos beherrschende Dreifaltigkeit, warfen sie ihr tiefrotes Licht auf eine düstere, nicht genau zu identifizierende Stadt, die übersät war mit in schneeweiße Tücher gehüllten Leichen.

Plötzlich hatte Michel auch wieder die bekannte verzerrte Stimme im Ohr. Sie kam von einer verwachsenen Gestalt, die in einer Nebelwolke kauerte und offensichtlich belustigt auf eine Szene zu ihren Füßen deutete. Unwillkürlich wurde sein Blick auf den Grund eines gigantischen Strudels gezogen, der sich zwischen Wänden aus Feuer erhob. Der Strudel ergriff ihn und schleuderte ihn in ein Labyrinth von Gebäuden, die aus schwärzlichen Nebelschwaden hervortraten.

Dort, wo das rote Licht hinfiel, erlosch alles Leben und es blieben nur Leichen zurück. Das Bild der Stadt wurde noch deutlicher. Michel konnte zwischen die Häuser sehen und in den Gassen umherstreifen. Aus einer dieser Gassen tauchte eine verzweifelt um ihr Leben laufende Gestalt auf. Er erkannte das bleiche Gesicht mit den geröteten Augen. Nur trug diese Gestalt keinen schwarzen Umhang mehr, sondern einen grauen, und war über und über mit Blut bespritzt. Offenbar floh der Mann vor einem unsichtbaren Feind, denn er warf ständig gehetzte Blicke über die Schulter. Von grenzenlosem Entsetzen gepackt, hätte er sicher gern um Gnade gefleht – wenn er gewusst hätte, was das ist.

Dann plötzlich schien er Michel zu erkennen. Seine panische Angst verflog, und seine Pupillen füllten sich mit Hass. Drohend streckte er einen Finger zu ihm aus. »Du glaubst, du hättest mich besiegt, aber ich werde zurückkehren«, brüllte er mit kreischender Stimme. Im nächsten Augenblick fingen seine Kleider Feuer. Michel sah, wie die Flammen das Gesicht des Mannes verschlangen und sein Fleisch wie Wachs dahinschmolz. »Ich komme wieder! Ich komme wieder!«, brüllte er immer noch. Nur noch die Augen waren von seinem Gesicht übrig geblieben, rot glühend wie die drei roten Sonnen am Himmel darüber.

Plötzlich brach das aufgeregte Geflüster des Dämons im Halbdunkel ab.

»Monsieur de Notredame! Monsieur de Notredame!«

Michel erwachte, schlug die Augen auf und sah Valeriola, der sich mit besorgter Miene über ihn beugte und ihm behutsam mit einem Tuch über Mund und Kinn wischte. Wie erstarrt lag Michel auf dem Bett, während um ihn her die Dienerschaft damit beschäftigt war, die Einrichtung, die durcheinandergeworfen umherlag, wieder in ihre Ordnung zu bringen.

Valeriola schien erleichtert.

»Dem Himmel sei Dank, Ihr könnt mich hören«, murmelte er, um dann in tadelndem Ton hinzuzufügen: »Ihr habt mir verschwiegen, dass Ihr an Epilepsie leidet. Ich hätte Euch doch behandeln können. Oder hat Euer Anfall vielleicht doch etwas mit dem Aufguss zu tun, den Ihr unbedingt trinken wolltet?«

Michel empfand die Situation als zutiefst beschämend, besonders wegen des Speichels, der ihm noch in den Bart lief. Als er endlich sprechen konnte, bemühte er sich folglich, seinen erbärmlichen Zustand ein wenig aufzuwerten:

»Es ging mir darum, im Selbstversuch ein neues Medikament auszuprobieren. Ich wollte es nicht verschreiben, ohne die genaue Wirkung zu kennen.«

»Das ist sicher sehr lobenswert, dennoch muss ich Euch tadeln«, entgegnete Valeriola väterlich. »Ich hatte Euch vor der Wirkung des Bilsenkrautes gewarnt. Und vom Habichtskraut weiß man ja, dass es die Speichelproduktion anregt. Das Resultat seht Ihr an Euch selbst. Ihr wolltet ein neues Medikament ausprobieren und habt stattdessen einen Zaubertrank angerührt, der epileptische Anfälle hervorruft.«

»Ihr habt Recht«, pflichtete ihm Michel kleinlaut bei.

Tatsächlich verlangte es ihn nur danach, endlich allein zu bleiben. Er hatte jetzt die Gewissheit, dass hinter Jumelles Brief Diego Molinas steckte. Dieses Ungeheuer, das ihm schon seit Jahren keine Ruhe ließ und das er für den Tod seiner Frau und seiner Kinder verantwortlich machte, befand sich offenbar wieder auf freiem Fuß. Und schlimmer noch, er war ihm schon wieder auf der Spur.

Aber er würde ihm nicht in die Falle gehen. Jumelles wohlgeformter Leib war eine Verlockung, hinter der sich ein vielleicht tödlicher Abgrund öffnete. Er wartete, bis Valeriola und die Dienerschaft gegangen waren, und machte sich dann eilig daran, wieder einmal sein Bündel zu schnüren. Er suchte nur das Allernötigste zusammen und stand schon eine Stunde später im Laden seines Gastgebers, perfekt gekleidet, mit dem Sack auf dem Rücken und einem Stock in der Hand. »Ich verlasse Euch«, erklärte er unumwunden.

Valeriola blickte ihn verständnislos an.

»Ihr wollt mich auf den Arm nehmen?«

»Nein, keineswegs. Es ist mein Ernst. Ich bin schließlich ein Wanderarzt und möchte mich nicht zu lange an einem Ort aufhalten.«

»Ich verstehe. Oder besser, ich verstehe Euch nicht, aber das ändert wohl nichts an Eurer Entscheidung.« Valeriola legte das Buch zur Seite, in dem er gelesen hatte, und zog die Schublade vor ihm auf. »Steht Eure plötzliche Entscheidung in Zusammenhang mit dem Anfall von vorhin? Wenn ja, so sollt Ihr wissen, dass mir klar ist, dass Ihr kein Epileptiker seid. Ich dachte, das hätte ich durchblicken lassen.«

»Die Epilepsie hat damit nichts zu tun. Ich habe einfach das Gefühl, wieder auf Reisen gehen zu müssen. Ich habe meine Gründe. Bitte, versucht nicht, mich aufzuhalten.«

»Nein, seid unbesorgt. Das werde ich nicht.« Valeriola kramte in der Schublade und holte einen Beutel hervor. Er öffnete ihn und blickte hinein. »Hier ist ein wenig Geld. Mehr habe ich im Moment nicht da. Nehmt es. Eure Hilfe hat mir viel bedeutet, ebenso wie Eure Freundschaft.«

Michels Augen wurden ein wenig feucht.

»Nein, das kann ich nicht annehmen. Eigentlich müsste ich Euch die vielen wertvollen Ratschläge entgelten, die ich von Euch erhalten habe.«

»Ich bitte Euch, nehmt meine Gabe im Namen unserer Freundschaft an.« Valeriola befestigte den Beutel an Michels Gürtel, der sich nicht dagegen wehrte.

»Wohin wollt Ihr denn jetzt?«

»Ich werde die Rhone abwärts wandern und überall dort bleiben, wo man meine Hilfe brauchen kann.«

»Wenn Ihr nach Vienne zurückkehrt, so denkt daran, dass dort meine guten Freunde Jérôme Monti und François Marius wohnen. Und wenn Ihr gar nach Marseille gelangt, so müsst Ihr dort unbedingt Loys Serre aufsuchen. Einen weiteren Arzt von seinem Format werdet Ihr in ganz Frankreich kaum finden.«

»Ich werde daran denken.« Michel trat auf die Tür zu, doch Valeriola sprang auf, stellte sich ihm in den Weg und legte ihm die Hände auf die Schultern.

»Monsieur de Notredame, drei Dinge, die ich Euch noch auf

den Weg geben möchte, solltet Ihr niemals vergessen. Erstens: Es kann sehr befriedigend sein, eine hohe Persönlichkeit bei Hofe, wie Katharina von Medici, zu behandeln, aber auch sehr gefährlich.«

Verlegen beugte Michel das Haupt.

»Ich werde es nicht vergessen.«

»Zweitens. In unserem Jahrhundert gibt es nur eine Krankheit, die uns tatsächlich das Fürchten lehrt: die Pest. Beschäftigt Euch eingehend mit ihr, studiert und erforscht sie, wo immer Ihr sie trefft. Wollt Ihr das tun?«

»Ja«, beteuerte Michel aufrichtig.

»Drittens: Für einen Mann, der sich mit den okkulten Wissenschaften auskennt, eröffnen sich in der heutigen Zeit zahllose Verdienstmöglichkeiten. Wendet Euer Wissen nutzbringend an, bereichert die Ausübung der ärztlichen Kunst durch Magie und Wahrsagungen, und Ihr werdet bald ein reicher, angesehener Mann sein. Von meinen drei Ratschlägen könnte dieser der wichtigste sein. Denkt darüber nach.«

Diesmal antwortete Michel nicht. Er machte sich von Valeriola los und verbeugte sich noch einmal mit einem herzlichen Lächeln. Dann drehte er sich um und trat auf die Straße. Das gleißende Licht, das ihm in den Augen wehtat, schien von drei gleichzeitig scheinenden Sonnen zu kommen. Mühsam unterdrückte er den Schrei, der ihm beinah über die Lippen kam.

# Die Windungen der Schlange

Es hatte aufgehört zu regnen, doch der Himmel war noch wolkenverhangen, und die Kanäle, die der Länge nach die Pariser Straßen durchschnitten, quollen über vor Dreckwasser. Der Gestank, den sie verbreiteten, war das Erkennungszeichen der französischen Hauptstadt, und der Unrat, der sich in ihnen sammelte, der Beweis dafür, wie übervölkert sie war.

Die Kutsche wartete vor dem Wohnhaus gegenüber der alten Ziegelbrennerei, die von den Parisern »Tuileries« genannt wurde. Die Dienerschaft hatte schon eine große Reisetruhe aufgeladen und war nun damit beschäftigt, eine Reihe von Taschen, Hutschachteln und Kisten auf dem Dach zu verstauen. Erst als die Ladung sicher befestigt und mit einem Wachstuch überspannt war, traten Vico de' Nobili und Spagnoletto Nicolini aus der Vorhalle des Gebäudes. Zwischen sich auf den Armen trugen sie den bedauernswerten Monsieur Jean Beaulme, der nur mit einem leichten Hemd bekleidet war und eine große Nachthaube auf dem Kopf trug. Wie gewohnt brabbelte der Alte irgendetwas vor sich hin und ließ den Blick seiner gelben Augen unruhig umherwandern. Weniger behutsam als die Reisetruhe wurde er auf die Bank in der Kutsche gesetzt.

Nun traten auch Lorenzino und Annie Ponsarde Arm in Arm auf die Straße, und hinter ihnen Molinas. Die Frau trug einen pelzgefütterten langen Mantel und einen mit Brokatbändern verzierten Hut auf ihrem blond gefärbten, von einem Goldnetz kunstvoll zusammengehaltenen Haar. Ihre Augen wirkten feucht. An der Kutsche angekommen, half ihr Lorenzino hinein.

»Muss das wirklich sein?«, flüsterte sie.

Das Gesicht des Jünglings wirkte erschöpft und gezeichnet.

»Du weißt selbst, dass es unumgänglich ist. Bei mir schwebst du in ständiger Lebensgefahr.«

Sie beugte sich vor, um ihm noch einen leidenschaftlichen Kuss zu geben, doch er hielt seine Lippen geschlossen und ließ nur eine kurze, flüchtige Berührung zu. Jetzt trat Molinas zwischen sie. »Signor Lorenzo, ich würde gern noch mit der Dame einige Worte unter vier Augen wechseln. In meiner Eigenschaft als Arzt.«

Lorenzino zuckte mit den Achseln. »Aber ja, gewiss, Monsieur de Notredame. Doch zieht es nicht unnötig in die Länge, denn Ihr wisst ja, dass Guillaume Postel uns erwartet.« Während er sich, gefolgt von seinen Männern, unter das Vordach zurückzog, das ein wenig Schutz vor dem nasskalten Wind bot, nahte ein zweites Gefährt heran.

Molinas fasste die Frau unter und führte sie einige Schritte von der Kutsche weg, wo sie niemand mehr hören konnte. »Ihr weint ja, Jumelle. Ihr habt Euch doch nicht etwa ernsthaft in Lorenzino verliebt?«

Jumelle zog die Nase hoch. »Nein, gewiss nicht. Ich weine, weil ich nun wieder allein mit dem alten Sack leben muss, den Ihr mich heiraten ließet.«

»Seid unbesorgt, der macht es nicht mehr lange.«

»Das sagt Ihr schon seit Jahren.«

Molinas lachte kurz auf. »Aber dieses Jahr ist es wirklich soweit. Habt Ihr nicht gehört, dass am 14. Februar in Avignon drei Sonnen am Himmel gesehen wurden? Ein sicheres Zeichen des Todes für alle Kranken und Schwachen.«

»Doch, ich habe davon gehört. Ich fürchte jedoch, es wird ein Zeichen des Todes für uns alle sein.« Jumelles Augen, in denen die Tränen getrocknet waren, blitzten spöttisch auf. »Monsieur Molinas, vielleicht habt Ihr Euch zu sehr an Eure Rolle als Michel de Notredame gewöhnt. Ihr redet schon ganz wie er.«

Der Spanier machte eine ärgerliche Geste.

»Lasst das nur meine Sorge sein. Doch Euch kann ich versprechen, dass Ihr bald schon eine reiche Witwe sein werdet. Vergesst nur nie, wem Ihr Euer Glück zu verdanken habt. Niemals!«

»Ich habe ein gutes Gedächtnis«, erklärte Jumelle mit einem Augenzwinkern. »Wann immer Ihr jenen Teil von mir zu sehen wünscht, der Euch so gefällt, braucht Ihr mich nur aufzusuchen.«

Die Anspielung auf seine einzige Schwäche, der er in letzter Zeit wieder häufiger erlegen war, brachte Molinas in Wallung. »Ich habe Euch für Notredame vorgesehen. Vergesst das nicht.«

»Pssst, mein Freund, Ihr solltet nicht so aufbrausen, man könnte uns hören.« Jumelle blickte sich um, und fuhr dann im selben spöttischen Tonfall fort. »Ich werde auf Michel warten, wie Ihr es verlangt. Ich hoffe nur, dass mir die Zeit nicht zu lange wird.«

»Keine Sorge, es wird nicht mehr lange dauern. Schon heute ist Euer Gatte mehr tot als lebendig. Doch nun kommt, Ihr müsst los.«

Er schob Jumelle in die Kutsche, schloss den Schlag und gab dem Kutscher ein Zeichen. Durch das Fenster winkte ihm die Frau zum Abschied noch einmal zu, hauchte dann einen schmachtenden Kuss in Richtung Lorenzino, und wurde gleich darauf von der Bewegung der anfahrenden Kutsche zurückgerissen.

Nun fuhr die andere Kutsche vor. Molinas ließ Lorenzino, Vico, Spagnoletto und dem Mohren den Vortritt, und stieg dann selber ein.

Lorenzino rief dem Kutscher eine Adresse zu und ließ sich dann auf die Bank zurückfallen. »Nun, da Beaulme abgereist ist, habe ich kein zu Hause mehr.«

»Warum kehrt Ihr nicht in das Kolleg zurück, wo Ihr vorher gewohnt habt?«, fragte Molinas.

»Ach, mir ist nicht danach, dieses Leben unter den vielen Studenten wieder aufzunehmen.«

»Vielleicht hattet Ihr es zu eilig, Anne und ihren Gatten los zu werden.«

»Ich hatte doch keine andere Wahl«, erwiderte Lorenzino, gereizt. »Monsieur de Notredame, es ist jetzt schon eine ganze Weile her, dass ich Euch die Wahrheit über mich erzählt habe. Aber offensichtlich habt Ihr immer noch nicht verstanden, was es heißt, Lorenzo de' Medici zu sein, jener Mann, der Alessandro, den Tyrannen von Florenz getötet hat. Sein Nachfolger Cosimo hat eine Belohnung von hundert Aspri auf meinen Kopf ausgesetzt. Mit anderen Worten, ich bin vogelfrei.«

Molinas nickte. »Ich verstehe. Aber immerhin genießt Ihr den Schutz Eurer Base Katharina. Und, was noch wichtiger ist, den des Königs von Frankreich und seiner Gattin Marguerite von Navarra.«

»Glaubt Ihr im Ernst, bei dieser hohen Summe ließe sich ein Meuchelmörder so leicht abschrecken? Hätte Franz I. mich an seinem Hof behalten, lägen die Dinge anders, aber auf die Dauer bin ich auch für ihn unbequem ... Vico, wie hieß noch mal dieser Kerl in Lyon?«

Der Leibwächter legte die Stirn in Falten.

»Wartet ... der hieß ..., der hieß ... Cecchino, glaube ich, Cecchino della Bibbona.«

»Richtig. Cecchino della Bibbona, früherer Condottiere wer weiß welchen Heeres. Er ist der vierte oder fünfte Attentäter, dem wir gerade noch rechtzeitig auf die Schliche gekommen sind.« Lorenzo blickte Molinas eindringlich an. »Versteht Ihr, Monsieur de Notredame? Wären meine Freunde in Lyon nicht so wachsam gewesen, wäre dieser Cecchino schon hier und würde nur auf den passenden Moment warten, um mir den Todesstoß zu versetzen.«

»Ihr habt den Mann hoffentlich ergreifen lassen?«

»Ja, das haben meine Freunde besorgt. Aber leider ist er schon wieder auf freiem Fuß. Die Richter hatten keine Beweise gegen ihn, so heißt es. Vielleicht muss ich dem Attentäter sogar noch ein Entschuldigungsschreiben schicken.« Lorenzino seufzte. »Nein, nein, ich bin in höchster Gefahr. Das ist auch der Grund, warum ich mich von Anne getrennt habe. Sie mag eine Hure sein und mich nie geliebt haben, aber sie hat es nicht verdient, in meine Schwierigkeiten hineingezogen zu werden. Und ihr Gatte, der kranke brabbelnde Alte, auch nicht. Der hat noch am wenigsten mit der ganzen Sache zu tun.«

Spagnoletto kratzte sich zwischen seinen geölten Zöpfen.

»Ja, dieses Jahr 1541 geht unter den denkbar schlechtesten Vorzeichen zu Ende.«

»Du sagst es, mein Freund. Noch vor Einbruch des Winters werde ich aus Paris abreisen müssen. Hier werde ich von zu vielen Augen bespitzelt.«

Währenddessen hatte die Kutsche die Häuser des Viertels ums Châtelet herum erreicht, das unter dem wolkenverhangenen Himmel noch trostloser wirkte. Ein widerlicher Gestank stieg von diesen Pfahlbauten auf, die labyrinthische Konglomerate bildeten. Nur jemand, der hier lebte, hätte ein anständiges Haus von einem Freudenhaus, und ein Freudenhaus von einer jener Tavernen unterscheiden können, in die man nur nach Flüstern eines Kennwortes Einlass fand. Doch im Moment war von der gestrandeten menschlichen Fauna, die in jenen Gassen hauste, fast nichts zu sehen. Der Abend war noch weit entfernt, und mehrere Razzien in letzter Zeit ließen es vielen ratsam erscheinen, sich nicht bei – wenn auch heute trübem – Tageslicht blicken zu lassen.

Als sie schon ganz in der Nähe des Judenhauses waren, fragte Molinas. »Wisst Ihr eigentlich, warum Postel Euch sprechen will?«

»Er will nicht mich, sondern Euch sprechen.«

Molinas zuckte zusammen. Wusste Postel vielleicht schon, was seine Freunde erwartete? Nein, ausgeschlossen. Der Kabbalist konnte unmöglich über die diplomatischen Spielchen unterrichtet sein, die nach dem äußerst brüchigen Frieden zwischen König Franz I. und Kaiser Karl V. auf allerhöchster Ebene gespielt wurden. Gerade die Brüchigkeit dieses Friedens hatte Molinas dazu veranlasst, rasch zu handeln. Der Streit um Mailand ließ im Verhältnis zwischen den beiden Herrschern auch weiterhin keine wirkliche Entspannung zu. Von einem Tag auf den anderen konnte der Krieg erneut aufflammen.

Vor dem seltsamen übereinander geschichteten Gebäude angekommen, stieg Lorenzino als Erster aus der Kutsche, wobei er nur mit knapper Not einer breiten Schlammpfütze ausweichen konnte. Dennoch bespritzte er sich seine feinen Stiefel und den eleganten Mantelsaum aus Fuchspelz. Als sie alle vor dem Haus standen, wies er den Mohren an: »Du kommst mit mir und Monsieur de Notredame.« Für die anderen deutete er auf die Haustür: »Und ihr beiden, Vico und Spagnoletto, haltet hier Wache. Bei dem leisesten verdächtigen Geräusch gebt ihr uns Bescheid.«

Wie schon beim letzten Mal steckten, als sie das Gebäude betraten, zahlreiche, schwarz gekleidete, bärtige Männer beunruhigt ihre Köpfe aus den Türen. Ohne ihnen Beachtung zu schenken, stiegen Lorenzino, Molinas und der Schwarze über Treppchen, Stege und Galerien, die sich über ausgestorbenen Innenhöfen erhoben, bis zum obersten Stockwerk hinauf. Als Postel die Männer in sein Arbeitszimmer treten sah, schlug er augenblicklich das Buch zu, in dem er gelesen hatte, stand auf und zeigte, ohne jede Vorrede, mit dem Zeigefinger anklagend auf Molinas.

»Ihr… Ihr… Ihr seid mir eine Erklärung schuldig! Und ich hoffe für Euch, dass sie einleuchtend sein möge, sonst…« Er war dermaßen aufgebracht, dass er kaum noch sprechen konnte.

»Was habt Ihr? Was soll mein Freund denn getan haben?« schaltete sich Lorenzino ein.

»Was er getan hat? Er hat mich zum Narren gemacht. Er hat meine Stellung bei Hofe zerstört, vielleicht für immer.«

Postels sonst würdevollen, gefassten Gesichtszüge waren verzerrt. In seinen Pupillen stand ein irres Glänzen, so als habe die erlittene Kränkung seinen Verstand angegriffen.

Molinas war vollkommen verwirrt und überließ es gerne Lorenzino, weiter nach den Gründen für Postels unverständliches Gebaren zu forschen. »Nun, wollt Ihr uns nicht endlich sagen, was geschehen ist?«

»Dieser Mann«, schrie Postel, während ihm ein wenig Speichel vor den Mund trat, »hatte versprochen, die Gattin des Thronfolgers von ihrer Unfruchtbarkeit zu heilen. Monatelang war ich sein Vermittler bei Hofe und habe Katharina von Medici zu den Anwendungen geraten, die mir dieser Scharlatan hier vorgab. Unvorstellbare Schweinereien allesamt – Regenwurmragout, Kuhscheiße, Eselspisse… Bis hin zu der unglaublichsten Narretei, dem Rat, sich Froschgebeine in die Kleider zu nähen und Wildschweinhoden um den Hals zu tragen.«

Mit einem Male war Molinas alles klar. Seitdem er sich für Notredame ausgab, war er gezwungen, sich stets aufs Neue fruchtbarkeitssteigernde Anwendungen für die Thronfolgerin einfallen zu lassen, eine Materie, von der er absolut nichts verstand. Und so war er auf die Idee gekommen, ihr einfach Mittel zu verschreiben, die kein Mensch, der noch bei einigermaßen klarem Verstand war, jemals hinuntergeschluckt hätte. Und nun erfuhr er, dass sie ihn beim Wort genommen und tatsächlich, vielleicht aus Verzweiflung oder Angst, vom Hof verjagt zu werden, tatsächlich all die Schweinereien, die er verordnet hatte, zu sich genommen hatte…

Das Absurde war, dass ausgerechnet das letzte Mittel das Einzige war, das in der alchimistischen Literatur erwähnt wurde. »Froschgebeine und Wildschweinhoden sind schon in den Rezepten Isidors enthalten«, sagte er mit steifer Würde. »Nur noch ein wenig Geduld…«

»Geduld?« schrie Postel außer sich vor Zorn. »Der ganze Hof lacht über das arme Mädchen! Als Franz I. dieses Säckchen um ihren Hals sah und hörte, was es enthielt, konnte er sich kaum noch halten vor Lachen, während sich ihr Gatte Heinrich angewidert von ihr abwandte und sich mit seiner Geliebten Diane de Poitiers in seine Gemächer zurückzog. Nein, Monsieur de Notredame, Ihr seid weder ein Arzt noch ein Zauberer. Ihr seid ein Betrüger!«

Molinas jubelte innerlich. Gerade das hatte er ja bezweckt, als er sich im Namen Notredames auf Postels Vermittlerdienste bei Hofe einließ. Nun hatte sich Notredame vor dem König unmöglich gemacht und würde vielleicht sogar verhaftet und nach Spanien ausgeliefert werden. Und wenn es dazu käme, würde möglicherweise auch Ulrich von Mainz endlich seine Deckung verlassen, um seinem Schützling irgendwie zu Hilfe zu kommen. Molinas hatte wirklich nicht zu hoffen gewagt, so bald schon sein Ziel zu erreichen. Seine Freude darüber verbarg er nun unter einer betrübten Miene. »Monsieur Postel, Ihr tut mir Unrecht, Eure Vorwürfe entbehren jeder Grundlage.« Er wandte sich an Lorenzino. »Bitte übernehmt Ihr meine Verteidigung.«

Der junge Florentiner schien sich über die Situation eher zu amüsieren.

»Ich glaube, der Ärger unseres Gastgebers hat einen Hintergrund, den er uns nur zu gerne verheimlichen möchte. Ich wette, er hat meiner Base Eure Rezepte als seine eigenen angepriesen. Habe ich Recht, Monsieur Postel?«

Molinas zuckte zusammen. Wenn das stimmte, war sein Plan reine Zeitverschwendung gewesen. Er bemerkte die furchtbare Verlegenheit, in die der Mann plötzlich geriet und die nur durch den Wahnsinn gemildert wurde, der aus jedem Zug seines Gesichts hervorblickte. Molinas wurde bewusst, wie dumm und einfältig er gewesen war, auf die Berechenbarkeit eines ehrgeizigen Wahnsinnigen zu bauen. Zum Glück blieb noch sein zweiter, längerfristiger Plan, in dem Jumelle die Hauptrolle spielte. Doch das änderte nichts daran, dass er einen schweren Fehler gemacht hatte.

Die beklemmende Stille, die nun den Raum erfüllte, wurde plötzlich durch hastige Schritte auf der Treppe zerrissen. Im nächsten Moment stürmte Spagnoletto herein und rief aufgeregt seinem Herrn zu: »Signore, unten auf der Straße zieht eine berittene Kompanie heran. Scheint sich um die Compagnie de l'Isle zu handeln.«

»Und?«

»Mit den Offizieren reitet ein Geistlicher. Hoffentlich täusche ich mich, aber er sieht dem Bischof Tornabuoni zum Verwechseln ähnlich.«

Lorenzino stieß einen Schrei aus und stürzte aus dem Raum, gefolgt von Spagnoletto und dem Mohren. Molinas hingegen brauchte eine Weile, bis er das Zittern, das seine Beine befallen hatte, im Griff hatte. Er wusste nur zu gut, warum Bischof Alfonso Tornabuoni da Saluzzo, der in Paris sowohl die Interessen Karls V. als auch Cosimo de' Medicis vertrat, gekommen war. Doch hatte er nicht erwartet, dass er einen solch ungünstigen Zeitpunkt erwischen würde. Offensichtlich meinte es das Schicksal zurzeit nicht sehr gut mit ihm, aber dagegen war nichts zu machen.

Ohne Postel, der mit entrückter Miene wie in Trance dastand, noch eines Blickes zu würdigen, stürmte Molinas, kaum dass er sich wieder sicher auf den Beinen fühlte, aus dem Raum und hastete durch das Labyrinth aus Treppchen, Stegen und Korridoren zum Ausgang hinunter. Nur einen Augenblick zu spät erreichte er die Straße. Lorenzinos Kutsche war schon angefahren, aber der junge Florentiner hielt den Schlag offen und wartete, dass der Spanier hineinspringen würde. Doch bei Molinas war schon Bischof Tornabuoni, umringt von berittenen Soldaten.

Der hohe Geistliche lächelte ihm von seinem grauen Pferd herunter freundschaftlich zu.

»Señor Molinas«, rief er mit tiefer Stimme aus. »Nun ist der Moment gekommen, auf den Ihr so emsig hingearbeitet habt. Aus Rücksicht auf den Friedensvertrag mit dem Kaiser hat König Franz endlich seine Zustimmung erteilt. Gleich werden wir die Judenbande aufscheuchen, die sich in diesem Bau verkrochen hat und ihre Deportation nach Spanien in die Wege leiten.« Dann fügte er in vertraulichem Ton hinzu: »Hier konnte sich niemand mehr an das Breve von Papst Innozenz VIII. aus dem Jahre 1487 erinnern, in dem er alle Fürsten Europas aufgefordert hat, alle Flüchtigen der spanischen Inquisition zu überstellen. Ihr habt es wirklich im günstigsten Moment wieder in Erinnerung gebracht.«

Aus den Augenwinkeln sah Molinas, wie die Kutsche geschlossen wurde und in wilder Hatz davonfuhr. Zorn kochte in ihm hoch. Er packte das Pferd des Bischofs bei den Zügeln und fuhr den Geistlichen an:

»Monsignore, ich hatte Euch gebeten, auf mein Signal zu warten! Wisst Ihr, wer in dieser Kutsche sitzt? Lorenzino de' Medici!«

Tornabuoni legte die Stirn in Falten. »Im Ernst?« Doch sogleich entspannten sich seine Gesichtszüge wieder. »Nun, das ist ärgerlich. Aber hier hätte ich ihn ohnehin nicht ergreifen können. Ach, den werde ich schon wieder aufspüren. Doch nun habe ich Wichtigeres zu tun.«

Ein Hauptmann der Compagnie de l'Isle ritt neben den geistlichen Herrn. »Monsignore, bitte erlaubt mir nun, den Befehl meines Königs auch auszuführen. Jede Verzögerung kann den Überraschungsmoment zunichte machen. Diese Rattenlöcher haben unzählige Ausgänge.«

»Nur zu.«

Die Soldaten saßen ab, zogen die Degen und stürmten das Gebäude. Man hörte Geschrei, das sich rasch bis zu den oberen Stockwerken fortpflanzte. Männer mit langen Bärten versuchten umringt von Frauen und Kindern auf die Straße zu gelangen, wurden aber zurückgedrängt. Andere suchten, über die Treppchen und Stege hastend, einen Fluchtweg über die Dächer.

Molinas war nicht danach, dem Schauspiel beizuwohnen. Er wandte sich zum Gehen und stapfte dabei aus Versehen in das breite Schlammloch vor dem Haus, während ihm durch den Kopf ging, dass er nun keinen Ort mehr hatte, an den er sich zurückziehen konnte. Aber im Grunde war ihm das im Moment völlig gleich. All seine Gedanken waren darauf gerichtet, wie er sich wegen der zahlreichen Fehler, die ihm unterlaufen waren, angemessen bestrafen könnte.

Bischof Tornabuoni, der vom Pferd gestiegen war, lief ihm nach und packte ihn am Umhang.

»Señor Molinas, wo wollt Ihr denn hin? Bei Lorenzino könnt

Ihr Euch nicht mehr sehen lassen. Habt Ihr eine andere Unterkunft in Paris?«

»Nein.«

»Dann seid Ihr mein Gast. Ich möchte Euch auch mit einer Dame bekannt machen, die Euch sehr nützlich sein kann. Als Gegenleistung für das, was Ihr für den Kaiser getan habt.«

»Ich diene nicht dem Kaiser, sondern allein der spanischen Inquisition.«

»Das ist doch fast dasselbe. Bevor ich losschlug, habe ich mich schriftlich an Euren sechsten Inquisitor, seine Eminenz Juan Pardo de Tavera, gewandt. Er hat mir gleich sehr freundlich und dankend geantwortet, dass er Eure Arbeit sehr schätzt und schon auf die Deportierten wartet.« In diesem Moment kamen die ersten Soldaten mit den gefangenen Juden auf die Straße. Tornabuoni schüttelte den Kopf. »Seht, das ist vielleicht das erste und das letzte Mal, dass wir einem solchen Schauspiel beiwohnen können. Ich bezweifle sehr, dass Franz I. in Zukunft noch einmal bereit sein wird, Flüchtlinge an Karl V. auszuliefern. Die beiden hassen sich immer noch bis aufs Blut.«

Intensiv in die Gedanken an seine Selbstbestrafung versunken, sah Molinas weder, was auf der Straße vor sich ging, noch hörte er das Wehklagen, das sich aus den Reihen der Gefangenen erhob. Für einen Augenblick riss er sich davon los und erklärte:

»Monsignore, ich nehme das Angebot, in Eurem Palast zu logieren, gerne an. Machen wir uns doch gleich auf den Weg.«

Tornabuoni nickte, wenn auch ein wenig zögerlich.

»Sicher, wie Ihr wollt. Ich lasse sogleich eine Kutsche kommen. Ich habe nur ein Pferd, und zu Fuß können wir uns nicht durch das Viertel wagen.«

Tatsächlich dauerte es eine geschlagene Stunde, bis die Kutsche endlich eintraf. So kam Molinas doch nicht umhin mitanzusehen, wie das Gebäude von den Soldaten geräumt wurde, und eine Schar vor allem alter Männer, aber auch Frauen und Kinder, zwischen zwei Reihen von Reitern weggetrieben wurde.

Postel entging seiner Festnahme. Mit einigen Büchern unter dem Arm kam er aus dem Haus gerannt, blickte sich mit seinen stechenden Augen um und verschwand in einer Gasse. Dabei verlor er einige Handschriften, schien dem aber keine Beachtung zu schenken.

Endlich konnte Molinas dem Bischof gegenüber in der Kutsche Platz nehmen. Während sie über das Pflaster holperten, musterte er mit gesenkten Lidern das Gesicht des Geistlichen, das rundlich, aber nicht aufgedunsen war, seine blauen Augen und die hohe Stirn. Und er entdeckte dabei die Spuren einer ausgeprägten, nicht notwendigerweise auf das Gute gerichteten Intelligenz. So waren auch seine Lippen schmal, die Zähne spitz und seine Haut von undefinierbarer Farbe und fleckig. Aber konnte man aus solchen Äußerlichkeiten gesicherte Schlussfolgerungen ziehen?

Irgendwann brach Molinas das Schweigen, indem er fragte:

»Monsignore, könnt Ihr mir mehr über die Dame erzählen, mit der Ihr mich bekannt machen wollt? Und auf welche Weise könnte sie mir nützlich sein?«

Statt einer Antwort verzog Tornabuoni seine Lippen nur zu einem verschlagenen Lächeln. »Mein Freund«, sagte er dann, »wisst Ihr denn nicht, dass es für viele Zwecke kein geeigneteres Werkzeug gibt als eine Frau? Frauen sind eitle Geschöpfe, impulsiv, unzuverlässig und emotional wie kleine Kinder. Doch genau wie kleine Kinder sind sie auch formbar – in den richtigen Händen.«

Molinas lachte höhnisch auf.

»Interessant. Darauf wäre ich nie gekommen.«

»Man darf nur nie vergessen, sie fest am Zügel zu halten, wie ungebärdige Pferde, die nur auf das Zaumzeug und die Peitsche reagieren. Die Frau, mit der ich Euch bekannt machen will, war einmal stark und mächtig, bis sie eines Tages Opfer ihres eigenen exzessiven Machtstrebens wurde. Unser Papst Paul III. hat sie exkommuniziert und ihre Lebensgrundlage vernichtet. Die Frau liegt am Boden. Cosimo de' Medici hat sie mir nach Frankreich geschickt. Denn er weiß auch, dass sie alles tun würde, um wieder in den Schoß der Mutter Kirche aufgenommen zu werden.«

Molinas zog eine Augenbraue hoch.

»Ihr beherbergt eine Exkommunizierte?«

Tornabuoni brach in schallendes Gelächter aus.

»Nein, sagen wir lieber, ich halte mir eine Sklavin. Caterina Cybo-Varano, einst stolze Herzogin von Camerino, ist heute eine erniedrigte Frau. Eine Frau, die Wachs in meinen Händen ist, die alles tun würde, um Vergebung zu erlangen, die ihr auf ewig versagt bleiben wird…«

»Was habt Ihr mit ihr vor?«

»Habt Ihr das noch nicht verstanden? Ich will sie Euch schenken. Ihr werdet sehen, Ihr werdet sie brauchen können. Sie ist intelligent. Aber vor allem ist sie eine Frau.«

# Die okkulten Zahlen

Marseille zählte zu den ersten Städten, wo im heißen Sommer 1542 die Vorzeichen eines erneuten Krieges deutlich auszumachen waren. Schon seit Januar hatte man erleben können, wie das Friedensabkommen zwischen Franz I. und Karl V., das formell noch in Kraft war, immer wieder verletzt wurde. Als im Marseiller Hafen ein Schiff anlegte, das der Vernichtung der kaiserlichen Flotte vor Algier entkommen war, weigerte sich das Stadtparlament die beiden an Bord befindlichen italienischen Cavalieri, Marzio Colonna und Cornelo Marsili, zu empfangen. Schlimmer noch erging es den teils erheblich beschädigten und von rangniederen Offizieren kommandierten Schiffen, die in den darauf folgenden Tagen und Wochen im Hafen von Marseille einliefen. Zwei Schiffen wurde untersagt, vor Anker zu gehen, bei anderen waren die Mannschaften in der Stadt wie ein Haufen Pestkranker gemieden worden. In den Tavernen im Hafen schlug man den Matrosen die Tür vor der Nase zu, selbst die Huren ließen sie abblitzen. Ein Soldat der Kaiserlichen wurde sogar in einer dunklen Ecke von einer Schar Gassenjungen zu Tode geprügelt.

Gewiss, Marseille leckte sich noch die Wunden, die die lange Belagerung sechs Jahre zuvor geschlagen hatte. Doch das Verhalten der Stadtherrn wäre mit Sicherheit weniger feindselig gewesen, hätten sie nicht auf genaue, noch geheim gehaltene Order des Königs gehandelt. Ein Blick auf den Hafen in den ersten Julitagen genügte, um sich darüber klar zu werden, dass ein neuer Krieg gegen das Habsburger Reich bevorstand. Türkische Feluken lagen wie selbstverständlich neben christlichen Karavellen vor Anker, von denen keine Einzige die kaiserliche Flagge gehisst hatte.

Vom Marseiller Krankenhaus aus, wo Michel Dienst tat, konnte er zwar den gesamten Ankerplatz überblicken, aber er war sicher nicht daran interessiert, die Zeichen einer politischen Krise zu entdecken. Nichts lag ihm im Moment ferner, während er einer Patientin, die bäuchlings auf einem der zahlreichen Strohlager in dem Krankensaal lag, gerade ein Klistier gab. Eher schon wandte er seine Aufmerksamkeit Loys Serre zu, dem Arzt, der ihn als seinen Mitarbeiter bei sich aufgenommen hatte. »Seht, Monsieur de Notredame«, sagte dieser jetzt, »in unserer leidgeprüften Stadt Marseille richten auch die Apotheker viel Unheil an. Ich weiß, dass auch Ihr lange zu diesem Berufsstand zähltet, doch ich kann Euch versichern, dass Pharmazeuten hier einen denkbar schlechten Ruf genießen.«

»Das weiß ich. Nur der Grund ist mir ein Rätsel«, sagte Michel, während er die gelbliche, wässrige Substanz betrachtete, die jetzt langsam in eine Schüssel lief. »Ich komme ja aus einer alten Apothekerfamilie, und eben daran wäre beinahe meine Immatrikulation an der Universität von Montpellier gescheitert. Aber wieso eigentlich?«

»Das kann ich Euch sagen.« Loys Serre bückte sich und wischte mit einem Lappen das Hinterteil der Patientin sauber und zog ihr dann das Hemd hinunter. Mit einem freundlichen Klaps auf den Rücken forderte er sie auf, sich umzudrehen. »Seht, hier bei uns kann man die Pharmazeuten in verschiedene Kategorien einteilen. Da gibt es einmal die ganz Armen, die sich noch nicht einmal alle notwendigen Substanzen für ihre Medikamente leisten können. Dann die Wohlhabenden, aber Geizigen, die aus Angst, nicht ausreichend bezahlt zu werden, nur die Hälfte oder zwei Drittel der notwendigen Zutaten zu einem Medikament beigeben. Schließlich noch die Schar der vollkommen unfähigen Apotheker, sowie jene, die unter unhygienischen Verhältnissen in feuchten oder dreckigen Läden arbeiten. Seht Ihr nun, welch unschönes Bild sich da ergibt?«

Trotz der Achtung, die Michel Loys Serre entgegenbrachte, stießen ihm diese Bemerkungen sauer auf. »Das mag vielleicht für

Marseille zutreffen, aber in anderen Städten ergibt sich ein anderes Bild«, entgegnete er, während er einem Helfer die Schüssel mit dem stinkenden Inhalt reichte. »In Valence habe ich bei einem Apotheker gearbeitet, der die Gewissenhaftigkeit in Person war, in Vienne habe ich François Marius kennen gelernt, einen jungen Mann, der …«

»Zugegeben, aber das sind auch nur kleine Städte«, unterbrach ihn Serre, während er sich in einer Schüssel vor dem Fenster die Hände wusch. »In den großen Städten ist alles anders, da können sich die Ehrlichen und Fähigen kaum gegen die schlechten Angewohnheiten der Mehrheit durchsetzen. Es gibt so viele Missstände hier. Seht Euch doch mal um. Sieht so ein Krankenhaus aus? Nein, eher schon ein Schlachthaus.«

Michel ließ seinen Blick durch den großen Saal mit dem niedrigen, spinnwebenverhangenen Gewölbe schweifen. Gewiss, das war kein schönes Bild. Auf den kreuz und quer im Raum verteilten und vielfach auch zusammengeschobenen Strohlagern teilten Sterbende die verschmutzten Decken mit weniger schwer Erkrankten und teilweise sogar mit Frauen, die kurz vor der Entbindung standen. Ein widerlicher Gestank stieg von den Lagern auf, während zweibogige Fenster ohne Scheiben oder Klappläden einerseits für frische Luft sorgten, andererseits aber auch die Bedingungen für die Lungenkranken erheblich verschlechterten.

»Aus meiner Erfahrung kann ich sagen, dass es in Frankreich wohl nirgendwo besser aussieht. Aber immerhin bekommen hier auch arme Patienten eine Behandlung, die sich sonst nur reiche leisten können.«

»Ja, das schon. Aber es bleibt noch so viel zu tun.« Serre wandte sich an die Patientin, der es nach dem Klistier nun deutlich besser ging. »Gute Frau, sucht Euch einen anderen Apotheker. Ich selbst werde mich bei den Stadtvätern dafür einsetzen, dass man Eurem jetzigen die rechte Hand abhackt, so wie einem Bäcker, der sein Mehl mit Gips verlängert. Eure Beschwerden kamen nur von den falschen Arzneien. Sonst seid Ihr kerngesund.«

Die Patientin murmelte etwas zum Dank, dem Serre keine Beachtung mehr schenkte. »Folgt mir ins Obergeschoss, Monsieur de Notredame. Ich habe da etwas für Euch.«

»Was denn?«, fragte Michel.

»Einen Brief. Er wurde heute bei mir zu Hause abgegeben. Ich wusste gar nicht, dass jemand Euren Aufenthaltsort kennt.«

»Das wusste ich auch nicht.«

Michel erschauderte. Immer wenn er dachte, seine Spuren verwischt zu haben, gelang es irgendjemandem, ihn dennoch aufzuspüren. Er hatte gehofft, im anonymen Marseille, jener großen, übervölkerten Stadt, ungestört untertauchen zu können. Aber anscheinend hatte er sich getäuscht. Ob Jumelle, von dem Spanier dazu verleitet, ihm erneut geschrieben hatte? Ihm brach der kalte Schweiß aus.

In Marseille führte er ein anständiges bürgerliches Leben, das es ihm gestattete, seine Schuldgefühle und das entsetzliche Erlebnis in der Kapelle von Bordeaux zu verdrängen. Endlich genoss er die Annehmlichkeiten, die mit der Position eines angesehenen, sesshaften Arztes verbunden waren, und musste sich nicht mehr als Wanderarzt oder Apotheker durchschlagen. Und ein renommierter Arzt stand in der gesellschaftlichen Pyramide ganz oben, nicht weit unter dem Adel. Die Aussicht, vielleicht doch wieder unten im Schlamm wühlen zu müssen, entsetzte ihn. Auch, weil er fürchtete, dass im Schlamm seine Obsessionen erneut zum Vorschein kommen könnten.

Serre führte ihn durch den Saal und dann über eine Wendeltreppe zum oberen Stockwerk hinauf. Hier lagen die ineinander übergehenden schmucklosen Behandlungsräume, in denen die Krankenhausärzte jene Patienten empfingen, die wenigstens zum Teil die Kosten für ihre Behandlung selbst tragen konnten.

In einem solchen, schlicht eingerichteten Raum ohne Wandbehänge nahm Serre jetzt Platz und holte einen mit zahlreichen Siegeln versehenen Umschlag hervor. »Ihr scheint hochrangige Freunde zu haben«, sagte er mit einem Lächeln. »Die Siegel sind jene der Krone, und die Absenderin ist Katharina von Medici. Ja, Ihr habt recht gehört, die Gattin des Dauphins.«

Michel war sprachlos. Mit zitternden Fingern nahm er den Umschlag entgegen und blickte ihn eine Weile an. »Das muss ein Irrtum sein«, murmelte er dann. »Ich kenne keine …« Während er sprach, kamen ihm wieder Valeriolas Anspielungen auf seine angeblichen Beziehungen zum Königshof in den Sinn. Das hatte er vollkommen vergessen. Er schluckte schwer und blickte wieder auf den Umschlag, der sein Glück, aber auch seinen Untergang enthalten konnte.

Serre, dem die Verstörung seines Kollegen nicht verborgen geblieben war, ging zur Tür, blieb aber auf der Schwelle noch einmal stehen. »Ich lasse Euch lieber allein. Lasst Euch nur Zeit mit dem Lesen. Und wenn Ihr zurückschreiben wollt, bei mir zu Hause findet Ihr Feder und Tinte. Wir sehen uns dann später.«

Auch als Serre gegangen war, zögerte Michel noch, den Brief zu öffnen. Schließlich gab er sich einen Ruck, erbrach die Siegel und zog den Brief aus dem Umschlag.

Die anfängliche Überraschung war nichts im Vergleich mit dem, was ihn beim Lesen überkam. Nach den üblichen, mit eleganter Handschrift zu Papier gebrachten, Einleitungsfloskeln, stand da:

*Durch die Hand der Schreiberin, der Herzogin Cybo-Varano, wünscht die Thronfolgerin Euch darüber zu unterrichten, dass sie zahlreiche Anstrengungen unternommen hat, um Euren Aufenthaltsort ausfindig zu machen. Sie erfuhr ihn schließlich durch Hieronymus Montuus aus Vienne, der zu den bei Hofe zugelassenen Ärzten zählt und seinerseits durch einen gewissen Doktor Francisco Valeriola aus Valence auf Eure Spuren stieß. Die Thronfolgerin wünscht, Euch darüber zu unterrichten, dass ein Mann namens Guillaume Postel über Monate hinweg versucht hat, sie zu betrügen, indem er Euren Namen missbrauchte und Medikamente verab-*

*reichte, die wie er sagte, von Euch hergestellt worden seien. Aber schließlich kam die ganze Wahrheit ans Tageslicht und der Betrüger konnte entlarvt werden. Da die Thronfolgerin nun aber, wenn auch in gutem Glauben, Eure Rechtschaffenheit in Zweifel zog, hat sie sich nun angesichts der Tatsache, dass sie den Schuldigen, einen von hoher Stelle protegierten Wahnsinnigen, nicht bestrafen kann, dazu entschlossen, zumindest den zu Unrecht Verdächtigten für den Missbrauch zu entschädigen. Daher hat sie mich gebeten, Euch die Summe von hundert Gulden persönlich nach Marseille zu bringen und Euch ihrer höchsten Wertschätzung zu versichern, die Ihr, wie mir von vertrauenswürdigen, anständigen Menschen berichtet wurde, auch verdient habt.*

Hundert Gulden! Michel konnte es kaum fassen. Er war zwar nicht arm, da er als Wanderarzt von den Kollegen, für die er arbeitete, teilweise großzügig entlohnt wurde. Aber auch nicht so reich, dass er sich jenes gutbürgerliche, arbeitsame Leben hätte leisten können, nach dem er sich so sehnte: ein hübsches Haus in einem ruhigen südfranzösischen Städtchen; eine tugendhafte, treue Frau, die ihm zahlreiche Kinder gebar; die Ausübung seines Berufes als Arzt mit einer zahlungskräftigen Kundschaft. Die hundert Gulden würden ihn in die Lage versetzen, wenn schon nicht die Vergangenheit vollkommen zu vergessen, so doch eine neue Existenz zu gründen.

Dennoch empfand er, während er so mit dem Glück verheißenden Brief in Händen dastand, ein leichtes Unbehagen. Was, wenn auch hinter diesen freundlichen Worten der Mann mit dem schwarzen Umhang steckte? Nein, das war nach allen Gesetzen der Logik ausgeschlossen. Dennoch spürte er, indem er nun mit den Fingerspitzen über die Handschrift fuhr, die Schwingungen einer starken, entschlusskräftigen Persönlichkeit, was für eine Frau, eine Angehörige jenes schwächlichen, wankelmütigen Geschlechts, völlig untypisch war. In irgendeiner Weise musste diese unbekannte Herzogin Cybo-Varano eine ganz außergewöhnliche Frau sein.

Die Widerlegung oder Bestätigung dieses Eindruckes hätte er sich mit der Einnahme eines Aufgusses aus Bilsen- und Habichtskraut verschaffen können. Doch er schreckte davor zurück. Loys Serre war ein sehr bodenständiger Arzt aus der Schule von Romier, Montuus und anderen bedeutenden empirischen Medizinern und hätte sicher kein Verständnis für einen Kollegen mit künstlich herbeigeführten epileptischen Anfällen aufgebracht. Außerdem hatte sich Michel fest vorgenommen, nicht mehr auf das Rauschmittel zurückzugreifen und nie mehr in jene irrsinnige, bizarre Dimension einzutauchen, die Paracelsus Astrallicht nannte.

Dennoch erinnerte sich Michel sehr genau an die magische Zahlenreihe, die nur wenigen Eingeweihten aus allen religiösen Konfessionen bekannt war: 1, 2, 100, 1, 60, 1, 200. *Aleph, beth, qôf, aleph, samekh, aleph, resh.* Zahlen, die in der griechischen Numerologie den Buchstaben des Wortes *Abraxas* entsprachen. Es drängte ihn, sich ganz auf diese magischen Zahlen zu konzentrieren, mit denen sich, ähnlich wie mit dem *Hieracium pilosella*, das Tor zu einer völlig anderen Wahrnehmung aufstoßen ließ. Doch hier im Krankenhaus war das unmöglich. Dazu brauchte er einen abgeschiedeneren Ort.

Er faltete den Brief zusammen, steckte ihn ein und ging dann die Treppe zum Krankensaal hinunter, wo Loys Serre gerade dabei war, einem kleinen Jungen unter dem besorgten Blick der Mutter den Bauch abzutasten.

»Gute Neuigkeiten?« fragte er, als er Michel erblickte.

»Ja. Wisst Ihr vielleicht, ob in Marseille eine Dame mit einem sehr exotisch klingenden Namen eingetroffen ist: Caterina Cybo-Varano?«

Serre schüttelte den Kopf. »Nein, davon habe ich nichts gehört.« Er richtete sich auf. »Aber wenn ich mich recht entsinne, war eine Marchesa Ricciarda Cybo vor einigen Jahren in die tragischen Ereignisse in Florenz verwickelt, als der dortige Herrscher Alessandro de' Medici von einem Verwandten ermordet wurde. Vielleicht ist Eure Herzogin mit dieser Ricciarda verwandt.«

»Mag sein. Aber ich weiß überhaupt nichts Näheres, weder über sie, noch über das politische Geschehen in Florenz. Ich weiß nur, dass sich diese Caterina Cybo hier in Marseille mit mir treffen will.«

»Es tut mir Leid, aber sollte sie tatsächlich schon hier sein, habe ich wirklich noch nichts davon mitbekommen.«

Loys Serre schüttelte noch einmal den Kopf und wandte sich dann der Mutter des kleinen Patienten zu. »Es ist weiter nichts Schlimmes. Euer Sohn hat Würmer. Ich werde ihm ein Mittel zubereiten, und Ihr werdet sehen, morgen früh sind die Schmerzen verschwunden.«

Er fasste Michel unter und entfernte sich mit ihm. Zusammen traten sie hinaus auf die Terrasse vor dem Saal. Die Sonne stand hoch am Himmel und warf ihr gleißendes Licht auf den Hafen von Marseille. Der Blick reichte bis hinaus zu dem vorgelagerten Inselchen, das mit einer massiven, mit zahlreichen Kanonen bestückten Befestigungsanlage bebaut war. Eine stattliche Reihe großer Segelschiffe lag dort vor Anker, zum größten Teil schwer bewaffnete Kriegsschiffe wie die türkischen Feluken.

»Ja, mein Freund, wie es aussieht, werden wir in Kürze neben unseren üblichen Kranken auch viele Verwundete zu versorgen haben«, sagte Serre mit trauriger Stimme. »Es gibt Krieg. Heute Morgen wurde auf den Straßen unter Trompetengeschmetter eine Bekanntmachung unseres Königs verlesen, die mit *Cry de guerre* überschrieben war. Natürlich geht es wieder gegen den Kaiser. Der Konflikt mit dem Reich ist ja schon alt. Der aktuelle Anlass scheint die Ermordung unserer Gesandten am Hofe Sulaimans zu sein. Der kaiserliche Minister Del Vasto soll hinter der Tat stecken.«

Michel zuckte mit den Achseln. »Was soll uns passieren? Südfrankreich ist gewappnet. Nach der Katastrophe vor sechs Jahren wurde die ganze Provence befestigt. Die lässt sich nicht so leicht erobern.«

»Seid Ihr Euch da so sicher? Im Februar letzten Jahres haben drei Sonnen eine ganze Nacht lang Avignon erhellt. Ihr wisst wohl besser als ich, dass solche Erscheinungen Vorboten für natürliche oder übernatürliche Katastrophen sind. Stellt Euch nur einmal vor, die immer noch schwelenden Pestherde würden wieder aufflammen. Die Provence wäre den Angreifern schutzlos ausgeliefert … Aber was ist Euch?«

Michel hatte eine Hand auf seine Stirn gelegt. Von einem plötzlichen Schwindel ergriffen, bebte er am ganzen Leib.

»Drei Sonnen, sagt Ihr?«

»Ja. So haben es jedenfalls viele Augenzeugen übereinstimmend berichtet. Vielleicht war es auch nur eine Spiegelung am Winterhimmel. Aber ich habe ein ungutes Gefühl dabei.«

»Mir ist nicht gut. Erlaubt Ihr, dass ich mich zurückziehe?« Mit der Gewalt einer Explosion war Michel der vergessene Traum wieder in den Sinn gekommen, die Stadt mit den unzähligen Toten, der Mann mit dem brennenden Antlitz und die drei Gestirne, die das Firmament in ein tiefrotes Licht tauchten. Dazu der Dämon, der ihm aufgeregt flüsternd die ganze Szene beschrieb.

»Ich bringe Euch lieber nach Hause«, erwiderte Serre besorgt. »Ihr braucht nur etwas Ruhe. Ihr werdet sehen, dann fühlt Ihr Euch bald wieder besser.«

Serre lebte in einem schönen Haus am Fuße des Hügels, auf dem das Krankenhaus stand, in einem ruhigen Viertel mit zahlreichen kirchlichen Gebäuden, etwas abseits und geschützt vom Lärm und Chaos der Hafenstadt. Die ganze Atmosphäre dieses Hauses, angefangen von der fleißigen, ehrlichen Dienerschaft, über die liebevolle Hausfrau und ihre drei gut geratenen Kinder, bis zur schlichten Eleganz der mit bergamaskischen Teppichen und herrlichen Gemälden geschmückten Räume, zeugte von einem fast aristokratischen, aber keineswegs protzigen Geschmack und Lebensstil.

Als sie eintraten, fühlte Michel sich schon besser, und die Vision, die ihn so entsetzt hatte, war etwas verblasst. Auch Serre entging das nicht. »Na wer sagt's denn. Ihr scheint wieder zu Kräften zu kommen. Sehr gut. Aber ein Gläschen Roter wird Euch trotzdem wohl tun.«

»Vielen Dank. Aber mir ist jetzt nicht danach. Ich werde auch nichts zu Mittag essen und mich gleich etwas hinlegen.« Michel verspürte den unwiderstehlichen Drang, sich der Zahlenkombination hinzugeben, die seine Wahrnehmung erweitern würde: 1, 2, 100, 1, 60, 1, 200. Diese Zahlen würden ihm verraten, ob sich hinter der großzügigen Gabe Katharinas von Medici eine Falle verbarg.

Ein alter Diener machte hüstelnd auf sich aufmerksam. »Bevor Monsieur de Notredame sich zurückzieht, sollte er noch erfahren, dass heute Morgen eine junge Frau nach ihm gefragt hat.«

Michel zuckte zusammen. »Eine junge Frau? Ihr meint eine Dame?«

»Nein, ein junges Mädchen. Gut gekleidet, gewiss, aber keine Edelfrau. Vielleicht eine Magd.«

Jetzt mischte sich auch Serre ein. »War sie es auch, die dir den Brief für meinen Freund übergeben hat? Du weißt schon, den Brief, den ich heute Morgen ins Krankenhaus mitgenommen habe?«

»Ja, eben die.«

»Hat sie dir ihren Namen gesagt?«

»Nein, aber sie sagte, sie käme wieder, um zu sehen, ob es eine Antwort gebe.«

»Gib uns sogleich Bescheid, wenn sie wiederkommt.«

Serre wartete, bis sich der Diener mit einer Verbeugung zurückgezogen hatte, und sagte dann in herzlichem Ton zu Michel: »Geht nur hinauf, Monsieur de Notredame. Es tut mir Leid, dass Ihr mir zum Mittagessen keine Gesellschaft leisten werdet. Aber zum Abendessen hoffe ich, Euch wieder bei mir zu haben. Heute Nachmittag habt Ihr auf alle Fälle frei.«

»Ich danke Euch.«

Michel ging in sein Zimmer hinauf, einen großen, elegant eingerichteten Raum, mit einem alles beherrschenden Himmelbett in der Mitte und einigen weiteren geschmackvollen Möbeln. Ein wunderschöner Teppich war über den gesamten Fußboden ausgelegt.

Michel nahm den Mantel ab und legte seinen viereckigen Hut, von dem er sich nie trennte, auf ein Tischchen. Dann streckte er sich auf seinem Bett aus. Doch die Ahnungen, die ihn vorhin noch so beunruhigt hatten, waren fast vollkommen verschwunden. So nahm er den Brief der Herzogin Cybo in die Hände und fuhr mit den Fingerspitzen darüber, ohne irgendetwas Besonderes dabei zu verspüren. Daher legte er das Schreiben nun auf seine Stirn, so als könne sein Gehirn auf direktem Wege die Schwingungen daraus aufnehmen. Doch es war nichts zu machen – *Abraxas* hielt seine Pforten fest geschlossen. Vielleicht lag es an der heißen Mittagssonne, die von einem wolkenlosen Himmel durch sein Fenster schien. Jedenfalls gelang es ihm nicht, sich ausreichend zu konzentrieren.

Mit Hilfe des richtigen Buches hätte er die Schwelle zur anderen Dimension möglicherweise auch ohne das *Hieracium pilosella* überschreiten können; doch sein *Arbor mirabilis* war ihm vor langer Zeit schon gestohlen worden. Schließlich fielen ihm die Augen zu. Er schlief lange und träumte, wie so oft, von den traurigen, anklagenden Gesichtern Magdelènes und seiner beiden toten Kinder.

Schließlich stand er auf und ging zum Abendessen hinunter.

Die beiden folgenden Tage vergingen ohne besondere Vorkommnisse. Als er am späten Nachmittag des dritten Tages nach Hause kam, empfing ihn jedoch der alte Diener mit den Worten:

»Das Mädchen, das den Brief gebracht hat, ist wieder gekommen.«

»Welches Mädchen?«, fragte Michel, in Gedanken versunken.

»Wisst Ihr nicht mehr? Das Mädchen, das auf Eure Antwort auf das Schreiben vom Hof warten wollte.«

Plötzlich fiel Michel alles wieder ein. »Ist sie noch da?«

»Ja, aber sie ist nicht allein. Eine Dame ist bei ihr. Eine wirkliche Dame.«

»Hat sie Euch ihren Namen gesagt?«

»Wer, die Dame? Ja, sie hat ihn mir gesagt. Aber er ist so schwer zu merken …«

»Es ist nicht zufällig die Herzogin Cybo-Varano?«

»Ja, ganz recht. Kommt, ich führe Euch zu ihr.«

Im unteren Stockwerk gab es mehrere Salons. Michel wurde in den größten geleitet, der gleichzeitig auch der hellste war, was nicht zuletzt von den zahlreichen Spiegeln herrührte, die zwischen den Gemälden italienischer Schule mit mythologischen Darstellungen hingen. Und in einem dieser Spiegel erblickte er zwei Frauen von betörender Schönheit. Als er sie direkt ansah, fiel ihm auf, dass die Anmut der jüngeren, ihr kecker frischer Charme, ein wenig abgeschwächt wurde durch das biedere Kleid, das sie trug und das Tuch, das sie um den Hals geschlungen hatte und dessen Saum ihr bis zur Taille ging.

Die andere Frau hingegen, die vielleicht schon vierzig Jahre zählen mochte, brachte ihre Schönheit voll zur Geltung. Ihr ovales Gesicht wurde von natürlich blonden Haaren umrahmt, ihre Züge waren von seltener Harmonie und ihre großen Augen von einem herrlichen Tiefblau, jedoch auch ungewöhnlich kalt – und vielleicht gerade deswegen so faszinierend. Im Gegensatz zu der Jüngeren trug sie kein Brusttuch, und ihr weites, tief ausgeschnittenes Dekolleté nach der Mode der Valois zeigte ohne Scham den Ansatz ihrer üppigen, einladenden Brüste. Ihr übriger schlanker, hochgewachsener Leib wurde von den Falten eines blauen Seidenkleides verdeckt.

Wie angewurzelt war Michel auf der Schwelle zum Salon stehen geblieben. Es war die ältere Frau, die das Wort an ihn richtete:

»Ihr müsst Monsieur de Notredame sein. Wie ich mich freue. Vor einigen Tagen hat meine Tochter Giulia…«, sie deutete auf das Mädchen, »…Euch einen Brief meiner Herrin, der Thronfolgerin Katharina, überbringen lassen, den diese mir in die Feder diktierte. Ich bin Caterina Cybo-Varano.«

Michel verneigte sich sehr tief und bemühte sich so, die Röte, die sein Gesicht überzogen hatte, zu verbergen. Diese kalten blauen Augen brachten ihn aus der Fassung.

»Ich komme, um Euch zu überbringen, was die Thronfolgerin Euch versprochen hat. Doch zuvor habe ich Euch noch ein besonderes Geschenk auszuhändigen. Giulia, überreiche dem Monsieur die Handschrift.«

Das Mädchen nahm ein dickes Buch zur Hand, das auf einem Tisch lag. Michel nahm es entgegen, und merkte sofort, wie ihm die Knie weich wurden. Wie gut kannte er dieses Buch. Der Einband, den die Zeit und viele Hände verschlissen hatten, trug den Titel *Arbor mirabilis.* Darunter folgten dreihundert Seiten puren Wahnsinns.

# Ein neuer Herr

Molinas knüllte den Brief zusammen und warf ihn wütend in den Kamin, ohne sich darum zu kümmern, dass die Glut unter der Asche bereits erloschen war. Und das trotz der mittlerweile winterlichen Temperaturen und ersten Nachtfröste draußen. So marschierte er lange in dem kalten Raum mit der niedrigen schrägen Decke auf und ab, bis er endlich merkte, dass das Papier auf diese Weise nicht zu zerstören war. Er bückte sich, um es herauszuholen. Durch das Fehlen des kleinen Fingers fiel es ihm aus der Hand.

Er widerstand der Versuchung zu fluchen. Als er sich zur Strafe für sein Versagen in der Sache mit Postel durch zwei rasche Bewegungen seines rasiermesserscharfen Dolches von seinen kleinen Fingern getrennt hatte, hätte er nicht geglaubt, dass dadurch sein Greifvermögen derart eingeschränkt würde. Aber dem war so. Er musste sich anstrengen, um den Papierball in die rechte Hand nehmen zu können. Als es ihm endlich gelang, zerriss er ihn zornig, wobei er seine Zähne zur Hilfe nahm.

In diesem Moment begannen die Glocken von Aix zu Mittag zu läuten. Molinas trat ans Fenster, das ohne Scheibe und Klappladen war, sah auf die menschenleere Straße hinunter und ließ dann die Papierschnitzel hinunterfallen. Die Herzogin Cybo, die leise ins Zimmer gekommen war, sah, wie er gedankenversunken dem Flug der Papierschnitzel nachsah und begann zu lachen. »Was tut Ihr denn da, mein Freund? Ihr seht aus wie ein Kind, das seinen davonfliegenden Seifenblasen nachschaut.«

Molinas drehte sich wütend um, beruhigte sich aber sogleich wieder. Mit ihrer hinreißenden Schönheit besaß die Herzogin die Macht, seiner gequälten Seele Linderung zu verschaffen. Als Bischof Tornabuoni ihm die Frau anvertraute, hätte er nie geglaubt, in ihr eine Freundin und Komplizin zu finden. Er hatte ein unterwürfiges, lenkbares Geschöpf erwartet, und hatte stattdessen eine Frau entdeckt, die ebenso stolz und verschlagen war wie er selbst und sogar seine Neigung zur Intrige teilte. In Molinas war die Vermutung herangereift, dass sich Párano, der große Theoretiker der spanischen Inquisition, irrte, wenn er das weibliche Geschlecht ohne Ausnahme als oberflächlich, leichtfertig, wenn nicht gar dumm, bezeichnete. Jedenfalls traf seine Definition nicht auf die Herzogin Cybo zu.

Hinter ihren unbeschreiblich schönen, kalten blauen Augen leuchteten keine Ideale, sondern nur ein eiserner Wille. Eben dieser hatte es ihr ermöglicht, nach dem Tod ihres Gatten, des Herzogs von Varano, das Herzogtum von Camerino zu erobern und alle Mitbewerber aus dem Weg zu räumen. Bis schließlich die Macht Papst Pauls III. aus dem Hause Farnese, der darauf versessen war, das Lehen einem Neffen zu vermachen, ihrem Aufstieg ein jähes Ende setzte.

»Das war ein Brief des spanischen Großinquisitors, Juan Pardo de Tavera«, erklärte Molinas, indem er aus dem Fenster deutete, wo die Papierfetzen mittlerweile auf der Straße verteilt waren. »Er hält die Fortsetzung meiner hiesigen Mission für überflüssig und fordert mich auf, mich als *Visitador* nach Sardinien zu begeben, um den dortigen Inquisitor Andrea Sanna zu ersetzen.«

»Was genau sollt Ihr dort unten tun?«, fragte die Herzogin.

»Monsignore Taverna hat sich da nicht klar ausgedrückt, aber ich glaube es trotzdem zu wissen. Nach der Stärkung der römischen Inquisition durch Papst Paul III. fürchtet man in Spanien, die Inquisition in Sardinien solle künftig Rom unterstellt werden. Und Sanna hält man für zu weich, um sich dieser Bedrohung erfolgreich zu widersetzen.«

»Nun ja, mir erscheint es ganz verständlich, dass Eure Oberen in Spanien allmählich die Geduld mit Euch verlieren. Schließlich seid Ihr nun schon seit Jahren auf deren Kosten hinter einem einzigen Mann her.«

Molinas nahm der Herzogin die Bemerkung nicht übel: »Ja, sicher. Jedes Mal, wenn ein neuer Großinquisitor eingesetzt wird, muss ich die Dringlichkeit meiner Aufgabe in aller Ausführlichkeit neu erläutern. Das ist so ermüdend!«

Molinas ließ sich auf ein zerschlissenes Sofa fallen, das ächzend nachgab. Einige Augenblicke nahm er den Kopf zwischen die Hände, die Ellbogen auf die Knie gestützt, und hob dann wieder die rot umränderten Lider. »Meine liebe Freundin, Ihr habt ja Notredame selbst kennen gelernt, als Ihr ihm die Handschrift überbrachtet, die er so lange suchte. Daher wisst Ihr auch, wieso ich ihn für so gefährlich halte.«

Die Herzogin nahm auf einem an mehreren Stellen aufgerissenen Sessel Platz und ordnete ihre Röcke. »Das weiß ich nur, weil Ihr es mir erklärt habt. Doch als ich diesen Mann getroffen habe, hätte er mir nicht harmloser erscheinen können. Und unhöflicher. Kaum war die erste Überraschung verflogen, das Buch wieder in Händen zu haben, hatte er nichts Eiligeres zu tun, als meine Tochter und mich von einem Diener hinauskomplimentieren zu lassen.«

Molinas bewunderte die katzenhafte Grazie, mit der sich die Herzogin in die Kissen auf dem Sessel schmiegte. Seit er sie kannte, konnte er sich ihrer enormen Ausstrahlung nicht entziehen. Dennoch ließ er sich nicht dazu hinreißen, seine verwerfliche Lust, die ihn hin und wieder heiß überkam, an ihr zu befriedigen. Dazu reichte ihm das, was ihn Caterinas Tochter Giulia an Weiblichkeit gelegentlich sehen ließ. Wogegen die Herzogin nichts einzuwenden hatte, betrachtete sie doch Molinas' Verhalten als die harmlose Marotte eines sonst teuren Freundes. Und mehr war es im Grunde ja auch nicht.

Molinas riss sich aus seinen Gedanken. »Genau darum ging es mir: um Notredames Reaktion.« Seine Lippen öffneten sich zu einem höhnischen Lächeln. »Mittlerweile kenne ich ihn sehr gut. Das, wonach er sich sehnt, ist ein normales bürgerliches Leben, das es ihm ermöglicht, mit seinem Gewissen ins Reine zu kommen. Und jedes Mal, wenn er glaubt, auf dem rechten Weg dorthin zu sein, greife ich ein und zerstöre, was er sich aufgebaut hat. Früher oder später muss er sich einfach an seinen alten Meister wenden. Und in diesem Moment ist er verloren. Oder besser, sind sie beide verloren.«

Die Herzogin nickte. »Das verstehe ich ja alles, Diego. Was ich aber nicht verstehe, ist, warum Ihr ihm die Handschrift zurückgegeben habt.«

»Nun, ich muss zugeben, dass es mir in den vielen Jahren nicht gelungen ist, aus dem Buch schlau zu werden. Ich brauche es nicht mehr, oder nur noch dazu, Notredame aus Marseille zu vertreiben, wo er allzu gut geschützt ist.« Molinas empfand eine ungeheure Befriedigung dabei, jemandem seine tiefsten Beweggründe erläutern zu können, nachdem er fast ein Jahrzehnt lang seine Pläne in totaler Isolation ausgearbeitet hatte. »Ohne Schlüssel ist die Handschrift unverständlich. Sie flößt einem nur Angst ein, sonst gar nichts.«

»Wie kann ein Buch Angst einflößen?«

»Es sind die Abbildungen, die beunruhigen. Der erste Teil scheint sich mit Botanik zu befassen, beschreibt jedoch auch Pflanzen, die noch nie jemand gesehen hat. Der zweite Teil scheint der Medizin gewidmet, ist aber abstößig und obszön. Merkwürdige Trichter in Menschenleibern sind dort zu sehen und nackte Frauen, in einem Regen aus Blut, das zu ihren Füßen Lachen bildet und von Hunden und Eidechsen aufgeschleckt wird.«

Die Herzogin musste einen Schauer unterdrücken. »Und der dritte Teil?«

»Das ist der Wahnsinnigste von allen. Es geht dort um Astronomie, doch die dargestellten Gestirne gibt es überhaupt nicht, so als gehörten sie einem anderen Universum an.« Molinas legte die Stirn in Falten. »Man müsste den Text entschlüsseln, aber ohne eine Anleitung vergeudet man damit nur seine Zeit.«

»Und was ist mit dieser Zahlenkombination, von der Ihr mir einmal erzählt habt?«

»Nun, das Wort *Abraxas* lässt sich aus einer Zahlenkombination bilden, deren einzelne Zahlen zusammengezählt 365 ergeben, also genau die Anzahl der Tage im Jahr. Doch was steckt dahinter? Solange ich das nicht weiß, werde ich auch nicht dahinter kommen, wie es diesem Mann immer wieder gelingt, die Grenzen der Zeit zu durchbrechen. Mein ganzes Leben habe ich der Lösung dieses Rätsels geweiht.«

Die Herzogin Cybo schien zu verstehen, machte aber einen ziemlich verwunderten Eindruck.

»Und was wollt Ihr tun, wenn Ihr das Rätsel tatsächlich gelöst habt?«

»Dann werde ich Notredame festnehmen und ihn der Suprema oder gar dem Papst zum Geschenk machen. Ich weiß es noch nicht genau. Außerdem interessiert mich nicht, was aus Notredame wird. Was mich wirklich umtreibt, ist die Ergreifung des Autors der *Arbor mirabilis,* Ulrich von Mainz. Versteht Ihr jetzt?«

Es entstand ein langes Schweigen, dann nickte die Herzogin. »Ja, ich verstehe Euch, vielleicht jetzt sogar zum ersten Mal. Bisher seid Ihr nie so deutlich geworden.« Sie zeigte auf das Fenster. »Der Brief, den Ihr hinausgeworfen habt, setzt Eurer Mission ein Ende. Wenn Ihr nach Sardinien geht, wird man Euch schwerlich die Erlaubnis erteilen, noch einmal hierher zurückzukehren. Was wollt Ihr also tun?«

»Ich weiß es nicht, ich weiß es wirklich nicht.« Molinas versuchte erst gar nicht, seine Niedergeschlagenheit zu verbergen. Er nahm die Hände vors Gesicht und wurde dabei der Stummel gewahr, die von seinen kleinen Fingern übrig geblieben waren. Rasch verbarg er sie in seinem Schoß. »Ich habe der Suprema Gehorsam geschworen, doch meine Oberen erkennen das Ausmaß der Bedrohung nicht. Eigentlich müsste ich mich nach Spanien aufmachen, um dem neuen Inquisitor die Lage zu erklären. Doch jeder Aufschub meiner Reise nach Sardinien würde mir als Ungehorsam gegenüber dem Heiligen Offizium ausgelegt.«

»Dann bleibt Euch nichts anderes übrig, als Euch einen anderen Herrn zu suchen.«

Molinas blickte die Herzogin verwundert an. »Wer sollte das sein? Die römische Inquisition etwa? Ich glaube nicht, dass man mich dort aufnehmen würde.«

»Nein, nein, ich habe da etwas anderes im Sinn.« Das bezaubernde Gesicht der Herzogin Cybo hatte sich leicht verzogen. Die Antwort des Spaniers hatte ihr wohl wieder Papst Paul in Erinnerung gebracht, und diese Erinnerung schmerzte. »Bischof Tornabuoni hält sich zurzeit in Avignon auf.«

»Ja und?«

»Ihr wisst doch sehr wohl, dass er in Frankreich unter anderem die Interessen des Kaisers vertritt.«

»Ja, aber ich verstehe immer noch nicht.«

Die Herzogin senkte die Stimme und beugte sich vor, wobei sie Molinas unbeabsichtigt ihren prall gefüllten Ausschnitt vor die Augen hielt. »Ich weiß aus sicherer Quelle, dass er dabei ist, mutige Männer anzuwerben, die Karl V. auf französischem Boden dienen sollen. Wir befinden uns im Krieg, und man benötigt treue Mitstreiter, die den kaiserlichen Truppen den Weg in die Provence öffnen.«

Molinas war etwas aus der Fassung gebracht, sowohl durch das, was er hörte, als auch durch das, was er vor sich sah. Er errötete und wandte den Blick ab.

»Ich kann mir nicht vorstellen, dass sich Tornabuoni für Notredame und dessen Umgang mit dem Teufel interessiert.«

Die Herzogin schien Molinas' Verstörung zu bemerken, denn sie lehnte sich lächelnd ein wenig zurück. »Gewiss, an Notredame liegt ihm absolut nichts. Ihr jedoch könntet, ließet Ihr Euch von ihm anwerben, weiterhin in der Provence bleiben. Und während Ihr Karl V. dient, der ja im Grunde Euer König ist, hättet Ihr Gelegenheit, auch weiterhin Notredame zu beobachten.«

»Und was müsste ich tun?«

»Das kann ich Euch nicht sagen. Aber wie gesagt, hält sich Bischof Tornabuoni in Avignon auf. Wir könnten ihn gemeinsam aufsuchen, und bei der Gelegenheit bietet Ihr ihm Eure Dienste an. Denkt darüber nach.«

»Das werde ich tun. Aber mir ist jetzt schon klar, dass ich damit, alles in allem, ein ziemlich großes Risiko für einen relativ geringen Vorteil eingehen müsste. Ich würde die Freundschaft von Kardinal Della Rovere verlieren, der seine schützende Hand über mich hält und mir auch diese Unterkunft hier besorgt hat…«

»Eine schmutzige Baracke.«

»Hier habe ich aber immerhin ein Dach über dem Kopf. Und darüber hinaus…«

Molinas brach ab, weil jetzt Giulia, die Tochter der Herzogin, den Raum betrat. Den Namen Della Rovere hatte sie noch gehört und war dabei zusammengezuckt. Im Alter von nur elf Jahren hatte sie Guidobaldo della Rovere heiraten müssen, den Erben des Herzogtums Urbino, der sie kurzerhand verstoßen hatte, als ihre Mutter in Ungnade fiel. Giulia wirkte mit ihren sanften blauen Augen und dem Spitznäschen fast ebenso anmutig wie ihre Mutter, zeigte aber keine Spur von deren Hoffart. Und darüber hinaus zwang diese sie, fast so als wolle sie damit diesen Unterschied weiter betonen, sich sehr unauffällig zu kleiden und Arbeiten zu verrichten, die unter ihrem Stand waren. Molinas hatte den Verdacht, dass die Herzogin ihre Tochter um deren Jugend beneidete und auf diese Weise versuchte, den Altersunterschied zu relativieren.

Caterina stand auf und ergriff lächelnd Giulias Hände.

»Guten Morgen, mein Kind. Was gibt es denn?«

Schüchtern, so als erwarte sie, getadelt zu werden, deutete das Mädchen auf die dunklen Räume hinter ihr. »Ich war in der Küche, um eine Pastete zuzubereiten. Aber ich fürchte, ich habe mich etwas ungeschickt angestellt.«

»Halb so schlimm, ich gehe mal nachsehen. Ihr erlaubt doch, dass ich mich entferne, Señor Molinas?« Der Blick der Herzogin wandte sich wieder ihrer Tochter zu. »Giulia, du weißt ja, dass

Señor Molinas ein besonders enger Freund von uns ist, dem wir in allem gefällig zu sein haben. Ich lasse dich jetzt mit ihm allein. Sieh zu, dass du ihn gut unterhältst!«

Das Mädchen errötete und senkte den Kopf.

Auf der Schwelle drehte sich die Herzogin noch einmal zu dem Spanier um.

»Wir werden unser Gespräch ein andermal fortsetzen. Gewiss birgt es Gefahren für Euch, Bischof Tornabuoni und seinem Souverän zu dienen. Jedoch auch eine Reihe von Vorteilen, an die Ihr vielleicht noch gar nicht gedacht habt.« Mit diesen Worten verbeugte sie sich tief, verharrte einige Augenblicke in dieser Stellung, und nachdem sie die gewünschte Wirkung erzielt hatte, ging sie in die Küche hinüber.

Molinas war tatsächlich aufs Höchste erregt.

Vier Tage später stiegen Molinas und die Herzogin unter einem kalten Nieselregen in Avignon vor dem Palast, in dem Bischof Tornabuoni logierte, aus einer Kutsche. Der Geistliche erklärte sich sofort bereit, die beiden zu empfangen. Ein Diener führte sie in einen großen, von einem breiten Kamin beheizten Saal mit Trophäen und Waffen an den Wänden. Dort saß Tornabuoni unter einem mit roten Vorhängen aus schwerem Samt verborgenem Fenster und arbeitete hinter einem goldverzierten Schreibtisch. Verschiedene Kandelaber sowie ein kleinerer Leuchter auf der Schreibtischplatte erhellten den Raum.

»Nehmt doch bitte Platz«, sagte der Bischof, indem er von seiner Arbeit aufsah und seinen Gästen zwei Sessel anbot. Er schob die Blätter vor sich zu einem Stapel zusammen und erklärte mit einem breiten Lächeln: »Ich freue mich sehr, Euch zu sehen, Herzogin. Erlaubt mir, als einem Mann, der den weltlichen Genüssen entsagt hat, Euch zu versichern, dass Eure Schönheit immer betörender wird. Und was Euch betrifft, Señor Molinas, wird meine Freude noch durch Dankbarkeit verstärkt. Es ist auch Euer Verdienst, dass der Mörder Lorenzino de' Medici nicht zur

Ruhe kommt. Überall jagt man ihn. Eine Zeit lang hielt er sich in Italien auf, ist aber nun nach Paris zurückgekehrt, wo er erneut im königlichen Kolleg untergekrochen ist. Aber früher oder später wird ihm etwas zustoßen.«

Molinas bemerkte, wie die Augen des Bischofs bei der Erwähnung seines Feindes grausam aufblitzten. Dieser Mann gefiel ihm. In dem faltigen Gesicht des Geistlichen verbargen sich Verschlagenheit, Entschlusskraft und Erbarmungslosigkeit hinter einem Schleier der Gutmütigkeit. Ähnlich wie bei der spanischen Inquisition. »Ich hoffe wirklich, dass die heilige Rache Cosimos de' Medici endlich diesen Mörder ereilt. Mein Anteil an seinem Untergang wird jedoch nur zufällig und unerheblich sein.«

»Mag sein, aber Euer Anteil an der Rückführung der flüchtigen Juden nach Spanien war alles andere als zufällig und unerheblich. Ich weiß, dass der Kaiser persönlich hocherfreut war, als er davon erfuhr. Leider wäre heutzutage ein dermaßen brillantes Unternehmen gar nicht mehr durchführbar. Ich weiß nicht, welche schlechten Ratgeber Franz I. dazu verleitet haben, den Krieg mit Karl V. erneut aufzunehmen. Über diesen Konflikt der großen christlichen Mächte können sich doch die Hugenotten und Muselmanen nur freuen.«

Die Herzogin Cybo, die heute ausnahmsweise ihre prallen Brüste unter einem Tuch verborgen hatte und ein zwar kostbares, aber nicht auffälliges Kleid trug, hob einen Finger. »Eben dies ist der Grund unseres Besuches, Monsignore. Señor Molinas ist nicht weniger entsetzt über das Wiederaufflammen des Krieges als ich selbst. Umso mehr als Franz I. nun anscheinend endgültig den Verstand verloren hat. Sein Bündnis mit den Türken, die schon das Herz Europas bedrohen, ist für uns alle ein Unglück. Wir müssen und wollen beide etwas dagegen tun.«

Bischof Tornabuoni war zweifellos schon brieflich über die Pläne der Dame informiert worden, gab sich aber dennoch verwundert.

»Soweit ich weiß, steht Señor Molinas bereits im Dienst der

spanischen Inquisition. Eine höchst ehrenvolle und heilige Aufgabe!«

Molinas spielte mit, obwohl ihm nicht klar war, wer von ihnen dreien hier die Regeln diktierte. »Meine Arbeit für die Inquisition ist praktisch getan, auch wenn ich weiterhin ihre Ideale im Herzen trage. Nun möchte ich mich aber mehr als alles andere für meinen Kaiser nützlich machen, dem Ihr selbst, Monsignore, ja mit solch heiligem Eifer dient.«

Tornabuoni kniff die Augen zusammen. »Nur wenige genießen das Vorrecht, dem Kaiser ihren Arm leihen zu dürfen. Was verlangt Ihr als Gegenleistung?«

Molinas schätzte diese Offenheit. »Ach, nicht viel. Nur eine gewisse Unterstützung, um mein bescheidenes Dasein zu fristen, sowie die Möglichkeit, in der Provence bleiben zu können, wo ich noch gewisse Dinge zu erledigen habe.«

»Wie ich hörte, seid Ihr seit Jahren schon einer Art Zauberer auf der Spur. Entspricht das der Wahrheit?«

»Ja, aber das würde die Erfüllung anderer Aufgaben nicht behindern.«

Tornabuoni schien die Aufrichtigkeit von Molinas' Worten ebenso zu gefallen, so wie vorher dessen Zurückhaltung. Er wandte sich jedoch der Herzogin zu. »Und Ihr, Signora, hegt den gleichen Wunsch? Das heißt, Seele und Körper ganz der Sache Karls V. zu weihen, ganz gleich wie groß das Opfer auch sein möge, das man von Euch verlangt?«

»Ja«, erwiderte die Frau mit fester Stimme.

»Dann hört mir zu.« Tornabuoni fuhr sich langsam mit den Fingern über die Wangen, um die Bedeutung dessen, was er sagen würde, zu unterstreichen. »Die besten Truppen des Reiches sind in Italien zusammengezogen. Kaiser Karl V. kann mittlerweile auf die Unterstützung des englischen Königs Heinrich VIII. bauen, dessen Heer von Norden anrücken wird. Doch die anderen Fronten sind praktisch undurchdringlich. Die Provence ist immer noch das einzig mögliche Einfallstor, wenn man Frankreich von Süden her erobern will, auch wenn wir dort schon einmal schlechte Erfahrungen gemacht haben.«

Molinas zuckte mit den Achseln. »Die Provence ist ausgezeichnet befestigt. Marseille wird heute genauso wenig einzunehmen sein wie im Jahr 1536.«

»Gewiss, aber Karl V. hat dort einen natürlichen Verbündeten. In Südfrankreich häufen sich wieder die Pestherde, und der Schwarze Tod bekommt jede Stadt klein. Gehen wir einmal davon aus, es wäre zunächst die Seuche, die den Süden erobert. Die Städte würden sich entvölkern, die Heere dezimiert. Jeder Eroberer, der danach käme, hätte leichtes Spiel, könnte er doch auf französischen Boden vordringen, ohne auf nennenswerten Widerstand zu treffen.«

Erneut zuckte Molinas mit den Achseln.

»Derartige Rechnungen sollte man Gott überlassen. Keinem Menschen ist es gegeben, die Verbreitung der Pest vorherzusehen.«

Tornabuoni senkte seine Stimme zu einem Flüstern.

»Aber es ist doch bekannt, dass man die Pest künstlich herbeiführen kann. Ein eitergetränkter Stofffetzen, der zufällig in einen Brunnen fällt; der Verband eines Pestkranken, der sich in den Ausfluss einer Quelle verirrt… Für die Vorsehung gibt es keine Grenzen, wenn ihr ein wacher Geist auf die Sprünge hilft.«

Obwohl er eigentlich auf alles gefasst war, erschauderte Molinas vor Entsetzen.

»Aber das würde die Ermordung tausender unschuldiger Menschen bedeuten«, rief er aus.

»Ermordung? Señor Molinas, ich bitte Euch! Gerade von Euch hätte ich erwartet, dass Ihr ein wenig nachdenkt, bevor Ihr Euch ein Urteil bildet«, antwortete Tornabuoni, indem er leicht die Schultern hob. »Bedenkt doch, dass auch in einem Krieg viele unschuldige Menschen sterben. Und darüber hinaus ist Karl V. das einzige Bollwerk, auf das sich der Papst im Kampf gegen die Lutheraner und Calvinisten voll und ganz verlassen kann. Mit einer

Niederlage des Kaisers wäre der Häresie Tür und Tor geöffnet. Seht Ihr das nicht auch so?«

Der Logik dieser Worte konnte sich Molinas unmöglich verschließen. Und obwohl er noch nicht vollkommen überzeugt war, nickte er zustimmend.

Die Herzogin Cybo ließ sich nicht so leicht beeindrucken. Mit Sicherheit hatte sie diese Argumentation schon einmal vernommen.

»Monsignore, die Mission, mit der Ihr uns zu betrauen beabsichtigt, birgt ungeheure Gefahren. Glaubt Ihr nicht auch, dass zwei Fremde, die von Stadt zu Stadt ziehen und jedes Mal von der Pest gefolgt, den Leuten auffallen werden?«

Der Bischof lächelte.

»Eine intelligente Frage. Aber bedenkt, dass bei jeder Epidemie viele Geistliche und Prediger durch die betroffenen Gebiete ziehen, die Trost spenden und zu Umkehr und Buße aufrufen, um den Zorn des Herrn zu besänftigen. Zwei Reisende in Zivil wären verdächtig, zwei Mystiker dagegen nicht.«

»Mit anderen Worten, wir sollen uns maskieren.«

»Ja. Aber bedenkt, dass hinter Euren Masken das Antlitz Gottes verborgen sein wird. Daran ist nichts Lächerliches. Und außerdem zwinge ich Euch zu gar nichts.« Der Bischof blickte Molinas an, der mit finsterer Miene schweigend dasaß. »Ich spreche vor allem für Euch, Señor. Wenn es Euch danach drängt, der Sache Karls V. zu dienen, ist das Euer Weg. Als Gegenleistung werde ich, als Vertreter des Kaisers, Euch dabei unterstützen, den Hexenmeister zu vernichten, der Euch nicht zur Ruhe kommen lässt. Ihr müsst Euch nicht sofort entscheiden. Denkt mit Muße darüber nach und gebt mir dann eine Antwort.« Das Lächeln des Bischofs verzog sich zu einem boshaften Grinsen. »Auch wenn ich sie jetzt schon kenne.«

# Der Reiz der Normalität

Michel schleuderte das Buch, in dem er geblättert hatte, in den breiten Kamin der Taverne. *»Prèvisions d'un solitaire«*, sagte er, indem er verächtlich das Gesicht verzog. »Ein Haufen dummes Zeug. Wie heißt noch dieser Astrologe aus der Abtei von Orval?«

»Seinen richtigen Namen kenne ich nicht. Er wird aber von allen Olivarius genannt«, antwortete Jehan de Notredame.

»Ein hirnloser Ignorant.« Michel sah zu, wie das Buch Feuer fing und eine schlanke, aber dichte Rauchsäule aufstieg. Wahrscheinlich wäre der Wirt nicht begeistert gewesen, hätte er gesehen, womit er die Glut unter dem Bratspieß genährt hatte. Aber der Mann war gerade mit einer Gruppe von Gästen an einem anderen Tisch beschäftigt.

Jehan verzog sein breites Gesicht, das dem Michels ähnelte, aber schlaffer wirkte, obwohl er jünger als sein Bruder war, zu einem spöttischen Grinsen.

»Du hast ja keine Ahnung, wie viele solcher Kalender in Umlauf sind. Es gibt eine Unzahl angeblicher Astrologen, die einen Haufen Geld damit machen, indem sie einfach das niederschreiben, was ihnen in den Kopf kommt. Und das verkaufen sie dann als Prophezeiungen.«

»Doch, ich weiß. Von allen Seiten rät man mir ja, dasselbe zu tun.«

»Das würdest du niemals tun. Ich kenne dich doch. Dafür bist du zu ehrlich.«

»Falsche Vorhersagen unter die Leute bringen? Nein, das ist nicht meine Sache. Doch glaube nicht, die Kunst des Wahrsagens sei nur Schall und Rauch. Allerdings gibt es nur ganz wenige, die sie tatsächlich beherrschen. Und das ist auch besser so.«

Jehan füllte seinen Becher mit tiefrotem, duftendem Wein.

»An diese Dinge werde ich niemals glauben. Obwohl unser Großvater uns ja viel darüber erzählt hat. Und unser Vater auch.«

»Ach übrigens, wie geht es ihm eigentlich?«

Jehan nahm einen Schluck, stellte dann das Glas ab und breitete die Arme aus.

»Leider unverändert. Er ist sehr schwach und schläft die meiste Zeit. Aber in seinen raren lichten Momenten kommt ihm manchmal dein Name über die Lippen. Er hat dich seit Jahren nicht gesehen. Und so ging es mir ja auch.«

Michel legte die Stirn in Falten. »Das tut mir auch wirklich Leid. Aber ihr könnt Euch einfach nicht vorstellen, was für ein Leben ich führe. Nirgendwo komme ich zur Ruhe. Sobald ich versuche, mich irgendwo niederzulassen, taucht diese verfluchte Seele auf und zwingt mich, mein Bündel zu schnüren. Seit Jahren schon finde ich keinen Frieden mehr.«

»Und wer soll diese verfluchte Seele sein? Oder sind es gar mehrere?«

»Nein, es ist nur ein Einzelner, so glaube ich zumindest. Aber das sind Dinge, die du nur schwerlich verstehen wirst.«

Michel versuchte von der Konfitüre auf seinem Teller, die als Tunke für die dünne, mit verschiedenen Gewürzen und Zucker bestreute Scheibe Schweinefleisch dienen sollte. »Widerlich. In der Provence hat man vollkommen vergessen, wie man eine ordentliche Konfitüre herstellt.«

Jehan lachte. »Du bist also immer noch solch ein Genießer. Ich denke doch, dass diese Gegend zurzeit wirklich andere Sorgen hat.«

»Wer keinen Wert auf gutes Essen legt, legt auch keinen Wert auf sein Wohlergehen und steht schon mit einem Bein im Grab.« Michel schob den Teller mit dem Fleisch von sich fort. »Jetzt erzähl mir mal etwas von dir, Bruderherz. Arbeitest du noch für den Notar Jacques Gigasque?«

»Ja. In Apt habe ich jetzt auch in seinem Auftrag zu tun. Und in Aix gehöre ich mittlerweile zu den angesehensten Männern meines Fachs. Aber vielleicht werde ich trotzdem bald umsatteln.«

»So? Was hast du vor?«

»Nun, vor einiger Zeit hörte ich, dass François Rascas de Bagarris, ein Mitglied des Stadtparlaments zu Aix, einen Sekretär sucht. Ich habe mich vorgestellt und, so glaube ich, einen guten Eindruck auf ihn gemacht. Es ist noch nicht sicher, aber ich könnte mir denken, dass er mich in seine Dienste nimmt. Das wäre der erste Schritt zu einer Laufbahn als Parlamentsprokurator.«

»Du bist ja anscheinend richtig etabliert«, murmelte Michel ein wenig neidisch. »Du trägst einen Umhang aus Samt, eine teure Weste ... Man sieht dir an, dass du deinen Weg gefunden hast.«

»Das kann dir auch gelingen. Wenn ich Glück habe und die Stelle bekomme, kann ich versuchen, auch für dich einen Posten in Aix zu finden. Natürlich nicht in der Verwaltung, sondern als Arzt.«

»Meinst du wirklich?«

»Ja, sieh mal, wir haben einfach zu wenig Ärzte in der Stadt. Die Pestgefahr ist noch nicht vollständig gebannt. Es sind zwar nur vereinzelte Fälle, aber es vergeht kein Monat, ohne dass irgendjemand erkrankt. Und wenn es in der Stadt ruhig ist, dann zeigt der Schwarze Tod garantiert in irgendeinem Dorf der Umgebung seine hässliche Fratze. Man könnte meinen, die Pest habe in der Provence Wurzeln geschlagen und wolle einfach nicht weichen. Auch das ist ein nettes Geschenk von Karl V. und seinen verfluchten Landsknechten.«

Michel goss sich ein wenig Wein ein. »Wie man hört, müssen wir fürchten, dass die Kaiserlichen bald zurückkehren.«

»Nein, nein, so weit ist es noch lange nicht. Vor wenigen Tagen haben die Türken Nizza genommen. Damit stellt sich den kaiserlichen Heeren ein unvorhergesehenes Hindernis auf ihrem Marsch nach Frankreich in den Weg.«

Michel hatte sich noch nie sehr für die Politik interessiert, bemerkte aber dennoch: »Ja, die Türken! Da hat sich unser König wirklich merkwürdige Verbündete ausgesucht!«

Jehan zuckte mit den Achseln. »Angesichts der Tatsache, dass er sich gegen ein Weltreich zur Wehr setzen muss, tut unser König wohl gut daran, in Bezug auf seine Bündnispartner nicht allzu wählerisch zu sein. Doch lassen wir das Thema. Ich wollte dir nämlich noch etwas zeigen, was dir sicher gefallen wird.« Er kramte in seiner Tasche, schob Becher und Teller zur Seite und breitete auf dem Tisch ein großes Blatt aus. »Sieh mal, das ist unser Familienwappen!«

Das Wappen auf dem Blatt war ein viergeteilter Schild, in dessen Feldern abwechselnd ein von acht Strahlen durchbrochener Kreis oder ein Adlerkopf abgebildet waren. Darunter ein Spruchband, auf dem geschrieben stand: »SOLI DEO«.

»Dem einzigen Gott! Herrlich!«, bemerkte Jehan begeistert.

Michel setzte ein skeptisches Lächeln auf. »Ich weiß noch, dass dieses Wappen über der Tür unseres Hauses in Saint-Rémy eingemeisselt war. Die Worte können aber auch *Dem Sonnengott* bedeuten, und das würde sehr heidnisch klingen.« Im Grunde seines Herzens dankte er dem Himmel, dass sein Bruder nicht die wahre Bedeutung des achtstrahligen Kreises kannte. Jehan wusste ja nichts von der düstersten Zeit seines Lebens, und er hatte gewiss nicht vor, ihm etwas darüber zu verraten.

»Du nimmst mich auf den Arm, Michel. Du kannst dir doch denken, dass dieses Wappen nur das Werk vollendet, das unser Vater einst begann, als er uns adlige Vorfahren erdachte.« Jehan senkte die Stimme. »Es ist doch für uns alle entscheidend, dass niemand mehr von unserer jüdischen Herkunft weiß. Weißt du nicht mehr, was unter Ludwig XII. geschah? Ich war damals ja noch sehr klein, aber du warst immerhin schon neun Jahre alt.«

»Meinst du die Sondersteuer für alle getauften Juden? Ja, das hätte uns damals fast in den Ruin getrieben. Ganz zu schweigen von der Schande, sich dazu bekennen zu müssen. Aber andernfalls wären all unsere Güter eingezogen worden.«

Michel plauderte in gelassenem Ton, erinnerte sich aber noch zu gut an die Erniedrigung, die es für seinen Vater bedeutet hatte, mit dem Hut in Händen vor den Steuereintreiber treten zu müssen, um Rechenschaft über all seine Einkünfte abzulegen.

Jehan nickte ernst. »Ja, genau das meine ich. Aber diese Zeiten sind wohl endgültig für uns vorbei. Vor drei Jahren durfte unser Vater erleben, wie er endlich als vollberechtigter Bürger von Saint-Rémy anerkannt wurde. Das war wohl der glücklichste Tag seines Lebens. Ich selbst werde nicht müde, überall kund zu tun, dass wir einem Adelsgeschlecht entstammen. Der jüdische Ursprung lässt sich da manchmal nicht leugnen, aber ich erzähle dann von einem jüdischen Geschlecht aus Spanien, das sich schon vor einem guten Jahrhundert bekehren ließ. Von Vorfahren, die als Ärzte bei Hofe tätig waren und großes Ansehen bei den höchsten Herrschern genossen, weil sie sich durch eine besondere Gelehrsamkeit auszeichneten. Solche Geschichten verfehlen nie ihre Wirkung.«

»Du hattest eben immer schon eine blühende Phantasie.«

»Die bräuchtest du auch. Oder du müsstest dich meiner anpassen. Sieh mal, der Name Notredame hat heute schon einen ganz guten Klang. Und ein eigenes Wappen haben wir jetzt auch. Du musst einfach dein ärmliches Leben aufgeben und etwas zum Glanz unserer Familie beitragen. Heirate eine liebe, ehrbare Frau, lass dich irgendwo fest nieder, setze dein ärztliches Können Gewinn bringend ein und zeig dich als guter Katholik. Auf diese Weise würdest du nicht nur dir, sondern auch mir, unserem Vater und unseren Geschwistern helfen.«

»Das würde ich ja nur allzu gern«, antwortete Michel seufzend, »aber …«

In diesem Moment öffnete sich die Tür der Taverne, und eine Schar mit Gepäck beladener Diener kam herein. Dicht gefolgt von einem Kardinal, einem groß gewachsenen Mann mit gebieterischem Gehabe und einem langen Hirtenstab. Der Wirt ließ alle anderen Gäste stehen, eilte zu dem Kirchenmann und verneigte sich tief vor ihm. Seine rundliche Gattin steckte neugierig den Kopf aus der Küchentür, erblickte den Geistlichen und rannte herbei, um vor dem Mann Gottes auf die Knie zu fallen. Die gesamte Dienerschaft sowie eine Reihe von Gästen taten es ihr gleich.

Während der Kirchenfürst mit einer kurzen Handbewegung die Ehrbezeugungen der Leute erwiderte, trat ein vielleicht fünfzigjähriger Mann mit einem Schnurrbart und einem kurzen Kinnbart vor und erklärte herrisch an den Wirt gewandt:

»Kardinal Du Bellay wünscht eine bequeme Kammer und ebenso bequeme Unterkünfte für sein Gefolge. Darüber hinaus ein Mittagsmahl in der Güte, die ihm gebührt, das er in einem Raum, in dem sich keine leichten Mädchen oder Diebe aufhalten, einzunehmen wünscht. Wäret Ihr in der Lage, ihn diesbezüglich zufrieden zu stellen?«

Der Wirt, der immer noch mit gesenktem Haupt dastand, verharrte in dieser Stellung, als er antwortete:

»Ja, mein Herr. Nur leider habe ich nicht genügend Kammern frei, so dass einige Herren aus Eurem Gefolge mit einem Schlafplatz in der Scheune Vorlieb nehmen müssten.«

»Kommt nicht in Frage. Da kann das Bauernpack schlafen, das jetzt in Euren Kammern haust. Und bedenkt, heute könnt Ihr an einem Tag soviel verdienen wie sonst in einem Jahr.«

»Zu Euren Diensten, Monsieur.«

Michel hatte den Wortwechsel mit wachsender Erregung mitangehört. Die Stimme des Mannes, der wohl Sekretär des Kardinals war, kam ihm bekannt vor und erinnerte ihn an bessere Zeiten. Plötzlich sprang er auf und rief:

»François! François Rabelais!«

Der Sekretär blickte in Michels Richtung, blinzelte um besser sehen zu können, und stieß dann plötzlich hervor: »Das gibt's doch gar nicht. Michel! Michel de Notredame!«

Die beiden Männer umkurvten Tische und Stühle und warfen sich endlich unter den vergnügten Blicken der Anwesenden gegenseitig in die Arme. Nachdem sie sich lange gedrückt hatten, schob Rabelais seinen Freund ein Stück von sich fort und musterte ihn mit strahlender Miene: »Du hast dich ja kaum verändert in all den Jahren. Wieso habe ich dich nur nicht auf Anhieb erkannt?«

»Du bist auch immer noch der Alte«, antwortete Michel. »Ich habe dich sofort erkannt.«

Rabelais nahm Michel noch einmal fester in den Arm und flüsterte ihm dabei ins Ohr:

»Magst du immer noch die süßen Pflaumen? Du weißt, was ich meine?«

»Dafür warst doch eigentlich du der Experte«, antwortete Michel lachend, »aber sicher mag ich sie noch.« In wenigen Worten hätte er dem Freund ohnehin nicht erklären können, welche Wandlung er durchgemacht hatte. Und im Übrigen freute er sich ehrlich, seinen alten Freund wieder zu sehen und fühlte sich durch ihn in bessere Zeiten zurückversetzt.

»Du bist immer noch der Notredame, den ich kenne.« Rabelais fasste den Freund an den Schultern und zeigte ihn dem Kardinal. »Eminenz, erlaubt, dass ich Euch Maître Michel de Notredame vorstelle, einen alten Studienkollegen aus Montpellier. Ein Arzt vom Range eines Hippokrates, ein großer Pharmazeut, ein hervorragender Philosoph und Wissenschaftler von seltener Gelehrsamkeit.«

Du Bellay lächelte. »Auf solch eine Vorstellung ist es schwer, die passende Antwort zu finden. Monsieur de Notredame, vor Euch steht ein einfacher Kardinal, dessen Bemühen es ist, demütig der Heiligen Mutter Kirche zu dienen.«

Michel verneigte sich. »Eminenz, auch ich bin ein, wenn auch unwürdiger Diener derselben Sache.«

Rabelais fuhr jetzt ungehalten den Wirt an: »Auf, Faulpelz, worauf wartet Ihr denn noch? Richtet die Kammern und serviert das Mahl.« Während der Wirt in die Küche eilte, deutete Rabelais für Du Bellay auf einen gut beleuchteten Tisch. »Nehmt schon mal Platz, Eminenz. Ich unterhalte mich noch einen Moment mit meinem Freund und komme dann zu Euch.«

Er schob Michel zu dem Tisch, an dem er gesessen hatte. »Ein Bekannter?«, fragte er, indem er auf Jehan deutete, der ihn mit einer Handbewegung grüßte.

»Mein Bruder.«

»Nun, Monsieur, dann seid Ihr auch mein Bruder«, erklärte er feierlich, schob Michel auf die Bank und nahm neben ihm Platz. »Also wirklich, du hast dich überhaupt nicht verändert. Was hast du denn die letzten Jahre so getrieben?«

»Ich bin als Wanderarzt umhergereist. Bordeaux, Arles, Avignon, Valence, Vienne, Lyon, Marseille. Doch erzähl mir lieber von dir. Du bist doch jetzt ein berühmter Schriftsteller. Nach dem Erfolg von *Pantagruel* ist dein *Gargantua* jetzt in aller Munde.«

»Ach ja, ich wollte die Leute eben ein wenig zum Lachen bringen und darüber hinaus natürlich auch eine Reihe von Taugenichtsen an den Pranger stellen«, antwortete Rabelais achselzuckend. Dann senkte er seine Stimme. »Zum Schreiben habe ich jetzt keine Zeit mehr, seit ich diesem frommen Mann dort diene. Ich begleite ihn auf seinen Reisen, bete mit ihm, besorge ihm junge Mädchen und kümmere mich um seine Korrespondenz. Jetzt sind wir auf dem Weg nach Turin.«

Jehan füllte Rabelais einen frischen Becher und reichte ihm den Wein. »Nach Turin? Während die Türken Nizza besetzt haben und der Krieg in vollem Gange ist?«

»Ich danke Euch, Monsieur.« Rabelais nahm einen Schluck und seufzte zufrieden. Dann wischte er sich mit dem Handrücken über die Lippen und antwortete: »Ein Mann der Kirche kommt überall durch, wobei wir natürlich versuchen, den Türken aus dem Weg zu gehen. Mein Kardinal reist mit den verschiedensten diplomatischen Aufgaben im Gepäck, sowohl von Seiten unseres Königs Franz I. als auch des Kaisers und des Papstes. Wir sind ständig unterwegs. Wir kommen aus Avignon und haben in Arles Station gemacht, dann in Salon-en-Craux…« Er schlug sich mit der Handfläche gegen die Stirn. »Ach, Michel, jetzt fällt's mir ein. Weißt du, wen ich in Salon getroffen habe? Darauf kommst du nie im Leben.«

Michel wurde von einer unerklärlichen Unruhe ergriffen. Dennoch fragte er: »Sag schon, wen?«

»Erinnerst du dich an die Kleine, mit der du in Montpellier herumpoussiert hast? Jumelle?«

Das war genau der Name, den zu hören Michel gefürchtet hatte. Sogleich kam ihm der Satz aus dem Brief wieder in den Sinn, den die Frau ihm vor langer Zeit geschrieben hatte. Ein Satz, den er, aller Anstrengung zum Trotz, nicht aus seinem Gedächtnis hatte streichen können. ›So bleibt mir nicht anderes übrig als zu träumen, zum Beispiel, dass Ihr eines Tages vor mir steht, um mich zu befreien, schön, kühn und liebevoll, wie ich Euch in Erinnerung habe.‹ »Selbstverständlich erinnere ich mich noch an sie.«

»Na, dann solltest du sie jetzt einmal sehen. Sie war mit einem alten Geldsack verheiratet, der vor einigen Monaten das Zeitliche gesegnet hat. Er hat ihr ein Haus vermacht, Land und einige tausend Gulden. Jetzt ist sie eine respektierte und von allen Seiten umworbene Witwe, die sich ihre außerordentliche Schönheit auf wunderbare Weise hat erhalten können. Und soll ich dir mal was sagen? Sie hat mich nach dir gefragt.«

»Ach, tatsächlich?«

»Ja, und ich würde dir einen Besuch in Salon wärmstens ans Herz legen. Wer Jumelle, die sich jetzt übrigens Anne Ponsarde nennt, heiratet, hat für immer ausgesorgt. Er hätte nicht nur eine schöne Gattin, sondern auch ein stattliches Vermögen und beträchtliche Einkünfte, und damit auch einen sicheren Platz im Rat der Stadt. Und außerdem ist Salon ein hübsches, ruhiges Städtchen, mit wenig Hugenotten und ein gutes Stück vom Krieg entfernt.«

Jehan lachte. »Das wäre doch eigentlich auch etwas für mich.«

»Tja, Pech für Euch, dass sie sich nach Eurem Bruder erkundigt hat«, antwortete Rabelais, in das Lachen einstimmend. »Nach den langen Jahren mit dem siechen Alten sehnt sie sich bestimmt nach den Zeiten, als Michel ihr die Röcke raffte und sie aufs Bett warf. Und jetzt, wo sie Witwe ist, werden ihr die unbefriedigten Gelüste noch mehr zu schaffen machen.«

Michel, von lustvollen wie finsteren Vorstellungen gleichermaßen geplagt, lächelte gequält: »Ich möchte aber meinen Beruf als Arzt nicht aufgeben.«

»Das müsstest du in Salon doch auch gar nicht. Natürlich, sehr viele Patienten hättest du dort nicht. Salon ist eine der wenigen Städte, die bisher von der hier und dort wieder aufflackernden Pest verschont bleiben. Dort hättest du lediglich Bauchgrimmen, Blähungen und Erkältungen zu behandeln. Schlecht für deinen Geldbeutel – aber der wäre dann ja ohnehin prall gefüllt –, und gut für deine Gesundheit. In Salon wurde der graue Mönch jedenfalls noch nicht gesehen.«

Michel erschrak: »Der graue Mönche. Wer soll das sein?«

Rabelais reichte Jehan seinen leeren Becher und sagte: »Ich könnte noch ein Schlückchen gebrauchen. Wenn ich über unangenehme Dinge rede, wird meine Kehle immer so trocken.« Er trank etwas Wein und fuhr dann, Michel anblickend, fort: »Den Namen ›grauer Mönch‹ habe ich ihm gegeben. Die Leute verehren ihn wie einen Heiligen. Der Mann ist eine Art Bettelmönch, trägt eine graue Kutte und ist immer mit einer wunderschönen Frau zusammen. Er zieht von Dorf zu Dorf und fordert die Leute zu Umkehr und Buße auf, damit sie auf diese Weise der Pest entgehen. Ehrlich gesagt, sehe ich noch nicht klar, ob die Pest vor oder nach seinem Auftauchen auftritt. Die Leute sagen, vorher, aber ich habe da so meine Zweifel.«

Michel wurde es heiß und kalt. Ein heftiger Kopfschmerz befiel ihn, und er erblickte die drei blutroten Sonnen am Himmel und das Gesicht des Mannes mit dem grauen Umhang in Flammen. Er musste einige Male schlucken, bevor er fragen konnte: »Ähnelt dieser seltsame Mönch vielleicht dem Spanier, den wir damals in Montpellier verprügelt haben?«

Rabelais blickte eine Weile unschlüssig drein, bevor sich seine Miene erhellte. »Ach ja, jetzt weiß ich! Du meinst, dass …« Er schüttelte heftig den Kopf. »Nein, nein, ich habe den grauen Mönch zwar noch nie mit eigenen Augen gesehen, aber ich glaube nicht, dass er der Mann ist, den du im Sinn hast. Diesem Mönch sollen die kleinen Finger fehlen, und bei diesem Spanier war das nicht der Fall. Und denk doch mal an diese wunderschöne Frau. Der Kerl, den wir durchgeprügelt haben, wirkte doch wie eine wandelnde Leiche. Keine Frau der Welt hätte sich mit dem eingelassen.«

Aus einer anderen Ecke des Saals ertönte nun die tiefe, leicht gereizte Stimme des Kardinals: »Was ist denn, Monsieur Rabelais? Euer Essen steht schon auf dem Tisch. Verabschiedet Euch von Euren Freunden und setzt Euch zu mir.«

»Ich komme sofort, Eminenz!« Rabelais leerte seinen Becher und stand auf. Bevor er ging, beugte er sich noch einmal zu Michels Ohr hinunter. »Vergiss nicht, was ich dir von Jumelle erzählt habe. Ihre Sprache ist zwar immer noch ganz schön vulgär, aber sonst ist sie eine angesehene Dame, die dir Wohlergehen und ein ruhiges Leben garantieren könnte. Und außerdem …«

»Was?«

Rabelais führte beide Hände zu seinem Oberkörper und deutete damit volle Rundungen an.

»Weißt du noch, was sie hier hatte? Ja? Nun ja, die hat sie immer noch, fest und drall wie damals.« Er lachte noch einmal auf und entfernte sich.

Jehan blickte seinen Bruder lächelnd an.

»Und, wirst du dem Rat deines Freundes folgen?«

Michel, der mittlerweile den kurzen, unheimlichen Wachtraum abgeschüttelt hatte, zuckte mit den Achseln. »Nein, das kann ich mir nicht vorstellen. Schon einmal habe ich eine wunderbare Frau geheiratet, die ich dann …« Er brach abrupt ab. Fast hätte er sich selbst eines Verbrechens bezichtigt. Aber was sollte er tun? Seit Jahren schon bemühte er sich, die Erinnerung an Magdelène so weit wie möglich zu verdrängen. Doch jeder Versuch, sie zu vergessen, scheiterte kläglich. Und wenn er es am wenigsten erwartete, packten ihn plötzlich die Schuldgefühle und peinigten ihn wie mit glühenden Zangen.

Jehan schien verblüfft.

»Du hast mir deine erste Frau ja niemals vorgestellt, aber ich hatte nicht den Eindruck, dass du sie wirklich liebst. In deinen Briefen klang nichts von Zuneigung zu ihr an.«

Michel zögerte einen Augenblick und antwortete dann mit tiefem Ernst.

»Ich habe sie geliebt, aber das habe ich leider erst gemerkt, als es schon zu spät war. Ich will nicht noch mehr Unheil um mich herum verbreiten. Meine Bestimmung ist eine andere. Muss eine andere sein.«

Jehan wirkte immer überraschter.

»Wovon redest du überhaupt?«

»Gegen meinen Willen wurde ich als junger Mann in Geheimnisse eingeführt, die sich jeder Moral verschließen«, erklärte Michel eindringlich. »Frag mich bitte nicht, was das für Geheimnisse waren. Wer sich ihnen auch nur nähert, läuft Gefahr, dem Wahnsinn zu verfallen. Ich habe mir fest vorgenommen, meine Kenntnisse zum Guten zu wenden, also das, was eigentlich entsetzlich ist, sinnvoll zum Wohle aller einzusetzen. Auf diese Weise hoffe ich, wieder zu mir selbst zu finden.« Er legte eine Hand an die Stirn, auf der ihm mittlerweile der Schweiß stand. »Ich bitte dich, dring nicht weiter auf mich ein.«

Jehan legte die Stirn in Falten.

»Nein, keine Angst. Aber ich freue mich über deinen eisernen Willen. Unser Geschlecht braucht entschlossene Männer. Nicht umsonst haben wir unser Leben dem *einzigen Gott* geweiht.«

»Oder dem *Sonnengott*«, murmelte Michel, und fügte dann, nur für sich selbst hinzu: »Aber das ist mein Geheimnis.«

# Die Brunnenvergifter

Molinas lag mit geschlossenen Augen auf dem Bett. Er hatte nicht einmal mehr die Kraft, sich die schweißgetränkte Kutte auszuziehen. Der bald zu Ende gehende Sommer 1543 war heiß und drückend gewesen. Zum Glück hatte es etwas weiter im Süden, in der Gegend um Aix, schon vor zwei Tagen begonnen zu regnen. Fast zu viel, wie manch einer meinte.

»Der Mann, der uns beherbergt, beginnt, Verdacht zu schöpfen«, stellte die Herzogin Cybo-Varano fest, während sie ihr schlichtes Kleid ablegte.

»Ach, der würde es niemals wagen, uns davonzujagen«, murmelte Molinas müde. »Die Bewohner von Apt würden einen Aufstand zu unserer Verteidigung machen. Aber ich persönlich kann nicht mehr. Ich bin das ewige Umherziehen leid und die Auftritte vor der Menge liegen mir nicht. Vor jeder Predigt gerate ich für einen kurzen Moment in Panik, und wenn ich fertig bin, würde ich am liebsten so rasch wie möglich verschwinden.«

»Das könnt Ihr aber nicht, mein Freund.« Die Stimme der Herzogin klang wie immer einschmeichelnd und überzeugend. »Wir beide haben Kardinal Tornabuoni Gehorsam geschworen, und durch ihn auch dem Kaiser. Nun müsst Ihr beiden gehorchen. Aber was soll ich denn erst sagen? Seht mich an: Ich war Herrscherin über eine ganze Stadt, und nun kleide ich mich in Lumpen.«

Molinas öffnete die Augen, schloss sie aber sogleich wieder. Die Herzogin war fast nackt, und hatte sie auch die Hände züchtig über die Brüste gelegt, so ließ sie doch unterhalb des Hemdsaumes ihre schlanken, herrlich geformten Beine sehen. Wieder eine Falle, dachte der Spanier resigniert. Immer wenn seine Treue ins

Wanken geriet, setzte diese faszinierend teuflische Frau ihren unwiderstehlichen Körper ein, um ihn zur Fortsetzung ihrer Mission zu bewegen.

Molinas war zuvor niemals verliebt gewesen: Eine harte, äußerst strenge Erziehung hatte sein Interesse für das andere Geschlecht gebrochen und nur Bruchstücke einer Sinnlichkeit übrig gelassen, die er so gut es eben ging auslebte. Er hatte immer wieder Frauen, die er erregt betrachtete, aber nie zu berühren gewagt hätte, zu seinen Werkzeugen gemacht, die ihm zur Erfüllung seiner Ziele dienten. Und nun war er selbst, aufgrund seiner Liebe zu einem eiskalten, aber faszinierenden weiblichen Geschöpf, zu einem Werkzeug degradiert worden. Und das in seinem Alter. Seine Gefühle waren dazu verdammt, wie in einer Liebesbeziehung zwischen schüchternen Kindern, platonisch und unausgelebt zu bleiben. Wie unverzeihlich dumm von ihm, sich mit seinen sechzig Jahren noch zu verlieben.

Auch wenn er sich aus Angst, zurückgewiesen zu werden, nicht offen erklärte, wartete er doch ständig auf ein zustimmendes Signal von ihr, das ihn ermutigt hätte, ihr, unbeholfen aber aufrichtig, all das zu sagen, was er für sie empfand. Die Herzogin aber vereitelte jeden Versuch in diese Richtung. Sie beließ es dabei, ihn unerwartet ihren teilweise entblößten Körper sehen zu lassen oder ihn indirekt, durch die viel schamloseren Vorführungen ihrer Tochter Giulia, an die Existenz fleischlicher Wonnen zu erinnern, die immer unerreichbar für ihn bleiben würden. So war also Molinas, der nichts vom komplizierten Spiel der Verführung verstand, eine Marionette geworden, ein Sklave, der Dinge tat, die er vor nicht allzu langer Zeit nur befohlen hätte.

»Seid Ihr angekleidet?«, fragte er schüchtern, als sei das eine gewagte Frage.

»Einen Moment noch«, trällerte die Herzogin.

»Währenddessen könnt Ihr mir ja etwas von dem Mann erzählen, dem Ihr schon so viele Jahre auf den Fersen seid, diesem Notredame.«

»Aber Ihr wisst doch längst alles über ihn.«

»Ja, gewiss, aber ich möchte, dass Ihr mir noch einmal etwas vorlest, das Ihr mir schon vor einigen Monaten einmal vorgelesen habt. Es ist eine Stelle aus dieser Handschrift, die Ihr Eurem Feind entwendet hattet und die ich selbst ihm zurückgab. Ihr wisst schon, dieser arabische Text. Ihr tragt Ihn noch immer bei Euch, nicht wahr?«

»Woher wisst Ihr das?«

»Von Euch. Von wem sonst? Ach ja, Ihr könnt Euch natürlich nicht daran erinnern. An jenem Abend wart Ihr ja betrunken, und das nach nur einem Glas Wein. Auf, lest es mir vor, bitte!«

Molinas witterte wieder eine Falle. Wenn er nun die Augen öffnete, um die Handschrift zu suchen, würde er die noch halb nackte Caterina zu Gesicht bekommen, und sein Gewissen würde einen weiteren Schlag verkraften müssen. Und genau das, da war er sich sicher, wollte sie. Um dieser Hinterlist zu entgehen, drehte er sich zum Fenster und hob dann erst ein wenig die Lider. Die Blätter mit der Stelle aus dem *Arbor mirabilis,* arg zerschlissen, weil er sie so häufig zur Hand genommen hatte, steckten in einer Tasche, die er vom Bett aus erreichen konnte. Er nahm sie heraus.

»Nun gut, ich lese sie Euch vor, aber Ihr werdet kaum etwas verstehen«, sagte Molinas, ohne ihr den Blick zuzuwenden. »Ich selbst habe da meine Schwierigkeiten. Zwar verstehe ich den größeren Zusammenhang, doch die praktischen Auswirkungen sind mir unklar. Die kennt allein Notredame. Leider.«

»Vielleicht komme ich ja dahinter, was die Zeilen zu bedeuten haben. Obwohl ich nur eine Frau bin, was Ihr ja mit Hartnäckigkeit zu leugnen versucht.« Mit einem listigen Lachen gab die Herzogin zu verstehen, dass sie das jungfräuliche Unbehagen Molinas' spürte, und fügte dann etwas ernster hinzu:

»An meinem Hof in Camerino empfing ich Astrologen und Alchimisten. Der Abschnitt, den Ihr mir vorlesen werdet, ist von einem arabischen Philosophen, nicht wahr?«

»Ja, von Al Farabi. Aber wie gesagt, er ist sehr schwer zu verstehen.«

»Ich werde mir Mühe geben. Lest nur, ich höre zu.«

Molinas begann mit seiner krächzenden Stimme:

»Ich übersetze Euch aus dem Lateinischen.«

*Es ist nicht unmöglich, dass ein Mensch, dessen Vorstellungskraft die höchste Perfektion erreicht, in wachem Zustand mittels sowohl durch die Sinne erfahrbarer als auch nur verstandesmäßig wahrnehmbarer, immaterieller Symbole Kenntnis gegenwärtiger oder zukünftiger Geschehnisse erhält; es ist nicht unmöglich, dass dieser ein Prophet wird und uns sogar Erkenntnisse über das Reich Gottes vermittelt. Dies ist die höchste Stufe der Wahrnehmung, die ein Mensch mit seinen Vorstellungskräften erreichen kann.*

»Nun könnt Ihr mich anschauen, ich bin angezogen«, verkündete die Herzogin, gleichzeitig frivol und ernst. »So unverständlich erscheinen mir diese Worte gar nicht. Ihr glaubt, dass Notredame über seherische Fähigkeiten verfügt, nicht wahr?«

»Ja, ich habe unwiderlegbare Beweise dafür.«

»Und in dem, was Ihr gerade vorgelesen habt, steht doch nichts weiter, als dass gewisse Menschen diese Fähigkeit erlangen können.«

»Nein, es steht sehr viel mehr darin.« Molinas hob den Blick zu der Frau vor ihm. Sie war schön, wie immer, einfach unbeschreiblich schön. Niemandem sonst, abgesehen von seinen früheren Vorgesetzten vielleicht, hätte er so detailliert seine Gedanken erläutert. Aber bei ihr kam ihm das ganz natürlich vor. »Ich müsste Euch die vorhergehenden Stellen vorlesen. Dies hier ist nur die Zusammenfassung der Abhandlung. Darin spricht der Autor von Geistwesen, den so genannten *Intelligentiae,* die hierarchisch zwischen Gott und den Menschen angeordnet sind, eine jede mit einer eigenen Sphäre, die zu durchschreiten ist, um zur göttlichen Sphäre vorzudringen. Es wird also für möglich gehalten, Gott zu erreichen. Was könnte es Blasphemischeres geben?«

»Ich glaube, ich verstehe Euch, teilweise zumindest.«

»Nein, das könnt Ihr nicht. Notredame bedient sich eines Zauberwortes, das er wahrscheinlich von seinen Ahnen kennt und das die allergefährlichsten Schwarzkünstler im Munde führen: *Abraxas.* Es scheint nur ein Wort zu sein, in Wirklichkeit ist es aber eine Kombination griechischer Zahlen, die zusammengezählt 365 ergeben.«

»Die Anzahl der Tage im Jahr.«

»Richtig. Die Anzahl der Tage im Jahr. Doch laut Eirenaios und Hippolytos, zwei Kirchenvätern, war *Abraxas* für die Gnostiker eine konkrete Wesenheit, und die Zahl 365 bedeutete …«

Er brach ab, weil sich die Tür öffnete und Giulia in einem schlichten Kleid hereinkam, gefolgt von dem Mann, bei dem sie wohnten, einem Bürger mit plumpen, jetzt keineswegs freundlichen Gesichtszügen. Alle beide wirkten verängstigt.

»Was ist los?«, fragte Molinas, während er rasch die Blätter wegsteckte.

Giulia lief zu ihm. »Offensichtlich gibt es jetzt auch hier in Apt die ersten Pesterkrankungen. Die Leute strömen unter dem Haus zusammen und verlangen nach Euch. Sie wollen von Euch gesegnet werden.«

»Und ich will nur meine Ruhe.«

Der Hausherr breitete die Arme aus. »Wenn Ihr nicht hinuntergeht, werden sie alle hinaufkommen. Die Leute sind wie besessen. Allmählich glaube ich, dass es ein Fehler war, Euch bei mir aufzunehmen.«

»Das hättet Ihr Euch früher überlegen sollen.« Molinas suchte die Augen der Herzogin und verstand, was sie ihm sagten. Augenblicklich erhob er sich vom Bett. »Schon gut, ich komme. Aber Ihr bleibt hier, Madame, und Ihr auch, Giulia. Ich komme so bald wie möglich zurück.«

Während er die Treppe hinunterging, zog Molinas sich die

graue Kutte zurecht, die er seit dem Beginn dieser irrsinnigen und mörderischen Mission trug. Er war sich weder sicher, auf dem richtigen Weg zu sein, noch dass die Risiken, die er damit einging, den Untergang seines Todfeindes irgendwie beschleunigten. Doch er liebte Caterina, so sehr es ihm sein verdorrtes Herz erlaubte, und sah keine andere Möglichkeit, die Jagd auf Notredame und den geheimnisvollen Ulrich fortzusetzen.

Auf dem kleinen Platz, an dem das Haus stand, drängten sich die Menschen. Einige beteten, andere weinten oder schickten Flüche zum Himmel. Zum größten Teil handelte es sich um mit schlichten Leinenkleidern bekleidete Frauen. Auch die Männer kamen zumeist aus den niederen Ständen. Hinzu kamen noch vielleicht ein Dutzend so genannte *mediocres,* also gut gestellte, aber nicht hochrangige Bürger, sowie einige wenige Honoratioren. Edelleute waren nicht zu sehen. Es war eine Menge, wie sie Molinas von den Hexenverbrennungen in Spanien und Sizilien kannte.

Der Blick des Spaniers wurde von einem Mann angezogen, der mit verschränkten Armen etwas abseits in einer Ecke des Platzes stand. Er war elegant, aber nicht auffällig gekleidet und trug einen kurzen Samtumhang über den Schultern. Sein breites, gerötetes Gesicht ließ Molinas zusammenzucken. Der Mann erinnerte ihn auf verblüffende Weise an… Nein, unmöglich, dieser hier war jünger und trug keinen viereckigen Hut, sondern einen mit Federn geschmückten, breitkrempigen. Der Spanier wandte den Blick ab und machte einige Schritte zur Mitte des Platzes.

Ein vielstimmiges Geschrei empfing ihn.

»Rettet uns! Segnet uns! Vertreibt die Pest!«

Jetzt lösten sich vier kräftige junge Männer aus der Menge. Sie trugen ein Leinentuch, in dem der leblose Körper eines blutjungen Mädchens, eines Kindes, lag, von dem nur der Kopf aus dem weißen Tuch herausschaute. Die Blässe in ihrem Gesicht und die Eiterflecken auf dem Stoff gaben Aufschluss darüber, woran sie gestorben war.

Unwillkürlich wich Molinas vor dem entsetzlichen Gestank einen Schritt zurück.

Einer der jungen Männer, dessen Gesicht tränenüberströmt war, deutete mit einer Kopfbewegung auf die Leiche.

»Rettet sie. Ich flehe Euch an. Ich weiß, dass Ihr die Macht dazu habt. Sie ist meine Verlobte!«

Der Spanier starrte ihn fassungslos an.

»Aber sie ist doch schon tot. Seht Ihr das nicht?«

»Doch. Aber Ihr seid ein Heiliger und könnt sie von den Toten erwecken. Helft mir! Ich flehe Euch an!«

Die Menge streckte die Arme in die Höhe.

»Tut es! Tut es! Im Namen des Herren!« Mittlerweile schien die ganze Menge von Weinen ergriffen, und das Flehen wurde zu einem Donner. »Erweckt sie von den Toten! Rettet uns alle!«

Für einen Moment war Molinas ratlos. Er konnte die Forderung dieser Besessenen unmöglich erfüllen, spürte gleichzeitig aber auch, was ihm bei einer Verweigerung drohte. Da fiel ihm glücklicherweise, vielleicht mit Unterstützung des Heiligen Geistes, der einzig mögliche Ausweg ein. Er kreuzte die Arme und verzog das Gesicht zu einer Miene unbändigen Zorns.

»Das ist Gotteslästerung!«, schrie er mit vor geheuchelter Entrüstung erstickter Stimme. »Wisst Ihr denn nicht, dass Jesus Christus allein die Macht hat, Tote zum Leben zu erwecken? Ihr Heiden und Ketzer, glaubt Ihr im Ernst, ein sterblicher Mensch, und sei er auch noch so fromm, könne es ihm gleich tun. Beklagt Euch nicht, wenn Gott Euch mit der Pest straft. Ihr verhöhnt ihn doch ganz offen, wie eine Bande von Hugenotten.«

Urplötzlich war die Menge verstummt. Auch der junge Mann mit dem verheulten Gesicht hatte den Kopf gesenkt und schwieg. Molinas wusste, dass er nur wenige Augenblicke Zeit hatte, bis diese Stimmung in Feindseligkeit umschlug. So hob er rasch wieder an zu schreien: »Schande! Schande! Schande! Dreimal Schande über Euch! Dieses arme Mädchen habt Ihr auf dem Gewissen. Eurer Ruchlosigkeit wegen musste sie sterben. Und jetzt wollt ihr sie wieder zum Leben erwecken! Etwas Empörenderes habe ich noch nie gehört! Diese Stadt ist verseucht, aber nicht von der Pest, sondern von der Sünde!«

Es folgte eine lange, bedrückende Stille. Wer weinte, weinte weiter, aber leise vor sich hin. Wer zitterte, entdeckte den Unterschied zwischen Angst und panischem Schrecken. Alle warteten demütig auf irgendein Wort der Vergebung, des Trostes, ein Wort, das diese unerträgliche Spannung lösen würde.

Molinas hatte gar nicht gemerkt, dass Caterina Cybo, entgegen ihrer Absprache, neben ihn getreten war. Die Herzogin flüsterte ihm ins Ohr: »Bravo! Und nun fordert die Leute auf, das Leintuch der Toten zu küssen.«

Welch ein genialer und gleichzeitig teuflischer Gedanke! Molinas spürte, dass er vor Entsetzen bebte. Fassungslos blickte er seine Freundin an, doch seine Skrupel verloren sich in der Tiefe ihrer herrlichen Augen. Er wandte den Blick wieder der Menge zu, hob die Arme und deutete auf die Leiche.

»Wenn es hier eine Heilige gibt, dann dieses unschuldige Mädchen, das in unserer Mitte liegt!«, rief er. »Was zögert Ihr, sie zu berühren, ihre Wunden zu küssen, ihre Lippen zu streicheln? Versteht Ihr nicht, dass sie gestorben ist, um Euch zu retten? Nur auf diese Weise werdet Ihr den Zorn Gottes besänftigen!«

Nach einigen Augenblicken des Zögerns, kam Bewegung in die Menge, und ein Tumult brach los. Die vier jungen Männer, die die Leiche trugen, sahen sich von allen Seiten bedrängt und mussten schließlich ihre Last fallen lassen. Ein bärtiger Bauer mit schulterlangem Haar war der Erste, dem es gelang, einen Fetzen des Leintuchs abzureißen. Er küsste ihn hingebungsvoll und hob ihn in die Höhe.

»Vergib uns!«, rief er. »Vergib uns und beschütze uns!«

Ein zweiter Bauer beugte sich über das erdfahle Gesicht der Leiche und gab ihr einen Kuss auf die Stirn, sogleich bedrängt von einem jungen Bettler, der seinen Platz einzunehmen gedachte. Als ihm dies nicht gelang, riss er der Toten Büschel Haare aus. Unterdessen versuchten einige Frauen, den Leinensack von unten aufzureißen, um die Füße des Mädchen hervorzuholen und mit den Lippen zu berühren.

Entgeistert wurde Molinas gewahr, wie das Volk in kürzester Zeit außer Rand und Band geriet. Jetzt wurde das tote Mädchen aus dem Sack gezerrt. Überall auf ihrem nackten Leibe, besonders aber am Rücken und unter den Armen, waren Beulen zu sehen, aus denen noch der Eiter lief. Hin und her wurde sie geworfen, gerüttelt und geschüttelt. Mal schwebte sie über den Köpfen, dann tauchte sie wieder in den Strudel hinab, um gleich darauf, grotesker und misshandelter als zuvor, wieder aufzutauchen. So ging das einige Male auf und ab, bis der Leiche alle Haare ausgerissen waren, während sich die Menschen um sie her wie rasend um die blutigen Büschel prügelten. Gelähmt vor Entsetzen, beobachtete Molinas die Szene. Caterina fasste ihn am Arm.

»Kommt!«, sagte sie aufgewühlt. »Wir müssen so rasch wie möglich aus der Stadt.«

Sie schoben ihren Gastgeber zur Seite, der dem Treiben mit offenem Mund von der Tür seines Hauses aus zugesehen hatte, und liefen die Treppe zu ihren Kammern hinauf. Giulia, die überhaupt nichts mitbekommen hatte, saß in Molinas' Zimmer vor dem Fenster und las in einem Buch. Die Herzogin riss es ihr aus der Hand. »Los, pack deine Sachen zusammen, aber schnell! Wir müssen fort.« Das Mädchen gehorchte, während sie selbst in einer Truhe zu kramen begann.

»Was sucht Ihr denn?«, fragte Molinas, noch völlig benommen.

»Na, die Fläschchen. Wo habt Ihr sie versteckt?«

»Hier sind sie doch.« Der Spanier öffnete eine Schreibtischschublade und holte klimpernd einige kleine Glasbehälter hervor. Sie enthielten eine schaumige, blutrote Flüssigkeit.

»Ein kluges Versteck!«, rief die Herzogin höhnisch aus. »Los, packt sie ein und sucht Eure Sachen zusammen. Wir müssen uns beeilen. Ich weiß nicht, ob Ihr das verstanden habt, aber hier werden wir bald in Lebensgefahr sein.«

Kurz darauf schon durchquerte Molinas mit der Herzogin und Giulia den Korridor, der durch die Küche zum Hinterausgang führte. Plötzlich stellte sich ihnen der völlig fassungslose Hausherr in den Weg. »Wo wollt ihr hin?«, fragte er mit drohender Miene. »Jetzt weiß ich, was hier gespielt wird. Ihr habt uns alle für dumm verkauft. Ihr bekämpft nicht die Pest, ihr verbreitet sie! Aber sobald sich der Mob beruhigt hat, werde ich euch anzeigen. Ich habe schon einen Herrn, aus Aix, der fürs Parlament arbeitet, benachrichtigt. Der wird …«

Die Herzogin blickte Molinas an. »Diego, worauf wartet Ihr noch?«

Der Spanier verstand nur zu gut, was die Frau von ihm erwartete, wusste jedoch auch, dass er dazu nicht imstande sein würde. »Ich kann doch …«

Caterina wartete nicht, bis er den Satz beendet hatte. Sie ließ ihre Tasche fallen, packte mit beiden Händen eins der Messer, die an einem Brett an der Wand hingen und stieß es ihrem Gastgeber bis zum Heft in die Kehle. Dann trat sie rasch zurück, um dem Blutstrom auszuweichen, der aus der Wunde schoss. Der Mann versuchte noch, die Hände auf den Einstich zu legen, sank aber schon im nächsten Augenblick bewusstlos zu Boden. Giulia stieß einen erstickten Schrei aus. Sonst war es still.

Die Herzogin starrte Molinas aus ihren eiskalten Augen an.

»Man merkt, dass Ihr nie die Herrschaft über ein von Feinden umlagertes Fürstentum zu verteidigen hattet.« Sie hob ihre Tasche vom Boden auf. »Jetzt kommt. Der Mann hatte Pferde. Wir müssen zum Stall. Zum Glück liegt er nicht am Platz.«

Eine halbe Stunde später ritten sie, die Herzogin Cybo-Varano auf einem weißen Hengst vorneweg, Molinas mit Giulia auf einem grauen Tier dahinter, zwischen üppig bewachsenen Hügeln auf einer staubigen Straße gen Süden. Die Sonne war hinter dichten schwarzen Wolken mit ausgezackten rötlichen Rändern, den Vorboten eines Gewitters, verschwunden.

Als sie an einer Steigung langsamer reiten mussten, schloss Molinas mit seinem Pferd zu dem der Herzogin auf. Er war verwirrt, und es gelang ihm kaum, alles was er in so kurzer Zeit gesehen und getan hatte, in seinem Geist zusammenzubringen. Schließlich war er es gewöhnt, mit der Ausdauer und Langsamkeit einer Spinne subtile Fangnetze zu knüpfen. Die von Caterina verübte Bluttat erschütterte oder empörte ihn jedoch nicht sonderlich. Es war im Grunde Notwehr gewesen, und außerdem konnten sie sich hier auf den Gehorsam gegenüber ihren Auftraggebern berufen. Was ihm aber keine Ruhe ließ, war das von ihm selbst verübte Verbrechen. Er wusste nur zu gut, dass in Kürze schon die Hälfte der Bewohner von Apt darniederliegen und die andere Hälfte das Fieber, das die Krankheit ankündigte, spüren würde.

»Ich denke, wir haben jetzt genug getan. Unsere Mission ist erfüllt.«

»Nicht ganz. Wir müssen noch nach Aix. Die Stadt ist von entscheidender strategischer Bedeutung.«

»Aber versteht doch, man ist uns auf der Spur! Hat die Pest erst Apt verwüstet, wird sich die Kunde dessen, was sich zugetragen hat, in Windeseile in der ganzen Gegend verbreiten.«

»Eben weil unsere Lage so schwierig ist, dürfen wir nicht auf halbem Wege stehen bleiben.« Die tiefblauen Augen der Herzogin, die auf Molinas gerichtet waren, wirkten jetzt etwas sanfter. Ein böiger Wind hatte sich erhoben, der ihre Frisur zerzauste und ihre langen blonden Haare flattern ließ. »Ob wir uns retten können, hängt ganz davon ab, wie schnell die Truppen Karls V. vorankommen. Wenn wir jetzt innehalten, sind wir verloren. Aix muss fallen.«

Molinas fand diese Worte überzeugend, fragte sich aber auch, ob er sich ebenso rasch hätte überzeugen lassen, wenn sie aus einem anderen Mund gekommen wären. Er wusste ja, dass er sich mehr und mehr einem anderen, stärkeren Willen unterwarf. Es war der Wille einer Frau, und durch diese Tatsache fühlte er sich auch ein wenig gedemütigt. Andererseits hatte er sein ganzes Leben lang unerreichbaren unantastbaren Mächten gehorcht und kannte nur zu gut jene subtile Lust, die mit der Unterwerfung verbunden sein konnte. In allen Heeren, in allen Fürstentümern, auch in der Kirche (von der Inquisition ganz zu schweigen), war das verbindende Element eben jene Lust daran, Verantwortung abzugeben und sich selbst zum Sklaven zu erniedrigen. Es war ein ganz ähnliches Gefühl wie jenes, das ihn überkam, wenn er sich so unbarmherzig für seine Verfehlungen bestrafte.

»Also gut, ich folge Euch«, sagte er mit finsterer Miene. »Möge Gott uns beschützen.«

Je südlicher sie kamen, desto dunkler wurde der Himmel. Als sie bei einem Wäldchen an einem Bach Rast machten, um die erschöpften Pferde ein wenig grasen zu lassen, kam ein Bauer vorüber, der mit dem Spaten über der Schulter offenbar von der Feldarbeit heimkehrte, und grüßte sie:

»Der Herr sei mit Euch.«

Er deutete auf die tiefhängenden Wolken, die den Himmel bedeckten und für eine beunruhigend frühe Dämmerung sorgten. »Ihr solltet besser irgendwo Schutz suchen. In Kürze wird hier ein Unwetter losbrechen.«

Die Herzogin, die auf einem Felsblock neben ihrer Tochter saß, schüttelte den Kopf.

»Wir müssen heute noch Aix erreichen.«

Der Bauer winkte ab.

»Aix? Das könnt Ihr unmöglich schaffen! Dort regnet es seit Tagen ununterbrochen, und es sieht nicht so aus, als wolle es aufhören. Die Straßen sind aufgeweicht und die Flüsse fast alle über die Ufer getreten. Offenbar hat das Wasser auch die Friedhöfe überflutet; Leichen sollen in Mengen auf dem Wasser treiben. Kehrt um, zurück nach Norden, bevor es zu spät ist.«

»Wir reiten nach Aix«, erklärte die Herzogin, fest entschlossen.

»Tut, was Ihr nicht lassen könnt«, antwortete der Bauer, und kratzte sich dabei die langen Haare im Nacken, die auf seinem halbkahlen Schädel wuchsen. »Aber Ihr könnt froh sein, wenn Ihr da mit dem Leben davonkommt. Hier wütet die Pest, aber dort unten ist wirklich die Hölle los.«

# Der Mann in der Kutte

Baron Jean Maynier d'Oppède, der Präsident des Parlaments von Aix, war verzweifelt. Er fasste die Brüder Jean und Michel de Notredame unter und trat mit ihnen ans Fenster. Draußen sah man die Karren der *alarbres* langsam davon fahren, beladen mit den Leichen, die die Männer vom Pflaster des Rathausplatzes gesammelt hatten. Ihnen folgten die Ärzte in ihren ledernen Brustpanzern, die Gesichter hinter den Vogelmasken mit den langen Schnäbeln verborgen.

»Seht Euch das nur an!«, rief Maynier mit erstickter Stimme. »Als wenn die Scherereien, die uns Waldenser und Hugenotten machen, nicht schon gereicht hätten. Und jetzt auch noch die Pest. Schuld sind die Überschwemmungen in den letzten Wochen. Die Wassermassen haben die Leichen aus den Gräbern gerissen und überall hin verteilt, und die haben die Luft verpestet. Die Bevölkerung von Aix ist schon beträchtlich geschrumpft, und mit jedem Tag wird es schlimmer.«

Michel machte eine abwehrende Handbewegung. »Ich halte nicht viel von dieser Erklärung mit den fortgespülten Leichen. Sicher, sie werden ihren Teil zur Verschlimmerung der Situation beigetragen haben. Aber die Pest wütet doch schon seit langem in der Provence. Nur Aix war bisher als einzige Stadt davon verschont geblieben.«

Der Baron verzog sein Gesicht mit der Hakennase und den winzigen Äuglein, dessen nussbraune Hautfarbe schon ins Gelbliche spielte, zu einer skeptischen Miene.

»Ihr seid Arzt und wisst daher mehr darüber als ich. Tatsache ist aber doch, dass wir es hier nicht mit einem vorüber gehenden Fieber zu tun haben. Meine Mitbürger sterben wie die Fliegen.

Also liegt es entweder an den bloßgelegten Leichen, oder jemand hat die Pest in die Stadt gebracht. Ich möchte nur wissen, wer.«

Jehan, der bisher die meiste Zeit geschwiegen hatte, stützte sich auf das Fensterbrett und deutete auf Michel. »Diese Frage kann Euch mein Bruder wohl auch nicht beantworten. Aber er ist ein hervorragender, auf Seuchen spezialisierter Arzt. Und damit möchte ich noch einmal, Monsieur, auf die Frage zurückkommen, die ich zu Beginn dieser Audienz an Euch richtete. Wäre es möglich, Michel ein öffentliches Amt zu übertragen, Sanitätsmagistrat etwa, damit er in dieser Eigenschaft der Ausbreitung der Epidemie Einhalt gebieten kann? Ich versichere Euch, dass er zurzeit der Einzige ist, der dazu in der Lage wäre.«

»Ich zweifle ja auch nicht an seinen Fähigkeiten. Aber ich müsste zuvor das Parlament zusammenrufen, was zurzeit nicht möglich ist. Oder zumindest die Konsuln dazu anhören. Aber die sind alle in ihre Landhäuser geflohen.« Der Baron blickte Michel an: »Ich habe vollstes Vertrauen in Euch, Monsieur de Notredame. Und ich bin Euch aus tiefstem Herzen dankbar, dass Ihr uns helfen wollt. Doch ein öffentliches Amt kann ich Euch im Moment nicht übertragen.«

Michel verbarg seine Enttäuschung hinter einer Verbeugung. »Ich danke Euch dennoch für das Vertrauen, das Ihr mir entgegenbringt. Ich werde nun das Mittel zubereiten, das ich gegen die Pest entwickelt habe. Eine süßlich duftende Essenz, die den giftigen Ausdünstungen entgegenwirkt.«

Maynier nickte. »Ja, tut das. Wenn Ihr Erfolg habt, wird man Euch im Triumph durch die Stadt tragen.«

»Zu viel der Ehre, Monsieur. Doch sagt, ist es wahr, dass sich die pestkranken Frauen hier in Aix ihre eigenen Leichensäcke nähen?«

»Leider ja. Sie wollen sich den *alarbres* nicht nackt zeigen. Es ist entsetzlich, aber leider hat es zahlreiche Fälle von Vergewaltigungen todkranker Frauen gegeben.«

Michel erschauderte. »Ja, die Pest ist wie der Krieg. Sie weckt die niedersten Triebe im Menschen. Es ist ja kein Zufall, dass Pest und Krieg häufig Hand in Hand gehen. Zum Glück sind wir von letzterem bisher noch verschont geblieben.«

»Das stimmt leider nicht mehr ganz«, rief Maynier mit besorgter Miene aus. »Ich spreche jetzt nicht vom Krieg gegen den Kaiser, aber mit Beginn dieses verfluchten Jahres 1544 hat ein noch heimtückischerer Feind sein dreistes Haupt erhoben.«

»Wen meint Ihr damit?«, fragte Jehan verwundert. »Obwohl ich hier wohne, habe ich noch nichts davon gehört.«

»Das ist auch nicht allgemein bekannt. Aber dort oben im Luberon-Gebirge...«, Maynier deutete auf einen unbestimmten Punkt jenseits des Fensters, »... haben die Waldenser unsere momentane Schwäche ausgenutzt und verlorenes Gelände zurückerobert. Viele gute christliche Familien, die sich nach der Säuberung durch Giovanni da Roma dort niedergelassen hatten, wurden vertrieben. Kurz und gut, die Pest ist nicht das einzige Übel, das wir zu bekämpfen haben.«

»Das ist ja entsetzlich«, murmelte Michel. »Und wahrscheinlich ist zur Zeit das ganze Heer an den Grenzen zusammengezogen.«

»Ja. Glücklicherweise zieht von Salon ein Freiwilligenheer unter Führung des Barons De la Garde heran, das er auf eigene Kosten zusammengestellt hat. Es kann täglich hier eintreffen. Dann werden sie die Häretiker dort oben in den Bergen aufstöbern und vernichten. Ich hoffe nur, dass nach den Überschwemmungen jetzt nicht auch noch die Pest seinen Vormarsch aufhält.«

In diesem Moment drang von draußen Gesang zu ihnen, zunächst noch schwach, dann immer deutlicher. Ein vielstimmiger Chor intonierte mehr schlecht als recht den Bittgesang *Vexilla Regis prodeunt.*

»Eine Prozession, während die Pest wütet?«, rief Michel erregt aus. »Genau das Richtige, damit sich die Seuche noch schneller ausbreitet!«

»Das ist wohl keine richtige Prozession«, erklärte Maynier. »Es wird sich wieder um einen Umzug dieses mysteriösen Predigers handeln, der behauptet, die Pest vertreiben zu können. Er fordert zu Buße und Umkehr auf, und die Menschen, die sich verzweifelt an jeden Hoffnungsschimmer klammern, glauben und folgen ihm. Es ist unmöglich, sie zur Vernunft zu bringen.«

»Kennt Ihr den Namen dieses seltsamen Heiligen?«

Der Mann, der bisher etwas abseits von ihnen an einem Schreibtisch gesessen hatte, hatte anscheinend die Frage gehört und trat zu ihnen. Von ihm wusste Michel nur, dass er Pater Pietro Gelido hieß, aus der Toskana stammte und für Maynier als Sekretär arbeitete. Das stets totenblasse Gesicht des Mannes und seine knöcheren Züge wirkten etwas unheimlich.

»Keiner weiß, wie er richtig heißt«, erklärte Gelido jetzt. »Er wird nur ›der graue Mann‹ genannt, weil er stets eine graue Kutte trägt. Man sieht ihn immer in Begleitung einer sehr schönen Frau und manchmal auch eines jungen Mädchens. Er selbst hingegen ist auffallend hässlich, und hinzu kommt noch, dass ihm die kleinen Finger fehlen.«

Fast gleichzeitig entfuhr den Gebrüdern Notredame ein Ausruf des Entsetzens. Es war Jehan, der als Erster sprach. »Ihm fehlen die kleinen Finger? Dann ist er kein Heiliger, sondern ein Mörder.« Er war dermaßen aufgebracht, dass sich seine Stimme überschlug. »Ich selbst war in Apt, als dieser Mann eintraf und eine Katastrophe auslöste. Er ist es, der die Pest verbreitet. Er und seine Gefährtin.«

»Auch Rabelais sagte, dass ihm der Mann verdächtig vorgekommen sei, und dass die Pest immer gerade dort aufgetreten sei, wo der ›graue Mönch‹ sich aufgehalten hatte!«, fügte Michel hinzu und blickte den Baron mit ernster Miene an. »Monsieur Maynier, führt uns zu diesem Mann. Vielleicht gibt es eine Erklärung für die ungeheure Ausbreitung der Pest in Aix!«

Maynier zog eine Augenbraue hoch.

»Glaubt Ihr wirklich? Nun, solltet Ihr Recht haben, werden der ›graue Mann‹ und sein Flittchen teuer dafür bezahlen. Folgt mir!«

Unverzüglich liefen sie die Treppe zum Erdgeschoss des Rathauses hinunter. Dort angekommen, wandte sich Maynier an den Offizier, der die Wachmannschaft befehligte. »Ruft alle verfügbaren Männer zusammen und kommt dann mit uns! Ich gebe Euch eine Minute. Und dass die Soldaten bis an die Zähne bewaffnet sind!«

Kurz darauf schon überquerten der Parlamentspräsident, Michel, Jehan und Pietro Gelido, gefolgt von einer Eskorte von zwanzig bewaffneten Männern, den Platz und stellten sich der Prozession entgegen, die gerade dort eintraf.

Die Büßer, aus denen sie sich zusammensetzte, waren in der Mehrheit schlecht gekleidete Männer und Frauen aus den ärmeren Schichten, darunter aber auch einige reichere Bürger. Alle sangen sie aus voller Kehle und wirkten wie in Ekstase. Zahlreiche Kinder begleiteten den Zug, die, da der Gesang zu kompliziert für sie war, einfach vergnügt dazu in die Hände klatschten. Der Menge voraus gingen ein Mann in einer grauen Kutte, der sich auf einen langen Stock in der Form eines Kreuzes stützte, sowie eine blonde Frau in einem eleganten, für die Gelegenheit höchst unpassenden Kleid.

Als Michel sie erkannte, wankte er, wie von einem plötzlichen Schwindel ergriffen.

»Diego Domingo Molinas!«, murmelte er, als er endlich wieder sprechen konnte. »Und die Frau, die mir in Marseille die Handschrift zurückgegeben hat! Ich habe doch gespürt, dass dieses Ungeheuer hier seine Finger im Spiel hat…«

»Ihr kennt die beiden?«, fragte Maynier.

»Ich jedenfalls kenne sie«, antwortete Jehan für ihn. Er war ebenso blass im Gesicht wie sein Bruder, aber noch mehr in Rage. »Das sind die beiden, die für die Massaker in Apt verantwortlich sind. Und wahrscheinlich sind sie auch die Mörder des armen Mannes, der sie dort beherbergt hatte.«

Am Himmel waren schwarze Wolken heraufgezogen, die schon einen Teil des Horizonts bedeckten. Maynier wandte sich an den Kommandanten der Wachmannschaft.

»Verhaftet den Mann in der grauen Kutte und die Frau neben ihm und treibt die Leute auseinander.«

»Zu Befehl.« Der Offizier schrie seinen Männern etwas zu. Diese rückten mit gezückten Degen vor.

Molinas war im ersten Moment nur überrascht, als er die Soldaten auf sich zukommen sah, doch dann kreuzte sein Blick den von Michel. Sein Mund öffnete sich zu einem Schrei, während sich auf seinem Gesicht Bestürzung, Schrecken und Wut abzeichneten. Doch er konnte nicht fliehen, weil ein starkes Zittern seine Beine ergriffen hatte.

Auch die Herzogin schrie, jedoch an die Teilnehmer der Prozession gewandt:

»Ihr frommen Christen, beschützt uns! Man will dem Heiligen, der Euch vor der Pest retten kann, Gewalt antun. Es ist der Satan, der sie dazu antreibt!«

Die Menge, die aufgehört hatte zu singen, begann zu rumoren, und Schreie wurden laut. Doch der Anblick der gezogenen Degen hielt die wütenden Büßer von einer gewalttätigen Reaktion ab. Man schrie und kreischte, aber niemand versuchte, den angeblichen Heiligen und seine Gefährtin zu verteidigen.

Der Himmel war jetzt so dunkel, dass man glauben konnte, es sei Nacht geworden. Die Herzogin sah, dass sie verloren waren. In panischem Schrecken versuchte sie zu fliehen, doch ein Soldat packte sie an den Haaren und hielt sie fest. Andere Soldaten schnappten sich Molinas, der keinerlei Widerstand leistete. Einer der Büßer, ein Bauer mit langen Haaren bis zur Taille und entblößter behaarter Brust, trat mit wutverzerrtem Gesicht vor. »Monsieur D'Oppède, was hat Euch dieser heilige Mann getan?«, schrie er dem Baron entgegen. »Wagt nicht, ihn anzufassen! Er ist der einzige, der uns retten kann.«

Hinter dem Bauern erhob sich ein drohendes Murren aus der Menge. Doch Maynier ließ sich nicht einschüchtern. Unerschrocken blickte er seinem Gegenüber in die Augen und erklärte so laut, dass ihn alle hören konnten:

»Du täuschst dich, mein Freund. Dieser Mann, dem Ihr gefolgt seid, ist ein Mörder. Er und seine Hure waren es, die die Pest in unsere Stadt gebracht und für die Ausbreitung der Seuche in der ganzen Provence gesorgt haben. Hüte dich, dich der Gerechtigkeit des Königs, die ich hier vertrete, in den Weg zu stellen, oder wir werden dich als ihren Komplizen behandeln.«

»Aber habt Ihr denn Beweise?«, fragte der Bauer, jetzt schon viel zögerlicher.

»Gewiss habe ich die«, antwortete Maynier. »Und ich habe auch Zeugen.« Er zeigte auf Michel. »Hier neben mir steht Doktor Notredame. Er hat Montpellier und viele andere Städte von der Pest befreit. Außerdem bin ich einem Bauern wie dir keine Rechenschaft über mein Tun schuldig. Und jetzt scher dich fort, sonst baumelst du heute Abend schon am Galgen.«

Erschrocken verschwand der Bauer wieder in der Menge, während die Herzogin jetzt zu einem erneuten Versuch ansetzte, die Menschen aufzuwiegeln. Doch der Soldat, der sie fest hielt, drückte ihr mit dem Unterarm die Kehle zu, und so brachte sie nur ein Röcheln hervor.

Nun endlich wagte Molinas einen Fluchtversuch. Wie wild trat er um sich, um frei zu kommen. Doch es war vergeblich. Stattdessen wurden aus der Menschenmenge erneut aufgebrachte Schreie laut, die sich nun aber gegen seine Person richteten: »Überlasst ihn uns! Verfluchter Brunnenvergifter! Mörder! Mörder…!« Bewegung kam in die tobende, zu allem entschlossene Meute; von allen Seiten drängten die Menschen auf Molinas zu.

Ein junger Mann, mit einer Stofftasche unter dem Arm, kämpfte sich keuchend nach vorne durch.

»Seht, das habe ich in ihrem Gepäck gefunden«, rief er. »Die Tasche ist voller Ampullen mit einem Gemisch aus Blut und Eiter!«

Die zornigen Schreie verwandelten sich in kollektives Brüllen. Die Soldaten, die Molinas fest hielten, mussten die Degen heben, um die Rasenden zurückzuhalten. Aber lange hätten sie dem Mob nicht widerstehen können.

»Es muss etwas geschehen«, zischte Maynier, an Jehan gewandt. Er trat einen Schritt vor, hob eine Hand und schaffte es so, die Leute ein wenig zu beruhigen. »Bürger von Aix, euer Wunsch nach Rache ist uns allen heilig«, erklärte er feierlich. »Als Präsident des Stadtparlaments ordne ich hiermit an, dass dieser in Grau gekleidete Mörder als Mahnung an alle Brunnenvergifter auf diesem Platz verbrannt wird!«

Seine Worte wurden mit begeistertem Beifall aufgenommen. Eine alte Frau schrie: »Jetzt gleich!«

»Ja, jetzt gleich!«, stimmte Maynier zu.

»Und die Hure auch!«, fügte die Alte, die knöchernen Finger ausstreckend, hinzu.

Maynier beugte sich zu Jehan hinüber.

»Es widerstrebt mir, eine Frau ohne Prozess hinzurichten.« Da Jehan nickte, hob er eine Hand. »Ich treffe hier die Entscheidungen«, erklärte er mit fester Stimme. »Schweigt und hört mein Urteil!«

Schlagartig war es still. Der Baron wartete noch einige Augenblicke und rief dann:

»Angesichts der Tatsache, dass das Parlament von Aix im Moment nicht zusammentreten kann, entscheide ich, Jean Maynier, Baron von Oppède und Bailli von Cavaillon, im Namen Seiner Majestät des Königs: Der Hexenmeister, allen als ›grauer Mann‹ bekannt, der die Pest unter uns verbreitet hat, soll bei lebendigem Leibe verbrannt werden. Die Beweise gegen ihn sind unwiderlegbar. Die Frau in seiner Begleitung aber soll nackt entkleidet und, nachdem sie der Hinrichtung ihres Komplizen beigewohnt hat, mit Peitschenhieben durch die Stadt getrieben werden. Wenn sie das überlebt, wird sie ihr restliches Leben im Kerker verbringen. Wenn sie stirbt, wird sie in Schande sterben. Und nun danken wir Gott, dass er es uns erlaubte, diesen Verbrechern auf die Spur zu kommen.«

Ihr Jubelgeschrei unterdrückend, beugten die Menschen das Haupt oder knieten nieder, um zu beten. Michel hingegen hielt den Kopf gerade, den Blick auf Molinas gerichtet. Sein Todfeind gebärdete sich wie von Sinnen. Sich windend, versuchte er, sich aus dem Griff der Soldaten zu befreien. Er trat wie wild um sich, aber meist ins Leere. Man erkannte, dass er sprechen wollte, doch die Stimme versagte ihm, wurde erstickt von den Speichelströmen, die ihm aus dem Munde rannen.

Während sich das öffentliche Gebet dem Ende zuneigte, schien er sich ein wenig zu beruhigen. Seine Augen waren auf Michel gerichtet, und in seinem Blick lag ein unbeschreiblicher an Wahnsinn grenzender Hass. Nicht weit von ihm entfernt ließ die Herzogin scheinbar gelassen alles geschehen. Doch das rasche, unregelmäßige Heben und Senken ihrer Brust verriet die Angst, die ihr Herz ergriffen hatte.

Jetzt rief Maynier d'Oppède den Offizier zu sich, der ihn eskortiert hatte.

»Hauptmann, seht Ihr diesen verlassenen Karren der *alarbres?* Schafft ihn her, spannt die Pferde aus und bindet den grauen Mann an ein Rad. Ihr versteht wohl, was ich vorhabe?«

»Ich denke, ja, Monsieur.«

»Dann führt meinen Befehl aus.« Maynier hatte absichtlich mit lauter Stimme gesprochen, damit es dem Mob, der ungeduldig auf die Hinrichtung wartete, nicht einfiele, selbst wieder die Initiative zu ergreifen. Um sie noch fester im Zaum zu halten, gab er nun dem Soldaten, der bei der Herzogin war, ein Zeichen. »Worauf wartet Ihr? Ihr habt mein Urteil vernommen.«

Er hatte noch kaum zu Ende gesprochen, da drang aus der Ferne mächtiges Donnergrollen zu ihnen, so als wolle der tiefschwarze Himmel die Dramatik des Augenblicks noch unterstreichen. Ein Soldat trat hinter die Frau und riss ihr das elegante Übergewand von den Schultern. Ein anderer zerrte am Rock, bis er zu Boden fiel. Caterina reagierte erst, als sie spürte, dass jemand an ihren Haaren zog und ihre Frisur zerzauste. Instinktiv hob sie die Hände, doch es war nur ein Trick gewesen, um ihr leichter das Hemd vom Körper reißen zu können. Am Spott und dem Gejohle der Menge erkannte die Herzogin, dass sie vollkommen nackt war. Rasch beugte sie sich vor, um Brüste und Scham zu bedecken. Doch die Soldaten packten ihre Arme und zwangen sie so, den Menschen, die sie verhöhnten und auslachten, ihren nackten Leib darzubieten.

Michel dachte bei sich, wie ausnehmend schön diese Frau doch war. Ihm fiel auf, dass sie nicht weinte, ihr aber die Tränen in den Augen standen. Mehr als alles andere las man in diesen blauen Augen eine grenzenlose Verzweiflung und vielleicht auch einen Rest früherer Scham. Aber auch sehr viel Hass.

Michels Aufmerksamkeit wurde vom Herannahen des Karrens abgelenkt. Er sah, wie Molinas, der sich heftig wehrte, zu Boden geworfen, zu einem der Wagenräder geschleift und dann mit den Unterarmen an die Speichen gebunden wurde. Gleich darauf kippten die Soldaten den Karren ohne große Mühe um, und Molinas hing in der Luft, mit dem Rücken auf die Felge des Rades gepresst, das sich ein wenig hin und her drehte, so dass die Achse quietschte.

»Legt Feuer an den Karren!«,befahl Maynier, und blickte dann zum Himmel. »Beeilen wir uns, bevor es zu regnen beginnt.«

Erneutes Jubelgeschrei erhob sich. Während ihm das Grölen des Mobs in den Ohren dröhnte, beobachtete Michel, der sich mittlerweile wie im Fieber fühlte, wie ein Soldat mit Fackeln in beiden Händen aus dem Rathaus gelaufen kam und sie mit voller Wucht gegen den Karren schleuderte. Zunächst geschah gar nichts, dann sah man eine dünne Rauchsäule aufsteigen, und bald schon begannen die Flammen zu züngeln.

Erst jetzt schien Molinas seine Stimme wieder gefunden zu haben. Er spie einen Schleimbrocken aus und schrie: »Ich bin kein Hexenmeister, ein anderer ist es! Er steht hier unter euch!«

Michel erbebte, als er gewahr wurde, dass der Verurteilte seinen Blick gerade auf ihn gerichtet hatte. Aber darauf hätte er gefasst sein müssen.

»Seht ihn euch an, diesen angeblich ehrbaren Mann!«, brüllte

Molinas. »Ein Jude ist er. Und seine vermeintliche Gelehrsamkeit ist eine einzige Verhöhnung Gottes. Habt ihr das gewusst? Ja? Aber eins wisst ihr sicher nicht. Dieser Teufel in Menschengestalt hat seine eigene Frau und seine eigenen Kinder getötet. Nicht wahr, Michel?«

In der Menge war nicht ein einziger, der den Sinn dieser Worte verstand. Außerdem hörte auch niemand richtig zu. Die Aufmerksamkeit aller war vom rasch auflodernden Feuer gefesselt, das schon fast den ganzen Karren erfasst hatte. Ein Zipfel der grauen Kutte des Verurteilten brannte schon. Auf ein Zeichen Mayniers hin, stießen die Soldaten Caterina dicht vor den Scheiterhaufen, damit ihr nichts von dem, was dort geschah, entging. Sie senkte den Blick nicht.

Molinas starrte seine Freundin an, schloss dann, vor Schmerz das Gesicht verziehend, die Augen. Als er sie wieder öffnete, suchte er erneut die von Michel. »Du weißt genau, wer von uns beiden das Ungeheuer ist!«, schrie er. »Wo ist denn deine Frau? Wo sind deine Kinder? Du müsstest hier an meiner Stelle sein!« Er stieß einen markerschütternden Schrei aus, als die Flammen seine Beine erreichten, trat wie wild ins Leere und riss dann den Mund wieder auf. »Ich werde wiederkommen!«, heulte er, sich windend und schüttelnd, während die Flammen über ihm zusammenschlugen. Dann wandte er seine dunklen, bestialisch zuckenden Augen noch einmal Caterina zu. »Ich werde wiederkommen, meine Freundin! Auch für dich werde ich wiederkommen!«, brüllte er noch einmal aus vollem Hals, bevor seine Stimme erstarb.

Einen Augenblick später war Molinas' Antlitz von dichtem Rauch verhüllt. Bevor es eine abscheuliche Maske aus Brandblasen und verformter Haut wurde, nahm Michel noch erschrocken wahr, wie im Blick des Sterbenden ein seltsam ekstatisches Strahlen erschien. Und ihm war auch, als würden die verkohlten Lippen flüsternd die spanischen Worte formen:

»Danke, o Herr. Diesen Todeskampf habe ich verdient.«

Dann verwandelte sich Molinas in eine groteske, hell lodernde

Fackel. Wenige Augenblicke später brach der Karren in sich zusammen, und der Spanier ging in einem Flammenmeer unter. Jetzt erst brach Caterina in Schluchzen aus.

Michel fühlte sich furchtbar elend und entfernte sich unsicheren Schrittes vom Schauplatz der Hinrichtung. Jehan lief ihm nach und ergriff seinen Arm. »Diese Schlange«, rief er empört aus. »Besitzt dieser Schurke auch noch die Frechheit, deine Frau und deine Kinder zu erwähnen. Ich kann mir denken, wie hart dich das trifft. Aber nun wird er sein Gift nicht mehr versprühen können. In Kürze wird sich seine Asche mit dem Schlamm vermengen.«

Jehan spielte auf das Gewitter an, das sich über ihren Köpfen zusammenbraute. Michel entzog sich seinem Griff. »Lass mich bitte. Ich muss jetzt allein sein.«

»Wie du willst«, antwortete Jehan. »Aber geh nicht zu weit fort. Es sieht nach einem Unwetter aus.«

Während er in eine Gasse einbog, hörte er hinter sich noch, wie Maynier mit lauter Stimme befahl: »Und jetzt kommt die Hure an die Reihe. Peitscht sie aus!« Wieder erscholl höhnisches Jubelgeschrei. Michel wollte nichts von dem Schauspiel sehen, beschleunigte seine Schritte und begann, auf's Geratewohl durch die Gassen zu laufen, entlang an Häusern, die aus Angst vor der Pest verbarrikadiert waren. An einer Hauswand, nicht weit vom Rathausplatz entfernt, sah er ein junges Mädchen stehen, das das Gesicht in der Armbeuge vergraben hatte und hemmungslos weinte. Er glaubte in ihr das Mädchen zu erkennen, das ihm in Marseille die Botschaft der Herzogin Cybo-Varano überbracht hatte. Sie interessierte ihn nicht, und er ging achtlos an ihr vorbei.

Während schon die ersten Blitze die tiefschwarzen Wolken zerrissen, wanderte er mit aufgewühltem Herzen ziellos umher. Doch die ersten Regentropfen wollten und wollten nicht fallen. Irgendwann hob er das Gesicht, fast sicher, über der Stadt drei in einer Linie stehende Sonnen zu erblicken. Doch da war nichts, außer einer dichten Wolkendecke.

In einer Straße am Stadtrand kam er plötzlich nicht mehr weiter. Der Weg wurde von bewaffneten Männern versperrt, die in losen Reihen hinter einigen Reitern hermarschierten. So ungenügend ausgerüstet, wie sie waren, konnte es sich nicht um Soldaten des Königs handeln. Die meisten trugen nur einzelne Teile von Rüstungen, verrostete Brustpanzer etwa, die schon wer weiß wie viele Kriege erlebt hatten. Manche waren mit langen Arkebusen bewaffnet, andere nur mit Stöcken. Man hätte die Männer für Briganten halten können, wären da nicht die zahlreichen Bettelmönche und einige andere Geistliche gewesen, die sich ebenfalls eingereiht hatten. Ihr einziges Banner waren die langen Kreuze, die über dem Meer von Lanzen und Mistgabeln hin und her schwankten.

Michel blieb stehen und betrachtete verwundert dieses seltsame Heer, als sich plötzlich ein Reiter aus der Spitze des Zuges löste und auf ihn zukam. Er hob sein Visier, und Michel blickte in ein hartes, aber lächelndes Gesicht, das er auf Anhieb nicht einordnen konnte, obwohl es ihm von irgendwoher bekannt vorkam.

Der Mann beugte sich zu ihm herab. »Vielleicht erinnert Ihr Euch nicht mehr an mich, aber ich habe unsere Begegnung nicht vergessen. Ich bin der Baron de la Garde. Wisst Ihr nicht mehr, wir sind uns einmal auf der Straße nach Valence begegnet.«

»O ja, doch, jetzt weiß ich wieder«, antwortete Michel nach kurzem Zögern. »Wohin des Wegs?«

»Zum Luberon-Gebirge, um dem ketzerischen Treiben der Waldenser ein Ende zu machen. Jeder gute Christ sollte mit uns ziehen. Warum schließt Ihr Euch nicht an?«

Michel schüttelte den Kopf.

»Ich wünsche Euch viel Glück, doch mir selbst gehen viel zu viele andere Dinge durch den Kopf.«

»Das sieht man. Doch bedenkt, wenn Ihr Belastendes vergessen oder mit Eurem Herrgott ins Reine kommen wollt, bietet Euch dieser Kreuzzug eine einmalige Gelegenheit dazu. Jedem Kämpfer für unsre gute Sache winkt nicht nur Ruhm, sondern auch ein vollkommener Ablass. Versteht Ihr? Die Vergebung aller Sünden und die Aussöhnung mit der Heiligen Mutter Kirche.«

Michel wollte schon mit einer verneinenden Geste antworten, doch irgendetwas hielt ihn zurück.

»Ich habe keine Waffen«, entgegnete er matt.

Der Baron de la Garde lächelte.

»Das macht doch nichts. Wir werden Euch welche beschaffen. Außerdem brauchen wir Ärzte noch dringender als Schwerter, und Euer viereckiger Hut verrät mir, dass Ihr immer noch praktiziert.«

Michel zögerte nur noch kurz. Einer wahrhaft christlichen Sache zu dienen, würde ihn vielleicht endlich von seinen Schuldgefühlen befreien und seine jüdische Herkunft für immer vergessen machen. Die Chance zu einem gesellschaftlichen Aufstieg schien zum Greifen nah.

»Einverstanden, ich komme also mit«, erklärte er mit fester Stimme.

Der Baron nickte, während auf seinem harten Gesicht ein freundschaftliches Lächeln strahlte.

»Ich wusste doch, dass ich auf Euch würde zählen können. Schon bei unserer ersten Begegnung war ich mir da sicher. Reiht Euch ein. Ich werde nur rasch dem Parlamentspräsidenten Maynier meine Aufwartung machen, dann setzen wir uns in Marsch, bevor das Unwetter losbricht.«

Mechanisch reihte sich Michel in die Lumpenarmee ein, während ihm die widersprüchlichsten Gedanken durch den Kopf gingen. Er passte seine Schritte dem schleppenden Gang seiner neuen Kameraden an, dann hob er den Blick und schaute zum Himmel. Es blitzte und donnerte, doch das Unwetter wollte nicht losbrechen. Ja, es schien sogar, als ob sich die dunklen Wolken nach Norden, zum Luberon-Gebirge hin verzogen.

# *Bibliographische Hinweise*

Da es sich bei dem vorliegenden Buch nicht um eine historische Abhandlung, sondern um einen Roman handelt, erhebt es keinen Anspruch auf historische Genauigkeit. Ja, ich mache den Leser darauf aufmerksam, dass ich mir diesbezüglich die größtmögliche Freiheit erlaubt habe. Dennoch habe ich mich, was die Biographie von Nostradamus angeht, soweit sie bekannt ist, auf wissenschaftlich zuverlässige Quellen und Untersuchungen gestützt, die aber in dem Meer fiktiver Nostradamus-Biographien und schwachsinniger Interpretationen seiner Prophezeiungen kaum zu finden sind.

Meine Hauptquellen waren: E. Le Roy, *Nostradamus. Ses origines, sa vie, son œuvre,* Editions Jeanne Laffitte, 1993; J.-P. Clébert, *Nostradamus,* Aix-en-Provence, Edisud, 1993. Mit größter Skepsis, L. Schlosser, *La vie de Nostradamus,* Paris, Pierre Belfond, 1985. (Dieser Autor, der übrigens eine der originellsten und scharfsinnigsten Interpretationen der Prophezeiungen von Nostradamus liefert, erliegt hin und wieder der Versuchung, Episoden zweifelhafter Authentizität einzufügen; er ist übrigens auch der einzige, der den Magier Ulrich von Mainz erwähnt, womit er mir eine exzellente erzählerische Anregung geliefert hat, für die ich ihm dankbar bin.)

Häufig zurückgegriffen habe ich auch auf J. Boulenger, *Nostradamus,* Paris, Editions Excelsior, 1933, ein Werk mit zahlreichen Quellen und ausführlichen Erläuterungen zum historischen Kontext.

Absolut unverzichtbar für alle, die Nostradamus von Grund auf kennen lernen wollen, sind die Schriften des leider kürzlich verstorbenen Pierre Brind' Amour, der zweifellos der größte

Nostradamus-Experte war. Erwähnt seien hier seine Werke *Nostradamus astrophile,* Ottawa, Les Presses de l'Université d'Ottawa – Editions Klincksieck, 1993, und die außergewöhnlich gute Edition von Nostradamus', *Les premìeres Centuries ou Prophéties,* Genf, Droz, 1996. Allen Lesern, die ernsthaft an der historischen und literarischen Figur des Nostradamus interessiert sind, rate ich dringend, jedweder Untersuchung zum Thema zu misstrauen, in deren Bibliographie Brind' Amour nicht angegeben ist.

Leser, die nun überzeugt sind, dass Nostradamus tatsächlich so genau die Zukunft der Menschheit vorhergesehen hat (was mir weder zu bestätigen noch zu bestreiten zusteht), sollten sich die teilweise sehr bizarren, aber auch unterhaltsamen Interpretationen der berühmten Vierzeiler von Nostradamus genauer ansehen. Unter der Vielzahl der Interpreten seien nur erwähnt: Giorgio Giorgi, Carlo Patrian, Renuccio Boscolo, Serge Hutin, Ottavio Cesare Ramotti, David Ovason oder auch Jean-Charles de Fontebrune (seinem Werk, *Monsieur de Nostradamus,* Paris, Ramsay, 1997, habe ich übrigens das Detail mit dem »Habichtskraut« entnommen).

Wer schließlich eine noch romanhaftere Biographie von Nostradamus lesen will, sei auf Manfred Böckl, *Nostradamus der Prophet, Leben und Visionen,* München 1993, verwiesen, ein sehr kurioses Werk, weil der Autor völlig frei erfindet, ohne sich, abgesehen von den Geburts- und Todesdaten, um die tatsächliche Biographie zu scheren.

Weitere bibliographische Angaben erscheinen im Anhang der nächsten Bände. Ich weise nur schon einmal darauf hin, dass ich Parpalus nicht erfunden habe, sondern der »Prophet von Salon« in einem Brief vom 27. August 1562 selbst davon spricht.

# Inhalt